人
商
本
资
与

罗翠芳　著

近代中国经济转型

中国社会科学出版社

图书在版编目（CIP）数据

商人资本与近代中国经济转型／罗翠芳著 . —北京：
中国社会科学出版社，2022.5
ISBN 978 - 7 - 5227 - 0028 - 1

Ⅰ.①商⋯ Ⅱ.①罗⋯ Ⅲ.①中国经济史—研究—近代
Ⅳ.①F129.5

中国版本图书馆 CIP 数据核字（2022）第 056204 号

出 版 人	赵剑英
责任编辑	吴丽平
责任校对	冯英爽
责任印制	李寡寡

出　　版	中国社会科学出版社
社　　址	北京鼓楼西大街甲 158 号
邮　　编	100720
网　　址	http://www.csspw.cn
发 行 部	010 - 84083685
门 市 部	010 - 84029450
经　　销	新华书店及其他书店

印　　刷	北京明恒达印务有限公司
装　　订	廊坊市广阳区广增装订厂
版　　次	2022 年 5 月第 1 版
印　　次	2022 年 5 月第 1 次印刷

开　　本	710×1000　1/16
印　　张	20
插　　页	2
字　　数	328 千字
定　　价	108.00 元

凡购买中国社会科学出版社图书，如有质量问题请与本社营销中心联系调换
电话:010 - 84083683

目　　录

导　言 ……………………………………………………………… (1)

第一章　商人资本区间流动的时代背景 ………………………… (16)

　第一节　开埠通商：中国被迫纳入现代世界资本主义体系 ……… (17)

　第二节　嘉道以来的"银荒"：中国经济发展的"桎梏" …………… (20)

　第三节　晚清的经济环境 ……………………………………… (41)

第二章　商人资本区间流动的主要动因 ………………………… (52)

　第一节　货币中心市场的形成及对商人资本的吸引力 ………… (52)

　第二节　经济转型背景下大商人资本逐利方式的易变性 ……… (62)

　第三节　商人对利润率和投资安全性的考虑 ………………… (79)

第三章　商人资本区间流动的过程 ……………………………… (87)

　第一节　各地商人资本奔赴上海 ……………………………… (87)

　第二节　商人资本流向天津、汉口等通商口岸 ……………… (93)

　第三节　商人资本再度集中上海 ……………………………… (111)

第四章　商人资本区间流动与近代中国经济重心转移 ………… (118)

　第一节　从广州到上海：中国对外贸易重心开始转移 ………… (120)

　第二节　京津与上海：南北两个金融重心并存 ……………… (125)

　第三节　上海经济重心地位确立 ……………………………… (142)

第五章　商人资本区间流动与其职能转型 ………………………（148）
　第一节　1843—1894：生息资本和商品资本 ………………………（149）
　第二节　1895—1927：从商品资本、生息资本到工业资本 ………（158）
　第三节　1928—1936：从工业资本到生息资本 …………………（175）

第六章　商人资本区间流动与近代中国经济格局变迁 …………（194）
　第一节　商品资本区间流动与区域经济融合 ……………………（194）
　第二节　生息资本区间流动与区域城市融合 ……………………（206）
　第三节　商人资本区间流动与城乡分裂 …………………………（211）
　第四节　商人资本区间流动与东西部之割裂 ……………………（232）

第七章　近代中国新兴商人资本特性 ……………………………（243）
　第一节　新兴商人资本多元化投资 ………………………………（243）
　第二节　新兴商人资本投资偏好 …………………………………（249）
　第三节　新兴商人资本与近代中国新式经济 ……………………（261）

第八章　近代中西商人资本比较研究 ……………………………（265）
　第一节　近代中西商人资本的发展轨迹 …………………………（265）
　第二节　近代中西新兴商人资本"角色"比较 …………………（278）

结　语 ………………………………………………………………（297）

参考文献 ……………………………………………………………（303）

导　言

一　问题的提出

商人资本是工业资本的前驱，因其在社会经济发展中的重要作用而备受学术界关注。商人资本在西欧发挥重要作用的时间主要是 16—18 世纪，在中国主要是 19 世纪中叶至全面抗日战争前。然而，不论中西，其资本只有在流动中才能对经济发挥重要作用。

正是因为西欧商人资本大规模的区间流动，所谓的"现代世界体系"才逐渐产生。而在这个体系产生之前的西欧，随着地理大发现，其商人资本在西欧范围内向某一中心地区大规模地流动，且呈现出高度的一致性：16 世纪上半叶流向安特卫普、16 世纪下半期流向以热那亚为中心的地中海、17 世纪流向阿姆斯特丹、18 世纪流向伦敦。商人资本这种有规可循的国际流动，推动着西欧经济重心北移（地中海→大西洋沿岸），加速了西欧内部的资本主义经济体的形成，这个经济体就是现代世界体系的核心。

历史有相似之处。鸦片战争之后，中国被迫纳入世界体系，在国门洞开而市场扩大之时，近代中国也出现了商人资本向某一中心区大规模流动的现象，如 19 世纪下半叶大量商人资本流向上海、天津、汉口等较大的通商口岸，后又以某些方式流进其他一些次级城市，在这种流动过程中，中国对外贸易重心逐渐转移（广州→上海），现代化进程开始扩展（从沿海到内陆），与此同时，商人资本有选择性地流动，使得近现代中国各地区经济发展不平衡，城乡差异出现并扩大，区域差异性（东、中、西部）逐渐凸显出来。

近代中国的大部分时间，甚或可以说是整个近代，都是商人资本占据重要位置的时代。而长时段内的政治腐败与时局动荡，极大地延缓了近代中国经济从商业资本主义时代向工业资本主义时代的转型。在这样一个长时段中，近代中国商人资本整体上如何流动，为什么会有这样的流动？以及这样的流动对近代中国社会经济转型会产生怎样的影响？这些问题都是本书要解决的。

二 研究状况述评

(一) 资料汇编与宏观论著中的商人资本

1. 相关论著与资料汇编

傅衣凌先生的《明清时代商人及商业资本》[①] 所论及的主要是明代与清代前期的商人资本。严中平先生主持的系列丛书，如《中国近代经济史统计资料选辑》《中国近代工业史资料（1840—1895）》（第一辑）、《中国近代工业史资料（1895—1914）》（第二辑）、《中国近代手工业史资料（1840—1949）》（全四卷）、《中国近代对外贸易史资料（1840—1895）》（全三册）、《中国近代航运史资料（1840—1895）》（第一辑）、《中国近代航运史资料（1895—1927）》（第二辑），[②] 以及章有义主编的《中国近代农业史资料》（全三卷）、严中平的《中国棉纺织史稿》、陈真主编的《中国近代工业史资料》（全四辑）等，[③] 这一类论著从工业（手工业）、对外贸易、航运、农业、棉纺织等多领域进行了史料的收集与整理，为本书研究提供了丰富的基础史料。

[①] 傅衣凌：《明清时代商人及商业资本》，人民出版社 2007 年版。

[②] 严中平等编：《中国近代经济史统计资料选辑》，中国社会科学出版社 2012 年版；孙毓棠编：《中国近代工业史资料（1840—1895）》（第一辑），科学出版社 2016 年版；汪敬虞编：《中国近代工业史资料（1895—1914）》（第二辑），科学出版社 2016 年版；彭泽益：《中国近代手工业史资料（1840—1949）》（全四卷），科学出版社 2016 年版；姚贤镐编：《中国近代对外贸易史资料（1840—1895）》（全三册），科学出版社 2016 年版；聂宝璋编：《中国近代航运史资料（1840—1895）》（第一辑），科学出版社 2016 年版；聂宝璋、朱荫贵编：《中国近代航运史资料（1895—1927）》（第二辑），科学出版社 2016 年版。

[③] 章有义编：《中国近代农业史资料》（全三卷），生活·读书·新知三联书店 1957 年版；严中平：《中国棉纺织史稿》，科学出版社 1955 年版；陈真编：《中国近代工业史资料》（全四辑），生活·读书·新知三联书店分别于 1957 年、1958 年、1961 年出版。

2. 有关资本主义发展的相关论著

许涤新、吴承明的《中国资本主义发展史》（全三卷），① 是有关近代中国资本主义发展与市场方面的论述；汪敬虞的《十九世纪西方资本主义对中国的经济侵略》《外国资本在近代中国的金融活动》《中国资本主义的发展与不发展》《近代中国资本主义的总体考察和个案辨析》等，是对外国资本主义及其侵略下的中国资本主义发展的考察与研究。② 还有其他相关论著，如章有义的《旧中国的资本主义生产关系》，黄逸峰的《关于旧中国买办阶级的研究》《旧中国的买办阶级》，伍丹戈的《论旧中国买办资本的落后性和反动性》，聂宝璋的《中国买办资产阶级的发生》，丁日初的《买办商人、买办与中国资本家阶级》《关于"官僚资本"与"官僚资产阶级"问题》，王水的《买办的经济地位和政治倾向》等，③ 对近代中国资本主义生产关系、外资、买办、中国资产阶级、官僚资本、工业资本等进行了论述。从这些有关中国资本主义发展的相关论著中可以看出近代中国商人资本的发展轨迹或困境。

以上的资料汇编与宏观论著，对于从整体上把握近代中国商人资本的发展是大有裨益的。毋庸置疑，近代百年中国经济舞台上的"重要角色"是商人资本，那么，近代中国资本主义发展中的重要内容，无疑就是商人资本的发展，而且比较难能可贵的是，这些资料汇编与宏观论著，都较多关注到近代中国商人资本的职能转变：从商业资本到产业资本的转变，并且还有过初步的论及。

---

① 许涤新、吴承明主编：《中国资本主义发展史》（全三卷），社会科学文献出版社 2007 年版。

② 汪敬虞：《十九世纪西方资本主义对中国的经济侵略》，人民出版社 1983 年版；《外国资本在近代中国的金融活动》，人民出版社 1999 年版；《中国资本主义的发展与不发展》，中国财政经济出版社 2002 年版；《近代中国资本主义的总体考察和个案辨析》，中国社会科学出版社 2004 年版。

③ 章有义：《旧中国的资本主义生产关系》，人民出版社 1977 年版；黄逸峰：《关于旧中国买办阶级的研究》，《历史研究》1964 年第 3 期，《旧中国的买办阶级》，上海人民出版社 1982 年版；伍丹戈：《论旧中国买办资本的落后性和反动性》，《光明日报》1964 年 8 月 12 日；聂宝璋：《中国买办资产阶级的发生》，中国社会科学出版社 1979 年版；王水：《买办的经济地位和政治倾向》，《中国社会科学院经济研究所集刊》第 7 集，1984 年版；丁日初：《买办商人、买办与中国资本家阶级》，《文汇报》1987 年 3 月 17 日，《关于"官僚资本"与"官僚资产阶级"问题》，《民国档案与民国史学术讨论会论文集》，档案出版社 1988 年版；[美] 郝延平：《十九世纪的中国买办——东西间桥梁》，上海社会科学院出版社 1988 年版；等等。

（二）近代中国商帮中的商人资本

活跃在近代中国经济舞台上的商人群体，多以商帮著称，如晋商、徽商、粤商（或买办）、宁波商人（或买办）等群体，这些商帮在全国的经营活动，从资本的角度来看，就是商人资本在全国的流动，所以，近代中国商帮是本书的主要研究对象。目前有关这些商帮的论著较多，下面分类加以说明。

1. 晋商

晋商纵横中国五百年，在晚清逐渐演变为著名的票商。1949 年以前有关票商的研究较多。著作方面有陈其田的《山西票庄考略》、卫聚贤的《山西票号史》[①] 等。同一时期的相关论文也不少：《票号组织实业公司》（《北洋官报》1906 年第 1208 册），君实的《记山西票号》（《东方杂志》1917 年第 14 卷第 6 期），《山西票号商盛衰之调查》（《聚星》1925 年），《山西票号之兴替史》（《钱业月报》1926 年第 6 卷第 2 期），《山西票号盛衰之始末》（《中行月刊》1932 年第 5 卷第 5 期），范椿年的《山西票号之组织及沿革》（《中央银行月报》1935 年第 4 卷第 6 期），陆国香的《山西票号之今昔》（《民族》1936 年第 4 卷第 3 期），侯兆麟的《近代中国社会结构与山西票号——山西票号的历史的正确认识》（《中山文化教育馆季刊》1936 年第 3 卷第 4 期），韩业芳、王之淦的《山西票号之兴衰及其人才》（《海光》1937 年第 8 卷第 7 期），卫聚贤的《山西票号概况》（《中央银行月报》1939 年第 8 卷第 8 期），等等。这些论著对山西票商的兴起、经营、衰落等进行了可贵的探索。不少有关票商研究的早期论文，现已被收录在山西财经大学晋商研究院编撰的《晋商研究论集》（一、二，经济管理出版社 2008 年版）之中。

1949 年之后，尤其是 1978 年改革开放以来，以山西财经大学为研究中心，涌现出一大批有关晋商或票商的研究成果。著作类主要有：黄鉴晖的《山西票号史》，孔祥毅的《金融票号史论》，刘建生、刘鹏生的《晋商研究》，程光、盖强的《晋商十大家族》，张正明、张舒的《晋商兴衰

[①] 陈其田：《山西票庄考略》，商务印书馆 1937 年版；卫聚贤编：《山西票号史》，中央银行经济研究处 1944 年版。

史》等①。相关论文不计其数。② 这些论著对近代以来有关晋商尤其是
票号的起源、发展演变、营运方式、盈利方式、组织结构、管理制度
以及衰落原因等多方面进行了全面而深入细致的考察与研究。可以
说，目前国内外学术界对晋商（票商）的研究比较多、比较广、比较
深，为本书在追踪考察晋商——传统大商人资本的流动方面提供了坚
实的研究基础。

2. 徽商与粤商

徽商相关研究有：日本学者藤井宏的《新安商人的研究》，张海鹏、
王廷元的《徽商研究》，王振忠的《明清徽商与淮扬社会变迁》，王世华
的《富甲一方的徽商》，王廷元、王世华的《徽商》，冯剑辉的《近代徽
商研究》等，③ 从中可了解徽商整体发展、特点以及衰败的一些原因。粤
商研究代表性的论著有：汪敬虞的《唐廷枢研究》、宋钻友的《广东人在
上海（1843—1949 年)》等，④ 这些论著对粤商尤其是买办的研究，有助
于了解近代中国第一代新兴商人资本的特点。

3. 宁波商人

学界有关宁波商人的相关论著与资料汇编比较多。有研究宁波商人发
展的，如浙江省政协文史资料委员会编的《宁波帮企业家的崛起》，张守
广的《超越传统：宁波帮的近代化历程》，宁波市政协文史委编的《宁波
帮研究》等，这些论著对宁波商人如何崛起，如何蜕变成现代企业家群

---

① 黄鉴晖：《山西票号史》，山西经济出版社 1992 年版；孔祥毅：《金融票号史论》，中国
金融出版社 2003 年版；刘建生、刘鹏生：《晋商研究》，山西人民出版社 2005 年版；程光、盖强
编著：《晋商十大家族》，山西经济出版社 2008 年版；张正明、张舒：《晋商兴衰史》，山西经济
出版社 2010 年版。

② 孔祥毅：《山西票号与清政府的勾结》，《中国社会经济史研究》1984 年第 3 期；刘建
生、燕红忠：《近代以来的社会变迁与晋商的衰落——官商结合的经济学分析》，《山西大学学
报》（哲学社会科学版）2003 年第 1 期；刘建生：《山西票号业务总量之估计》，《山西大学学
报》（哲学社会科学版）2007 年第 3 期；等等。

③ ［日］藤井宏：《新安商人的研究》，《东洋学报》第 36 卷第 1—4 期；张海鹏、王廷元
主编：《徽商研究》，安徽人民出版社 1995 年版；王振忠：《明清徽商与淮扬社会变迁》，生活·
读书·新知三联书店 1996 年版；王世华：《富甲一方的徽商》，浙江人民出版社 1997 年版；王廷
元、王世华：《徽商》，安徽人民出版社 2005 年版；冯剑辉：《近代徽商研究》，合肥工业大学出
版社 2009 年版；等等。

④ 粤商研究代表性的论著有：汪敬虞：《唐廷枢研究》，中国社会科学出版社 1983 年版；
宋钻友：《广东人在上海（1843—1949 年)》，上海人民出版社 2007 年版。

体进行了追踪考察与研究。① 有研究宁波商人在全国各地经营活动的,如黄逸平的《近代宁波帮与上海经济》,宁波市政协文史委员会编的《宁波帮在天津》《汉口宁波帮》,李瑊的《上海的宁波人》等,② 从上述论著中可以看到宁波商人资本曾经以上海为基地,向其他通商口岸流动的轨迹。还有一系列对宁波商人与近代中国社会、商业、工业、金融业(包括钱庄、银行等)、航运业、建筑业、保险业、电影业、报刊业等多个行业发展的相关论著,如乐承耀的《近代宁波商人与社会经济》,华长慧主编的《宁波帮与中国近代金融业》等,③ 从这些论著中可以看到,宁波商人资本多元化的投资,尤其是对现代工业所进行的投资。还有一些是对江浙财团或著名宁波商人个体进行研究的,如姚会元的《江浙金融财团的三个问题》,金普森编的《虞洽卿研究》,陈华的《"五金大王"叶澄衷》等,④ 江浙财团主要以宁波商人群体为核心,而宁波商人群体又是近代中国新兴商人群体的代表,从其发展可窥见近代中国新兴商人资本发展的轨迹与问题。

以上论著,对宁波商人的出现、发展、发达的轨迹,在上海、天津、汉口等通商口岸的活动,以及宁波商人投资于近代工业向现代转型等诸多方面,有过较为细致深入的研究,从这些论著中可以感知到 19 世纪 80 年代之后,宁波商人主要是以上海为基地,向天津、汉口等地扩散开来,即宁

---

① 浙江省政协文史资料委员会编:《宁波帮企业家的崛起》,浙江人民出版社 1989 年版;张守广:《超越传统:宁波帮的近代化历程》,西南师范大学出版社 2000 年版;宁波市政协文史委编:《宁波帮研究》,中国文史出版社 2004 年版。

② 黄逸平:《近代宁波帮与上海经济》,《学术月刊》1994 年第 5 期;宁波市政协文史委编:《宁波帮在天津》(中国文史出版社 2006 年版)、《汉口宁波帮》(中国文史出版社 2009 年版);李瑊:《上海的宁波人》,商务印书馆 2017 年版。

③ 乐承耀:《近代宁波商人与社会经济》,人民出版社 2007 年版;华长慧主编:《宁波帮与中国近代金融业》,中国文史出版社 2008 年版;还可参见陶水木《浙江商帮与中国近代商业的产生》,《商业经济与管理》1998 年第 3 期;郑备军、陈铨亚:《中国最早的金融投资市场——宁波钱庄的空盘交易(1860—1920)》,《浙江大学学报》(人文社会科学版)2011 年第 3 期;陈铨亚、孙善根:《晚近宁波的航运与金融》,《宁波大学学报》(人文科学版)2013 年第 5 期;等等。

④ 姚会元:《江浙金融财团的三个问题》,《历史档案》1998 年第 2 期;金普森主编:《虞洽卿研究》,宁波出版社 1996 年版;陈华:《"五金大王"叶澄衷》,《经济导刊》2008 年第 1 期。学界有关叶澄衷、严信厚、朱葆三、祝大椿、虞洽卿、刘鸿生等人的研究比较多,都曾对商人资本向近代的转型有过论及。

波商人资本主要是从上海向这些通商口岸流动的，同时，也可以看到，在宁波商人的发展过程中，商人资本出现了向工业资本难能可贵的转化。

同期，学术界对近代中国商帮也进行了一些对比研究。如张海鹏、张海瀛的《中国十大商帮》，虞和平的《香山籍买办与宁波籍买办特点之比较》等①，这类成果对了解来自近代中国不同区域商帮的不同特点大有裨益。

目前看来，有关近代中国地域商帮的研究，尤其是有关晋商、宁波帮的研究成果比较多。认真研读这些论著可以发现，它们所论及的近代中国主要商帮在全国各地的工商业活动，如晋商在北京、天津、汉口、上海等地广设票号分庄、茶庄等；徽商在上海、汉口等地设立茶号、钱庄等；粤商在上海、汉口等地设立广式百货、茶栈等；宁波商人在近代中国各大通商口岸设立五金、银号、银楼、绸缎庄等；从广义的角度来看，此类活动究其实质就是商人资本的区间流动，在其流动过程中，有些商人资本自身出现了职能转变，并且对当地的社会经济有着重大的影响，所以，这一类论著为本书把握近代中国商人资本规模性的流动过程、职能转型以及对近代中国社会的影响等，提供了诸多的史料与启发。

（三）近代金融机构及其运作中的商人资本

目前一些有关货币、金融资本、金融机构（如票号、钱庄、银行）、金融中心、埠际贸易等论著，拓宽了本书的研究视野。进行此类相关研究的学者主要有洪葭管、张国辉、黄鉴晖、朱荫贵、戴鞍钢、燕红忠、李一翔等，从其论述的近代金融机构的活动，以及金融机构之间放款、埠际贸易之中，也可以看到商人资本区间流动的种种面相，② 尤其是洪葭管先生的《从借贷资本的兴起看中国资产阶级的形成

---

① 张海鹏、张海瀛主编：《中国十大商帮》，黄山书社 1993 年版；虞和平：《香山籍买办与宁波籍买办特点之比较》，《广东社会科学》2010 年第 1 期；等等。

② 参见张国辉《晚清钱庄和票号研究》，社会科学文献出版社 2007 年版；洪葭管：《20 世纪的上海金融》，上海人民出版社 2004 年版；戴鞍钢：《港口·城市·腹地——上海与长江流域经济关系的历史考察（1843—1913）》，复旦大学出版社 1998 年版；燕红忠：《中国的货币金融体系（1600—1949）》，中国人民大学出版社 2012 年版；李一翔：《从资金流动看近代中国银行业在城市经济发展中的作用》（《改革》1997 年第 3 期）、《中国早期银行资本与产业资本关系初探》（《南开经济研究》1994 年第 2 期）、《论长江沿岸城市之间的金融联系》（《中国经济史研究》2002 年第 1 期）；等等。

及其完整形态》一文,对大清银行、信成银行、浙江兴业银行、四明银行等银行的投资者身份进行详细地考察,指出他们多数是商人出身,即多是商人资本投资银行,[①] 所以,这给予本书新的研究视野与启发,促使本书在研究近代商人资本时,较多地关注银行资本(生息资本)。[②]

(四)商人资本、商人、商会团体等论著中的商人资本

目前一些直接论述到商人资本、商人、商会团体的论著,加深了本书研究力度。如唐力行的《商人与中国近世社会》,朱英的《近代中国民族商业资本的发展特点与影响》,黄逸平的《近代中国民族资本商业的产生》等。此类论著多是近距离地考察商人资本或商业资本,从社会学、政治学等角度侧重考察商业中的"人",也涉及经济学中的"资本"。[③]

总体看来,上述诸多成果数量多、水平高,对本书研究极具启发意义,也是后续研究的基础。然而,比较遗憾的是,都没有特别关注到近代中国商人资本区间流动这一有规律性的重大历史现象。具体说来有如下几点。

第一,近代中国商人资本的区间流动缺乏专题研究。

鸦片战争之后,中国被迫开埠通商,外国商人资本进入中国,中国商人资本似乎围绕"洋商"而转动,出现了向某一"条约口岸"大规模地流动的现象:19 世纪下半叶,广东(香山买办)、江苏、浙江(宁波商人)、安徽(徽商)、山西(晋商)等地商人资本纷纷奔赴上海;甲午战后,在上海的商人资本,又奔赴其他通商口岸;全面抗战前,各地商人资本再一次地涌入上海。在这样一个长时段内,为什么会有如此大规模的流动?这样一个有规律性的区间流动对近代中国社会经济有没有重大影响?如果有,主要表现在哪些方面?对此,目前学界还不甚清楚。

第二,中西商人资本之间的对比考察颇为缺乏。

中国史有关中国商人资本的论著较多,世界史有关西欧商人资本的论

---

① 洪葭管:《从借贷资本的兴起看中国资产阶级的形成及其完整形态》,《中国社会经济史研究》1984 年第 3 期。

② 如近代中国商人资本,尤其是宁波商人资本喜好开办各种银行。

③ 唐力行:《商人与中国近世社会》,浙江人民出版社 1993 年版;朱英:《近代中国民族商业资本的发展特点与影响》,《华中师范学院研究生学报》1985 年第 1 期;黄逸平:《近代中国民族资本商业的产生》,《近代史研究》1986 年第 4 期。

著亦是不少，然而把中西商人资本结合起来进行对比考察的论著却为数甚少，遑论其流动的比较研究了。

虽然中西方进入近代的具体时期不同，然同置于转型时期，亦即商业资本主义时期，二者有颇多共同之处：都处在世界市场扩大，经历了商业革命，饱受白银短缺、币制紊乱、通货膨胀之苦，就在这一时期，因出于利润、安全等方面考量，其资本都曾有过大规模的区间流动，且在这种流动中，商人资本自身向产业资本出现转化等。既是如此，近代转型时期的中西商人资本有哪些异同？这就需要系统的、细致的、深度的比较研究。①

三　相关概念界定与说明

（一）商人资本概念的界定

"商人"的界定。严中平先生曾论及："严格说来，商人这个名词很含混，以自有资本独立经营贩卖业务的可称商人，只替帝国主义侵略做买办的，也可以称为商人；世世以商贩为业的可称商人，地主高利贷者转业为商的也可以称为商人。"② 在本书中，也是这样认定的。

何谓"商人资本"？马克思在《资本论》第三卷中说：商人资本或商业资本分为两种形式或亚种，即商品经营资本（商品资本）和货币经营资本（货币资本）。③ 可见，马克思是把商人资本等同于商业资本的，并且认为商品资本与货币资本同属于商人资本或商业资本。因此，按照马克思的这种界定，本书是把商人资本与商业资本互用的；对商人资本的考察，也包括了对它两种形式的考察，即商品资本与货币资本的考察。

在本书研究中，货币资本等同于"生息资本"，而且有时将用"生息

---

① 本书将兼论西欧商人资本，不过，有关近代西欧商人资本区间流动详细情况，可见拙著《商人资本与西欧近代转型》（中国社会科学出版社 2007 年版），此书对西欧商人资本区间流动的原因、流动过程、流动中的职能转变以及这种大规模流动与西欧经济转型之间的关系，进行了较为全面而深入的考察与研究。有鉴于斯，在此就不再进行基础性的探究了，那么，本书将着重于近代中国商人资本区间流动的基础性问题研究，在后面将会对中西近代转型时期商人资本的一些特点进行比较。

② 严中平：《中国棉纺织史稿》，科学出版社 1955 年版，第 190 页。

③ ［德］马克思：《资本论》第三卷，中共中央马克思、恩格斯、列宁、斯大林著作编译局译，人民出版社 2004 版，第 297 页。

资本"一词来囊括所有为了收取利息而使用的资本，包括票号、钱庄、银行业、证券等资本形式。近代转型时期，中国那些来自官僚的资本、地主的资本等转向成商品资本、生息资本、工业资本之后的资本，统称其为商人资本或商业资本。

（二）商人资本（商业资本）重要性

郝延平先生在研究中国近代商业革命的时候，把其研究时间主要设在19世纪下半叶，他认为，其所研究的这一时期，是商业资本主义时期，在这一时期内中国发生了商业革命。其实在笔者看来，从宽泛意义上说，近代中国经济一直置于商业资本主义框架之中，基本上一直是处在商业资本主义时期，虽不能完全说，商人资本（商业资本）主导着近代中国经济，但是，它确实在近代中国的经济中非常重要。一方面，从商业资本的总额价值，即商品资本与生息资本的价值总和来看，在近代中国一直高居榜首[①]；另一方面，民间投资工业的资本[②]，多是从商业资本中发展而来的，先有商业资本，后才有工业资本，正是因商业资本的前期发展与积累，才催生了民间工业资本，然而工业资本并没有获得进一步的发展，更没有成为社会经济的主导，而商业资本始终占据着社会总资本额中很大的比重，这一时期，中国曾经一度出现了商业资本向工业资本的转化，但是这个过程在20世纪30年代却出现了"逆流"：商人资本从工业上抽逃出来，其工业资本向商品资本尤其是生息资本回归，并且这种状态一直持续到1949年，因而，中国始终没有完成商业资本向工业资本的转变，这一点与近代转型时期的西欧大不相同。

（三）"传统商人资本"与"新兴商人资本"概念界定

中外大量经济史料表明，对于商人资本的特性不能一概而论，有必要进行细致的分析和说明，本书将会把"商人资本"细分为"传统商人资本"与"新兴商人资本"。[③]这两组词是指商人资本发展阶段中的两个不

[①] 工业资本，一直在近代中国社会资本构成总额中所占的比重很小。

[②] 与近代西方不同的是，近代中国的国内工业资本，最初主要是来自政府的资本，如洋务运动军事工业以及部分民用工业的资本。

[③] 严格说来，传统商人资本中也有小商人资本，新兴商人资本中也有财力丰厚的商人资本，在近代中国转型时期中，有鉴于传统商人资本中大商人资本多一些，为了便于本书对比研究，对传统商人资本与新兴商人资本进行了必要的界定。

同称谓。而传统商人资本，特指那些在前近代就已完全发达的、已成熟的、资力雄厚的大商人资本，如近代早期的晋商资本、徽商资本等。新兴商人资本，是指其在一个新时代出现以及财力正在上升中的商人资本，如开埠通商之后才崛起的粤商资本、江浙商人资本等。在同一个时空中，传统商人资本与新兴商人资本的表现是不一样的，对社会经济的作用也是完全不同的。

例如，马克思的"商人资本的独立发展，是与社会的一般经济发展成反比例的"[①] 这种说法，应该主要是针对传统大商人资本的特性而言。一方面，只有发达了的传统商人资本才有可能"任性"地发展；另一方面，传统商人资本发财之后，往往喜好从商品贸易阶段进入金融扩张阶段，在某种意义上好像宣告了它已经进入了成熟期，这是"秋天到来的一个迹象"（即衰落的表现，布罗代尔语)[②]，趋向于保守、僵化，大量资本从贸易和生产部门撤资，从而转向地产、金融与信贷等投机领域，以图坐收巨额利息。从传统大商人资本的这种特性来说，它们确实与当时社会经济发展呈现出相反的方向。不过，这只是传统商人资本的一般特性。因为即便这样，也不能完全否定传统商人资本偶尔表现出来的适应性与社会进步性。

相比较而言，新兴的商人资本却表现出不一样的特性。新兴的商人资本一般说来客观能量比较小，要想在社会经济生活中生存下去，更多地只能表现为"蜥蜴生存"法则——很强的适应性，追随社会经济潮流，抓住新的经济增长点，迅速地改变自己，以最大限度的灵活性避免灾难，抓住机会发展壮大自己。以它们的能量而言，如果与社会经济发展方向相反，那只会比传统商人资本更快、更惨地在社会经济生活中消失，而来不及让人们看到它们所表现出的"向前"趋势。因此，正在上升的新兴商人资本的发展，与社会经济的发展方向基本上是一致的，而且对社会新经济潮流的发展往往具有巨大的推动力。从某种意义上说，它们是社会经济运动中最具活力、最具革命性的力量之一。诚然，用道德尺度来衡量历史

---

① ［德］马克思：《资本论》第三卷，第366页。

② ［意］杰奥瓦尼·阿锐基：《漫长的20世纪：金钱、权力与我们社会的根源》，姚乃强、严维明、韩振荣译，江苏人民出版社2001年版，第7页。

上的商人资本总是代表一种掠夺制度，但从历史进步观来说，商人资本这种"恶"——追逐利润的本性，客观上促进了经济的发展，起到了"善"的作用。社会上所谓"无商不活"的说法，是有道理的。

（四）重视半殖民地半封建社会时代大背景

在研究近代中国商业资本主义时期时，还需要认识到这样一个大背景，即半殖民地半封建社会。可以说，近代大部分时间内，中国经济的主导权掌握在外国人手中，不论是商业，还是金融业等都是如此。近代中国的第一批新式（新兴）商人资本，就是在外商资本的带动下产生进而强大的，这就是粤商买办资本，他们是中国第一代买办资本①；中国的第二批新兴商人资本——江浙商人资本（以宁波商人资本为主），也是在外商资本的带动下产生进而强大的，它们是中国第二代买办，所以老一辈学者在谈及近代中国商人资本时总是说，中国商人资本具有买办性。一批又一批新兴商人资本对新式工业进行投资，最初大多喜好附股于外商企业，或打着外商资本的旗号，在中国国内运营。

与此同时，在研究中国商人资本时，要考虑到中国封建社会"官家"或"官本位"这样的政治传统与社会背景，如此，才不难理解一批又一批中国商人资本为什么总是想与官方靠近，通过为官方服务而获得利益，或有的商人资本本身就出于"官家"，因而能在官商两界如鱼得水，如此种种，是研究近代中国商人资本流动时，需要特别考量的。

近代中国是一个动荡的、破碎的国家，新旧交替，时代转型。在这样的国家之中，与近代西方转型时期商人资本流动不同的是，中国国内的商人资本更具投机性，更具所谓的"买办性"或"封建性"，对时局的不确定性，更是助长了其投机的程度，或许觉得不安全，更需要寻找庇护，所以，对其而言，依附"洋人"，投靠"官方"，是为"上策"。

为什么要特别强调半殖民地半封建社会这样的一个时代大背景呢？因为在后面的研究中就会发现，近代中国商人资本的流动，总是表现出：或

———————

① 这里是指开埠通商之后声名鹊起的粤商群体，不是指广州原十三行的垄断商人群体，这两个是不一样的群体。后者在近代早期属于富有阶层，可归于传统大商人行列。开埠通商之后兴起的粤商，主要不是在广州而是在其他通商口岸发迹的。

是"围绕洋人在转",或是"紧跟政府在走"。

四　主要研究内容

商人资本流动的区间选择与侧重点:为了避免范围太大不好驾驭的问题,本书在区间选择上选取几个城市点,如广州、上海、天津、汉口等。

时间选择:主要关注 1840—1936 年间,1937 年中国全面抗战爆发,此后中国处在一片混乱之中,已经不属于常态了,不在本研究范围之内。

主要内容共有八章。第一章、第二章考察近代中国商人资本区间流动的时代背景与动因。第三章追踪考察近代中国商人资本区间流动的历史过程。第四章、第五章、第六章主要探讨商人资本区间流动与近代中国经济变迁之间的联系。第七章是在前述之基础上,单独考察近代中国新兴商人资本的特点。第八章是对近代转型时期中西商人资本,不论是传统商人资本,还是新兴商人资本分别进行对比研究,探究中西传统大商人资本、中西新兴商人资本的相似性与不同性,拟找出中西商人资本的共性与个性,借此来更好地理解近现代中西的不同工业化进程。

第一章是商人资本区间流动的时代背景。主要有三点。一是开埠通商,中国被纳入现代世界资本主义经济体系。二是嘉庆、道光以来白银外流导致中国"银荒"。三是晚清政治经济下的发展环境。在商人资本流动中,"贵金属"——白银短缺的问题,已成为商人资本区间流动的一种客观推力。

第二章是商人资本区间流动的主要动因。动因主要有三点。一是新的货币中心市场的形成对近代中国商人资本的巨大吸引力。二是经济转型背景下商人资本(如晋商)逐利方式的易变性,围绕"政治权力"而流动。三是商人资本对商业利润和投资安全性的考虑。相较而言,从表面上看近代早期的中国新兴商人资本(如粤商)总是围绕着"洋商"转动,"洋商"到哪里,它们就流向哪里。其原因当然有很多,然而应特别注意:随着"洋商"而来的巨额白银。白银集中之地就是货币中心市场。金银是近代早期财富的重要形态,尽管有汇票、银票等金属货币的替代品,但对于长期处于动荡之中、政府信用始终不高的中国商人来说,贵金属黄金白银始终是他们心中财富的标志,商人资本会为了获得更多金银而奔赴不同的货币中心市场。与此同时,安全性,亦是近代中国商人资本在区间流动中着重考虑的因素。

第三章是商人资本区间流动的过程。大体经历了三个阶段。一是上海开埠至甲午海战前：全国各地商人资本奔赴上海。二是甲午海战后至北伐战争胜利：商人资本主要以上海为基地，大量向天津、汉口等其他通商口岸扩散。三是南京国民政府时期：商人资本再次集中于上海，尤其是20世纪30年代。

第四章是商人资本区间流动与近代中国经济重心转移。商人资本大规模向一个中心流去，或撤离某地，往往预示着一个中心的形成或衰落，近代中西概莫能外。在商人资本的流动过程中，中国的经济重心大体经历了三个过程。首先是从广州到上海，中国对外贸易重心开始转移；其次是京津与上海的南北两个金融重心并存；最后是从京津转移到上海，上海经济重心地位最终确立。

商人资本区间流动有力地推动了经济重心转移，然而这个转移不是一蹴而就的，需要一个长时段的过程，在此过程中，一批又一批的新旧商人资本此消彼长。

第五章是商人资本区间流动与其职能转型。在商人资本流动过程中，商人资本出现了几次重要转型。一是1843—1894年：商品资本和生息资本。二是1895—1927年：从商品资本、生息资本到工业资本。三是1928—1936年：从工业资本到生息资本。

整体来看，中西传统大商人资本主要表现形式为生息资本，这是"秋天的迹象"，小商人资本或者说新兴商人资本主要表现为商品资本，在经济转型过程中，主要是后者担负了从商业资本向工业资本转化的历史进程。不过，与近代西方新兴商人资本相比较，近代中国新兴商人资本似乎更倾向于保持货币形态（生息资本）或流动状态，这或许与政治动荡、财产权缺失等不安全因素有关。

第六章是商人资本区间流动与近代中国经济格局变迁。在商人资本区间流动中，近代中国沿海与内陆之间的经济开始融合，逐渐形成了以上海为中心的市场体系，全国统一市场开始形成。亦是在商人资本区间流动之中，中国现代化进程开始启动，并且逐渐从沿海沿江向内陆扩散。

然而，与此同时，因为商人资本有选择性的区间流动，导致中国城乡之间出现了分野或分裂（泾渭分明的"城乡二元结构"），造成了近代中国区域之间的割裂，中国的东、中、西三部的经济格局逐渐出现。

第七章是近代中国新兴商人资本特性。与近代西欧新兴商人资本一样，近代中国新兴商人资本的投资是多元的，多数商人资本构建了一个个巨大的商业帝国，但其有投资偏向，喜好投资房地产，喜好投资钱庄、当铺、公债或银行等生息业，这几个投资喜好说明近代中国新兴商人资本有着很大的投机性。但是与此同时，新兴商人资本是近代中国新式企业的主要投资者，极大地推动了新时代经济的发展。

第八章是近代中西商人资本比较研究。分两个部分。一是近代中西商人资本的发展轨迹。近代中西商人资本多是由经营商品贸易而发迹的，成为大商人资本之后，多走上了专门的金融之路，即资本逐渐"金融化"进而逐渐衰落。二是近代中西上升中的新兴商人资本比较。从"中间商"的角度对荷兰商人资本（"海上马车夫"）与广东商人资本（捐客或买办）进行比较；从商业资本向工业资本转化的角度，对英国商人资本与宁波商人资本进行了对比。在对比之下，可以看出近代中国新兴商人资本在特殊国情下的"无奈"或"无力"，无法完成从商业资本向工业资本转型的使命。

近代中西商人资本之所以不同，主要是大环境的不同，此种不同凸显出近代中国半殖民地半封建社会的特点。

第 一 章

商人资本区间流动的时代背景

近代西欧转型时期，商人资本在其发展史上达到了辉煌。商人资本（包括商品资本与生息资本）在这一转型时期内有着特定的内涵：在此以前，商人资本游离于生产之外，只是一个"末业"；在此之后，工业资本主义时期，商业资本只是工业资本的从属部分；而在近代西欧转型时期——商业资本主义阶段，商人资本从生产领域之外的游离状态逐渐渗透并一度支配生产领域，成为当时社会经济的主宰。与近代西方不同，由于近代中国国情特殊，现在还不能完全说，商人资本在中国转型时期的经济中占据了主导位置，但可以肯定的是，商人资本在其中占据了重要位置。尽管前有晚清洋务运动，继之清末新政，后有民初工业发展的"黄金时代"，近代中国工业得到一定程度的发展，但是，从整体上看，近代中国工业资本总值相较于商业资本总值（商品资本加上生息资本的总额）要小得多的现象，一直未曾改变。

近代西欧社会从商业资本主义时代过渡到工业资本主义时代，时间跨度是几个世纪，它是一个自发性（内源性）的工业化或现代化进程，而近代中国是在外力冲击下启动工业化或现代化进程的。相较而言，近代外源性国家从商业资本主义时代转型到工业资本时代所需时间会短一些，然而政局的长期动荡，使得整个近代中国一直到 1949 年之前都未曾实现这样的一个转型。①

---

① 抗战前，国民党统治区的商业资本占工商业资本总额的 70% 左右；解放战争时期，商业资本上升到 90%，工业资本大约只占 10%。上述数据可参见陈真编《中国近代工业史资料》第四辑，生活·读书·新知三联书店 1961 年版，第 83 页。

英国学者波拉德说：在英国产业革命早期，流动资本比固定资本重要，商业资本的重要性远比工业资本大。① 这种现象在近代中国的经济生活中亦是如此。② 近代中西转型时期，商人资本都曾出现过大规模流动的现象，为什么会出现这样的现象，其过程，其影响怎样？这就是本书所要考察与研究的问题。

历史惊人的相似。在近代转型时期，中西商人资本大规模流动的背景，有着颇多相似之处。近代西欧商人资本流动的时代背景：一是地理大发现——外在动力；二是转型时期西欧经济"贵金属荒"——反推力；三是王权兴起，实行重商主义。近代中国商人资本流动的时代背景也主要有三点：一是开埠通商，中国被纳入世界经济体系；二是嘉道以后白银外流导致"白银荒"；三是晚清以来的"重商主义"。下面就来考察近代中国商人资本流动的时代背景。

第一节　开埠通商：中国被迫纳入现代世界资本主义体系

中国封建时代的农业文明在前近代曾达到了高峰，然而这个社会是一个男耕女织、自给自足的小农社会。长期以来，中国的政治重心在北方，经济重心却在南方。鸦片战争前夕，中国只有广州一口岸对外通商，不过京城（北京）、沿江沿河的城市，以及各省会城市等都比较繁荣，所以才有清朝前中期"天下四聚"之说：北京（北方）、汉口（中部）、苏州（东部）、佛山（南方）。的确，这一时期一些城市颇为繁荣，然而长期以来，整个社会经济始终处在一个封闭的内陆循环系统之中，缺乏新经济元素的汇入，经过康乾盛世之后，整个经济呈现相对衰落状态。

在西方列强的船坚炮利之下，中国沿海沿江的城市次第被迫开埠通商，近代中国日益被纳入现代世界资本主义经济体系之中，洋货不断涌入

---

① ［意］卡洛·M. 奇波拉主编：《欧洲经济史》第一卷，徐璇译，商务印书馆 1988 年版，第 106 页。

② 有学者说在近代中国经济社会中，除了商人资本，还有官僚资本、地主资本等资本。其实细究这种划分，可以发现，其多是从资本的最初来源来说的，在中国特殊的国情下，官僚资本曾一度在工业投资方面走在前列，但是当其投入工商业之中，就逐渐演化为商人资本了。

通商口岸，再由通商口岸进入内陆腹地，中国的土货也由通商口岸运至纽约、伦敦等海外市场，随后，近代中国的国内市场与遥远的国外市场相连，中国土货便有了广阔的海外市场，洋货也有了不断扩大的中国市场，随后，近代中国传统的贸易体系不断解体，新的贸易中心与货币中心不断出现。可以说，开埠通商在中国开创了一种新的国际贸易体系，创建了一种新的国内市场体系，并开启了一种全新的经济潮流。

国门被打开之后，国际市场对中国传统商品如茶叶、丝绸、棉花、猪鬃、桐油、芝麻等需求急剧增多；另外，国外商品大量涌进，如五金、洋布、洋纱、洋油等，在供给创造需求（"萨伊定律"）之下，这些新商品的涌进无疑开辟了中国新的国内市场。于是，上海、广州、汉口、天津等通商口岸便成为中国土货与洋货的转运之地。这些通商口岸的功能是内引外联，它们是国外经济的晴雨表，有如"纽约、伦敦等世界经济中心一感冒，中国这些处于现代世界体系边缘的通商口岸城市就会打喷嚏"的灵敏；同时，它们也是国内经济的标杆，海外土货市场之行情、洋货在中国市场行销之状况，都能通过通商口岸城市的吐纳表现出来。开埠通商是一个"三千年来未有之大变局"（李鸿章语），涌入中国的一批又一批洋行洋商，犹如一根又一根巨大的棍子，破坏了中国原有的经济结构，促使了新的经济模式出现，它们自带巨大活力，不断开辟中国市场，越来越多的中国地域被卷入这个现代世界资本主义体系之中。

洋行洋商从广州到上海，从上海到天津、汉口等不断扩散开来，随着这些洋行洋商而动的中国商人（早期多是买办）也不断地北上与西进。洋行洋商要在中国顺利开展业务，获取丰厚利润，需要中国本地人的帮助，这些本地人就是所谓的"买办"，没有买办的帮忙，早期洋行洋商在中国的贸易活动寸步难行，所以，前近代与广州"十三行"有关联的人员，自然而然也就成为洋行洋商在近代中国的第一批买办，他们跟随洋行洋商出现在上海、天津、汉口、九江等通商口岸。在这些人中，出现了带有明显地域特征的买办集团或买办世家，以广东香山买办为例，如唐廷枢、徐润、郑观应、莫仕扬等①。19 世纪 80 年代之后，宁波买办逐渐超过了广东买办，在代理洋人五金、颜料、洋油、洋纱、洋布、玻璃、银行

---

① 唐廷枢，号景星，又号镜心；徐润，号雨之，别号愚斋。

等行业中逐渐占据优势。在中西方商人资本的共同作用下，中国土货大量输出，外国洋货大量涌入而走进中国寻常百姓之家，逐渐改变了中国人的传统消费习惯。新型市场、新型贸易体系逐渐建立起来，中国出现了新的经济潮流。在新经济潮流裹挟之下，中国传统的大商帮——大商人资本由盛而衰，新的商帮——新兴商人资本依次崛起。

近代中国是外向型经济，更确切地说依附型经济。所以，对于近代中国经济问题，不得不要以"依附"来进行解读。国家羸弱，其经济不得不"唯外国列强资本马首是瞻"：外国列强主导着中国的对外贸易，操纵着中国的金融市场，压制着中国的民族工业。例如，中国的茶叶、生丝等土产贸易，当国际市场需求旺盛之时，这些土产贸易就会兴盛，而且还能带动其出产地（大多为内陆腹地）商品经济的发展，甚至在一定程度上开启了当地的现代化进程；然而，当国际市场对这些土产需求减退或不需要之时，这些内陆腹地瞬间便会因此而衰落下去。一般来说，金融是一个国家经济的上层，或者说是其经济命脉，而列强就曾控制了近代中国的命脉。试看近代以来中国境内发生的数次经济危机，哪一次不是由于列强兴风作浪：它们或抽逃资本，或搅乱市场，或传递错误信息等，引发了近代中国一次又一次经济危机。同样也可以看出，近代中国工业发展的"黄金时期"，大多是列强暂时缺位时期或偃旗息鼓时期。如在 20 世纪初，中国收回利权运动、抵制外货运动、第一次世界大战爆发等时期，中国工业的发展就颇为迅速，而且获利甚丰。然而，当列强卷土重来之时，在其强大资本或优势工业品的挤压之下，中国工业发展随之便陷入了重重危机之中①。所以，研究近代中国经济，不能绕开世界资本主义经济体系的核心——西方发达国家。在现代世界资本主义体系之中，中国现代经济得以启动并获到缓慢发展，然而它又受到阻碍，在夹缝中生存，在夹缝中发展，因此，处在此种经济体系之中的近代中国商人资本，也是在夹缝中出现、发展的，并带有鲜明的时代局限性。

被迫纳入现代世界资本主义体系之中的近代中国经济，无论是获得发展还是面临困境，多数情况下，就是受到这个体系影响的，如果说列强是

---

① 例如曾经在第一次世界大战期间因列强缺位而出现发展高潮的中国纺纱业，在列强资本重返中国的 1924 年，跌到萧条的极点。

世界体系的中心，中国就是这个体系下的"边缘"。那么，考察与研究近代中国商人资本大规模性的流动，就需要在这个体系中进行。

第二节 嘉道以来的"银荒"：中国 经济发展的"桎梏"

中国不是一个盛产白银的国家。自明中叶以来，因对外贸易出超，大量白银滚滚而来，中国遂成为一个以白银为中心、铜钱为辅助的国家。直至近代，中国经济主要是建立在数量有限的贵金属基础之上的。[1] 白银是国家财政、民间大宗贸易的主要支付工具，铜钱则是民间小额交换的货币。一直以来，白银与铜钱之间保持着一个较为相对稳定的比例（一般是 1：1000）。自嘉庆、道光以来，"银荒"[2] 开始出现：白银匮乏，白银与铜钱价格之比例快速上升。[3] 白银之于社会经济，犹如血液之于身体一样重要，当白银减少时，中国社会经济就会出现问题。无论是民间还是政府都深深地感受到了这一"问题"，并且此种现象在近代中国逐渐演变为一种"常态"，此后一次次出现了此种"困局"。

一 近代中国"银荒"问题的出现与持续

"银荒"最直接的表征就是人们感觉到"银绌""银贵"。1814 年，户部侍郎苏楞额奏称"内地银两渐形短绌"，1820 年（嘉庆二十五年），御史王家相的奏疏指出江南各省："银价日资，官民商贾胥受其累。"1829 年，上谕也说，"近年银价日昂"。[4] 这一时期，银两与铜钱的比价

---

① 这一点与近代转型时期的西欧是一样的，由于政府信用不足，现代货币体系尚未确立，贵金属金银在当时的经济生活中是特别重要的交易手段，社会财富也是以拥有多少贵金属为标准的。中国直到 1935 年法币改革，白银才逐渐从人们日常生活中淡出，但是因诸多原因，贵金属依然在国家经济生活中非常重要。

② 中世纪晚期，近代早期，西欧也出现过严重的"银荒"，从某种程度上可以说，正因为有这样严重的"银荒"，才促发中世纪晚期及近代早期的西欧地理大发现、环球殖民探险等诸多向外扩张之举。

③ 在清朝的经济生活中，大宗交易用白银，日常交易用铜钱。如政府收税是用白银，民众买卖多用铜钱，白银上涨就会使得铜钱贬值。

④ 魏建猷：《中国近代货币史》，黄山书社 1986 年版，第 1—2 页。

在不断攀升。请看下面一两纹银兑换铜钱之比价（表1—1）：

表1—1　　　　　　　　1808—1840 年白银与铜钱之比

年份	纹银与铜钱之比
1808	1040
1817	1216.6
1821	1266.5
1836	1364.6
1840	1643.9

　　资料来源：严中平：《中国近代经济史统计资料选辑》，中国社会科学出版社 2012 年版，第 37 页。

　　可以看出，1808 年时中国银钱之比价还算基本正常，没有多大的起伏，但是至 1840 年时，银钱之比价已经上涨了 50% 以上。以上表格只是一般的统计，其实，不少地区银钱之比价的上涨速度则远远超过上述统计。如常熟地区，1820 年至 1830 年的 10 年间，"银价大昂"，一两纹银对铜钱之比价，从 1600 文涨至 2000 文。[1] 另据林则徐所见，1836 年的西安，每一两白银兑换制钱 1800 文。[2] 由此可见，19 世纪前 40 年，中国银价上涨速度之快。这种现象所反映出来的问题，就是当时整个社会白银短缺现象日趋严重。

　　那么，白银为何日益短缺？众说纷纭。

　　1822 年，御史黄中模认为，白银短缺，是因为有人把白银偷运出海外。如在嘉庆十四年（1809），有人认为"银两偷漏出洋之弊……臣细加探访，实因广东洋面偷漏，依然如故，以致内地银两渐少，其价日增。至偷漏之由，系因广东民间喜用洋钱，其风渐行于江、浙等省。于是洋商私用纹银收买洋钱，与江浙茶客交易，作价反高于纹银。纹银一经出洋，即属去而不返，久之内地纹银缺少"[3]。1825 年，御史袁文祥认为，是因为

---

　　[1]　《常熟地区银钱比价变动》，《中国近代货币史资料（1822—1911）》，文海出版社 1974 年版，第 9 页。

　　[2]　（清）林则徐：《筹议银钱出纳陕省疑难改易疏》，《皇朝经世文续编》，卷 49—58。

　　[3]　《御史黄中模折——请严禁海洋偷漏银两》，《中国近代货币史资料（1822—1911）》，第 1 页。

民间私铸小钱，使得铜钱价格越来越低，因此奏请禁止铸造小钱，"自有匪徒私铸小钱，掺杂使用钱价，钱价因之以贱矣"。① 1825 年，给事中孙兰枝上奏，指出纹银流出外洋造成了中国银两减少而价格昂贵。

从现存的奏折、文书等来看，这一时期官员认为导致白银价格上涨的主要原因，是由于外商将成色较低的银元运进来，而将中国成色较高的纹银偷换出去，"夷商贿通洋行商人，籍护回夷兵为名，每年将内地银两偷运出洋至数百十万之多，该夷商已将内地足色银两私运出洋，将低潮洋钱运进，任意欺蒙商贾，以致内地银两渐形短绌"②。但是，也有人认识到，是因为鸦片的大量输入而导致白银短缺的。

早在 1820 年，经世派的代表人物包世臣③就认为，大量鸦片进来会引起白银匮乏。他说："鸦片产于外夷，其害人不异尤毒。其始惟盛于闽粤，近则无处不有。以苏州一城计之，吃鸦片者不下数十万人，鸦片之价，较银四倍，则苏城每日费银万余两，每岁即费银三四百万两。买食鸦片，则其银皆归外夷。每年国家正供，并盐关各课，不过四千余万，而鸦片一项，散银于外夷者，且倍差于正赋。夫银币周流，矿产不息，何以近来银价日高、市银日少？究厥漏卮，实由于此。况外夷以泥来，内地以银往，虚中实外，所关匪细。所谓鸦片耗银于外夷者，其弊如此。"④ 1832 年，给事中孙兰枝上奏，今年鸦片盛行，"江浙所属海口，如上海、宁波、乍浦等处，及广东、福建沿海各处，多有奸商揽卖鸦片，每年出洋纹银不下数百万两。"⑤ 1836 年，给事中许球上奏："鸦片贸易实为白银外流之主因。嘉庆初年，夷人出售之鸦片，每年不过数百箱，今已增至两万箱，上等烟土每项为八九百元，次等烟土每箱五六百元，我国此项漏卮年约一二千万两。"⑥ 1837 年，御史朱承烈上奏："闻广东海口每岁出银至

---

① 《御史袁文祥折——请禁官局铸造小钱》，《中国近代货币史资料（1822—1911）》，第 64 页。

② 魏建猷：《中国近代货币史》，第 1—2 页。

③ 清朝中后期，出现了一些强调学以致用、关注民生的士大夫，后人称之为经世派，陶澍、包世臣、黄爵滋等是其代表人物。

④ （清）包世臣：《齐民四术·庚辰杂着二》，黄山书社 1997 年版。

⑤ 《给事中孙兰枝折——江浙两省钱贱银昂商民交困宜清积弊》，《中国近代货币史资料（1822—1911）》，文海出版社 1974 年版，第 13 页。

⑥ 《给事中许球折——请禁鸦片杜白银外流》，《中国近代货币史资料（1822—1911）》，第 25 页。

三千余两，福建、浙江、江苏各海口出银不下千万，天津海口出银亦二千余万……近日吸食禁烟者无处不有……此无怪耗银之日多也。此银一到外夷，永不与中国流通，又无怪银之日短也。"① 同年，道光的上谕也赞同了朱承烈的看法："近来钱价日贱，自系纹银不足所致，推原其故，固出于风俗奢侈，耗于内地，而禁烟一物，贻害尤甚，耗银尤多。"② 因此下令"严饬沿海各督抚，认真查办。"可以看出，至 19 世纪 30 年代之后，士大夫与统治上层已经形成了共识：白银短缺主要是因鸦片的输入而导致的。

"银荒"问题一直在困扰着晚清王朝。除了铜钱兑换白银日益减少这一现象之外，中国多个通商口岸城市频频爆发经济危机，究其根源，多是银根奇紧、白银严重匮乏所致。如 1908 年上海发生经济危机，"商况萧条，银根奇紧，利息之增高，市面之恐，为开埠六十年来所仅有，时人分析是外国人乘机收银所致"③。所以，为了维持市面正常交易，上海商会与政府出面，向中外银行借贷白银来恢复市面的货币流通。再如，1909年，汉口三怡（怡和兴、怡和生、怡和永）钱庄倒闭之后，市面困敝，"银根愈形紧迫，钱价逐渐低落，实为今年所未有。良由现银短绌，不敷周转，又届月底比兑之期，若不筹巨款，分储汉口度支交通各官银行，既湖北官钱局，查察市情，酌济盈虚，切恐店铺倒闭纷纷"④。

时至民国，"银荒"频繁出现，多个城市数次发生金融危机，究其原因，依旧是白银不足而造成的，其现象多是"白银腾贵，铜钱贬"⑤。

近代中国历史上，为什么会有经常性的"银荒"爆发呢？其原因当然有多种。首先是康乾盛世之后，中国商品经济继续发展，⑥ 现有贵金属的供应量已远远不能满足市面流通之需要。再者，在白银已是不敷使用的

① 《御史朱承烈折——报告银价昂贵之流弊及白银出口约数》，《中国近代货币史资料（1822—1911）》，第 28 页。

② 姚贤镐编：《中国近代对外贸易史资料（1840—1895）》第一册，科学出版社 2016 年版，第 342—343 页。

③ 《论维持上海市面》，《申报》1908 年 10 月 16 日第 2 版。

④ 《商务纪闻：长江流域金融市场之恐慌》，《万国商业月报》1909 年第 10 期第 8 版。

⑤ 天津市档案馆等编：《天津商会档案汇编（1912—1928）》（第 2 分册），天津人民出版社 1992 年版，第 1120 页。

⑥ 纸钞也曾出现过，但始终没有替代白银货币的主导地位。

窘况之下，由于长期的贸易逆差，或战争赔款，或列强的白银政策等①造成了白银外流。还有民间长期以来的习惯，那就是无论是富者还是贫者，尽可能地收藏白银，或窖藏白银，或以白银做材质，制造装饰品或器皿，因此也截留了一部分白银，使之退出了流通领域，如此种种之原因，都造成了整个中国白银供应量的不足。虽然学者林满红曾在《银线：19 世纪的世界与中国》中提出，这一时期中国白银减少与世界上白银生产的减少有很大关系。因为拿破仑战争与拉丁美洲独立运动打断了白银的正常生产，从而使流入中国的白银量减少。② 但是，这一时期，大量白银退出中国流通领域，却是一个不争的事实。

二 大量白银退出流通领域

首先，中国贸易逆差造成白银大量外流。

在 19 世纪以前，中国国际贸易多是出超，因而才有大量白银流入，使得中国成为以白银为主要交易手段的国家，但是自 19 世纪以来，鸦片贸易导致白银大量流出。

清朝学者王鎏（字亮生）指出："每岁海舶市鸦烟者，必得银累千万而去，中国之大害莫过于此。"③ 1838 年，鸿胪寺卿黄爵滋说："盖自鸦片流入中国……粤省奸商勾通巡海兵弁，运银出洋，运烟入口。查道光三年以抵每岁漏银数百万两，三年至十一年，岁漏银一千七八百万两，十一年至十四年岁漏银二千余万两，十四年至今，渐漏至三千万两。此外福建、浙江、山东、天津各海口，合之亦数千万两。日甚一日，年复一年，诚不知伊于胡底！"④ 在鸦片贸易之中，成千上万两白银流出中国。

19 世纪前期，鸦片输入中国的数量与日俱增。请看表 1—2：

---

① 列强一系列白银法案有：1933 年 5 月美国《农业救济法》之《汤姆斯修正案》；1933 年 7 月伦敦经济会议之《八国白银协定》；1933 年 12 月《国内产银收买令》；1934 年 6 月《购银法》等。参见郑允恭《银价腾贵与中国》，《东方杂志》1935 年第 32 卷第 13 号，第 44 页。

② 林满红：《银线：19 世纪的世界与中国》，江苏人民出版社 2011 年版，第 264 页。

③ （清）王鎏：《除鸦片烟议寄张亭甫》，《〈钱币刍言〉整理与研究》，东华大学出版社 2010 年版，第 57 页。

④ 《钦差大臣林则徐等折——鸦片入口纹银外流请严塞漏厄》，《中国近代货币史资料（1822—1911）》，第 30 页。

表1—2 　　　　　　　　1800—1839 年鸦片输入 　　　　　　（单位：箱）

年份	年平均数量
1800—1811	4016
1811—1821	4494
1821—1828	8043
1828—1835	18835
1835—1836	30000
1838—1839	40000

资料来源：［美］马士：《中华帝国对外关系史》第 1 卷第 228 页（张汇文等译，商务印书馆 1963 年版）与黄鉴晖等编：《山西票号史料》第 793 页（山西经济出版社 2002 年版）。

可见，到 19 世纪 30 年代，鸦片输入增长的速度进一步加快，从 1835—1836 年的 3 万多箱，1838—1839 年增至 4 万箱，是 19 世纪最初 20 年中每年平均输入的 4000 多箱的 10 倍。[1] 鸦片走私地理范围不断扩大，不再限于广东的伶仃岛，而是迅速地沿着东海岸与南海岸发展，走私数量超过以往 6 倍。[2] 据不完全统计，1833—1838 年的六年间，仅印度加尔各答一地向中国输出的鸦片就达 67033 箱。[3]

鸦片大量走私进来造成中国白银大量外流。仅广州一地输出的白银，如表 1—3 所示：

表1—3 　　　　　　　　广州白银出口

年份	各国商船出口白银总值（元）
1817—1818	3920000
1818—1819	6088679
1823—1824	2618500
1825—1826	4341000
1827—1828	6094646

① 黄鉴晖等编：《山西票号史料》，山西经济出版社 2002 年版，第 793 页。
② 宁波市社会科学界联合会、中国第一历史档案馆编：《浙江鸦片战争史料》上册，宁波出版社 1997 年版，第 8 页。
③ 姚贤镐编：《中国近代对外贸易史资料（1840—1895）》第一册，科学出版社 2016 年版，第 318 页。

续表

年份	各国商船出口白银总值（元）
1830—1831	6595306
1833—1834	6731615

资料来源：此数据是根据严中平：《中国近代经济史统计资料选辑》第 32 页中表格数据整理得出。

从 1817 年到 1834 年的 17 年间，从广州一地外流的白银共计高达 6605 万余元。[①] 从全国来看，道光七年至道光十九年间，即 1827—1839 年是中国白银流出极盛之时。1827—1833 年，中国总共流出白银 2992 万元，即以 6 年时间计，每年平均流出白银为 498 多万元。1834—1838 年，总共流出 5580 万元，以 4 年时间计每年平均流出白银为 1395 万元。[②]

第一次鸦片战争之后，白银继续外流。每年运进的鸦片数量由 15000 箱上升到 60000 箱。[③] 除了鸦片之外，列强还开始大肆向中国倾销工业品，进一步导致中国对外贸易逆差的加剧。因贸易逆差，1845 年中国白银外流约 1642.8 万银元，1846 年约为 647 万—900 万银元，1847—1848 年则增至 1000 万银元。[④] 据统计，1843—1846 年的三年间，中国白银净流出总量为 3520 万元。[⑤]

到了 20 世纪初，白银还在持续外流：1905 年白银外流为 871 万余元，1906 年为 2263 万余元，1907 年为 3781 万余元，1908 年为 1486 万余元，如此等等[⑥]。每当贸易出现逆差之时，中国就需要用白银进行冲抵。据摩加泰公司报告，1914—1918 年，中国输出的白银总额为

①　此数据是根据严中平：《中国近代经济史统计资料选辑》第 32 页中的表格数据计算得出。

②　余捷琼：《1700—1937 年中国银货输出入的一个估计》，商务印书馆 1940 年版，第 21—23 页。

③　［美］斯蒂芬·洛克伍德：《美商琼记洋行在华经商情况的剖析（1858—1862）》，章克生、王作求译，上海社会科学院出版社 1992 年版，第 31 页。

④　彭泽益：《鸦片战后十年间银贵钱贱波动下的中国经济与阶级关系》，《历史研究》1961 年第 6 期，第 41 页。

⑤　余捷琼：《1700—1937 年中国银货输出入的一个估计》，第 23 页。

⑥　颖之：《白银外流与中国金融危机》，《经济旬刊》1934 年第 3 卷第 15 期第 8 版。

8100 万两。① 进入民国以后，尤其是 30 年代，中国贸易逆差加剧，外流的白银更多。如 1933 年中国对外贸易入超是 7.3 亿多元，② 巨额的贸易逆差是需要巨额的白银来冲抵。

其次，中国对列强的赔款与列强的直接掠夺，致使白银外流的现象触目惊心！

一是对列强的战争赔款。

第一次鸦片战争期间，1841 年 5 月，广州赔付英军 600 万元，1842 年《南京条约》规定中国赔款 2100 万元，前后总共 2700 万元，其中除了一小部分留在中国外，其余的大约有 1280 万元是被直接运往印度与伦敦。③ 第二次鸦片战争，中国向英法赔款 800 万两白银。（咸丰帝）谕军机大臣等："昨因用项浩繁，部库未裕，业经谕令户部，将各省应解京饷迅速咨催。现在和局定议，英、法两使业已互换和约。惟尚有偿给兵费，部库无款可筹，自应由各省迅速筹解，以济要需。著……湖北、湖南、四川各解银十数万两。无论何款，赶紧著拨，委员星速兼程解京，赴库交纳。银两一日不到，即英、法一日不能退兵。"④ 英法要款之咄咄逼人，晚清政府之软弱，令人悲愤。1874 年，中国因琉球事件向日本赔款库平银 50 万两。1876 年因马嘉理事件赔款关平银 20 万两。1881 年因伊犁事件赔款 900 万卢布。1895 年因甲午战争赔款库平银 23150 万两。1901 年因庚子赔款关平银 4.5 亿两。还有各地政府其他赔款如教案赔款等。从第一次鸦片战争到清朝灭亡前夕，清政府对外赔款的白银总计近 13 亿两之巨！⑤ 这些赔款都是分摊到各省，各省再以赋税名目从民众那里搜刮出来。湖广总督张之洞奏："湖北现拟规复丁漕，减征钱文，并加提州县平余，酌抽税契捐，凑供赔款。"⑥ 各项赔款不断地抽走了中国一般民众手

---

① 《最近数年银债之变动、羊楼洞茶业之调查》，《银行周报》1920 年第 4 卷第 2 期，第 39 页。

② 张肖梅、蔡致通：《二十二年中国对外贸易检讨》（下），《中行月刊》1934 年第 8 卷第 4 期，第 38 页。

③ 余捷琼：《1700—1937 年中国银货输出入的一个估计》，第 24 页。

④ 《文宗实录》卷 31，第 6 页上、下，1860 年 10 月 31 日，转引自皮明庥等《武汉近代（辛亥革命前）经济史料》，武汉地方志编纂办公室印行 1981 年版，第 82 页。

⑤ 彭泽益：《鸦片战后十年间银贵钱贱波动下的中国经济与阶级关系》，第 40 页。

⑥ 1902 年《德宗实录》卷 495，第 11 页上，转引自皮明庥等《武汉近代（辛亥革命前）经济史料》，武汉地方志编纂办公室印行 1981 年版，第 82 页。

中的白银。

二是列强在中国明火执仗地抢劫。

第一次鸦片战争期间,在北进过程中,英军一路打劫沿海城市,"宁波,甬江市肆积钱数万缗,银树万两,尽取之。掠大户守舍仆,赎以金,资累巨万。开常平仓,巢诸民谷,一石易番银以饼。"① 英国侵略者在沿海直接掠夺中国商民和官库的纹银及现金,据不完全计算,约有7302894银元。此后英、法、日等列强对中国发动了多次侵略战争,掠夺了中国无数的金银财宝。② 到目前为止,圆明园多数珍奇宝物仍流失海外。中国原制于明朝的最大两枚镇库元宝现存放在日本,那是在1900年八国联军侵入北京时,被日本侵略军窃掠而走的。

三是列强的白银政策,导致中国白银大量外流。

在现代世界资本主义体系之中,列强不断变化的白银政策直接影响了中国白银的供应量,其中影响最大的一次,是20世纪30年代美国颁布的白银政策,它直接导致中国白银大量外流。

1933年,中国实行"废两改元",但白银依然是中国货币的主要材质。③ 然而,同年美国通过了一系列白银相关法案,在世界市场上高价收购白银,中国国内"银洋从每百元美金二十七元七角五分涨至四十六元三角七分的高度"④,于是中国的白银排山倒海般地向美国的纽约流去了。其实,早在1933年的上半年,"银货输出,则几全数运往美国,五月份运往纽约之银两为一千七百八十一万两,运往旧金山者为六百万两;六月运往纽约者为七百九十万两,运往旧金山者为三百五十万两,两月两处合计,共为三千五百余万两"⑤。1933年下半年的8月起至10月15日,上海一埠流出的白银约计有二万万元,上海的存银总数,据财政部的估计不

① 宁波市社会科学界联合会、中国第一历史档案馆编:《浙江鸦片战争史料》下,宁波出版社1997年版,第290页。

② 彭泽益:《鸦片战后十年间银贵钱贱波动下的中国经济与阶级关系》,第40页。

③ 1933年3月10日中国"废两改元",中国币制开始废用银两,改用银元。1935年"法币改革",废止银本位制、采行纸币,白银作为外汇准备金。

④ 潄地:《白银继续外流问题》,《西北论衡》1934年第16期,第22页。

⑤ 赵惠谟:《游资集中上海之数字上的考察》,《民族》1933年第1卷第10期,第1677页。

过是五万四千万元，竟然于四个月间流出了五分之二的巨额。①

1934 年 1 月至 10 月的仅 10 个月时间内，中国白银流出额高达 2.1 余亿元。②"此次上海迄十月十二日（1934）止，运出白银 2500 万元，大半系运伦敦。总之自四月迄今，共流出现银 2 亿元。"③ 1934 年，上海中外库存总额最高之时，仅为 6 亿，同年 8 月时已骤减至 4.9336 亿，而到年底查库报告显示，仅为 3.85 亿。④ 1934 年，《汉口市民日报》也刊载："大批现银出口，共计一千五百万元，运往英京孟买两处。"⑤ 白银继续外流。1935 年 1 月至 10 月上旬，留到外国去的白银共 2 亿，其数不可谓不巨。⑥

20 世纪 30 年代，中国通过海关流出的白银如表 1—4 所示：

表 1—4　　　　　1932—1937 年中国白银流出数量　　　　（单位：元）

年份	净流出量
1932	11444000
1933	14122000
1934	256728000
1935	59397000
1936	249623000
1937	398490000
共计	989804000

资料来源：《十年来中国白银之外流附表》，《江西统计月刊》1938 年第 1 卷第 7 期，第 63 页。

由上表得知，1932—1937 年，中国白银流出量近 10 亿。另据载，1937 年 1 月至 1938 年 10 月中国白银流出 3.3 亿多元。⑦ 以上数据只是海

---

① 漱地：《白银继续外流问题》1934 年，第 22 页。
② 颖之：《白银外流与中国金融危机》，第 8 页。
③ 《上海之存银量》，《银行周报》1934 年第 41 期，第 2 页。
④ 颖之：《白银外流与中国金融危机》，第 2 页。
⑤ 《汉口市民日报》，1934 年 7 月 6 日第 2 版。
⑥ 章乃器：《白银与中国》，《经济丛刊》1935 年第 3 期，第 14 页。
⑦ 《中国白银外流约三亿三千万元》，《内外经济情报》1938 年第 4 卷第 1 期，第 16 页。

关方面的统计，没有包括白银走私的数据。

时人撰文说：造成此时白银外流的原因中，不仅有美国白银政策的影响，也可能有贸易逆差的因素。① 但是从统计数据上看，1919 年至 1932 年的连续 13 年间内，白银之于中国，一直是输入大于输出的。② 而白银输入小于输出是自 1933 年始，这说明美国白银政策对中国白银外流有着重大的影响。后来国民政府征收白银出口税也不能阻止白银的流出。

19 世纪前期的中国，经历了白银的大量外流，20 世纪 30 年代，中国再次经历了白银严重外流。白银外流造成的严重后果就是：整个中国白银供给不足，经济活动运转不畅，使得"商旅裹足不前"。"金融之在一国，犹如血液之在一身，未有血液衰败而躯体康健无恙者。"③ 中国为银本位国家，巨额现银数次奔流国外，这对于大部分时间内以白银为交易手段的中国经济来说，无疑是一次又一次的灾难。

四是民间截留白银与铜元。

如同中世纪晚期近代早期的西欧民众一样，中国民众无论是富者，还是穷人，都喜欢截留白银，或窖藏，或打造首饰，或制成器皿。"如果不幸，君主暴虐，人民财产随时就有可能受到侵害的危险，那么，人民往往就把资材的大部分藏匿起来。他们时刻提防灾难一旦来临，就可以随时把它带到安全地方，土耳其、印度或亚洲其他国家都常有这种事情，我国（英国）也有。"④ 近代中国，政局长期动荡不安，在如此环境中，唯有贵金属货币才是坚挺的，才值得民众信赖，所以人们也千方百计地把贵金属攥在自己手中，或者说尽可能地多窖藏金银，将之藏在地下，以备不时之需。

五是官员或商民藏银。"以窖银代储蓄，为东方各国人民普遍之习惯，以吾国论，从前亦极为流行，盛行窖银时，为生银增一种需要。"⑤ "近世贵人富商多藏银，若与禁绝，则贵富知其不利也，奋其唇舌，阁下

① 余清簏：《防止白银外流问题》，《银行周报》1934 年第 18 卷第 41 期，第 8 页。

② 颖之：《白银外流与中国金融危机》，1934 年，第 8 页。

③ 颖之：《白银外流与中国金融危机》，1934 年，第 6 页。

④ ［英］亚当·斯密：《国民财富的性质和原因的研究》上卷，郭大力、王亚南译，商务印书馆 2003 年版，第 261—262 页。

⑤ 杨荫溥：《杨著中国金融论》，黎明书局 1936 年版，第 568 页。

岂能与争可否哉?"① 中国 "富家以土窖藏银,历久不用。"② 如此这样,那就是民间收藏多少白银,就有多少白银退出了流通领域,从而减少了市面上白银的流通量。1837 年,包世臣在《再答王亮生书》中说:"银之用广,富贵家争藏银,银日少。"③ 1845 年,吴嘉宾在《钱法议》中曾说:"富者又多藏银,银始不敷用。"④ 白银、黄金是贵金属,在乱世之中,尤为坚挺,所以,富者更有窖银的倾向。

山西祁县渠源祯的祖父(渠映璜),死时藏有白银 120 万两,至渠源祯时,其行为更甚,为了保存白银,在其住宅和三晋源老号各修建银窖一所,当时祁县城内的天合源钱铺的主要业务就是为渠源祯铸元宝。渠源祯死后,其儿子渠本翘仅在其住宅一窖处就挖出白银 300 万两。⑤

近代以来的中国社会一直动荡不安,银行还处于发展初期,一些钱财来路不明,如贪污受贿等,不能公开,只有把白银藏在自己家中。曾在广州参加中英交涉和谈判的清朝大臣琦善,后来被朝廷革职并查抄家产,他家除了有房屋及在 90 家钱庄和典当行有股份之外,还窖藏有 1805 余万两白银和 10912 两黄金。⑥ 一个大臣在家贮藏的白银数量何其多也,不多哉? 在整个晚清官场,贪官多如牛毛,"三年清知府,十万雪花银",可想而知,有多少白银因藏匿在这类人的家中而退出了流通领域。

而且,每当政局出现动荡时,商人都会争相收囤白银。太平天国运动时期,商人收囤银元,"拆息加重之故,出于银洋短少。银洋之所以短少,由于大腹贾收买太多。此庄有银若干,彼则收之,彼庄有银若干,彼又收之⋯⋯不能禁其不屯也⋯⋯盖庚申辛酉(1860、1861)之间,乱信频传,人心惶惧,皆欲收取银洋,以便携带,银洋之价骤贵,而有人焉,收买现钱,尔时人虽皆欲收藏银洋,而日用所需,究不得不用现钱。收买

---

① (清)包世臣:《答王亮生书》,《〈钱币刍言〉整理与研究》,东华大学出版社 2010 年版,第 56 页。

② (清)王瑬:《钱钞议一》,《〈钱币刍言〉整理与研究》,第 9 页。

③ (清)包世臣:《齐民四术·答王亮生书》,黄山书社 1997 年版。

④ 中国史学会主编:《鸦片战争》第一册,上海人民出版社 1957 年版,第 527 页。

⑤ 黄鉴晖等编:《山西票号史料》,第 779 页。

⑥ [美]马士:《中华帝国对外关系史》第一卷,张汇文等译,上海书店出版社 2000 年版,第 315 页,注 3。

者既日积月累，竟至市无现钱，以至百物皆昂"①。白银被收囤之后，市面上流通的白银减少，市面就更乱了。在政局动荡之下，除了白银外，民间甚至连铜元也要争相收购。1927 年，武汉国民政府"集中现金"令下后，铜元"多被藏匿，市面几于绝迹"，以致武汉市面铜元缺乏，价格飞涨，对于交易的影响很大。②

有统计显示，1930 年中国有约为 22 亿枚中国银元，约合纯银 17 亿盎司。如果把窖藏、首饰和用器都计算在内，中国所有的白银总量约达 25 亿盎司之谱。③ 也就是说，后者竟达 8 亿盎司。

白银不断的流失使白银存量原本不多的近代中国，饱受匮乏之苦。

三 "银荒"之困

对于"银荒"之困的叫苦之声，之于第一次鸦片战争前的清朝统治者来说，不绝于耳。

早在道光二年（1822），御史黄中模上奏说，近来各省银价愈昂，钱价愈贱，小民完粮纳课，均需以钱易银，其亏折咸以为苦。④ 道光五年（1825），御史袁文祥上奏请禁止民间小钱时说，盖以钱搭放兵饷，每钱一千照例扣银一两，而钱价贱时约用银六七钱，即可易钱一千，是扣数浮于市价，营兵之生计不免拮据矣。至于物价，商贾百货，遇钱贱即增价以售，尚无亏绌，惟贩卖小物为糊口之谋，价不能增，钱则已贱，贫民之生计益加窘矣。⑤ 1839 年，包世臣说天下之苦银荒久矣。⑥

第一次鸦片战争之后，白银价格继续高昂。王庆云（1798—1862）言及 1844 年时的情形说："至今日每两易钱二千，较昔钱价平时盖倍之，

---

① 中国人民银行上海市分行编：《上海钱庄史料》，上海人民出版社 1960 年版，第 26 页。

② 中国人民银行武汉市分行金融研究所等编：《武汉钱庄史料》，中国人民银行武汉市分行 1985 年版，第 76—77 页。

③ ［美］阿瑟·恩·杨格：《1927—1937 年中国财政经济情况》，陈泽宪、陈霞飞译，中国社会科学出版社 1981 年版，第 214 页。

④ 《御史黄中模折——请严禁海洋偷漏银两》，《中国近代货币史资料（1822—1911）》，第 1 页。

⑤ 《御史袁文祥折——请禁官局铸造小钱》，《中国近代货币史资料（1822—1911）》，第 64 页。

⑥ （清）包世臣：《齐民四术·银荒小补说》。

较贵时几及三倍。"1846 年，据北宁津县大柳镇统泰升记账册记载，这一年银一两兑换的制钱数约为 2200 文。"何以从前银价未闻似今日之翔贵，即偶有增长，亦不过一时一处，随涨随落，非若近岁之有增无减，甚至各省皆然。"① 据清代各省督抚奏报档案资料记载，到 1850 年前后，福建、湖南、江西和江苏等省的银钱比价是 1∶2000 文左右；1853—1856 年，云南、江苏等省银钱比价也是在 2000 文左右，其他如陕西、河南、湖南、浙江、北京等地则超过此数，最高达到 1∶2700—3000 文。② 银价高昂造成的后果就是社会经济受损。

因对外贸易的繁荣，清朝最富有的东南地区一带的白银外流量更大，白银短缺现象最为严重。时任官吏的缪梓曾说："东南州县民之持钱求银而不可得者十八，东南民力竭矣。"③ 1840 年前后的无锡地区，"昔用银多于用钱，今则有钱而无银矣"④。

白银短缺，受苦最深的是农民。包世臣曾说："蚕、棉得丰岁而皆不偿本……推原其由，皆由银贵。"⑤ 蚕、棉等虽然丰收了，但农民得不偿失，因为白银太贵了，交易中的铜钱贬值了。农民是以铜钱来缴纳租税的，在白银越来越贵、铜钱越来越低贱的境况之下，农民就要付出更多的农产品换购回相同的白银数量。左宗棠曾在 1851—1852 年给友人的信中这样写道：银价日昂，钱复艰得，农者以庸钱粪直为苦，田者以办饷折漕为苦，食易货难，金生谷死，未免如亭林先生所云丰岁之荒耳。⑥ 吴嘉宾也说："近银价日昂，小民完粮愈不能支，卖十石谷只易三两银；谷每石六百，银每两值钱二千。"时任刑部左侍郎的曾国藩也深有同感：白银价昂贵以来，民之完纳愈苦，官之追呼亦愈酷。⑦

白银短缺，亦使贸易活动受损。1835 年的官方报告显示，由于商人

① 林满红：《银线：19 世纪的世界与中国》，第 112 页。

② 萧清：《中国近代货币金融史简编》，山西人民出版社 1987 年版，第 4 页。

③ 《皇朝经世文续编》卷 60 户政 32 "钱币"（缪粹《银币论》下），转引自林满红《银线：19 世纪的世界与中国》，第 110 页。

④ 《1840 年以前无锡地区银钱比价情况》，《中国近代货币史资料（1822—1911）》，第 8 页。

⑤ 萧清：《中国近代货币金融史简编》，第 5 页。

⑥ 林满红：《银线：19 世纪的世界与中国》，第 119 页。

⑦ 萧清：《中国近代货币金融史简编》，第 10 页。

可支配的资金愈加匮乏，从厦门到东南亚的帆船数量减少了40%。十年后的一份官方报告指出，从福建、广东到天津航行的货船数量急剧减少。[1] 有一份官方报告这样写道："溯查道光八年（1838）以前，每银1两易大制钱1200—1300文，商人已苦累不禁，近年来则每银1两增至大制钱1500—1600文不等。各商卖盐得钱，易银交课，无论东商资本微薄。就令素称殷实，亦难当此亏赔。因而十引五积，十商九乏。"[2] 白银匮乏，即使是对当时处于垄断地位的盐业商人来说，也非常不利。"各省盐务滞销，因由银价昂贵"。吴嘉宾（1803—1864）也说："银价日昂，盐务尤被其累，盖民间买卖用钱，商人赴场领盐纳课俱用银，银价加昔一倍，即系以一岁完两岁之课，是病商也。"[3] 盐业贸易尚且如此，其他的贸易更是不堪。"昔则争为利薮，今则视为畏途。"[4] 因为，民间各种贸易、往往趸置论银，而零卖论钱。银贵以来，论银者不加而暗加，论钱者明加而实减。于是商贾利薄，裹足不前。所以，道光末年，一些地方竟出现了"富商大贾倒罢一空，凡百贸易，十减五六"的情形。[5]

白银上涨，造成国家赋税征收困难，以致国库日益空虚。道光十二年，给事中孙兰枝上奏："浙、江为东南财富之区，一切地丁、漕粮、盐课、关税及民间买卖，甲于他省，然近年以来，实因钱贱银昂，以致商民交困，日甚一日。"[6] 1837年，御史刘梦阑上奏："州县征收地丁钱粮，乡村农户无从得银，大都以钱折银完纳。不以钱合市价，则官以征解为苦。"[7] 道光十八年（1838）上谕："自鸦片流毒中国，纹银出洋之数，逐年加增，以致银贵钱贱，地丁漕粮盐课因而交困。"[8] 1852年曾国藩感叹：

---

① 林满红：《银线：19世纪的世界与中国》，第121页。

② 林满红：《银线：19世纪的世界与中国》，第121页。

③ 萧清：《中国近代货币金融史简编》，第5页。

④ 林满红：《银线：19世纪的世界与中国》，第121页。

⑤ 萧清：《中国近代货币金融史简编》，第5页。

⑥ 《给事中孙兰枝折——江浙两省钱贱银昂商民交困宜清积弊》，《中国近代货币史资料（1822—1911）》，第9页。

⑦ 《御史刘梦阑折——请严禁运银出洋》，《中国近代货币史资料（1822—1911）》，第26页。

⑧ 姚贤镐编：《中国近代对外贸易史资料（1840—1895）》第一册，第347页。

"银价太昂，不独官民交困，国家亦受其害也。"① 由于银贵钱贱加剧，赋税征收困难。如国家地丁税的征收总数，每年几乎总不能按规定完成。据户部报告，1843 年以前，全国各省积欠地丁等项共计几近 600 万两，1843—1847 年，各省共积欠地丁银是 900 多万两，至 1848 年年底，各省共欠地丁银 770 多万两。② 赋税难以征收，致使国库入不敷出，出现严重超支现象，财政危机逐渐加深，以致不得不向民间富有商人群体借款，以维持政府开支。

晚清，中国多个城市饱受"银荒"之困的新闻屡见不鲜。1902 年的上海，"现在现银既禁止出口，津地取现贴色之费又如此之大，汇费遂随之而增，闻现在汇费每千两亦须加二三百不等，非但申商以吃亏太大，无不徘徊观望，即使肯如数吃亏而汇之，尚属非易。票现两迫，于是申地之银根愈紧矣"③。同年的上海，"本埠银根奇紧，汇水拨条每千两涨至三百两而奇，且千两仅抵七百之用。至行坐各商受累匪浅，多有议暂为歇业，以候市面平定云"④。1903 年的重庆，收汇汉票，每千两先收一月贴水仅五六两或七八两，后因为银根奇紧，贴水增至四十四五两。故近日各汇号甚形棘手，而放月息者，每月已涨至一分三四厘云。⑤ 1910 年的汉口，自协成官银号、义通万祥泰公各钱庄先后停歇后，银根奇紧，嗣由制台札饬藩司移行汉口商务总会转饬：官商勿提存款，始得转危为安，近因百货流通各银行票号钱庄共放出市银 1000 余万两，出口货物亦售出银数十万两，故周转灵便之上月市面已有天渊之别。⑥

进入民国之后，"银荒"之困也多有发生。白银上涨，铜元贬值，一般民众深受其害。据 1922 年《天津商会档案汇编》记载，河北东光县马桂林说，当清末民初之交，民间典地一亩，不过价值京钱六七十吊，今则增至一百三四十吊矣，现仍随银价增长不已。鄙人在民国初元尚有典契地五六十亩，共价京钱三千吊左右，八口之家，衣食无缺。迨至近年，被业

---

① 林满红：《银线：19 世纪的世界与中国》，第 193 页，注释 1。
② 萧清：《中国近代货币金融史简编》，第 6 页。
③ 《论津沪市西之关系》，《申报》1902 年 11 月 22 日。
④ 《商困维艰》，《大公报》1902 年 12 月 7 日。
⑤ 《银根奇紧》，《大公报》1903 年 6 月 18 日。
⑥ 《汉口金融之转机》，《北洋官报》1910 年第 2650 期，第 10—11 页。

主陆续赎回，此则三千吊之原价，仅能再典田地二十余亩，不及前者之半。于是八口之家已难资生活矣……是以数年前小康之家，今则悉变为冻馁之民矣。驯者转乎沟壑，黠者流为盗贼，近来民生日困，土匪日多，皆职斯故也。①

可以说，"银荒"在近代中国经常爆发，整个社会深受其苦。20世纪30年代初，中国再次出现白银大量外流，历史再一次重演，整个社会又一次地深陷其中，遭受其苦，尤其是当时的中国广大内陆农村已无银可借。

四　面对"银荒"的对策

中西在近代早期都曾有过"银荒"困局，面对如此困局，中西统治者最初采取的政策有着惊人的相似之处，那就是禁止白银出口。后来，随着中西认识之不同，所采取的措施逐渐不同。

中世纪晚期近代早期，面对白银短缺，西欧诸王室采取的最直接办法，就是禁止白银出口。最初，西班牙对非法出口金银者处以极刑。后来这种规定有了一点变通，即在第二次非法出口金银时即处以极刑。1552年西班牙政府还规定，对于揭发同胞非法出口金银者给予重奖。英国也禁止金银出口。1618—1619年，18个外国商人因在英国出口了700000个硬币，而受到英国星室法庭严厉制裁。② 即使那些资本可以自由流动的城市国家如威尼斯、热那亚，在同一时期也颁布了贵金属保护法，以防止贵金属的外流。还有一些国家为了防止金银外流，禁止本国人购买外国奢侈品，因为国王认为是奢侈品的购买导致了白银的大量外流。例如法国国王曾相继于1486年、1532年、1543年、1549年、1554年、1560年、1561年、1563年、1565年多次颁布反奢侈法，目的就是尽量减少金银的外流。③

另外，西欧人走出去进行殖民探险与海外扩张，在全世界范围内寻找黄金与白银。"像富人一样，富足的国家往往被认为拥有很多货币，在任

---

① 天津市档案馆等编：《天津商会档案汇编（1912—1928）》（第2分册），第1270页。

② Violet Barbour：*Capitalism in Amsterdam in the 17th Century*, The University of Michigan Press, 1976, p. 123.

③ Harry A. Miskimin：*The Economy of Later Renaissance Europe 1460 – 1600*, Cambridge University Publishing, 1977, p. 150.

何国家，贮积金银被认为是富足的捷径。"① 所以，自身金银比较缺乏的热那亚、葡萄牙和西班牙等城市或国家，自中世纪以来，一直在非洲西海岸寻找黄金。"卑劣的贪欲是文明时代从它存在的第一日起直至今日的动力；财富，财富，还是财富，——不是社会的财富，而是这个微不足道的单个的个人的财富，这就是文明时代唯一的、具有决定意义的目的。"② 1291 年，为了攫取东方的黄金、宝石、香料，热那亚维尔瓦第两兄弟曾试图从地中海出发绕过非洲，找到通向东方的航线，但最后却消失在大西洋之中。③ 15—16 世纪，西欧殖民者不辞辛劳地远航、探险，最直接的目的就是要获得金银，他们每到美洲一个生疏的海岸，就会问"近处有无金银"，再来决定是否有征服的必要。④ 1492 年 11 月 11 日，哥伦布在古巴海岸登陆后向当地居民明确表示："远征司令来此目的乃为寻找黄金。"⑤ 1503 年哥伦布在致西班牙国王和王后书中说："黄金是一切商品中最宝贵的，黄金是财富，谁占有黄金，谁就能获得他在世上所需的一切。同时也就取得把灵魂从炼狱中拯救出来，并使灵魂重享天堂之乐的手段。"⑥ 科尔蒂斯（征服墨西哥的西班牙殖民者）于 1521 年写道："我们西班牙人，被苦恼折磨着的心灵只有用黄金才能治愈。"⑦ 这一时期，西班牙殖民者在美洲发现了大量的白银，⑧ 并将其输送到西欧，极大地缓解了欧洲的"货币饥渴症"。

从现存史料来看，中国政府在面对白银短缺问题时采取的应对措施多

---

① ［英］亚当·斯密：《国民财富的性质和原因的研究》下卷，郭大力、王亚南译，商务印书馆 2003 年版，第 2 页。

② 《马克思恩格斯选集》第四卷，人民出版社 1972 年版，第 173 页。

③ J. K. J. Thomson：*Decline in History*：*The European Experience*，Blackwell Publishers Inc USA，1998，p. 46.

④ ［英］亚当·斯密：《国民财富的性质和原因的研究》下卷，第 2 页。

⑤ 黄邦和、萨那、林被甸主编：《通向现代世界的 500 年——哥伦布以来东西两半球汇合的世界影响》，北京大学出版社 1994 年版，第 80 页。

⑥ 周一良、吴于廑主编：《世界通史资料选辑》中古部分，商务印书馆 1981 年版，第 304 页。

⑦ ［美］斯塔夫里阿诺斯：《全球分裂——第三世界的历史进程》上册，迟越等译，商务印书馆 1993 年版，第 31 页。

⑧ 16 世纪，西班牙人在美洲发现了黄金，但是大量开采并输送到欧洲市场上主要是在 17 世纪。

是"禁止白银出境".①

首先，禁止白银外流，严惩偷运白银出洋者。这个措施与西欧早期王室采取的措施颇为相似：尽量把白银留在国内，防止流出。早在嘉庆年间，清政府就已经开始禁止白银外流，如嘉庆十九年议准：内地银两，毋许商船偷运出洋，责令地方文武监督、各口员弁丁役人等，实力稽查。如有洋商人等将银两私运夷船出洋者，照例治罪……各口员弁丁役人等扶同隐漏者，查出从严究办。② 1822 年，御史黄中模奏请严禁海洋偷漏银两。③ 1825 年，给事中孙兰枝认为纹银流出外洋，则中国银两必然短少昂贵，请下令严禁。④ 1829 年，两广总督李鸿宾奏言：会议查禁偷漏白银出洋及私货入口章程。⑤ 1832 年，给事中孙兰枝上奏：纹银出洋之弊宜严禁也。⑥ 1833 年 5 月，浙江巡抚请奏：复议白银出洋应定治罪专条；1833 年 6 月道光帝上谕：禁止纹银出洋。⑦ 1836 年给事中许球上奏，请禁鸦片杜白银外流⑧；1837 年，御史刘梦阑上奏，请严禁运银出洋。⑨ 如此等等，这一时期类似之奏折，多如牛毛。

其次，严禁鸦片输入。当朝野上下逐渐认识到主要是因鸦片的大量输入而导致白银大量外流的时候，道光帝以及众大臣提出了禁烟，⑩ 以杜绝白银外流的应对之策。

最后，发行纸币。当时有一些士大夫提出了用纸钞替代金属货币的建议，如魏源就说："近世银币日穷，银价日贵，于是有议变行楮币者。其法本于唐之飞钱，宋之交会。"⑪ 包世臣、王鎏⑫等也曾有类似的主张，晚

---

① 近代以来一直有华侨向国内汇款，这些汇款在一定程度上抵消了部分白银的外流。

② 姚贤镐编：《中国近代对外贸易史资料（1840—1895）》第一册，第 351 页。

③ 《请严禁海洋偷漏银两》，《中国近代货币史资料（1822—1911）》，第 1 页。

④ 魏建猷：《中国近代货币史》，第 1—2 页。

⑤ 《会议查禁偷漏白银出洋及私货入口章程》，《中国近代货币史资料（1822—1911）》，第 7 页。

⑥ 《给事中孙兰枝折——江浙两省钱贱银昂商民交困宜严积弊》，第 13 页。

⑦ 请见《中国近代货币史资料（1822—1911）》中《复议白银出洋应定治罪专条》与《上谕：禁止纹银出洋》，第 18、20 页。

⑧ 《给事中许球折——请禁鸦片杜白银外流》，第 25 页。

⑨ 《御史刘梦阑折——请严禁运银出洋》，第 26 页。

⑩ 没有道光帝的支持，就不会有后来林则徐的虎门销烟。

⑪ （清）魏源：《军储篇四》，《皇朝经世文续编》，卷 58。

⑫ 参见清朝王鎏的《钱币刍言》。

清政府也曾发行过纸币，但是诸多原因而没有能得到较好的流通。

对于民间来说，第一鸦片战争之后，在上海、福州、苏州等地出现了以货易货的贸易方式。例如从上海带鸦片到苏州产丝区换购中国的生丝，即"苏州制度"。① 清末，尽管中国商业信贷与银行交易技术有所发展，但从本质上讲，仍然是以硬通货为基础，即以贵金属，尤其是白银作为价值尺度来履行支付职能的。当白银再次出现短缺之时，解决问题的办法依然是陈旧而又直接的"禁止白银出境"。

到了北洋军阀执政时期，各个城市禁止白银流出的命令层出不穷。

《天津商会档案汇编》中有过多次记载：1916 年 6 月 5 日至 11 日，天津警察厅陈述"津埠现银短缺禁止现洋出境函"；1922 年 6 月 3 日，杨以德重申"津地现洋一概不准出境令等"②。

1923 年 12 月，汉口出现"银洋两荒"，金融界应对的措施也是呼吁"禁止运现出境"。1924 年汉口再次出现金融危机，当局依旧是"禁现出境，当金融紧张之际，各界以维持金融，保存现金，非禁止运现不可，呈请官厅申令禁现出境，凡行旅携带现款不得过五百元，逾额一经查出，完全充公，并加惩办"③。

南京国民政府时期，也多次发布严禁白银出境令。

1929 年 9 月，《武汉日报》上刊载：《粤省政府令财厅：禁现金出境——犯者处以死刑》。④ 1932 年，陕西因"现金日形短绌，影响市面，颇感周转不灵之苦乃禁止现金出境"。1933 年，广东禁止携带 20 元以上之银币出境。⑤ 1935 年《汉口中西报》上多次刊载关于汉口禁止白银出口的消息。1935 年，山东省政府宣布："本省为维持市面限制现银出境，在本省内由甲地到乙地，每限三百元，由陆地运输出省者，每人限二十

---

① ［美］郝延平：《中国近代商业革命》，陈潮、陈任译，上海人民出版社 1991 年版，第66 页。

② 天津市档案馆等编：《天津商会档案汇编（1912—1928）》（第 2 分册），天津人民出版社 1992 年版，第 1220—1254 页。

③ 中国人民银行武汉市分行金融研究室等编：《武汉近代货币史料》，武汉地方志编纂委员会办公室 1982 年版，第 110 页。

④ 《武汉日报》，1929 年 9 月 29 日第 2 版。

⑤ 王方中：《本世纪 30 年代初期地方进出口贸易严重入超的情况、原因和后果》，《近代中国》第 1 辑，上海社会科学院出版社 1991 年版，第 52 页。

元，若有多余数额，可换钞票带出，银行银号运输现银须将数目呈财政厅后始得运送。"①

近代中国一旦出现"银荒"，政府就发布"禁止白银出境"的禁令，但是这样的禁令，往往会阻碍正常经济活动的开展。如1916年直鲁豫晋皖苏奉天等省旅津粮商申述，"禁银出境危及粮商运粮断绝津地民食"；1922年，津商会及银钱两公会陈述禁止运现出境三大害处请速开禁以活金融电；同年天津寿星面粉公司纱厂公会及饶阳益记工厂等请发护照运现购买原料函。②

1933年，中国白银在美国白银政策的牵引下大量外流，国民政府多次发出禁令。如1935年5月4日，"财政部防止私运现银出口电"；1935年5月22日，"孔祥熙关于按危害民国治罪法处罚偷运白银出口人犯的提案"；5月28日，"国民政府防止白银出口训令"等。③ 与此同时，政府征收10%的白银出口税与平衡税政策来阻止白银外流。④ 另有银行家陈光甫、张公权等提议财政部采取奖励白银进口政策等。⑤ 这些政策均没有达到预期目的，民间白银走私活动更加猖狂。例如，1934年10月国民政府对白银出口开始征税，然而，同年的10月、11月、12月的三个月之内，白银走私出口数达2000万元；1935年因国内外市场白银价格相差45%，是年白银走私出口数达1.5亿元，1936年，白银走私出口数达3000万元。⑥

近代以来，面对白银短缺，历届政府几乎是"异口同声"地发布禁止白银出口的禁令，但在现实经济生活中基本上是"有禁不止，有令不行"，白银还是不断地退出中国的流通领域。尽管近代中国历届政府曾有过一些对策⑦，但多是于事无补。白银匮乏使得经济发展总是不断遭受

---

① 《鲁省严禁现金处境》，《汉口商业月刊》1935年第2卷第2期，第108页。

② 天津市档案馆等编：《天津商会档案汇编（1912—1928）》（第2分册），第1222—1227页。

③ 中国第二历史档案馆编：《中华民国史档案资料汇编》第5辑第1编财政经济4，江苏古籍出版社1994年版，目录。

④ 《孔祥熙关于征收白银出口税及平衡税以防止白银外流提案》1934年10月14日，转引自中国第二历史档案馆编《中华民国史档案资料汇编》第5辑第1编财政经济4，第173页。

⑤ 《白银流出惊人》，《汉口商业月刊》1935年第2卷第1期，第110页。

⑥ 《十年来中国白银之外流附表》，《江西统计月刊》1938年第1卷第7期，第63页。

⑦ 1935年，南京国民政府实行"法币政策"。

"血液供给不足"之苦，这对以白银为主要交易手段的近代中国来说，犹如"桎梏"一般严重地阻碍了它的发展。

近代以来的经济危机，多次是"银荒"的集中爆发，根源就在于白银匮乏，这也就是近代中国商人资本在经济活动中总要追逐白银的重要原因：拥有白银，经营活动才能顺利开展，以此获得更多利润。

第三节　晚清的经济环境

一　晚清重商主义政策

嘉道以来，清朝国势衰落，政治腐败，已呈现出"日之将夕，悲风骤至"的衰世。晚清一些地方大员如陶澍、林则徐、黄爵滋、徐继畬等统治阶层的上层官员——这些走出中世纪的"经世派"，他们是"睁眼看世界"的第一批人，苦苦地探寻着国家富强之路，在地方上非常重视经济事务。例如两江总督陶澍着手整顿了沉疴极重的盐务，再如，太平军多次攻陷的武汉三镇，在经世派代表人物湖北巡抚胡林翼的整顿之下，湖北两江之上再次呈现出"十里帆樯依市立，万家灯火彻宵明"的繁荣景象。

接下来的一批洋务派人物活跃在 19 世纪下半叶晚清政治舞台之上。在西方列强一次又一次的挑战面前，中国连连败北，不断地俯首称臣，忙不迭地割地赔款，沿海沿江的城市次第被迫开埠通商，西方列强工业品大量涌入中国境内，传统的自给自足经济结构逐渐解体。在民族危机之下，原有腐朽的政治体制与经济模式不断地遭到挑战。为"制夷""御辱""富国强兵"，中央以奕訢为代表，地方以曾国藩、左宗棠、李鸿章、张之洞等地方实力派为主，发起了一场长达 30 多年的自救运动，这就是洋务运动，晚清重商主义开始。

洋务派有着多年的洋务经验，又多是地方实力派大员，他们先是注重军工企业的创立，后是重视民用工业的发展，在一定程度上开了近代中国大型工矿企业发展的先河。他们创办新式军事工业、兴办近代工矿业、开创近代交通电讯企业、设立新式学堂和派遣留学生等活动，在闭塞的中国掀起了一股时代新风。洋务派主张学习外国的先进技术，引进了大量的工业设备、新技术及新文化、新思想等，客观上促进了中国的现代化进程，加快了中国封建社会向现代转变的过程。

经济上，洋务运动为挽回民族利权，开办了不少大型企业，客观地在中国板结的大地上撕开了一道道口子，如江南制造总局、上海机器织布局、开平煤矿局、汉阳铁厂、湖北纱布丝麻四局等规模较大的近代工矿企业，改变了中国延续几千年的手工操作生产方式，为近代资本主义企业的产生起到了示范作用。与此同时，他们大力兴办现代交通运输企业，如上海轮船招商局、津沽铁路以及通行全国主要行省的电报邮政事业等，这些现代性企业的出现，带动了民间商人资本对工矿企业的投资。

李鸿章在上海、天津兴办的洋务，张之洞在武汉主持的"新政"，往往采取官督商办的模式，邀请大量实力雄厚的富商大贾参与进来或入股。如李鸿章创办的上海轮船招商局中，有唐廷枢、徐润、朱其昂等商人，再者如张之洞创办的湖北纺织四局中就有粤商数人。早期民用工业大多需要一些大商人资本的加入（如吸引大量商人兼买办的资本），与此同时，在这些地方，督抚重臣常常实行鼓励工商发展的政策，这些都是有利于商人资本活动的环境。尽管有人说"官督商办几乎无一不失败"。但是，1881年《捷报》评论招商局资本增加的原因时说："我们认为这是由于中国商人对这个企业渐有信心的表现。只要是官僚们控制着企业，这些商人总是有戒心的。现在官老爷们，有的离职了，有的不参与管理了，商人们才敢投资入股。"[1] 一些企业原本是官督商办，但因为经费不足，后来完全改为商办。如湖广总督张之洞在湖北创办丝麻四局，此举开创了地处内陆湖北的现代工业先河，1902年之后其所开办的四局已完全改为商办企业。再如，张之洞在湖北鼓励创办汉口两湖制茶公司，这个公司创办之初衷，是因为汉口茶叶出口在国际上逐渐下滑，不如锡兰茶有竞争力，为了探知原因，张之洞派人前去考察，发现锡兰岛的茶种均是中国运往的，所不同的是锡兰岛是以机器代替人力焙制的，有鉴于此，张之洞派汉口税务司承办机器焙茶公司，用机器焙制茶叶，不过该公司在创立之初，就特意声明，为了避免官督官办的一些流弊，该公司是民间的，由汇丰银行华人董事席正甫、唐翘卿，招商局的陈辉庭，还有汉口巨商数人共同出资创办的，其资本共六万两。[2]

---

① 汪敬虞：《唐廷枢研究》，中国社会科学出版社1983年版，第204页。
② 《汉口新创两湖制茶公司》，《秦中书局汇报》1898年，第61页。

甲午战败、八国联军侵华之后，晚清政府为了自救，实行了"清末新政"。从政治、经济、教育、军事等多个方面进行了改革，为资本主义发展创造了条件，尤其是在经济上，上至慈禧下到地方大员，都深深感受到商业的重要性。如光绪二十四年六月初七：上谕振兴商务为目前切要之图……九月初一钦奉：皇太后懿旨国家振兴，凡有利于国有利于民者，均应即时兴办，以立富强之基，前因商务为当今要图，特谕刘坤一、张之洞就沿江沿海一带先后试办。① 1903 年，清政府成立商部（1906 年改组为农工商部），商部陆续制定和颁布了一系列旨在保护、促进工商业发展的章程和法规，如《奖励华商公司章程》（1903）、《重订铁路简明章程》（1903）、《商会简明章程》（1904）、《奖给商勋章程》（1906）、《出洋赛会章程》（1906）、《改定奖励华商公司章程》（1907）、《华商办理农工商实业爵赏章程》（1907）、《商业奖牌章程》（1907）、《大清国矿务正章》（1907）等。② 在中央商部之下，全国各地广泛成立了商务总会，纷纷建立劝业场等，可见政府已经从"抑商"向"重商"政策转变了，制定一系列优惠政策。如 1899 年，"广东商人张裕等自行集股创酿酒公司，乞照免税三年，凡公司所购材料祈免报税，已由北洋大臣应允，咨粤海关督饬遵行"③。

清末新政中推行的一系列奖励政策值得注意。如 1903 年商部颁布的《奖励华商公司章程》规定，对于官商绅民投资兴办公司者，给予不同奖励，包括授予不同的官职头衔。所以不难理解，同一时期各地商会的精英人物为什么都有头衔。汉口商务总会历届总理协理、正副会长几乎都有头衔。如第一、第三届总理卢鸿沧职衔是江苏补用道，第一届协理刘歆生是候选道，第二届总理齐相琴是花翎盐运使衔，汪炳生是花翎运同衔选用同知，其他如李紫云是二等嘉禾章等，④ 尽管如此头衔都是虚职，但是，这是一种成就与荣誉，这对于一向"强本抑末"的旧传统无疑是一次重大

① 《湖北商务报缘起》，《湖北商务报》1899 年第 1 期，第 6—7 页。
② 丁日初主编：《上海近代经济史（1895—1927 年）》第二卷，上海人民出版社 1997 年版，第 109 页。
③ 《各省商情·粤公司酿酒》，《湖北商务报》1899 年第 1 期，第 31 页。
④ 武汉地方志办公室、武汉图书馆编：《民国夏口县志校注》（上册），武汉出版社 2010 年版，第 252 页。

的革新，改变了社会上轻视工商业者的风气。1903 年至 1911 年，是"中国政府奖励工业最力之时代"。[1] 从数量上来看，1903—1908 年，每年平均创设的公司数曾达到 21.1 家。[2] 可以说，在外来的冲击与打压下，为了生存，清政府不得不改变无知无识蛮憨专断的局面，不仅取消了一些愚蠢的政策，越到后期，越来越鼓励工商业的发展。此时中国工商业的发展环境，相较前一个世纪已经大为"宽松"了。

晚清从"轻商"到"重商"的转变促成了近代中国工商业的空前发展。

二　开埠通商有利于工商业发展

城市开埠通商之于工商业发展的客观利处体现在多个方面。所有条约口岸城市对于当时的中国来说，都是新兴的，因为它们基本上都是现代西方工商业城市的复制品，其银行、保险、通信、股份公司、保护个人财产等制度与西方是一样的。这些新生事物，尤其是保护个人财产神圣不可侵犯的法律，对于中国商人来说，是亘古未有的好事。于是，很多中国商人资本涌入条约口岸，扩展自己的商业活动。事实上，在这些城市里，从一开始就是中国人占绝大多数。[3]

自从沿海沿江城市陆续被迫开埠之始，中国新式商人就跟着外商的流动而流动。对中国人来说，条约口岸的出现与发展，总体来说是一种耻辱。因为这种发展是以列强获取利润为目的，以中国付出为代价的。然而，毋庸讳言，外国人控制的租界是不少中国商人资本乐于投资的地方。

因为跟着外商有市场、有白银，更为重要的是，依附于有条约保护的外商，可以减少无数的无理索求，再加上大多数外商也讲诚信，尤其在租界，有条约保护，租界是腐败的、动荡的政权无法触及的地方，经济上也有着比华人统治下宽松得多的环境，而且那里有着比较清晰的制度条文可以遵守。资本的流动与经营恰恰需要一个宽松的、自由的且有制度保障的

---

① 孙毓棠编：《中国近代工业史资料（1840—1895）》第一辑，科学出版社 2016 年版，第 7 页。

② 孙毓棠编：《中国近代工业史资料（1840—1895）》第一辑，科学出版社 2016 年版，第 14 页。

③ Rhoads Murphey：*The Fading of the Maoist Vision：City and Country in China's Development*，Methuen，New York，London，Toronto，1980，p. 26.

环境。近代中国通商口岸的租界，往往发展成为一个城市的中心经济区，那里的交易成本相对较低。

于是，就不难理解为什么近代中国最早一批先富起来的商人往往是通商口岸的买办。而且这一批商人买办最早投资的企业，也多属外商企业：购买外国人的企业股票或航运公司的股票，或与外商联合创办企业。例如，晚清中国四大买办之一的唐廷枢从 1869 年就投资于外资轮船业，初期投资于英国两家小轮船公司（"公正"与"北清"），并且是这两家轮船公司的股东与董事会成员。① 类似史料不胜枚举。

上海钱庄分布于南北市，当 1860 年太平军进犯上海时，英法各国均派兵来上海布防，当时南市因战争关系，骤见凋零，钱庄亦大受影响，而北市则因地处租界，并未受到波及。② 正因如此，开埠后上海的北市钱庄数量逐渐超过南市钱庄数量：1876 年，北市钱庄有 63 家，南市有 42 家；1908 年，北市钱庄有 78 家，南市钱庄有 37 家。③ 下面是 1876—1911 年上海钱庄分布数量对比表（表 1—5）。

表 1—5　　　　　　　　　**1876—1911 年上海钱庄分布**　　　　　（单位：家）

年份	华界		外国租界		总数
	数量	百分比（%）	数量	百分比（%）	
1876	42	40	63	60	105
1883	23	40	35	60	58
1886	31	55	25	45	56
1888	25	40	37	60	62
1903	23	28	59	72	82
1904	26	30	62	70	88
1905	30	29	72	71	102
1906	33	29	80	71	113
1907	35	32	76	68	111

---

① ［美］郝延平：《十九世纪的中国买办——东西间桥梁》，上海社会科学院出版社 1988 年版，第 149 页。

② 中国人民银行上海市分行编：《上海钱庄史料》，上海人民出版社 1961 年版，第 15 页。

③ 丁日初主编：《上海近代经济史（1895—1927 年）》第二卷，第 283 页。

续表

年份	华界		外国租界		总数
	数量	百分比（%）	数量	百分比（%）	
1908	37	32	78	68	115
1909	23	23	77	77	100
1910	17	19	74	81	91
1911	14	27	37	73	51

资料来源：根据中国人民银行上海市分行编《上海钱庄史料》中的第 32 页与第 94 页数据计算得出。

从上表大致可以看出，至晚清结束之际，在上海租界里的中国钱庄数量所占的比例大体上是越来越高。另据 1926 年的相关调查，上海钱庄的分布依然是北多南少：北市有 87 家，南市有 25 家。[①] 不仅钱庄多开设在租界内，银行的分布亦是如此。

1897 年，中国自办的第一家商办银行——中国通商银行在上海租界设立。[②] 此后，华商银行总管理处几乎无一例外地设立在租界之内。民国中期，上海华资银行如中国银行、交通银行、中国通商银行、浙江兴业、浙江实业、四明银行、盐业银行、大陆银行等，开办在英租界内的黄埔滩路、北京路、天津路上。[③]

在其他通商口岸，华资金融机构的分布亦是如此。大多数天津华资银行设立在租界内。如 19 世纪 30 年代，大陆银行（总行）、中国银行、上海商业储蓄银行、中孚银行、浙江兴业银行等分行或办事处都设在法租界；中央银行、金城银行等分行或办事处设在英租界；交通银行的分行设在法租界，支行设在英租界。[④] 1934 年年底，天津银号有 269 家，其分布在法租界的有 127 家，日租界有 29 家，英租界有 16 家。天津银号原本多集中在宫北针市家附近，后因天津商业中心已移至法日租界，以及时局不靖，兵燹频仍，受害颇多，乃纷纷移至租界避险，在租界里银号占 3/5

---

① 杨荫溥：《上海金融组织概要》，商务印书馆 1930 年版，第 4 页。
② 陆梦熊：《沪汉金融机关》，《法政杂志》1906 年第 1 卷第 1 期，第 3 页。
③ 杨荫溥：《上海金融组织概要》，第 20—22 页。
④ 中国银行总管理处经济研究室编：《全国银行年鉴》，1936 年，K125、K126、K127 页。

多，在华界不到 2/5。①

汉口一些规模较大的金融机构及其分支，多数也是设立在租界或收回后的原租界区内的。如交通银行、盐业银行、金城银行、大陆银行、上海商业储蓄银行、中国实业银行、中孚银行、四明银行、广东银行、香港国民银行、华丰银行、聚兴诚银行等。② 还有华商 12 家保险公司设在汉口英租界内。③ 再如，汉口电话局、汉口电报局、上海路邮局（湖北省邮政管理局）等中国邮电企业，以及中国的三北轮船公司亦是设在英租界内。④

正如上海银行编印的《本行生长之由来》所说："民初以来，新兴银行虽见增加，为安全起见，均设于租界之内，其视内地，成为畏途。"银行家们认为："上海那时有租界关系，不致直接受内乱的影响。"⑤ 另外，银行设立于通商口岸的租界，可能是因富豪者多居于租界内，有利于其延揽存款，如 1936 年的统计，天津市贸易巨商均居住在租界。⑥

除了金融业外，其他行业的分布也有如此之偏好。纵览近代中国工商业史料可以发现，私人似乎更愿意把工商企业安放在租界内。

叶澄衷，上海"五金大王"，1878 年，其上海老顺记五金号在天津开设的分号设在英租界。⑦ 宁波商人李阿全、李兴庚兄弟在天津开设的李同益呢绒店设在法租界。⑧ 1893 年，阮雯衷在汉口德租界创办元丰豆粕制造厂。⑨ 1903 年，宋炜臣在汉口英租界开设华盛呢绒军装皮件号。1904 年，项松茂在汉口英租界开设汉口中英大药房。⑩ 1906 年 7 月，宋炜臣在汉口英租界内开办了著名的汉镇既济水电公司。⑪ 1906 年，宁波人景庆云在汉

---

① 吴石成：《天津之银号》，《银行周报》1935 年第 19 卷第 16 期，第 19 页。

② 《汉口商业一览》，第 2—3 页。

③ 梅光复：《汉口市地价之研究》，台湾成文出版社 1977 年版，第 44606—44610 页。

④ 袁继成主编：《汉口租界志》，武汉出版社 2003 年版，第 186 页。

⑤ 杨培新：《论中国金融资产阶级》，《近代史研究》1983 年第 4 期，第 39 页。

⑥ 《天津市商店及商人数目统计（附图表）》，《冀察调查统计丛刊》1936 年第 1 卷第 1 期，第 91 页。

⑦ 宁波市政协文史委编：《宁波帮在天津》，中国文史出版社 2006 年版，第 132 页。

⑧ 宁波市政协文史委编：《宁波帮在天津》，中国文史出版社 2006 年版，第 120 页。

⑨ 宁波市政协文史委员会：《汉口宁波帮》，中国文史出版社 2010 年版，第 64 页。

⑩ 宁波市政协文史委员会：《汉口宁波帮》，中国文史出版社 2010 年版，第 189 页。

⑪ 《申报》1906 年 8 月 21 日第 1 版。

口法租界开办金龙面粉厂。1911 年，浙江镇海人贺宝庆在汉口法租界内开设宝华洗染店。① 浙江葆元参燕号设在汉口英租界一码头。② 同一时期，汉口的汽车、马车、包车、脚踏车等行业也基本上都是设在租界内。③

华商的钱庄、银行、商店、工厂等开设在租界里，不仅仅是因租界能保证生命与财产的相对安全，还因租界可以减少来自腐朽政府的无数骚扰，省去很多不必要的麻烦，因为这些麻烦会经常阻碍中国商人资本正常的经营活动。例如在租界内，近代中国许多新兴商人可以避免那些巧立名目的盘剥，如此可以节约大量捐输、捐纳和报效等费用的支出。以下就是一个很好的注解。

1871 年《北华捷报》著文反对上海县官发布管理钱庄命令时说：

> 我们（租界里）整治明亮的街道，干练警察，对县官来说经常是一种呵叱，因为他所管理的是南市的污秽的河浜和破烂的僻巷。他们经常想干涉、敲诈、扰乱。我们认为县官（上海）发布的布告也具有同样的目的，如在上海开钱庄必须要有执照，必须要有四家联保。必须将保证书图式样附同同业保证行家的签证呈缴于县衙门。这一点，我们不必问是否切实可行、只要想一下，丽如、有利、麦加利，以及汇丰等银行大家来签订一个合同，彼此保证安全，新设的银行必须取得上述各行中的四家来担保，这样繁重的手续对商业的发展将大大地使之缓慢化了……而且这个办法的实行必然开苛捐杂税之门，以便向每个钱庄按其声望加以 50 至 500 两不等的勒索。最近有些县府差官在法租界包围了一家中国商店，恐吓它将处以严重惩罚，因为该店雇用洋商将来自汉口的货物装船转运天津，这些人逗留不去经四天之久，最后得了 70 元始离去，如果今后能听到这些差官已被答、被禁，那么我们对县官将要实施的新办法才能有信心。我们知道各国领事已拒绝在租界公布这个告示。④

---

① 宁波市政协文史委员会：《汉口宁波帮》，第 230 页。
② 根据《汉口新闻报》1915 年 3 月 9 日第三张告白第六页的广告看出。
③ 这是根据 1926 年的《汉口商业一览》中第 22—24 页的表归纳得知。
④ 《北华捷报》，1871 年 6 月 9 日，转引自中国人民银行上海市分行编《上海钱庄史料》，上海人民出版社 1961 年版，第 17—18 页。

如此不必要的"麻烦",在 20 世纪的汉口华界依旧存在。例如,20世纪初年,在汉口华界开设钱庄,还需要五名以上同业者联名担保,以此文件向官衙申请开业,得到批准之后,还要向官衙缴纳 400 两捐纳银。[①]不仅手续繁杂,且还会有或明或暗的勒索。而租界区实行西方政策、规章和法律,既保护在华外资的发展,也起到保护中国私人资本经营的作用。租界内税收的种类、征收的税率基本稳定。这同租界以外中国政府的苛捐杂税、层层加码而且税吏贪污中饱私囊不能相比。可以说,租界的出现与存在充当了历史的不自觉工具,为通商口岸经济的发展提供了相对稳定的社会环境。[②]

其实,近代中国商人资本多把企业开设在通商口岸租界内,这本身就表明通商口岸的投资环境、经营环境,相对来说是有利于近代工商企业发展的。

三 通商口岸商人资本积累较快

在近代中国,为什么会有那么多人要闯荡十里洋场("上海滩""大汉口")?除了前述有利于企业发展外,通商口岸还有着更多的个人发财机会,这是一个不争的事实。近代中国被迫纳入世界资本主义经济体系之中,这就决定了它的主体经济是一个外向型经济,其经济发展动力主要来自外力,在有外商的城市,会有更多生意可做,有着更多的发财机会。近代新式商人,或者说新晋巨商大贾的发家史,几乎都是在通商口岸中演绎的,从中可以看出通商口岸在积累财富方面的优势。晋商的总部设在内陆的平遥、祁县、太谷,已经和新式经济潮流疏远,他们衰落了,而那些在通商口岸从事新式经济的商人则发达起来了,如近代"显商"——粤商、江浙商人等就是在洋商集中的通商口岸发迹的。

近代中国买办财富的积累,无一不是在沿海沿江那些有着对外贸易的城市。换句话说,只有这些转运贸易的城市,才能造就近代巨商大贾。试看晚清中国著名买办唐廷枢、徐润、郑观应以及清末天津四大买办梁炎

---

① [日]水野幸吉:《中国中部事情:汉口》,武德庆译,武汉出版社 2014 年版,第 105页。

② 姚会元:《江浙金融财团研究》,中国财经出版社 1998 年版,第 29 页。

卿、王铭槐、郑翼之、吴调卿等人的发家史就可得知。如梁炎卿，1874
年到英国怡和洋行的天津分公司任大写，一直到1890年才出任该洋行正
买办，从事航运、码头仓储、股票、房地产、进出口贸易等业务，在出任
正买办之后的短短几年之内，他就积累了约2000万元的财富，居天津所
有买办之首，人称"广帮首富"。前述天津四大买办各自所积累的财富达
数百万甚至一二千万元之多。①

上海五金大王叶澄衷，本是一介小贩，后来当上买办，兼而经营私
业——五金业，至19世纪90年代其资产总值达到800万银两。② 朱葆三
是叶澄衷的挚友，也是从五金行业里发迹的，不到30岁，就从默默无闻
的学徒而一跃成为上海的"五金大王"。近代中国的通商口岸，不断地造
就着财富传奇人物，如徐润、虞洽卿等一干人，都是在上海这个通商口岸
从不名一钱变为万贯家财的，进而呼风唤雨的。

余姚人王槐山，原本是上海一个钱庄的跑街，后担任英国在上海的汇
丰银行通事，即买办，利用汇丰银行给钱庄"导银放息，岁存庄家何止
数百万，银根偶紧，通事即乘间居奇，至市上拆息有骤涨骤落之弊，十余
年，银行获息无算，王亦骤富，在同乡中咸有'快发财'之名"。③ 据说
王槐山前后仅用六年时间，就赚得白银80万两，不愧为"快手"，这说
明了通商口岸发财的机会之多，发家速度之快，令人惊叹！

综观近代中国经济舞台上叱咤风云的人物，考察其出身，大多都比较
贫寒，多数是通过"闯上海滩""来津门""闯汉口"等一番打拼之后，
而成为当时城市中商界翘楚或社会名流的。在上海经济舞台上，前有一批
来自广东（以香山为主）的中国近代早期买办，如唐廷枢、徐润、郑观
应等人，后有一批来自江浙一带（主要以宁波为主）的叶澄衷、朱葆三、
虞洽卿、秦润卿等人。在汉口经济舞台上，前有一批广东买办商人刘绍
宗、盛恒山、邓纪常④等人，后有一批本地商人的崛起，如刘歆生、徐荣

---

① 孙德常、周祖常主编：《天津近代经济史》，天津社会科学院出版社1990年版，第154
页。

② 黄逸峰：《旧中国的买办阶级》，上海人民出版社1982年版，第68页。

③ 中国人民银行上海市分行编：《上海钱庄史料》，第29页。

④ 这些人物基本上都是那一时期汉口商业中的领袖人物，如宝顺洋行的盛恒山是汉口茶叶
公所主要创办人。

庭、张松樵等人。在天津经济舞台上，也是前有一批广东买办商人，如梁炎卿、郑翼之等人，后有一批江浙商人，如严信厚、叶星海、王铭槐等人。这些人大多通过一番打拼，不出数年①就获得巨额资产，翻云覆雨。从发财速度上看，他们是"暴发户"。这些"暴发户"就是因为来到了通商口岸（上海、汉口、天津等地）而发财的，他们在家乡时不名一钱，是通商口岸成就了他们。他们成功的故事，在其家乡吸引了更多有进取心的年轻人涌向这些通商口岸，一次又一次地演绎着近代中国"财富传奇"的故事。

"近代"，是中国经济从古代向现代的转型时代，是中国从内陆封闭型向世界开放型的转型时代，一个个通商口岸，就是中国经济转型的一个个舞台，这些舞台就是一个个充满众多机遇与挑战的舞台，这样的时代、这样的舞台，成就了近代中国一批又一批的商业巨擘。

近代中国的通商口岸能在极短时间内造就了一批又一批财富上的"暴发户"，是因为这些口岸不自觉地营造了一种稳定向上的社会流动环境，能为微贱者和无名之辈提供绝好的发财机会。近代中国买办杨坊、唐景星、徐润、郑观应、何东和虞洽卿（人称"赤脚财神"）等人，可以看作那些曾经白手起家的典型，他们励志进取，"由贫贱而富贵"。近代中国通商口岸经济舞台上，出现了一个又一个的地产大王（徐润、刘歆生）、茶叶大王（徐润）、五金大王（叶澄衷、朱葆三）、颜料大王（贝润生、周宗良）、火柴大王（刘鸿生）等，"门第与财产分明是使一个人高于另一个人一等的两大要素，他们又是个人显贵的两大来源"②。在通商口岸获得的巨额财富，使这些曾经籍籍无名的"暴发户"享有极高的社会声誉，开创了自己的"门第"，晋升为社会"新贵"。强烈对比的示范作用，极大地牵引着那一时期中国有着同样财富梦想的年轻人想在通商口岸闯荡一番。

---

① 与传统大商人如晋商、徽商发迹历程相比较，他们在通商口岸发财速度之快，堪称"暴发户"。

② ［英］亚当·斯密：《国民财富的性质和原因的研究》（下卷），第276页。

第二章

商人资本区间流动的主要动因

从经济学理论上讲，汇率决定、国际收支不平衡、通货膨胀，是国际资本流动的三大支柱。而资本是否愿意在区间流动，最直接的原因是利润率的高低、取得利润的风险程度，以及资本的稳定性等。近代转型时期中国商人资本区间流动的原因也大致如此。本章拟就商人资本流动的主要动因做一些探讨，主要从三个方面来考察。

第一节 货币中心市场的形成及对商人资本的吸引力

在从农业社会向现代社会的转型过程中，中西方都是非常看重金属货币的。清代以来，白银与铜钱一直是中国财政税收与民间交易的主要货币交易工具，尤其是白银。

在以白银硬通货流通为基础的背景下，商人在国内外贸易市场中，总是想尽一切办法占有更多的白银，哪个商人拥有的贵金属多，他就比别人更富有，就能左右贸易与金融等经济活动，贵金属上的主控地位反过来又可让个人获得更多的贵金属，拥有更多的财富。因此，无论是从事商品买卖和高利放债的商人资本家，还是从事工业生产的商人资本家，其经营目的只有一个，那就是获得金银等贵金属。反过来说，缺乏贵金属金银，商人就无法顺利开展经营活动。

一 白银、铜元等金属货币在中国近代经济生活中的重要性

近代大部分时间中，中国都是一个以白银为核心货币的国家，大多数

经济活动需要白银才能正常运转，然而，如第一章所述，近代中国却时常处在"银荒"之中。

近代中国经济离不开白银，否则，就不能顺利进行，对此，在中国经商的外国商人深有体会，"在当时的世界上，中国贸易所需要的大量白银会把大部分的商人阻挡在了世界的那个部分之外"。① 白银，对于一个身处其中的中国商人来说，更为重要。

在 19 世纪最初的 20 年，相当多的中西贸易是必须在现金基础上进行的。沿海的鸦片贸易尤其如此。例如伶仃岛，"承销商以样品兜售（鸦片）收取现款——概不……赊欠"，同样，沿海鸦片商人"总是卖掉鸦片换取白银"。现金不是当场支付，就是在广州支付。而且还特别强调，"在同中国人做生意时交付现金要准时"②。马克思曾谈到外国商人在中国因缺少白银而致经营活动受阻的现象："上海恐慌达到了极点……白银奇缺，甚至不列颠轮船向中国缴纳关税用的白银都根本弄不到……金银的缺乏是最不利的条件之一，因为金银恐慌恰恰是发生在急需它们的时候。茶丝收购商没有金银便不能到中国内地去采购，因为要采购就要预付大量现洋，以便使生产者能够完成自己的生产……"③ 因此，外商要想在中国市场购买土产，使其经营活动能顺利开展，务必先得带上充足的白银。

近代早期，沿海的贸易通常是以现金支付。1842 年，福州、厦门客商去广州贩货时带有的银两，不少是借官吏起镖运现的。④ "福州茶叶经营……需要备足大量的现金。手头备足（墨西哥）银元，就能使一个商人对福州市场作出迅速反应，在茶叶市场开市的时候尤其如此。"⑤

尽管到了晚清，"新形式的货币在货币中占相当大的部分，但它们大多数采取金属形态。纸币只占全部货币量的 12% 这一微小数额，此现象表明中国商业资本主义的局限"⑥。不只是在晚清，即使到 1935 年法币改

---

① ［美］雅克·当斯：《黄金圈住地——广州的美国商人群体与美国对华政策的形成，1784—1844》，周湘、江滢河译，广东人民出版社 2015 年版，第 330 页。

② ［美］郝延平：《中国近代商业革命》，第 80—81 页。

③ 《马克思恩格斯全集》第九卷，人民出版社 1961 年版，第 113 页。

④ 黄鉴晖：《山西票号史》，第 196 页。

⑤ 《怡和档案》1861 年 5 月 11 日，转引自 ［美］郝延平《中国近代商业革命》，第 160 页。

⑥ 《怡和档案》1861 年 5 月 11 日，转引自 ［美］郝延平《中国近代商业革命》，第 79 页。

革之前，金属货币依然在中国流通货币数量中占有31.1%的比重。① 法币改革之后，贵金属货币仍旧在中国商业交易中占据着重要位置。可以进一步观察，中国近代史上几次大规模金融危机的爆发②，从实际来看，多是货币金融危机，准确地说，多是因白银短缺而引发的。

1883年，上海爆发的金融危机波及全国，带来了巨大的经济损失。著名商人兼买办徐润、"红顶商人"胡雪岩、刘云记、金蕴青等就是在这场危机中破产的。徐润曾在《徐愚斋自叙年谱》中，对这次危机有过形象的描述："忆自癸未年败事……斯时申地现银极少，各庄十停八九，不能周转，房屋十空二三……上海百货，无不跌价三五成，统市存银不过十分之一二，只有三十八万，此二十天之难过也。"可见当时市面缺银恐慌之甚。当时外国银行、中国票号都不肯放出白银救市，以致钱庄倒闭很多。1883年金融危机的影响，表现在流通和生产的各个领域。在经济危机时，大多商人只认白银才肯做生意。当时杭州的情况是："杭垣自德馨、阜康两巨庄停歇后，市面日紧一日。上城之各衣庄、绸庄及皮货庄，本月以来门常如水，略有零星交易，以敷火食尚且不足。各处行栈、店铺往来者皆须现洋，概不用票。"③ 可见经济危机中如没有白银救市，商业根本无法开展。

1908年汉口著名"三怡"④ 钱庄倒闭而引发的危机，所表现出来的也是白银短缺。解决办法，亦是从外地运银进来，以缓解危机。"十月间内，有华商三大钱庄倒闭……该三庄既倒，即有小钱庄并多数之行号为所牵连，本口所亏约银四百万之多，银根骤紧，贸易为之停阻。自三怡倒闭后，近年商业日见萧条。去年年终各业均有岌岌不可终日之势，幸上海、宜昌两大宗现银到汉，方得度过残年。今年各业中因商务日形困难，难期发达，均有不愿开张之举。如钱庄祥晋等九家，均收账还账，一律停歇；匹头号如隆德等七家亦俱决计收歇，土号如合成系资本极其充裕者，亦因

---

① 王业键：《中国近代货币与银行的演进（1644—1637）》，"中央研究院"经济研究所1981年版，第50页。

② 如1873年、1883年、1910年、1926年等多次爆发的经济危机多是表现为白银短缺。

③ 徐润：《徐愚斋自叙年谱》，江西人民出版社2012年版，第46—48页。

④ 三怡钱庄即怡和兴、怡和永、怡和生三家大钱庄，是号称有200万资财的江西商人黄兰生所经营的著名钱庄。

银根太紧，难资周转，定行停贸，别谋生计……其他如药材、山货均拟待至二月底，再定进止。说者谓汉口日坏一日，揆厥总因，皆因银根太紧所致。"[1]

增加市面白银的供应量，往往就能缓解经济危机。1917年6月的武汉，"各省警报传来，武汉金融曾蒙受影响，银元价值一日间已由七钱零八厘，骤涨至七钱一分八厘，其原因由于商民争收现银，各钱庄亦各将现款不肯放出，以为居奇地步……中国银行又放出现银二十万元，市面愈为活动矣"[2]。

进入民国以后，因为金融技术的发展，银行发行纸钞、开出汇票、支票等，可以部分替代贵金属货币的流通职能，但是一旦社会经济生活出现风吹草动，就会出现"挤兑风潮"。如北洋政府财政困难，滥发纸钞填补，但因准备金不足，1916年出现了"京钞挤兑"风潮，民众强烈要求兑换或提取贵金属货币黄金、白银。如此事件1921年再次爆发，再次出现"挤兑风潮"。

近代中国流通领域中，贵金属如同在欧洲中世纪晚期及早期经济中那样重要：商业往来，市面危机，几乎只认黄金、白银。贵金属货币是近代中国经济的基石。贵金属货币之所以如此重要，是在乱世之中，民众只相信金银。近代长期动荡，故贵金属货币在中国经济中一直就非常重要。尽管20世纪以来银行大量发行纸币，但是纸币的基础依然是贵金属，否则就会多次爆发"挤兑风潮"。假以社会安宁、政治统一、政府权威与信用力极强，就可以改革货币制度，完全可以用纸钞取代有限的贵金属在经济生活中的流通地位。然而，近代中国不具备这样的条件。

二 通商口岸是近代中国的货币中心

人们要想获得货币，就要尽可能地走进或靠近货币中心市场。经营商品的商人资本把货物运到货币中心市场，在那些地方能方便地换得货币；大商人资本投到货币中心市场则可以套利。所以近代中国的商人资本多奔

---

① 中国人民银行武汉市分行金融研究所：《武汉钱庄史料》，第22页。
② 中国人民银行武汉市分行金融研究所：《武汉钱庄史料》，第38页。

赴于货币中心市场。那么，近代中国的货币中心市场在哪里呢？

近代早期的中国有一个现象，那就是中国商人总是围绕着"洋商"转动，"洋商"到哪里，他们好像就流向哪里。"他们有的紧跟入侵的外国商人来到新开的通商口岸，有的甚至比外国商人还先走一步。"[①] 为什么呢？其原因当然有很多，如为洋人提供服务有钱挣。然而应特别注意的是：随着"洋商"而来的往往是充足的白银。因为有"洋商"的地方基本上就有白银，即现金。

在 1826 年前，美国购买中国货物总值中，至少 3/4 是需要用金银来支付的，[②] 在向中国输入贵金属方面，美国商人超过了其他国家商人，其向中国输送的白银：1815 年为 1922000 美元的白银，1816 年为 4545000 美元的白银，1817—1818 年度为 7369000 美元的白银。[③] 1824 年，美国最大的一位对华贸易商在纽约说：当年仅他一个人就向中国输出总额达 1311057 美元的白银，其中近 90 万元是以硬币形式输出的。[④] 同一时期，西班牙、荷兰、法国等国家与中国进行贸易时也是多用白银来支付的。[⑤] 1816—1821 年，西班牙每年向中国输入 150 万银元。总的看来，1818—1830 年，海外输入中国的金银（主要为美国商船输入的）已达 6000 万元（美元）。[⑥]

美国商人声称自 1784—1852 年，向中国运送的白银达 18000 万美元，美国口岸记录表明：在 1805—1818 年向中国运送白银近 7000 万美元。[⑦] 1848 年，英国驻沪领事向其政府所作的上海贸易报告中也提及：1847 年经过丽如银行输入中国的银元有 20 万元。[⑧] 1860 年，美国琼记洋行以现

---

① 汪敬虞：《唐廷枢研究》，第 23 页。

② ［美］马士：《中华帝国对外关系史》第一卷，第 230 页。

③ ［美］雅克·当斯：《黄金圈住地——广州的美国商人群体与美国对华政策的形成，1784—1844》，第 144—145 页。

④ ［美］雅克·M. 唐斯：《美国商人与对华鸦片贸易（1800—1840）》，第 418 页，转引自郝延平《中国近代商业革命》，第 31 页。

⑤ 这一时期，英国因把大量鸦片输入中国，表现为贸易出超，中国需用大量白银来冲抵英国鸦片贸易的输入。

⑥ ［美］马士：《中华帝国对外关系史》第一卷，第 233 页。

⑦ ［美］雅克·M. 唐斯：《美国商人与对华鸦片贸易（1800—1840）》，转引自郝延平《中国近代商业革命》第 31 页。

⑧ 孔祥毅：《金融票号史论》，中国金融出版社 2003 年版，第 250 页。

金购货的总额超过墨西哥银洋 150 万元。①

外国货币主要是银币，因为是铸造的，有数字标识，减少了成色或分量鉴别等烦琐之事，因而在中国市场上颇受欢迎。19 世纪外国货币，特别是银币与纸币形态，构成中国货币供应的一大部分，几乎占 48%。② 近代中国的货币中心，主要是洋人集中的通商口岸，用于平衡外贸的白银就在此地集散。

（一）由通商口岸进出的白银

首先，外来白银主要是从通商口岸进来的。

在近代开埠通商之初，除了鸦片外，外国其他工业品在中国的销路并不是很畅通。反观中国大宗货物如丝茶的出口量却是一路攀升。生丝出口量，从 1843 年的 1787 包猛增至 1858 年的 85970 包。茶叶出口量，从 1843 年的 1772 多万磅，增至 1858 年的 13066 多万磅。③ 此外，中国其他农副产品如棉花、大豆、花生等也大量外销，这些外销换来的是外国白银流入中国，中国对外收支最大者，当为丝茶出口激增，因丝茶大量出口，尽管有鸦片输入，但国际收支对中国有利，白银从出超转为入超，同时，中国对外贸易中心，亦由广州转至上海。

在整个 19 世纪 50 年代，中国净输入白银达 15000 万两。1860—1866 年间，从欧洲输入中国的白银达 2.2 亿多元。仅从上海进入的白银有：1866 年 2040 万元，1867 年 1750 万元。④ 1868—1885 年间，全国白银的净流入为 1.9 亿多元，这些外来白银的流入地主要是上海、天津、汉口等通商口岸，同一时期，仅从上海输入的白银之数额就高达 8938 万元。⑤

中国是一个需要白银的国家，从 1922 年到 1932 年止，即上海一埠，进口大条银有 693000 多条，其中有 80% 左右（55 万余条）是从美国运来

① ［美］斯蒂芬·洛克伍德：《美商琼记洋行在华经商情况的剖析（1858—1862）》，章克生、王作求译，上海社会科学院出版社 1992 年版，第 32 页。

② ［美］郝延平：《中国近代商业革命》，第 79 页。

③ 根据彭泽益《中国近代手工业史资料（1840—1949）》第 1 卷（科学出版社 2016 年版）第 489—490 页表格整理。

④ 余捷琼：《1700—1937 年中国银货输出入的一个估计》，第 26 页。

⑤ 余捷琼：《1700—1937 年中国银货输出入的一个估计》，第 16 页。

的。①

其次，外流白银也主要是从通商口岸出去的。

近代以来，清朝政府对外赔款的白银总计近 13 亿两之巨，② 大部分是从上海运往了列强诸国。

随着帝国主义列强勒索赔款增多（《马关条约》《辛丑条约》等赔款），中国各地分摊的战争赔款，多是把白银先汇集上海后再向列强赔款的。素有晚清政府"财政库房"之称的山西票号，1893—1911 年间，在其汇兑的 141864475 两公款中，汇往上海的上升到 66.25%，汇往北京的则下降到 22.73%。③ 这个变化说明上海的白银货币量在逐渐增多。再如，20 世纪 20—30 年代，由于美国提高了白银价格，中国白银大量外流，首先也是在上海集中的，而后大量流到美国、英国等国。

因此，白银主要是从通商口岸进出的。1808—1856 年间，中国白银外流 3.68 亿银元，而在 1857—1886 年间，尽管鸦片输入远远高于前一时期，但因丝茶贸易，外来白银流入中国达 6.91 亿银元。④ 这些白银的流进或流出都是经过上海、广州等通商口岸。1869—1871 年汉口商业报告说：去年（1868）从汉口运往上海的白银为 2700000 两，包括外商所运的在内……运出的白银中，鸦片商和山西票号运出的……占很大的比例。汉口进口的白银约为 2225000 两。⑤ 上海是近代中国最重要的通商口岸，也是近代中国最大的白银集散地。20 世纪 30 年代，美国的白银政策，再加之当时南方数省农村战乱与经济凋敝，促使农村富户、中小城市有产者往上海各银行存款。上海各银行的白银总储备量从 1931 年 12 月的 26620 万两增加到 1934 年 3 月的 58940 万两。据估计，这一时期中国货币供应量的一半多集中到了上海。⑥

---

① 因铭：《帝国主义在华的金融统治与中国金融》，《平明杂志》1933 年第 2 卷第 21 期，第 16 页。

② 彭泽益：《鸦片战后十年间银贵钱贱波动下的中国经济与阶级关系》，《历史研究》1961 年第 6 期，第 40 页。

③ 彭泽益：《鸦片战后十年间银贵钱贱波动下的中国经济与阶级关系》，《历史研究》1961 年第 6 期。

④ 林满红：《银线：19 世纪的世界与中国》，第 85 页。

⑤ 姚贤镐编：《中国近代对外贸易史资料（1840—1895）》，第 1575 页。

⑥ 千家驹：《旧中国发行公债史的研究》，《历史研究》1955 年第 2 期，第 129 页。

开埠通商之后，随着上海、天津、汉口等货币中心的形成、发展与逐渐强化，近代中国的一批又一批商人资本源源不断地奔赴这些通商口岸，纷纷把这些口岸作为商业活动的基地。所以，不难理解19世纪40年代上海开埠后，广东商人随着洋行洋商把其活动中心转移到上海，在广州经营茶叶的徽商也把茶叶货栈转移到上海，还有中国其他地方商人群体，都对上海趋之如鹜，想在此淘金或发财，此后也确实出现了一批新的富可敌国的大商人资本。

（二）持有充足白银货币的洋行与外资银行集聚于通商口岸

促使白银进出入的主要推手，是那些集聚在通商口岸的洋行与外资银行，它们相较于捉襟见肘的中国商人或公司来说，大多有着充足的白银货币。

鸦片战争后，直至19世纪70年代，中国金融被操纵在怡和、旗昌、宝顺等大洋行之手。这些洋行资本十分雄厚，在鸦片战争前，就已和英国东印度公司分享中国对外贸易的金融周转业务。鸦片战争以后，东印度公司逐渐退出了这个领域，[①] 怡和洋行就"经营了由中国贸易产生的很赚钱的汇兑交易的最大部分"。鸦片战争后还出现了大批新洋行，它们也大多数"有足够的资金"。先于外国银行进入中国的洋行，与中国商人以及银钱业者保持着紧密的金融联系。那时洋货的进口或土货的出口，都有洋行的资金在其中周转。

其后，进入中国的外资银行，白银货币更是充足。

1847年英国丽如银行在上海率先抢滩之后，英国汇隆银行、麦加利银行、汇川银行、利生银行、利华银行、利升银行、汇丰银行，法国法兰西银行，德国德华银行，俄国华俄道胜银行，美国花旗银行等，在中国各通商口岸设立总行或分行。截至清末1911年，在华外商银行，包括中外合办银行共约有20家。[②] 这些银行的总部、分行或分支机构以上海为基点，散布于中国各个通商口岸，与此相比，本国银行的产生则整整晚了半

---

① 汪敬虞：《十九世纪外国在华银行势力的扩强及其对中国通商口岸金融市场的控制》，第57页。

② 汪敬虞：《十九世纪外国在华银行势力的扩强及其对中国通商口岸金融市场的控制》，第41页。

个世纪。

进入上海的外资银行中，不少是一些实力雄厚的大银行，它们可以自由地输出入银块和银元，1895 年经海关输入的白银就有 36685 千海关两。① 它们库存的白银数量也比较多，如在 1917 年 7 月 7 日的上海存银中，洋商银行计占 82.94%，而华商银行仅占 17.06%；1924 年 9 月 5 日，上海存银总额为 3580 万两，洋商银行所占比重为 82.37%，华商银行所占比重为 17.63%，即外资银行与华资银行所控制的白银之比仍约为 4∶1，前者对中国的银两、银元供求有着很大的控制力，它们有力量调节金融市场资本的余缺，控制着中国的对外汇兑行市，表面上看来，上海钱庄控制洋厘、订定银拆，实际也是靠外国银行的支持，并在其控制之下，所以，整个中国金融货币市场处在外国银行的操纵之下。②

在通商口岸的中国商人，有着更多的机会获得外商资金的支持。在 19 世纪 60 年代前半期，在汉口茶叶市场上，外国银行对中国商人提供的"便利"，能使经营茶叶的广东商人有力量"和外国人进行竞争"。到了 19 世纪 60 年代后半期，汉口的中国商人常常得到外国银行的"帮助"，后者对前者的抵押放款，已"成为外国银行的一部分业务"。③ 在上海市场上，外国银行除了对中国商人进行资金融通以外，还经常给中国钱庄直接拆借。19 世纪 70 年代后期，"中国钱庄大半都是用外国银行资本做生意"。19 世纪 80 年代中期，"十余年来，外国银行通过拆放贷给钱庄的款项每年达到数百万两"。19 世纪 80 年代后期，汇丰银行上海分行经理总结了过去 25 年中"和中国人作了数目达几亿两的大宗交易"的经验。④ 外国银行对中国商人的放款，解决了后者资金周转的困难，也为前者的闲置资金找到了"最好的利用方式"。

如前所述，在经济发展之下，中国市场上的白银日渐短绌，而在通商口岸，拥有充足白银货币的外资机构，翻手为云，覆手为雨。中国每次经

---

① 黄鉴晖：《山西票号史》，第 322 页。

② 萧清：《中国近代货币金融史简编》，第 73 页。

③ 汪敬虞：《十九世纪外国在华银行势力的扩强及其对中国通商口岸金融市场的控制》，第 59 页。

④ 汪敬虞：《十九世纪外国在华银行势力的扩强及其对中国通商口岸金融市场的控制》，第 66 页。

济危机，都少不了这些外商的兴风作浪，近代中国金融市场深受其害，然而，却无能为力。"外国银行对上海金融市场所施加的压力，还不止于把现款扣住不放，而且还乘机抬高汇价，对中国茶丝出口商人施加压力，使这一年茶丝出口陷于相对停顿的状态中。"①

外国洋行或外国银行能给予中国商人金融上的周转，这个周转金早期是贵金属，后来是汇票，或其他形式的金融交换工具，但最后归根到底还是需要贵金属来作为支撑，尤其是在动荡时期。在19世纪70年代后半期，中国的钱庄大多是在用外国银行的资金做生意。② 总体来看，这一时期外国银行操纵了汇兑行市，在银根紧迫时，外国银行如通过收回拆款、控制银市或拒用庄票，就会使上海整个钱庄陷入恐慌。③ 红顶商人胡雪岩的破产，直接原因就是外商的打压与见死不救。

可以说，上海是近代中国最大的国际货币中心。在马太效应下，中国国内的资本大多喜好向上海集中，正是因为这样一个形势，清末国内经济金融风潮，几乎首先是从上海爆发的。

如果说上海是近代中国正在形成的贸易体系与货币体系的核心，那么其他通商口岸，如广州、天津、汉口等则是这个体系中的各个分点，分别是各区域的贸易中心与货币中心，内陆腹地的商品货物于是就向这些区域中心集聚。例如汉口开埠通商之后，九江、沙市、宜昌、万县等地的商品货物多是先输送于此地再转运集散。一般来说，银行、钱庄是紧随着贸易，而贸易又紧随着银行、钱庄。④ 如因汉口茶叶贸易的兴盛，为了调度

---

① 汪敬虞：《十九世纪外国在华银行势力的扩强及其对中国通商口岸金融市场的控制》，第71页。

② 参见滨下武志、朱荫贵《19世纪后半期外国银行操纵中国金融市场的历史特点——及其与上海金融危机的联系》，《近代中国》第2辑，上海社会科学出版社1991年版，第167页。例如，从1878年年初开始，上海市场的银根始终不足。这一年间的拆票利息以年平均计算比上一年上升了25%，到年底，因破产无法恢复交易的钱庄增加到20—30家，造成这种状况的主要原因是因外国银行把贷放金额收缩了200万两。第二年，即1879年的货币危机，正是在生丝和茶上市的5月发生的。这个时期，虽然收购生丝和茶的资金需要300万两，但因外国银行收紧银根，只在市面放出了90万两，所以造成了1879年的货币危机。

③ 郭志芹：《上海钱庄的弊端及其资本主义化》，《苏州大学学报》（哲学社会科学版）1997年第1期，第102页。

④ 汪敬虞：《十九世纪外国在华银行势力的扩强及其对中国通商口岸金融市场的控制》，第61页。

资金方便，外国银行不断地在汉口设立支行：1861 年汇隆银行、1863 年麦加利银行、1864 年利生银行、1865 年汇川银行、1866 年有利银行、1868 年汇丰银行、1876 年法兰西银行与俄道胜银行等①，也正是因为茶叶贸易，外资银行与本国钱庄之间形成了紧密的借贷关系，钱庄找银行拆借后而放贷给茶商或其他商家。当茶叶贸易极盛时，汉口颇有实力的大钱庄有 40 多家。当 1891 年汉口茶叶贸易衰落之时，当英国商人撤离后，汉口有实力的钱庄顿时锐减至 24 家。②

在外资银行业集聚的各条约口岸，中国的钱庄或其他金融机构数目及其财力也在逐渐增多增大。1867 年天津有 100 家票号银号，1899 年总数超过了 300 家，此数前所未有。汉口是另一个钱庄业十分兴旺的条约口岸，该口岸在 70 年代后期约有 20 家山西票号和 50 家钱铺，其中有 40 家票号到 80 年代初时已发展为大票号。在上海这个最大的条约口岸里，45 年间（1858—1903）钱庄的平均资本增长了 13 倍，钱庄的资本总额增长了 4 倍。③

金银，在近代中国早期是财富的重要形态，而货币中心则是金银较为集中的地方。商人资本奔赴货币中心市场，就是因为那里可以较为容易地获得更多的金银财富，同时那里的商机相对多一些。商人资本喜好围绕着金银集散地的变动，在不同时期就会奔赴不同的货币中心市场。以上海为核心的诸多通商口岸，是近代中国大小不一的货币中心。相较其他地方，此地白银货币充足，金融业发达，可以不断地获得洋行或外资银行的支持。因此，不论是经营商品的中国商人资本，还是经营货币的中国商人资本，都会向这些地方流动。

第二节　经济转型背景下大商人资本
逐利方式的易变性

不少研究者发现了有关大商人资本自身发展的一些普遍性规律。例如

---

① 武汉金融志编写委员会办公室：《武汉银行史料》，武汉金融志编写委员会办公室 1985 年版，第 5—6 页。

② 郭伟齐：《汉口茶叶贸易的兴衰》，《武汉文史资料》2000 年第 11 期，第 29 页。

③ ［美］郝延平：《中国近代商业革命》，第 54—55 页。

昂利·比兰纳在《资本主义社会史的各阶段》中说，研究了欧洲文艺复兴前业已存在的前工业资本主义，他发现商业家族寿命一般都不长，不过只能延续二至三代而已。此后，他们不再经商，如果万事顺利，便去占据风险较小和较为荣耀的位置，如捐纳官职、购买领地，或者双管齐下。比兰纳因此得出结论说，不存在世代相传的资本家族；下一个时代，不再有与上一代相同的资本家族。商人在利用方便机会摘取了果实以后，就迫不及待地脱离商界，尽可能地挤进政界获得贵族头衔。商人资本家族逐渐"封建化"，一方面可获得较高的社会地位，另一方面，这种社会地位在一定程度上可保住祖辈积累下来的财富。赫尔曼·凯伦本兹也认为，商人家族的创造力在经过二、三代人的时间后已消耗殆尽，他们开始追求食利者的平静生活，于是放弃了商人活动，购买地产，以便获得贵族证书。[①]上述是对西欧中世纪晚期及近代早期（即转型时期）传统大商人资本发展轨迹的描述，然而，此种描述同样也符合前近代及近代中国的传统大商人资本。

西欧近代转型时期，已有大批发迹的传统大商人资本家，如意大利诸城邦国家与南德意志（简称南德）地区的商业家族，如斯皮诺拉家族、富格尔家族等，与此同时，还有正在逐渐崛起的新兴商人资本家，如荷兰、英国等地的商人资本家。对前述新旧商人资本比较研究后发现，传统商人资本家表现出更多的保守性。其表现在把大量资本用于向外贷款，或从事他们认为比较安全的投资，如投资土地、房产，或购买官衔以提高政治地位等。从社会经济的角度看，由于时代的局限性，他们如此行为可能是因当时没有找到新的经济增长点。在生产技术没有达到质的飞跃、不能带来丰厚的利润时，大商人资本发现他们愿意投资的新领域非常少，而那些曾经让他们早年发迹行业的利润又在逐渐下降，或处在一个相对停滞的水平上，使得他们对原有行业的投资兴趣逐渐消失。因此，他们或与政治势力结盟，或购买土地而封建化。这是大商人资本衰落的一种表现。正如马克思所说的"商人资本的独立发展，是与社会的一般经济发展成反比

---

① ［法］布罗代尔：《15 至 18 世纪的物质文明、经济和资本主义》第二卷，施康强、顾良译，生活·读书·新知三联书店 1996 年版，第 524 页。

例的"。① 在新的时代，传统大商人资本的发展与社会的发展背道而驰。

近代中国的转型时期，也有大批发迹的传统大商人资本家，如晋商、徽商等，同时亦有大量新兴的商人资本家在逐渐崛起，如粤商、宁波商人等。对比研究发现，中国的大商人资本也具有西欧近代转型时期大商人资本的特性。近代中国被纳入现代世界资本主义体系之后，海外市场并没有立刻产生巨大的有形经济效益，所以如晋商、徽商这些大商人资本家是不太愿意大量投资于近代新工商业的。可以看出，在近代新兴商业领域之中，如五金、棉纱、洋油、洋布等行业，很少有那些曾靠经营商品发家的晋商或徽商的身影。因为新的商品经营变数太大，资本的安全系数低，再加上，大商人对资本的回报率期望值比较高、害怕资本的亏损，因而常运用自己财富的优势，去结交王侯，向政治权力主体贷款，以期对某一行业形成垄断，从垄断中获取高额利润，或获取某种政治殊荣。大量地给政府放款，这是中外近代转型时期传统大商人资本走向衰落的一种表现。在近代中国，最具代表性的大商人主要是晋商，确切地说主要是晋中商人，他们或是"闯关东"，或是"走西口"，或是走南闯北，从事盐、茶、丝等长途贩卖活动，从行商到坐贾，从肩挑背扛到驮马成群，长途跋涉，是经历过千辛万苦、多是九死一生而发达的。② 经营长途贸易是晋中商人发达的主要途径。相对于短途贸易来说，长途贸易路途遥远，兵匪拦路打劫甚多，其中充满了多种危险与变数，甚或会搭上身家性命，然而，高风险与高回报往往是紧密相连的，此种贸易利润巨大，从事者前赴后继。当其经营资本积累到一定程度之后，因商业发展的需要，便催生了票号这一金融组织。

19 世纪 20 年代，山西平遥商人雷履泰把西裕成颜料庄改成"日昇昌"票号，它是近代中国第一家专营银钱汇兑、存放款业务的私人金融机构，曾以"汇通天下""天下第一"而闻名，其分号遍及全国各大城市。当时，日昇昌票号的汇费，一般在 1% 以上，存款月息是二三厘，放款是七八厘，当时市面上周转的银子，分碎银、锭银、元宝等几种，从相互兑换平、色中，也能分得不少利润。"平"是论重量，"色"是论质量。

---

① ［德］马克思：《资本论》第三卷，第365页。

② 在近代早期西欧的转型时期，传统大商人的发迹也多是经营长途贸易的商人，如热那亚、威尼斯等城邦商人，南德的奥格斯堡的大商人等。

票号一般能从"平"中有千分之二三的收入，从"色"中有千分之五六的盈余，最初票号就是通过这些经营活动获取利润的。[1]

日昇昌设立票号后，山西介休北贾村原经营杂货绸布的侯崇基，仅在1826年的一年之中连续开设或投资五个票号：蔚泰厚、蔚丰厚、蔚盛长、新泰厚、天成亨。"不数年间，亦获厚利，自是人争效仿。凡长江各埠之营茶庄典当绸缎丝布业，及京津一带之营皮毛杂货业之晋人，群起则效，往往余本庄附设票庄。"[2]

19世纪50年代之后，票号发展迅速，形成了平（遥）、太（谷）、祁（县）三帮。在平遥设立老号者，曰平帮：天成亨、蔚盛长，新泰厚、协同庆、蔚丰厚、蔚长厚、协同信、百川通、日昇昌、蔚泰厚等；在祁县设立老号者，曰祁帮：元丰久、巨兴隆、巨兴和、存义公、三晋源、大德通、大德恒、长盛川、合盛元等；在太谷设立老号者，曰太谷帮：志成信、协成乾、锦生润等。[3]

票号的分号遍及全国各大城市，在北京、天津、沈阳、汉口、重庆、成都等近30个城市设有分支机构。"分号之多，日昇昌、天成亨、蔚泰厚、存益公、大德通、大德恒、志成信、协成乾为最，皆三十余处。"[4]具体说来，日昇昌有35处；介休北贾村侯崇基6个票号的分号：蔚泰厚有33处，蔚丰厚有26处，蔚盛长有22处、新泰厚26处、天成亨23处、蔚长厚19处。[5]"山西票庄遍天下。"各号票庄的招牌，则写"汇通各省"。据推算，在19世纪50年代票号总分号共约150个。19世纪下半叶，是山西票号发展的黄金时期，1883年票号数达到30家，且其分支机构和经营网络都有极大拓展。整个80年代票号的总分号共计约446个。[6]清末，票号的分支机构进一步拓展，总分号共计约502个。[7]就介休北贾

---

① 卫聚贤：《山西票号史》，中央银行经济研究处1944年版，第15页。

② 《山西票号商盛衰之调查》，《聚星》1925年，第16页。

③ 韩业芳、王之淦：《山西票号之兴衰及其人才》，《海光》1937年第8卷第7期，第27页。

④ 陈其田：《山西票庄考略》，经济管理出版社2008年版，第52页。

⑤ 黄鉴晖等编：《山西票号史料》，山西经济出版社2002年版，第639—643页。

⑥ 刘建生：《山西票号业务总量之估计》，《山西大学学报》（哲学社会科学版）2007年第3期，第234页。

⑦ 黄鉴晖等编：《山西票号史料》，第466—469页。

村的侯氏一个家族而言,蔚泰厚、蔚丰厚、蔚盛长等"蔚"字票号遍布全国,鼎盛时期在全国 50 多个大中城市与商埠共开设分庄 164 处。[1] 票号承担了全国各地的银两汇兑业务,已成为 19 世纪下半叶中国金融界之执牛耳者。

一 晋商金融服务——晚清"财政家"

(一) 票商业务广泛,主营晚清财政

1. 为民间工商业汇兑

山西票号是从民间商业活动中分离出来的金融机构,所以说,票号产生之初主要是为商业服务的。票号主要业务为汇兑,存放款只为其附属业务。如日昇昌为京城著名绸缎庄瑞蚨祥,"在六月初五日由京汇沪 5340 两,同年八月初五和月底又为其由京汇沪 10300 两"。开封和周家口是京商采办粮油的重要地,日昇昌"从九月初十至十月二十五日,为同心德、公万泰、祥泰和、同兴公等 5 家字号汇汴 27600 两"。[2] 票号组织在其成立之初的汇兑业务比较大。如"日昇昌河口分号 1853 年收汇款项为一十八万一千零四十三两"。[3] 以上只是日昇昌一个票号的汇兑业务,其业务之大管中窥豹,可见一斑。

2. 为官方经办多项财政业务

山西票庄的营业,主要以公款为主。19 世纪 50 年代,由于太平天国运动在江南数省的活动,使得地方不靖,阻断了交通运输,各地方政府逐渐依赖具有强大金融网络的票号,来运解京城或各省之间的京协饷,自此,票号的业务遂蜕变为专门以政府汇兑和垫借公款为主,对普通商人和百姓的汇兑不屑一顾,甚至规定 500 两以下概不办理汇兑。资本充足,金融网络遍布全国各地,这些优势使得票商逐渐成为晚清帝国的"财政家"。

其一,汇兑政府公款。

政府公款有多项,京协饷是其中一项重要内容,而汇兑京协饷,则是票号的一项重要业务。19 世纪 50—60 年代,整个中国民变四起,使得各

---

① 程光、盖强:《晋商十大家族》,山西经济出版社 2008 年版,第 74 页。

② 黄鉴晖:《山西票号史》,第 224 页。

③ 黄鉴晖:《山西票号史》,第 412 页。

省饷银无法按时解送京城，国库所需资金孔急，而此时的晋商票号因拥有雄厚的货币储备能力与庞大的支付体系，不必把货币从一处搬运至另一处，只需要汇票就可交拨银两。"此交彼收，此收彼交，只烦一信之通报，而收交之期，毫厘不爽。且省路费，免转运，防窃失，诚所谓一举而三得者。"① 票号凭借如此便捷之优势，逐渐获得了晚清各级政府之信任。

同治元年（1862），清政府不得已默许各省将京协饷托付给票号汇兑。1862 年 9 月 3 日，闽海关交票号汇兑京饷 5 万两，进京赴部投纳。1863 年 4 月 3 日，江西省交票号汇兑京饷 10 万两进京；4 月 27 日，广东交票号 165200 两汇兑入京；5 月 13 日，湖南交长沙的蔚泰厚、新泰厚等票号上解京饷 5 万两；8 月 9 日，湖北上解京饷 3 万两交由汉口的蔚泰厚票号汇兑。但是同年 9 月 7 日，户部认为此种做法不妥，票号"多收一批汇兑，京城即少进一批实银因由，奏请饬各省应解京饷，非道路十分梗塞，不得率行（票号）汇兑"。但是，同年的 12 月 28 日，粤海关上解内务府银两 47160 两，仍旧交票号汇兑入京。②

这一时期，清政府曾经就是否利用票号来汇兑京饷方面有过争论，但是没有票号便捷的运作，京饷往往迟迟不到，严重影响国家军政大事。1878 年，光绪谕军机大臣等：本年京饷，前经户部原拨续拨共银八百万两，统限年内解齐。兹据该部查明，截至九月底，除缓解划拨，并报解启程等款外，尚有……广东盐课帑息银八万两……太平关常税银三万两……广东厘金银六万两……年内部库应放各款，为数甚巨，需饷孔急，着该将军督抚等，各将欠解京饷，讯即照数依限提前解京。③ 在如此窘况之下，晚清政府不得不依赖票号的汇兑功能，此后更甚。从 1862 年至 1893 年的 31 年间，票号汇兑京饷共计 5860 万两。④

除了京饷，票号还汇解协饷。如 1865 年，山西三次应解甘肃兰州协饷银 8 万两，均由山西平遥票商汇兑。由于军情紧急，清政府需要快速筹粮筹饷。1878 年，光绪谕军机大臣等：左宗棠奏，军饷将罄，请饬催各

---

① 韩业芳、王之淦：《山西票号之兴衰及其人才》，第 26—35 页。
② 黄鉴晖等编：《山西票号史料》，第 796—797 页。
③ 广东省地方史志编委会办公室等编：《清实录广东史料（六）（光绪、宣统）》，广东省地图出版社 1995 年版，第 12 页。
④ 张正明、张舒：《晋商兴衰史》，第 121—124 页。

省关赶解协饷……并著福建、广东……各将军督抚监督等，设法筹拨，提前赶解大批协饷，以应急需。① 1887 年，张之洞奏："部拨广东协黔饷银每月三千两，历年因库储匮乏，仅能酌量解济。本年四月划拨贵州委员在粤购买军火银五千两，十一月十三、二十三等日先后发交商号百川通电汇银共二万两，饬赴贵州藩库交收。"② 据不完全统计，在 1875—1893 年间，山西票号共汇兑协饷 1023 万两。③

19 世纪下半叶，据不完全统计，票号所汇兑的京协饷见表 2—1。

表 2—1   **1863—1891 年票号汇兑京协饷数额**

年份	京协饷（两）
1863	1390985
1867	4552791
1872	3017999
1891	5334217

资料来源：根据黄鉴晖等编《山西票号史料》第 797—807 页中的"山西票号大事记"整理得出。

除了经营京、协饷外，山西票号还经营着清政府的多项经济活动。如 1887 年票号汇解 219000 银两河工经费，1890—1893 年间汇兑 20 万两铁路经费，《马关条约》后的赔款费用，也多是由山西商人票号来运作。下面是 1891 年至 1912 年山西票号代汇公款数额（表 2—2）：

表 2—2   **1891—1912 年度山西票号代汇公款**   （单位：两）

时间	数额
1891（光绪十七年）	2035255
1892（光绪十八年）	7116352

---

① 广东省地方史志编委会办公室等编：《清实录广东史料（六）》（光绪、宣统），第 4 页。

② 《两广总督张之洞等奏折》光绪十三年十一月二十七日，《朱批》财政类，卷号 38，转引自黄鉴晖等编《山西票号史料》，第 678 页。

③ 张正明、张舒：《晋商兴衰史》，第 121—124 页。

续表

时间	数额
1893（光绪十九年）	2778448
1894（光绪二十年）	8667634
1895（光绪二十一年）	7592411
1896（光绪二十二年）	7607642
1897（光绪二十三年）	7876262
1898（光绪二十四年）	5704461
1899（光绪二十五年）	10335235
1900（光绪二十六年）	3008227
1901（光绪二十七年）	2767731
1902（光绪二十八年）	20468366
1903（光绪二十九年）	19246029
1904（光绪三十年）	13512223
1905（光绪三十一年）	10645975
1906（光绪三十二年）	12345975
1907（光绪三十三年）	6372446
1908（光绪三十四年）	2676865
1909（宣统元年）	1975754
1911（宣统三年）	692725
1912（民国初年）	1186610
总计	154612626

资料来源：陈其田《山西票庄考略》，经济管理出版社 2008 年版，第 71 页。

由上得知，1891—1912 年，其汇兑共计 154612626 两，如以 21 年计平均年汇兑为 7362506 两，另据统计，1862—1893 年间，票号共汇兑官款 81408180 两，以 32 年计平均年汇兑为 2544005 两。[①] 前者是后者的 2.9 倍。

其二，垫借或放款给各级政府。

票商在为晚清各级政府汇兑京协饷的过程中，往往还需要自己出银垫借。

[①] 张正明、张舒：《晋商兴衰史》，第 121—124 页。

粤海关上解京饷，由于税款不足，常常需要向票号暂借款银，票号的垫汇占粤海关汇解京饷的比重：1864 年为 18.46%，1865 年为 27.90%。1866 年，广东省财政拮据，解饷困难，向票号借款汇解，是年票号垫汇 156956 两，占总汇解数的 21.64%。1873 年，票号为粤海关垫汇的款项，占总汇解数的 100%。① 光绪三年（1877），广东解京第四批京饷时，向山西票商志成信、协成乾、谦吉升、元丰玖等借银 166000 两。② 1880 年，福建省上解饷项困难，票号垫汇数占汇解数的 25.30%。1881 年，闽海关向票号借款汇解各饷，占汇解总额的 28.22%。1882 年，浙海关向票号借款汇饷，占汇款总额的 39.75%。淮安关每年上解京饷虽只有一二万两，因税收短绌，多向票号借款，1891—1898 年，其借款占汇饷的 25%—70%。③

除了为政府垫解汇兑之外，当政府经费孔急之时，票商还常常直接向政府放贷。

1874 年 1 月 29 日，船政大臣沈葆桢奏准用款 15 万两，闽海关因税款不足，向票号借款 8 万两。山西当局协拨军饷紧迫，无款可筹，向平、祁、太三帮 40 余家票号借款 21 万两，至 1878 年尚有 7 万余两未还。1878 年，光绪四年春，左宗棠军饷不济，向汉口票号借款 40 万两、兰州票号借款 4 万两。1894 年，户部筹备购船募勇饷需，奏准息借商款，在北京向票号借款 100 万两。④ 光绪二十年，即 1894 年，票号曾在北京对政府放款 100 万两，在汉口对政府放款 80 万两。⑤

其三，收揽官款或官绅款项。

票号为政府承兑公款、垫解公款或大量放贷等服务的巨额资金，是从何而来的呢？除了自身雄厚的资力之外，官款或官绅的存款，是其巨额资金的重要来源。

票号名声大噪之后，"无论官商士庶积有金钱，皆存储票庄，冀图保

---

① 黄鉴晖等编：《山西票号史料》，第 798—800 页。
② 张正明、张舒：《晋商兴衰史》，第 124—125 页。
③ 黄鉴晖等编：《山西票号史料》，第 803—807 页。
④ 黄鉴晖等编：《山西票号史料》，第 802 页。
⑤ 侯兆麟：《近代中国社会结构与山西票号的历史的正确认识》，《中山文化教育馆季刊》1936 年第 3 卷第 4 期，第 1158 页。

重，上而公款，如税项军饷边缘各省丁漕等，下而私款，如官场之积蓄绅富之储藏等，无一不存票庄之内，所以每家存款至七八百万二三百万之多"[1]。查各家除各省官绅私蓄之款，存放于票庄获转汇外。平遥之日昇昌、百川通、营业甚广，其资本不过十余万，而存款多至数百万两，其他各家，亦均如是。[2] 山西票号得以运转巨资，"全恃官款之保管。所谓官款之存款者，乃官衙之公款。即税款军饷等汇款之暂时存入者。官吏之存款，则作官者囊中之私款"[3]。19世纪下半叶，晚清财政体制不健全，政府诸多税收，多由票号代为收存，[4] 官员个人钱财也乐意存放在与其私交甚好的票号之中。

四川修建川汉铁路，其款项就存于票号之中。"余子厚太史做路上总办，因为素来与蔚丰厚来往，将各处集捐的银股，都存票庄，每年收款约在五六百万左右，利益不少。"[5] 此外，票号还大力收揽官僚个人的存款。叶名琛在总督任内有银二百万两，皆存放于志成信票号。京城与外省大官们的存款也存放在志成信，在该票号里，如此这样的存款银达四五百万两。[6]

更有甚者，票号直接承包了一些地方海关关税。[7] 志成信、协成庆等票号曾承办了粤海关的关税征收工作，所收的关税自然存入票庄，并代地方政府向京城或其他地方办理运解之事，"主要金融通资财政拨转，皆归票庄所承办"[8]。可见，票号逐渐由原商业性的营业改为财政性的营业。

19世纪下半叶，中国的大商人资本家——晋商已经渗透到清末财政体系的各个角落，愈来愈成为清朝的"财政家"，晋商与各级政府彼此紧密联系。这一点犹如16世纪哈布斯堡王朝时期的奥格斯堡、热那亚等地那些富可敌国的商业家族一样，如富格尔家族就是16世纪上半叶查理五世的财政家，热那亚的商人家族是16世纪下半叶菲利普二世的财政家。

---

① 韩业芳、王之淦：《山西票号之兴衰及其人才》，第27页。
② 《山西票号商盛衰之调查》，《聚星》1925年，第17页。
③ 君实：《记山西票号》，《东方杂志》1917年第14卷第6期，第77页。
④ 《天津之银号》，《银行周报》1935年第19卷第16期，第17页。
⑤ 陈其田：《山西票庄考略》，第82—83页。
⑥ 《孟刚访问记录》1961年7月，转引自黄鉴晖等编《山西票号史料》，第140—141页。
⑦ 《山西票号商盛衰之调查》，《聚星》1925年，第17页。
⑧ 侯兆麟：《近代中国社会结构与山西票号的历史的正确认识》，第1158页。

富格尔家族商人资本多次解救为财政所困的查理五世，热那亚商人资本也多次搭救破产的菲利普二世，19 世纪下半叶晋商资本也一直在为捉襟见肘的清朝各级政府鞍前马后，"鞠躬尽瘁，死而后已"。如此这般，"皆为利来"。

（二）票商利润丰厚

1. 汇费

汇费视银根松紧而定，一般在 1% 以上，[①] 而且针对不同时期、不同对象，其汇费是不一样的。在 19 世纪 80 年代中期以前，票号对工商业汇款的汇费一般只有四至六厘，高则七厘，低则一厘多，对个人汇款不过一二分。19 世纪 80 年代末至 20 世纪初，对工商业汇款的汇费则普遍上升到二三分，高者七八分，甚至十分以上。比如，光绪二十九年（1903），由北京汇往各地的汇费：上海二分，汉口三分，开封三分，苏州、广州三分四至三分五，重庆、沙市七八分，成都十分以上。再如由北京汇往苏州，19 世纪 50 年代前四、六、七、八厘，20 世纪初，有的多至三分多。不言而喻，即使汇兑总额没有增加，由于汇费的增加，收入也会自然增加。[②] 以下是 1909 年以来票号由湖北沙市汇往各地的汇费（表2—3）。

表 2—3　　　　　　　　　1909 年以来沙市票号的汇费

	目的地	每一千两的汇费
沙市送到	汉口	二十五六两至二十七八两
	四川重庆、成都	四十两至四十五六两
	湖南常德、长沙	二十二三两至二十六七两
	上海	二十六七两至三十二三两
	河南	四十两左右
	北京	八十两左右
	天津	三十两左右

资料来源：《沙市金融情况》，《湖北商务报》1902 年第 106 期，第 11—12 页。

---

① 卫聚贤：《山西票号史》，中央银行经济研究处 1944 年版，第 15 页。
② 黄鉴晖：《山西票号史》，第 412 页。

可以看出，由沙市汇往各地的汇费不一样，不过，基本上介于 2%—10% 之间。

公款汇兑的汇费是多少？"1862 年 12 月间承准户部签知奏催京饷案内……当即遵照部行与股实银号筹商汇兑"，与票号商定每千两给以汇费银 40 两，由票号设法汇京……合计共已汇解过银 391567.139 两，共已给过汇费银 15662.686。① 由是观之，此次汇费是 4%。不同地方公款的汇费不一样：1864 年福建为 8%，浙江为 4%—4.8%，广东为 4%。后来有所下降：1889 年福建为 5.3%，广东为 3%—3.5%，浙江为 4%，四川为 2.5%。一般工商业及个人的汇水是多少？在 1889 年前后多在 0.7%—2% 之间，两相对比，票号不愿汇解一般汇兑业务，这是其一；其二，在汇兑公款，尤其汇兑京饷时。其交款期长，从收汇到交汇一般是空期 3 个月，比工商汇款见票交付或定期交付一般空期多出 1 个月，或多出 2 个月的时间，这多出来的空期，可以拿公款来进行短期投资，而取无本之利。② 所以相较而言，票号更愿意为官家服务。

至 20 世纪初，票号业务汇兑业务量达到了数以千万两计的规模。票号汇兑业务最盛的年份即 1902—1906 年，每年汇款总额一般在 1000 万—2000 万两之间。③ 而在 1906 年，日昇昌票号的 14 家分号办理收交汇总额高达 32225204 两，平均每家分号办理收交汇总额达 2310800 两；1907 年仅蔚长厚汉口分号收支汇兑银就达 3385260 两。④ 如此之多的汇兑业务，仅从前述汇水一项来计算，就是一笔巨款。汇费，只是票号商人赢利的一个方面，还有放款利息的收入，也是票号商人获利的重要来源。

2. 存放款利息之差

据考："平遥帮之存款利息最高三厘，祁、太两帮则可由三厘至四厘，甚至到四厘半者。"平遥帮的放债利息，"多仅六厘，至多亦七厘而止，甚至有仅取五厘者，若祁、太两帮，则往往各至一分，平均之

---

① 《粤海关监督毓清奏为解京饷支用汇费的折片》，同治三年十月二十五日，《军录》财经 28 号，转引自黄鉴晖等编《山西票号史料》，第 724 页。

② 黄鉴晖等编：《山西票号史料》（说明），山西经济出版社 2002 年版，第 13、14 页。

③ 萧清：《中国近代货币金融史简编》，第 52 页。

④ 张正明、张舒：《晋商兴衰史》，山西经济出版社 2010 年版，第 117 页。

数亦七八厘。此其较大也"。大半是二三厘利息，放款则是七八厘利息。① 由此可见，当时存款与贷款利率差额平均在四厘左右，即月息4‰左右。② 大体说来，当时票号的存款年利率约在5%，而放款年利率则约在10%。③ 即放款与存款之间的年利率相差5%，票号每年有高达几百万两的存、贷款额，④ 其利息收入是相当可观的。

况且，在票号的存款中，有一大部分是官款。票号特别注重发展与政府要员之间的私人关系，官员则成为票号的金主，如此这样，才有巨额的官款或个人钱财存入票号，而这些钱财多是不需付息，或者利息很低，因而票号能空手套利。清政府原本规定官款在京城存入户部，在省城存入藩库，但是如果票号与官场有很深的交情，就能招揽到大笔官款。⑤ "官款之存入者，有税项运饷协款丁漕，均不计利，私人之款，则官吏宦囊，绅富私蓄，莫不捆载而来，寄存号内，每年取息，不过二三厘，有不取利者，票庄全以他人之款，存放其它商家，年取一分之利。"⑥ 因而，"存款愈多，获利愈大，各票庄原本虽仅有二三十万，加此数百万之存款，本大利宽"⑦。

如果说在19世纪五六十年代前，票号的收入主要是汇费收入的话，那么，19世纪90年代至20世纪初，放款取息则成为票号的重点。存、贷利息差额比较大。例如这一时期，湖北省沙市还没有外资银行，票号承担着对钱铺的放款功能，其放款利息在6%—8%之间，对一般人放款，利息则多至10%—12%，而当时的存款利息却在5%—6%之间。⑧ 票号通过汇兑公款，手中经常握有大量的现金，通过一存一放之差价，获得巨额利润。

山西票号在光绪年间获得极大发展，这主要得益于前述经营活动获利丰厚。每家票庄无不年年利市数倍。

---

① 卫聚贤：《山西票号史》，中央银行经济研究处1944年版，第15页。
② 俞骏：《对票号业兴起的经济学分析》，《生产力研究》2002年第2期，第84页。
③ 刘建生：《山西票号业务总量之估计》，第235页。
④ 俞骏：《对票号业兴起的经济学分析》，第84页。
⑤ 卫聚贤：《山西票号史》，中央银行经济研究处1944年版，第15页。
⑥ 《山西票号商盛衰之调查》，《聚星》1925年，第17页。
⑦ 韩业芳、王之淦：《山西票号之兴衰及其人才》，第28页。
⑧ 《沙市金融情况》，《湖北商务报》1902年第106期，第10页。

　　1889 年，大德通一个四年账期（4 年一个账期）结束，共获利 24730.03 两，每股是 850 多两，至 1908 年，四年账期共获利 743545.25 两，每股获利 17000 两。[①] 1900 年时，平帮的百川通，四年账期共获利 66 万余两，每股获利 22300 两。日昇昌四年账期共获利 84 万两，每股获利银 12000 两；祁帮的大德通，每股获利银 9000 两。太谷帮的志成信、协成乾每股获利 10000 万余两。"以外各家，每股获利七八千两者甚多，其获利五六千两者，下乘也。光绪甲午后，为增盛时代，自庚子至辛亥为极盛时代。"[②] "以各庄之原本计，每家不过十余万两，即使后来获利倍本，每家本钱亦不过增至二三十万三四十万两。今三年之中，即获利六七十万二三十万两，此和故哉？存款既多所以获利自广。"[③]

　　那么，票号实际的利润率是多少呢？蔚泰厚、蔚丰厚、新泰厚、蔚盛长四家票号的总号在 19 世纪 70 年代的一个账期内，资本 524260 两，盈利 1010748 两，其利润率为 192.8%。[④] 1889 年大德通票号资本银为 10 万两，盈利 24723 两，利润率是 24.723%；到 1908 年资本积累达 22 万两，盈利 743000 两，利润率是 337.7%。又如锦生润票号，1903 年开办之初其资本银为 3.2 万两，当年盈利银 7380 两，利润率是 23.06%，到 1906 年资本银增为 6.4 万两，盈利 51948 两，利润率是 81.17%。由上可见，大德通、锦生润这两家利润率曾高达 81%—337.7%，"可谓厚利矣……而每股分红最高额的指数，则是前期 20 倍。其利益之厚，数额之大，成了天文数字"。[⑤]《老子》中曾说："天欲其亡，必令其狂。"票号掌柜，无不穷奢极侈，起居饮食，"可拟之达官贵人"[⑥]。

　　如前所述，当商人资本发展成为大商人资本之后，就会逐渐向政府靠拢，走上向政府的放款之路，晋商发展确实如斯。并且，古今中外的一代又一代大商人资本在这条道路上走得乐此不疲，既能获得利润又能获得名誉。晋商为政府服务，他们既能获得高额利润，又能获得较高官衔（虽多数为虚职），

---

①　卫聚贤：《山西票号史》，第 61—62 页。

②　卫聚贤：《山西票号史》，第 317 页。

③　韩业芳、王之淦：《山西票号之兴衰及其人才》，第 27 页。

④　黄鉴晖：《山西票号史》，第 224 页。

⑤　黄鉴晖：《山西票号史》，第 415 页。

⑥　《山西票号商盛衰之调查》，第 18 页。

包括内室也能获得"诰命夫人"的称号，一时间光耀门楣，不可谓不隆。因此，除了北方晋商票号外，还有外帮票号，如天顺祥、云丰泰、乾盛亨、祥和贞、云丰泰、源丰润等其他票号，多在同治时期开设，比较著名者有阜康钱庄、胡通裕。① 这些票号也表现出同样的兴趣，乐意为政府效劳。如上海的胡雪岩，从其发家始，就一直与政府要人走得很近，投靠王有龄、左宗棠等政府官员，其创建的阜康钱庄，多次为政府筹措粮饷与军火，从中渔利，获得了"红顶的翎子"的称号，后人称之为"红顶商人"。

此后，清政府的国家银行与官银号相继开办，票号存款减去大半，② 辛亥革命后，票号之前放出的巨款无法收回，而存款又被提出，因此周转不灵，纷纷倒闭。

二　晋商之后的大商人资本"组团"向政府放款或购买国家债券

至 20 世纪，与晋商资本"各自为战""单打独斗"不同的是，后起的大商人资本多是组团为政府服务。比如北洋政府时期、南京国民政府时期，商人资本组团——银行、钱业公会等——给政府贷款，购买国家债券并承担公债发行事宜，尤其是江浙财团直接支持了蒋介石南京国民政府的成立。当然，这些活动都能带来丰厚的利润，随之而来的，或许还能获取所谓"嘉禾勋章"荣誉，或许能在国民政府中担任"高等顾问"等职，总之，可以名利双收。

一方面，金融界直接给政府贷款，其贷款利息较高。民国初年，北京银行界多冒险追求暴利，有不少银行向财政部、陆军部放款，其月息可达2%（年息即是24%）之多，也有几家银行因受政府放款的倒账而倒闭。同期金城银行对于财政部放款是以盐余、关余为抵押的放款，其月息可达到1.5%—1.6%（年息即是18%—19.2%）。据统计，截至 1923 年 3 月 9 日，北洋政府积欠中国银行、交通银行、盐业银行、金城银行等近 20 家银行 3000 多万元。③ 1924 年，金城银行对北洋政府放款的月息是在 10—

---

① 以上两家均为浙江钱塘人胡雪岩所开设，此人为左宗棠幕下的财政管理者。

② 《天津之银号》，《银行周报》1935 年第 19 卷第 16 期，第 17 页。

③ 中国第二历史档案馆编：《中华民国史档案史料汇编》（第三辑），江苏古籍出版社 1991 年版，第 989 页。

18 厘之间，即 12%—21.6% 的年利率。1927 年金城银行对北洋政府军政机关贷款 393 万多元。[①] 南京国民政府时期，银行界不断地向财政部放款：1929—1930 年为 1.1 亿多元，1930—1931 年为 1.8 亿多元，1931—1932 年为 1.08 亿多元。1933 年 9 月 8 日，上海银行界向财政部放款 1200 万元；同年 10 月 14 日以关税为担保，又向财政部放款 1500 万元。1934 年 2 月 9 日，银行界再次向财政部放款 4400 万元。[②]

另一方面，金融界也非常乐意投资政府债券，其回报率也很高。北洋政府期间，28 种公债利率中，最低的年息为 6 厘（有 11 种），也有年息为 7 厘（有 4 种）、8 厘（有 12 种）的，最高的一种为月息 1 分 5 厘。这只是票面利率。公债的实际利率远在名义利率之上。而银行的短期借款、垫款利率更高，多数都在 1 分以上，况且这也只是名义利率，由于许多借款还另有折扣（南京国民政府时期的公债折扣是六至七折）、预扣利息以及汇水、手续费等，实际利率在年息二三分以上都比较普遍。[③] 1926 年，金城银行的公债年息曾达 23.5%。[④] 南京国民政府财政部 1927—1931 年所发行公债名义上的平均年利息是 8.6%，[⑤] 实际的公债收利率可见表 2—4：

表 2—4	1928—1930 年公债利率
时　间	公债利率（%）
1928 年 1 月	22.51
1929 年 1 月	12.44
1930 年 1 月	18.66
1931 年 1 月	15.88
1931 年 9 月	20.90

资料来源：千家驹：《旧中国公债史资料》，中华书局 1984 年版，第 370—373 页。

---

① 中国人民银行上海市分行金融研究室编：《金城银行史料》，上海人民出版社 1983 年版，第 192—194 页。

② 吴承禧：《中国的银行》，商务印书馆 1935 年再版，第 53 页。

③ 莫湮：《上海金融恐慌的回顾与前瞻》（附表），《东方杂志》1936 年第 33 卷第 22 期，第 34 页。

④ 中国人民银行上海市分行金融研究室编：《金城银行史料》，第 202 页。

⑤ 千家驹：《旧中国公债史资料》，中华书局 1984 年版，第 373 页。

如此厚利的公债，引得无数银行或钱业公会"慷慨解囊"。中国银行历来是债券的主要经募人和销售人，1914 年买进公债 280 万元，1915 年买进 266 万元，此后每年都会购买，其购买的证券在贷款中的比率逐年攀升，最低的 1919 年，持有公债的面值为 3819 万元，占贷款总额的20.75%；最高的 1922 年，持有公债的面值为 6010 万元，占贷款总额的32.71%，[1] 南京国民政府时期购买的公债更多。金城银行从创办至抗战前 20 年中，历来偏好购买公债。《金城银行创立二十年纪念刊》载："银行以有价证券为投资之对象，乃运用资金之常轨……对其投资，不特适于利殖，抑且可助国家之建设。故本行对于此种债券之投资，商储两部历年均达相当之额数。"1917 年年末，金城银行的账列"有价证券"不满 3 万元，主要是公债、库券，到了 1927 年年末，这一科目账列 708 万元，其中公债、库券计为 545 万元。在这些公债、库券中，北洋政府发行的各项债券占 74.56%。[2] 在高利率的驱使下，其他银行也都非常乐于购买公债。据不完全统计，1926 年年底 28 家银行所购公债的总额为 9000 余万元，相当于这些银行当时放款的 11%。[3] 1931 年，银行界持有 40% 的政府公债，1932 年、1934 年这两个年度里，银行界持有近一半的政府公债。[4]

在资本主义正常发展的条件下，近代新式银行是为了适应工商业发展需要而出现的，它的作用，首先就是将社会闲散资本集中起来，然后把这些资本投向社会经济生产中，特别是工业部门生产中。然而，纵观近代中国，华资银行主要是因政府需求而产生，是为政府服务的，与工业发展的关系似乎不大，在特殊国情下，它们把大量资金投向了政府与外国企业，具有浓厚的封建性与买办性。

可以说，近代中西转型时期，政府是大商人资本的最大"债主"，也是最大的"金主"，银行愿意与政府捆绑在一起，为政府服务，借此获得超额利润，还可以获得一定的功名。除此以外，已发财的商人资本还喜好投资房地产，相关史料较多，如徐润在上海、刘歆生在汉口等城市，大量

---

[1] 龚关：《近代天津金融业研究：1861—1936》，第 177 页。
[2] 中国人民银行上海市分行金融研究室编：《金城银行史料》，第 200—202 页。
[3] 徐进功：《略论北洋政府时期的银行业》，第 80 页。
[4] 吴承禧：《中国的银行》，第 73、74 页。

购买地皮，最后，这些人多因地产投机过多而破产。

可以看出，当商人资本发展到一定阶段，即大商人资本拥有雄厚的资本时，它们的投资偏好就已经脱离一般商品资本经营范围了，跻身经济上层，不再从事生产与商品贸易了，围绕政治权力而流动，享受财富权力所带来的荣耀。

第三节　商人对利润率和投资安全性的考虑

一　利润是商人资本流动的重要指挥棒

追逐利润是商人资本永恒的目标。但并不是说，只要有利润可得，商人资本就去追逐，这里需要做出分析。如大商人资本对利润低的，或者相较于自己巨额资本来说并不划算的商业利润，兴趣就不大。而新兴商人资本对商业利润期望值没有大商人资本那样高，它们资本小，只要有利润，就会去争取。新兴商人资本的这种特性，对社会经济发展来说，是具有积极性和革命性作用的：正是新兴商人资本的这种"勿以善小而不为"的逐利特质，活跃了社会经济，极大推动了经济的创新活动。

当通货膨胀减弱、社会经济秩序归于正常时，或者通货膨胀影响较小时，商业利润的高低仍是商业资本主义时期决定商人资本流动的一个主要原因，对于新兴商人资本来说尤其如此。哪里利润高，商业资本就流向哪里。在资本主义经济规律之下，资本总是流向高利润的地方或行业。

近代中国新兴商人资本因受高额利润率的吸引，也会投资中国传统行业，如典当、食盐、钱庄等行业。这些行业有利可图，仔细分析，可以看出在近代中国商界舞台上呼风唤雨的人物，大多曾经营过这些行业。19世纪50年代，买办杨坊在上海开设了一家当铺。1866年唐廷枢曾写信说，他在香港开设了两家当铺，前后有四年，每年都能赚到25%—45%的盈利。[1] 同年唐廷枢接手杨坊当铺时发现，其当铺每年有40%的利润。根据《大清律例》规定，当铺可以收取的最高月息为3%。[2] 在19世纪前半叶，江苏的当铺可收取2%的月息；19世纪60年代，江苏当铺收取

---

[1]　汪敬虞：《唐廷枢研究》，第158页。

[2]　以此推算，一年的利息就是36%。

3% 的月息，后来，江苏布政使下令降低利率。1907 年，汉口当铺的月息是 2%。① 从整体上看，当铺的月息一般为 2%。② 按此计算，当铺的年息就是 24%，这是比较高的利息了。1869 年唐廷枢曾建议怡和洋行投资淮盐运销，因为该项营业可获得 47% 的盈利，例如 1868 年叶记贩盐就获得了 60% 的利率。③ 同时期一位北京盐商的平常利率有 15%。④ 上海钱庄利率常年维持在 100%。例如福康钱庄 1896—1911 年盈利总数共计 40 万余两，若按同期资本累计数来比，其利率高达 126.1%；最高的年份是 1911 年，那一年的盈利为 10 万两，而资本额是 2 万，其利率达到 500%。⑤

传统行业虽然利率很高，但是，对于不少新兴商人资本来说，比较难以进入，因为需要有一定资本实力才能从事这些行业。相较而言，新兴行业准入门槛低、行规少，引得更多新兴商人资本的进入。可以说，新兴商人资本主要是在新兴行业中发迹的。近代中国早期著名买办唐廷枢、徐润、郑观应等人都是在国际贸易中发迹的，是新兴行业中的投资先锋。例如 1876 年，唐廷枢 44 岁那年，与人集股 25 万两，开设仁和水险公司："试办一年，获利颇厚，继又添招十五万，共股本五十万两。"该行业利润率颇高："生意颇旺，可得利三四分。"⑥

当然，商人资本投资哪些新兴行业，主要是利率决定的。荣氏企业创办面粉厂的缘由，据说是 1900 年义和团运动期间，天津帮到上海办面粉厂，卖予外人有暴利，失业的荣德生见此，便与人合办面粉厂。⑦ 20 世纪初，尤其是第一次世界大战前后，因外国列强缺席中国市场，工业品获利较高，掀起了近代中国投资工业的高潮。

这一时期，天津新开设的棉纺厂均能获利：1916 年 1 包 16 文纱可获利 7.61 元，1919 年增至 70.65 元。1919 年，天津华新纱厂的利率是

---

① ［日］水野幸吉：《中国中部事情：汉口》，武德庆译，武汉出版社 2014 年版，第 108 页。

② 张仲礼：《中国绅士的收入》，费成康、王寅通译，上海社会科学院出版社 2001 年版，第 181 页。

③ 汪敬虞：《唐廷枢研究》，第 166—167 页。

④ 张仲礼：《中国绅士的收入》，费成康、王寅通译，第 177 页。

⑤ 中国人民银行上海市分行编：《上海钱庄史料》，序言第 12 页。

⑥ 汪敬虞：《唐廷枢研究》，第 183 页。

⑦ 汪敬虞编：《中国近代工业史资料（1895—1914）》第二辑下册，第 949 页。

39.44%，1920 年，天津裕元纱厂的利率是 33.46%。[1] 荣氏兄弟（出身钱业）申新一厂的利率从 1916 年开办时的 9.5% 增长到 1919 的 131%，而 1920 年盈利总额相当于其创业资本的 4 倍多，利率即达 400% 以上。[2] 总体看来，1920 年前后的华资纱厂，其利率均能够达到 5%—100%。[3]

自 1912 年以来，商人资本投资多种工业。如买办出身的商人莫觞清开办了美亚织绸厂；进出口商人谢子楠在 1918 年创设了中华第一针织厂；棉纱商人吴麟书在 1920 年投资大丰纺织厂；棉纱商人邵声涛在 1922 年创办了崇信纱厂等。[4] 可见，这一时期工业利率普遍较高，不然不会有那么多商人资本转而投资工业企业。

从地域空间上看，哪个地域商业机会多，商人资本就会流动到哪个地域。近代中国通商口岸就是这样的地域，所以，当西方列强商人或商行把经营重点从广州移到上海后，全国各地的商人资本业纷纷向上海转移。在经济秩序正常的情况下，商业贸易比生息资本的利润高。但高额利润趋于平缓之时，商人资本就不会再满足于原有的市场，而是会不断开辟新的资本市场。例如，19 世纪 80 年代之后，原先在上海经营的商人资本，便开始不断地向其他城市流动，开拓新市场。例如叶澄衷在天津、汉口等地开设了多个"顺记"商店，售卖五金，还派宋炜臣到汉口创办燮昌火柴厂，投产当年即获利 18 万两。[5]

就是因为地域上存在着利率的高低，所以就有商人资本从一个地方奔向另一地方的现象，这就是商人资本的区间流动。

二 资本安全性考虑

一般来说，近代中国内地借款利息较沿海地区高，然而，为什么内地资本都向通商口岸聚集而导致内地金融枯竭呢？说到底就是因为内地不安

---

[1] 孙德常、周祖常主编：《天津近代经济史》，第 190 页。

[2] 李一翔：《中国早期银行资本与产业资本关系初探》，第 73 页。

[3] 陈真编：《中国近代工业史资料》第四辑，生活·读书·新知三联书店 1961 年版，第 220 页。

[4] 孙毓棠编：《中国近代工业史资料（1840—1895）》第一辑，第 249 页。

[5] 徐凯希：《宁波帮与湖北近代工商业》，《宁波大学学报》（人文科学版）2004 年第 6 期，第 3 页。

全，对于商人资本来说，即使利息再高，它也不愿向这些地方流动，而且当内地出现重大不安定因素时，当地资本还会抽逃。所以说，除了利率，资本流动时还会看风险，考虑安全性。资本尽管喜欢追逐高额利润，但是一旦安全有问题，即使利率再高，资本一般也是会裹足不前的。

在太平天国运动期间，正是从安全性考虑，晋商票号在南方出现了多次撤庄或收缩业务的现象，关闭了多个分号。1852 年后，太平军先后 4 次占领汉口，山西票号因此撤回了资本，至 1856 年尚未复业。1853 年 3 月，太平军逼近京津，市场一片混乱，山西票号撤资回籍。① 1853—1856 年间，太平军在汉口至南京的长江流域活动，因而芜湖、扬州、南京等地的山西票号也都纷纷收撤。当太平军定都南京之后，苏州的山西票号虽未撤庄，然其业务活动大为减少。② 京津一带，因受太平军北伐部队的影响，票号或者收缩业务，或者暂时撤离。当战事平息之后，长江流域城市如汉口、扬州等地票号逐渐恢复设庄，但南京、屯溪、芜湖、清江浦等地的票号依旧没有恢复营业。③ 第二次鸦片战争爆发后，山西票号出现了第二次撤庄高潮。

太平天国运动时期，晋商资本除了撤庄北回以外，还与其他商人资本一起逃往上海，因为在内忧外患纷至沓来的时刻，租界能够为其资本提供更大的安全。上海租界由于其特殊的地位，在动荡不靖的时代成为人们的避难避害之地，如这一时期的江浙一带富人携资移居上海。"咸丰庚申，苏、浙右族避难者麇至（上海）"④。例如在上海创办第一家民族资本机器缫丝厂——公和永丝厂的商人黄佐卿，生于蚕丝之乡的浙江湖州一个士绅家庭，19 世纪 50 年代末，当太平军进军浙江时，黄佐卿一家移居上海。同期，苏州程家的程卧云，携带 10 万两白银来到上海发展。⑤ 19 世纪 50 年代初，在汉口的山西票号除了把一部分资本撤回原籍外，同时还把它的

---

① 黄鉴晖等编：《山西票号史料》，第 793—795 页。

② 黄鉴晖：《山西票号史》，第 173—174 页。

③ 黄鉴晖等编：《山西票号史料》，第 796 页。

④ 黄苇、夏林根编：《近代上海地区方志经济史料选辑》，上海人民出版社 1984 年版，第 342 页。

⑤ 中国人民银行上海市分行编：《上海钱庄史料》，第 737 页，程家在上海开设了著名的福源、福康、顺康等多家钱庄。

主要力量转移到上海去，在那里开展业务。山西票号在江南的另一据点苏州的业务，也在太平天国势力威逼的情势下，几乎全部转移到上海。如第一章所述，即使是在上海这个通商口岸城市中，出于安全因素考虑，商人经商也多愿意在租界的北市中进行，从而引得上海钱业的重心逐渐移至北市。

当上海不太安全时，部分资本就逃离上海。1910 年橡皮股票风潮之后，内地流入上海的资金已有所减少，因为内地来的资金多被上海商人挪用进行投机，失败者屡屡；故内地商人多有戒心。在辛亥革命期间，内地人鉴于政局不稳，感觉到资金还是掌握在自己手中最为安全，这就是资金流入上海大减的原因之一。清室退位后情形为之一变，尽管局势不靖，内地资金又忽然如潮水般涌入上海，或存入钱庄或存入外资银行。但这大宗款项来沪大都是以安全保管为目的，意不在于业务上的营运，由此可见当时情况的一斑。① 1924 年军阀混战时，汉口许多商人资本从本地银行抽出而转运往上海。以至于 1925 年年底汉口的中外银行，不得不进口银两以补充地方货币流通量。1926 年 8 月，由于担心北伐军进入武汉，富商大贾的资本纷纷从汉口迁出，抽逃至上海，给武汉三镇经济造成沉重一击。②

近代中国利息存在着地区差别与城乡差别，一般说来，近代中国内地城市的利息高于沿海城市的利息。例如 1910 年上海的平均利息是 7.2—9.6 厘，长沙是 9.9—11 厘，重庆是 10—12 厘。与此同时，农村利息高于城市利息。因为广大农村地区经济落后、金融市场不发达、社会更加动荡，所以风险更大，其借贷资本的利息就会非常高。直至 20 世纪 30 年代，许多中国农村地区的借贷利息仍在 2 分左右，甚至更高。另外，内地农村利息高于沿海农村利息，如福建、浙江两省的农村借贷利息绝大部分低于 30%，而宁夏和陕西两省有一半以上地区的借贷利息高于 50%。③

但是，从利息高低的梯度来看，近代中国商人资本流动的方向却与之

---

① 中国人民银行上海市分行编：《上海钱庄史料》，第 101 页。

② ［英］穆和德：《近代武汉经济与社会—海关十年报告——汉口江汉关（1882—1931）》，李策译，香港天马图书有限公司 1993 年版，第 153 页。

③ 严中平：《中国棉纺织史稿》，科学出版社 1955 年版，第 158 页。

相反：一般是从农村流向附近的大城市，再从内地大城市流向中国最大的货币中心——上海，由此导致了 20 世纪 30 年代中国农村金融的枯竭，没有"一滴血"。可以看出，即使农村（内地）利息奇高，也没有资本的注入，最后不得不人为地依靠政策的支持，从城市给农村"输血"，从沿海向内地投资。资本为什么要逃离农村呢？或者说，资本为什么不愿流入农村呢？农村或内地失序、战乱不断，资本没有安全性，往往是有去无回。银行家陈光甫说："银行天天希望把现金输送到内地去，可是在困难没有解决以前非但不能，且也不敢。"①

近代中国长期动荡不安，"内地秩序的紊乱，不是目前才是这样，在过去有新旧军阀的争夺地盘，官吏的搜括……有些地域虽未直接受过扰害，但是间接的扰害早已使内地感受到恐怖和危险；还有内地的流寇和股匪，也是层层密布着的，杀人越货是司空见惯，总之，内地的人无时不在提心吊胆过日子，一年三百六十五天无时不在危险恐怖的笼罩中，薄有资产的人，由乡间移居到镇市或县城，较为富有的自然要往大都市里逃避，为的是要保障生命的安全，维护私有的财产，这是私有制度社会中富人们分内的事；内地保有的现金，随着所有者向都市里逃亡，特别是上海简直是富人们唯一的安全堡垒，与内地现金的汇总，这种情形差不多天天在发展着，我们只要看看上海人口的增加，和银行的底存，就会明白，现在上海竟变成现金唯一逃亡的地域了"②。这一段话说明了近代中国因社会紊乱而财富转移的路线：农村→小城镇→大城市→上海，最后都到达上海这个最大的城市。

因外国洋行或银行相对安全，华人大多愿意把自己的资金存放在外国洋行或银行，并且还有利息可得，如存放在美商琼记洋行里可得 8 厘的年息。"外国商行经常为任何可能遭受省级地方官员敲诈勒索的华人承担'瑞士银行'的职能"。一个典型的例子是伍浩官（伍绍荣）家族在旗昌洋行存放了几十年的巨额资金，正是这笔巨款为美国西部铁路的发展提供了资金。就琼记洋行而论，1862 年华人在该行存款值达 25 万美金，成为

---

① 陈晖：《中国信用合作社的考察》，《中国农村》1935 年第 1 卷第 8 期，第 6 页。

② 陈明远：《我国金融病态的考察》，《汉口商业月刊》1934 年第 1 卷第 6 期，第 26 页。

它重要的流动资本。[①] 1925 年，武汉军阀以筹军饷为名，"向本埠富户巨商等勒索巨款，其数 2 万元至 5 万元不等。该富户每人人自危，已纷纷秘密离此，避往他埠，大约托庇外国租界云云"，[②] 以求资本的安全。

正是上述缘由，20 世纪 30 年代中国各地资本大量流向上海，以至于上海资金剧增。"上海中外各个银行库存现银，两年以来，日增月累，较以前增加达一倍以上，盖以迭受天灾人祸或摧残环境之下，农村经济入于破产之途……内地现洋俱集中运沪，因此通货囤集于上海者达五万万元。"[③] 从中国其他地方注入上海的巨大白银流量，是"内地不安定和内地经济因白银不断流失而发生困难的反映"[④]。在谈到 20 世纪三四十年代大西南地区的工业资本不断抽逃成为游资现象时，有人指出："中小资本家无力与封建残余官僚势力相抗衡，到了内地，不仅没有发展的希望而且有全军覆没的危险，所以望而却步。"[⑤]

需要说明的是，资本向哪个地区流动，或投向哪个行业，是由多个原因决定的，而且，多数时候是多种原因交织在一起而促成的。比如，由于内地金融市场发展程度低、交易成本高，再加上不安全，而上海贸易与投资机会多，而又相对安全，这也就是在太平天国运动期间，大多数江浙富商逃往上海的原因；同样，这也是 20 世纪 30 年代，中国各地的资本要从内地抽逃，奔赴资本早已大大饱和的上海的原因。由此，造成"大都市金融偏在而农村金融枯竭"。

资本趋利避害，为了追求利润、安全等在不断地流动，不论其怎样流动，都是为了保值与增值。社会越动荡，"游资"就越多，资本就会从各个行业，尤其是新生的工业中抽逃出来，变成流动资本，如此一来，有利于逃跑，以免固定在某一地点，或某一行业中，成为死板的资本。资本不

---

① ［美］斯蒂芬·洛克伍德：《美商琼记洋行在华经商情况的剖析（1958—1862）》，第 54 页。

② 《汉口富户为避勒款被迫出走》（上海《民国日报》1925 年 11 月 26 日），转引自武汉地方志编纂委员会办公室编《武汉民国初期史料》，第 491 页。

③ 赵惠谟：《游资集中上海之数字上的考察》，《民族》1933 年第 1 卷第 10 期，第 1687 页。

④ ［美］阿瑟·恩·杨格：《1927—1937 年中国财政经济情况》，陈泽宪、陈霞飞译，中国社会科学出版社 1981 年版，第 230—231 页。

⑤ 《从上海的入超看中国民族工业》，《（上海）华美晚报》，1940 年 3 月 20 日，转引自陈真编《中国近代工业史资料》第四辑，第 35 页。

断流动，就是为了避免"呆死"。例如抗战中，上海的游资越来越多，就是这个道理。

　　总体来说，新兴商人资本在发展之初，充满积极进取之心，只要稍能挣钱的行业，它们都会投入，但是当其发展到一定程度成为大商人资本时，就会积极地向权力靠拢，为其服务，以此轻松地获得利润，或超额利润以及社会功名。在此，并不是说新兴商人资本在发展之初不想向权力靠拢，只是暂时没有那个资本能力，所以，经常看到的现象就是：新兴商人资本在从事各种商品买卖，大商人资本在经济上层热忱地为政府服务。

第 三 章

商人资本区间流动的过程

近代中国商人资本区间流动大体经历了三个阶段：一、上海开埠至甲午海战前：全国各地商人资本奔赴上海；二、甲午海战后至北伐胜利：商人资本大量向天津、汉口等通商口岸扩散；三、南京国民政府时期：商人资本再次集中于上海，尤其是 20 世纪 30 年代。

第一节　各地商人资本奔赴上海

在上海开埠之后，全国各地商人资本流向了上海。当然从历史现象来看，近代早期中国商人资本多数是追随洋商洋行来到上海的。开埠通商在哪里，洋商洋行就在哪里开拓市场，中国的商人就到哪里，因为洋商洋行以及外资银行带来了国际市场、开拓了中国新的国内市场，更为重要的是，它们带来了大量的白银。因而，要追踪这一时期中国商人资本的流动，有必要先看看洋商洋行在中国的活动。

一　洋商洋行与外资银行奔赴上海

上海开埠后，各国商船便直接开到上海。1843 年外国来沪船只计有 7 艘，货物价值是 433729 两；1844 年船只 44 艘，共 8584 吨，货物价值是 1453871 两；1845 年船只 87 艘，共 24396 吨，货物价值是 35449829 两（此数据是换算而来的，原文是 12224079 镑，按 1 镑等于 2.9 两比例而得出的），在这 87 艘外国商船中，62 艘英国船只，19 艘美国船和 2 艘西班牙船,剩下的 4 艘则属于瑞典和荷兰等国。① 早期来到上海的洋行,大多数是由广州分设或转移而来。例如泰和洋行先于 1846 年在广州设行,1849 年再于上海设立分行;裕泰洋行先于 1850 年前后在广州设立分行,1852 年迁往上海;祥泰洋行先于 1843 年在广州开设办事处,1845 年至上海开设分行。②

分散在通商口岸的洋商洋行的主要业务是贩卖鸦片,同时也推销西方的棉毛纺织品,以换回中国丝茶,当看到上海商业发展的势头时便逐渐把经营重点放到了上海。1846 年英国驻宁波的领事在报告中说,我们在这里(注:宁波)遭受失败的原因很明显……本年 9 月,我们在这里的唯一商人窦肯齐先生舍弃了这个地方,到上海参加他兄弟的事业去了……他的东家发现,在上海的商业情况要好一些,他们当然要到最能获利的地方去销售和订购货物。③ 1843 年,在上海设行的有怡和、宝顺、仁记、义记等洋行,随后又有沙逊、祥泰等大洋行相继来到上海。1844 年,上海有洋行 11 家,④ 1847 年有 24 家,1850 年有 30 家,1859 年有 62 家。⑤

洋行抢滩上海之后的是外国银行的进驻。英国丽如银行于 1845 年在香港设立分行,在广州设立分理处,在上海开埠 4 年后即 1847 年进驻上海,这表明英国商人开始关注到上海,此后该银行在中国福州(1866)、汉口(1877)、厦门(1882)、天津(1887)、澳门(1887)也增设了分支机构。1851 年成立于印度孟买(后移伦敦)汇隆银行同年在广州设立分行,1854 年在上海设立代理处,1861 年又在福州和汉口两地设立机构。阿加剌银行于 1833 年在印度设立后总部迁至伦敦,1854 年在上海设立分行。⑥

前来上海的外国人逐渐增多。据统计,1846 年上海有外国人 108 人,1854 年为 243 人,1860 年猛增至 569 人。⑦ 随着外商来沪的人数增加,上

① 黄苇:《上海开埠初期对外贸易研究》,上海人民出版社 1961 年版,第 38—40 页。
② 黄逸平:《近代中国经济变迁》,上海人民出版社 1992 年版,第 90 页。
③ 姚贤镐编:《中国近代对外贸易史资料(1840—1895)》,第 619—620 页。
④ 黄鉴晖等编:《山西票号史料》,第 794 页。
⑤ 黄逸平:《近代中国经济变迁》,第 59 页。
⑥ 孔祥毅:《金融票号史论》,第 250—251 页。
⑦ 黄苇:《上海开埠初期对外贸易研究》,上海人民出版社 1961 年版,第 23 页。

海进出口贸易迅速发展。1843 年上海开埠，至 1844 年，上海的中英进出口贸易总值是 480 万元，同年广州——中国最大的进出口贸易港口，其进出口贸易总额是 3340 万元。此后，上海进出口贸易总值分别为：1845 年 1110 万元，1851 年 1690 万元，1855 年 2330 万元，1856 年 3200 万元。就在 1856 年，上海进出口贸易总额远远超过了广州，同年后者为 1730 万元。①

外资流入上海使得上海的国际贸易兴盛起来。其间，中国商人资本跟随洋商洋行流向上海，其中，最先跟随洋商洋行流动的是广东商人（又称粤商），在上海开埠后的几十年里，粤商曾一度成为上海势力最大的客商群体。

二　粤商资本或粤人奔向上海

在鸦片战争前，中国只有广州"十三行"与洋人通商，所以，长期以来，在对外贸易中，广东商人比较擅长与洋商打交道。鸦片战争后，随着近代中国通商口岸不断开辟，广东商人快速地做出了反应，跟随外国商人北上。最先随着洋行洋商北上的是那些行商或者与行商有联系的一些人，"多系旧日洋商行店（按指'十三行'）中散出之人，本与该夷素相熟悉"②。粤商随着洋行洋商广泛地分布于中国各大通商口岸，这一时期上海的洋行买办多是粤商，天津、汉口等地开埠初期的洋行买办也大都是粤商。不过，粤商所去之地最多的还是上海。

19 世纪四五十年代，上海中西贸易中的掮客、通事、买办多半是广东人。③ 他们有的紧跟入侵的外国商人来到新开的通商口岸，有的甚至比外国商人还先走一步，不但为外国商人穿针引线，而且还充当打前站的角色。当 1843 年英国驻上海的第一任领事巴富尔达到上海之时，他发现广州的商人已经先期到达那里，并且在四十年代中期上海的外商贸易中，有 2/3 是由一个广东籍的掮客经手成交的。④

---

① 黄苇：《上海开埠初期对外贸易研究》，上海人民出版社 1961 年版，第 71 页。

② 李吉奎：《近代买办群体中的广帮（1845—1912）——以上海地区为中心》，《学术研究》1999 年第 12 期，第 104 页。

③ 周松芳：《珠水维新：中华文明的珠江时代》，南方日报出版社 2014 年版，第 96 页。

④ 汪敬虞：《唐廷枢研究》，第 23 页。

　　原来广东从事华洋贸易的散商，分散到各通商口岸充任掮客，多数兼营自己的商号。上海的阿林就是其中一个比较有名的人物。阿林，是上海开埠初期随外国洋行北上的一个广东散商，同时充当英国商人的掮客。稍晚些时候的林阿钦是又一例。林阿钦也是从广东来上海的商人，受雇于怡和洋行当掮客，由于受到行东的信任，被赋予怡和洋行的"特约代理人"，总办该行在福州地区的华茶收购业务，按交易额收取2%的经纪费用。林阿钦自己开设的福兴隆行栈，为怡和洋行服务，1859年，该行栈为怡和洋行收购了9万多两茶叶。① 广东帮商人在上海经营的"多为洋广货铺，概经理外国货物及南方货物之输入"，在"内地无论何处，凡需要外国商品者，几无不见广东商人"②。

　　广东商人随洋商转移到上海，"作为私人掮客而继续维持下去"。19世纪40年代，外国著名洋行在上海设立分行的主事大多是广东商人，③ 如粤商阿三、阿陶、阿福等是在1845—1851年间先后到达上海该分行充任买办的，再如旗昌洋行到上海设立分行时，其主事也是广东商人。④ 在乡谊与利益驱使下，介绍同乡担任买办成为一种普遍的现象。林阿钦在1863年辞去怡和洋行买办时，举荐唐廷枢接任。唐廷枢的兄弟唐瑞枝、唐国泰均是著名的买办。唐廷枢在1872年离开怡和洋行任招商局总办时，则由其兄唐茂枝接替其在洋行中的职位。郑观应进招商局时，也保荐过同乡杨桂轩任太古洋行总买办。后来杨梅南任太古洋行买办时，是徐润在经济上做部分担保的。广帮买办在上海的发展，随之引来了大批粤人。19世纪70年代末："广帮为生意中第一大帮，在沪上尤首屈一指。居沪之人亦推广帮为多，生意之本惟广帮为富"。随着广帮势力的发展壮大，广帮的同乡会——广肇公所也于1872年成立。据载，19世纪70年代，上海洋行买办"半皆粤人为之"⑤。

---

① 《北华捷报》，1860年10月13日，转引自聂好春《买办与近代中国经济发展研究（1840—1927）》，博士学位论文，华中师范大学，2007年，第35页。

② 丁日初主编：《上海近代经济史》第二卷，第216页。

③ 如怡和洋行在上海设立分行时，是广东著名行商伍浩官在那里主事的。

④ 旗昌洋行著名买办唐氏兄弟唐茂枝、唐廷枢、徐润等都是广东商人。

⑤ 李吉奎：《近代买办群体中的广帮（1845—1912）——以上海地区为中心》，第104页。

三 山西票号资本转移上海

由于太平天国运动和第二次鸦片战争的影响，整个 19 世纪 50 年代，是山西票号的业务紧缩阶段，此时没有在上海设庄。但是，当 19 世纪 60 年代初国内政局大体稳定、上海商埠日盛时，票号遂由苏州迅速向上海转移。接着先后到杭州、福州、厦门设立分号。同治年间，上海有票号 22 家，其对上海钱庄放款，有时多至二三百万两。①

上海分号秉承票号"北存南放"的策略，把在北方延揽的存款大量投放到工商业较为发达的南方城市，如上海、汉口等城市的票庄，② 当市场景气时，这类贷款可达 200 万到 300 万两。与此同时，一次次战败的清政府，需要给列强赔款，其赔款的地点主要集中在上海，而实际负责政府赔款工作的主要是山西票号，此项活动大大促进了山西票号在上海的发展。19 世纪 70 年代末 80 年代初，山西票号在上海的分号有 20 多家，上海遂成为票号分庄聚集之地。上海钱庄之盛，盛于票号、银行放银于庄。③ 山西票号的成功，也刺激了其他地区票号的出现。

四 徽商资本流向上海

19 世纪 50 年代前，徽商贩运的货物（如茶叶）多是经由江西南下广州，而太平天国运动爆发后，因距离上海近，其经营重心遂由广州而至上海了。徽州茶商遂成为上海商界中一支活跃的力量。道光二十四年（1844）徽宁思恭堂的募捐启事中称："当与外洋通商之际，又得吾乡茶商诸君云集而至。"婺源商人李廷燮，"年十八，改就商务，初业茶于东粤，旋于沪江，后先凡三十年，家渐裕。"此则史料说明此人先是在广东售茶，后于上海而渐渐发达。又如徽商程泰仁，"幼业儒……嗣因家食维艰，弃砚就商，随乔川朱日轩贩茶至粤东，众举经理徽州会馆，六县商旅均服其才，"本是广东徽州茶商的领袖人物之一，但到了咸丰年间，"业

---

① 黄鉴晖等编：《山西票号史料》，第 797 页。

② 黄鉴晖等编：《山西票号史料》，第 19 页。

③ 戴鞍钢：《口岸贸易与晚清上海金融业的互动》，《复旦学报》（社会科学版）2003 年第 2 期，第 107—108 页。

茶上海，独捐巨资修广福寺"①。很明显，徽州茶商为了"发大财"，也开始由广州转战至上海了。

五 浙商及其他商人资本流向上海

近代开埠通商之后，茶叶、生丝是中国出口的大宗。而生丝的出产地主要是江浙一带，尤其是浙江的湖州。因毗邻上海，湖州的大量生丝运入上海，成就了大量的丝业巨商。湖州南浔的"四象八牛七十二金狗"多是因贩运生丝到上海而发达的。在1876年上海的75家丝栈、丝号中，湖州帮开设的就达62家之多。②

在上海的浙江商人中，宁波商人颇为活跃。上海开埠之后不久，宁波商人方介堂便"携三四百金"来沪。③ 在近代上海新式商品行业中，宁波商人资本是开路先锋。如在五金业、洋布业、颜料业、钟表业、洋油业等行业中，基本都是宁波商人资本独占鳌头。④

同一时期，还有其他地方的大量商人资本转战上海。福建省的茶叶一向是贩运到广州出售的，自五口通商后，"上游崇安、建阳等地茶叶改运宁波、上海分销，下游安溪、宁洋等县茶叶运至厦门互市，皆不再运往广州"⑤。曾在广州经营茶叶出口贸易的茶商，纷纷将经营重心转移至上海。如江西茶商李兆丰从前是从江西贩茶到广州，后把贩茶目的地改为上海。⑥

在上海市场上，无锡商人以贩卖米与茧为业，常州商人则专以贩米为业，"常以民船运于上海批发之，上海商人亦有自往常州采办者，每年之贸易，实达于巨额"。通州帮商人将棉花"以民船运往上海，寄泊于行栈，以求销售"。山东帮商人，运商品以豆饼、豆油及豆为主，其他如吉林人参、山东草帽缏也由山东帮商人运来，"囤积于上海，以售于外国商

---

① 冯剑辉：《近代徽商研究》，合肥工业大学出版社2009年版，第55页。

② 陶水木：《浙江商人与上海经济近代化》，《浙江社会科学》2001年第4期，第65页。

③ 王永杰主编：《商海巨子：活跃在沪埠的宁波商人》，中国文史出版社1998年版，第4页。

④ 参见陶水木《浙江商人与上海经济近代化》，第64页。

⑤ 黄鉴晖等编：《山西票号史料》，第793页。

⑥ 王庆成编著：《稀见清世史料并考释》，转引自罗小霞《近代广州港贸易兴衰与其腹地范围的变迁（1842—1911）》，硕士学位论文，暨南大学，2008年，第12页。

人"。天津帮从北方运京货入上海，该帮中多数是大商人，他们"皆有本店设于天津，而设支店于上海"。上海是他们从事这种埠际贩运的中转地。此外，还有湖南帮、南京帮、扬州帮、江北帮、苏州帮、山西帮、建汀帮等商帮，也都在活跃在上海的埠际贸易之中。① 浙江海宁商人在糟坊业，绍兴商人在染坊业、箔纸业，徽州人在制茶业、赏器业，扬州商人在成衣业，南京商人在珠宝业，江西商人在瓷器业，无锡商人在铁器业等，各自都有一支强大的势力，所设字号在业内多处于垄断地位。在这些行业里，商号几乎均由来自同一个地区的商人设立。②

上海开埠之后，外资集聚于此，中国国内商人资本闻风而动，纷纷奔赴上海，一时间此地万商云集，昔日一个小小的渔村逐渐成长为中国近代第一大商业转运港口，担当着内引外联的功能，是这一时期中国最大的转运贸易中心。

第二节　商人资本流向天津、汉口等通商口岸

如前所述，随着近代中国通商口岸的开放，中国商人资本随着洋商洋行流向了那些通商口岸。近代早期，在商人资本流向上海的同一时期内，也有流向天津、汉口等地的，不过这一时期其主要目的地是上海。从19世纪70—80年代开始，尤其是90年代以后，那些曾经在上海发展的商人资本逐渐大肆向其他通商口岸扩张，下面就择其一二口岸来考察，如向天津、汉口的流动。

一　商人资本向天津流动

天津开埠后，外国商人纷至沓来，从事商贸活动，开辟天津市场，由此天津的对外贸易起步了。上海的洋行也纷纷来津开设分支机构或代理店。③ 如总行在上海的英商怡和洋行于1867年在天津紫竹林码头设立了

---

① 丁日初主编：《上海近代经济史》第二卷，第215—216页。
② 宋钻友：《广东人在上海（1843—1949年）》，上海人民出版社2007年版，第52页。
③ 姚洪卓：《近代天津对外贸易（1861—1948）》，天津社会科学院出版社1993年版，第13页。

分行，这是第一家进入天津的外国洋行。再如1866年12月在上海建立远东分行的英商太古洋行于1881年在天津设立分行。① 外商银行在天津开设的分行有：英国汇丰银行天津分行、华俄道胜银行天津分行、日本正金银行天津分行、德华银行天津分行。②

毋庸置疑，是洋商洋行最先开辟了近代天津市场，大量新式商品流向了天津，促进了近代天津经济的繁荣。不过，如同天津的洋行大多数是从上海而来的一样，近代早期天津的绝大多数商品也是从上海贩运而来的。据载："1866年上海进口的毛制品一半是运到天津和烟台的。③ 1894年，天津进口洋货净值2177万（海）关两，其中直接从国外进口的仅值455万（海）关两，而由上海转运而来的则达1312万（海）关两，占天津进口总值的60%。"天津的土货出口亦是先运到上海再出口，1899年，"天津出口以及复出口土货土产运外洋者，皆需运至上海再转运外洋。"④ 由此可见，上海资本对天津市场的主导地位。

俗话说："商帮北上，买办先行。"最早随着洋行流动的中国商人主要是买办，当然也有其他商人。近代早期的买办（又称"通事"），在担任买办之前多数本身就是商人，甚至是大商人，他们是对其担任的工作比较熟悉，确实能够立即为洋行打开经营局面的人，后来的买办不少曾是洋行的工作人员如跑街、学徒等，这类人也多是在对外贸易中浸润数年之后因被推荐而当上买办的，经过这种变化的买办，从本质上看也是商人。不论是早期买办，还是后来买办，必对洋行所经营的业务比较熟悉，有过相关经商经历或经验。北上天津的买办，曾多是以上海为基地，历练多年的买办，如天津著名王铭槐、吴懋鼎等，无一不是从上海来到天津的。⑤

天津、汉口开埠之后，广东商人来津、来汉最早，他们或出身于十三行，或曾在洋行供职多年，因地毗邻香港而占天时地利之便，所以，天津

---

① 姚洪卓：《近代天津对外贸易（1861—1948）》，天津社会科学院出版社1993年版，第22页。

② 庞玉洁：《开埠通商与近代天津商人》，天津古籍出版社2004年版，第64页。

③ 姚洪卓：《近代天津对外贸易（1861—1948）》，第32页。

④ 《二十五年天津贸易情形论略》，《商务报》1900年第32期，第23页。

⑤ 罗澍伟主编：《近代天津城市史》，中国社会科学出版社1993年版，第201—202页。

或汉口早期的洋行买办也多由广帮充当。① 广东商人在天津的商业经营过程中，逐渐形成了一批有影响、有特色的商号。他们顺势而为，抢得先机，是近代早期天津诸多商帮中势力最强的一个。据金钺《天津政俗沿革记》卷七《货殖》所载，在 60 年代初，仅广帮商人来天津的就有五千人之多。② 到光绪年间，广帮的大小商号达 200 家以上。③

在各帮买办中，广帮买办的实力也是最强的。天津初期的洋行买办绝大多数是广东人，知名的广帮买办有：太古公司的郑翼之、罗耀廷、罗振东；怡和轮船公司的梁炎卿、梁文魁；怡和洋行的陈祝龄；安利洋行的陈日初；先农公司的欧阳炳、黄振华等。④ 以上广东买办多数是由上海来到天津的，如梁炎卿、郑翼之等人，后来成为天津商界的领袖。

19 世纪 60 年代天津的海关商业报告记载：每年从山西来到天津的商人，大量地购买棉布匹头，他们把这些棉布匹头输送到全国辽阔区域（包括蒙古和西藏），分销于四方。因为山西人是伟大的商人和旅行家，因此"有麻雀之处即有山西人"一语几乎成为中国人的谚语。19 世纪 80 年代的海关贸易报告记载：过去本埠（天津）山西商人不多，但今年来了许多，他们的到来刺激了需要。⑤ 1900 年，山西票号在天津存放于各商号的款项多达 1000 万两。⑥

宁波商人在上海发展壮大之后，也跟随洋商洋行来到了天津。不过，宁波商人比广东商人来得晚一些。

北上天津的宁波帮，以其独有的创新意识和经营管理能力，在航运、金银首饰、绸缎、服装、五金、洋油等多个行业里大显身手，促进了近代天津工商业的发展。

叶澄衷以上海为基地，把业务扩展到了多个通商口岸，其中天津是其重点，1878 年，上海"老顺记"五金号在天津英租界内设立了分号，所

---

① 刘正刚：《清代以来广东人在天津的经济活动》，《中国经济史研究》2002 年第 3 期，第 96 页。

② 李吉奎：《近代买办群体中的广帮（1845—1912）——以上海地区为中心》，第 104 页。

③ 刘正刚：《清代以来广东人在天津的经济活动》，第 96 页。

④ 刘正刚：《清代以来广东人在天津的经济活动》，第 99 页。

⑤ 姚贤镐编：《中国近代对外贸易史资料（1840—1895）》，第 1548 页。

⑥ 黄鉴晖等编：《山西票号史料》，第 809 页。

经营的业务范围一如上海总号，主要是各种大小五金，小到锣钉刀叉，大到钢材机器，可以说有关五金商品，天津"老顺记"无一不有。"老顺记"在天津的出现，带动了天津五金业的发展。而且，多数从上海来到天津的宁波帮商人，几乎都是先在天津"老顺记"五金号中历练一段时间，然后才独立出去充任外国洋行的买办，天津"老顺记"也因此成为"宁波帮孕育买办的基地"①。

天津亨得利钟表店是宁波人王光祖在1918年创建的。天津的呢绒店系由宁波帮首创，清朝末年，宁波商人李阿全、李兴庚兄弟在法租界大沽路开设李同益呢绒店，做西服店的拆贷生意，兼做西服套头。天津的天宝金店，又称为天宝楼，1925年开办的时候，资本金为10万银元，股东为天津永丰洋行买办王品南、天津老九章绸缎店经理冯占详、上海庆云银楼副理徐禄生、恒利金店职员张润益等人，这些股东加上副理宋廷扬均是宁波慈溪同乡，且有亲戚关系。

1919年8月，上海的三北轮埠公司为了开发北方航运市场，由"孚开号"首航天津，派李正卿主持天津的船务。后来，三北轮埠公司在天津设立分公司，时任美丰银行买办的李正卿任经理。天津首家打包公司创办人——叶星海，是天津洋行买办中比较活跃的宁波商人，他曾经应邀在天津的多家洋行中做过买办，早年在上海的时候，他便结识了德国美隆洋行的吉伯利，后于光绪十三年（1887）跟随吉伯利来到天津，并在其创办的兴隆洋行中担任买办。

20世纪初，天津与上海之间的金融流动非常频繁。天津商号常常从上海的钱庄或票号获得资金，这在《天津商会档案汇编（1903—1911）》中多有记载。例如1904年1月至2月，"上海聚生钱庄禀陈沪埠钱业长年接济津邑各商白银七八百万两，即今尚有三四百万两之多"；1906年天津和瑞米庄张效曾为洋行钱庄讹索倒闭，亏欠沪商三万三千余两；天津郭云卿所开的文益成杂货号在上海有分号，与上海的钱庄多有往来，突然在1908年"以津号被搁，所有申号收付，暂为止理"，积欠上海元春、永康等17家钱庄的款项，这17家禀控文益成亏欠银七万余两；盐商何彝臣独资所设的义昌新号曾从上海的义善源、承裕、元牲、元春、瑞昶、寿昌等

---

① 宁波市政协文史委编：《宁波帮在天津》，中国文史出版社2006年版，第132、112、27页。

6 个钱庄获得资金，到 1910 年 3 月，结欠这些庄号规银 29415 两。①

宁波商人还在天津创立银行。1919 年，宁波商人贺得霖和童今吾在天津创办了东陆银行，这家银行就是利用宁波本地钱庄和上海宁波帮银行的长期放款来运营的，且获利丰厚。后来，童今吾联合俞佐庭（宁波钱庄主）设立了中国垦业银行，于 1926 年 3 月在天津开业，开办之初，中国垦业银行的实际资本金仅有银 30 万元，且大多是由宁波元益、天益两家钱庄的股东，以及俞佐庭、童今吾的亲友凑集，按规定需额定资本银 500 万元，经商议先按总额 1/4 申报，尚差 95 万元，不得不由俞佐庭大量延揽宁波、上海两地钱庄的放款 70 万元。东陆银行、中国垦业银行，均是天津宁波帮所创办的两大著名银行。②

北上天津的宁波帮，在近代天津金融业中有重要地位，如近代天津金融业中的宁波籍银行行长、经理就有二三十位，并且都在比较有社会影响力、经济实力雄厚的大银行中任职，也有多位在保险公司中任职。如从《天津银行界宁波籍董事长、经理、副理、协理、监理一览表》中可见一斑。③

同一时期，除了广东商人资本、宁波商人资本从上海向天津流动外，当然还有其他商人资本也从上海向天津流动。天津四大买办之一吴懋鼎，安徽人，也是从上海转战天津的。又如，1916 年成立的天津中孚银行的创始人、安徽人孙多森，是上海阜丰面粉厂资本家。1904 年，孙多鑫孙多森兄弟应袁世凯邀请相继北上参与北洋实业。1915 年孙多森被袁世凯任命为通惠实业公司总裁，为了发展实业，孙多森于 1916 年成立了中孚银行，资本 200 万元，除通惠公司拨款 60 万元以外，其余大部分由孙氏家属投资。④

在商人资本向天津流动过程中，不仅有商品资本的流动与生息资本的流动，还有工业资本的投资。1878 年，上海商人朱其昂在天津创办了贻来牟机器磨坊，"每年获利六七千两"。1884 年，广东商人罗三佑在天津

---

① 天津市档案馆等编：《天津商会档案汇编（1903—1911）》（上册），天津人民出版社 1989 年版，第 1075—1084 页。

② 宁波市政协文史委编：《宁波帮在天津》，第 57—62 页。

③ 宁波市政协文史委编：《宁波帮在天津》，第 68 页。

④ 孙德常、周祖常主编：《天津近代经济史》，第 201 页。

创办了德泰机器厂，该厂是天津第一家民间资本创建的铁工厂。① 天津商会档案显示，上海祥生烛皂总厂（宁波人的）在天津开设了分厂。② 宁波商人在天津投资的实业有：乐达仁、乐钊父子的达仁堂，是天津最早的民营中药制药企业；王楚章的惠福木器行，也是天津较早的家具制造厂；杜永康的大华牧场，是天津最早的规模较大的民营奶厂；朱继圣组建的天津仁立毛纺织厂，则是华北地区第一家由宁波人集资组建的民营纺织业。③

二 商人资本向汉口流动

1861 年汉口开埠之后，因其茶叶贸易兴盛，一些中国商人资本追随外国洋行进入汉口。不过，从目前史料来看，大致可以将商人资本大量涌向汉口的过程分为两个小时段，一是开埠通商之后，主要因茶叶贸易而来汉口；二是 19 世纪 80 年代后，尤其是甲午海战后，从上海来汉口。在第一个小时段中，来到汉口的中国商人当中，有跟随外国洋行洋商而来的沿海商人，也有在太平天国运动爆发后，转战两湖的内陆商人——晋商。在第二个小时段中，商人资本从上海大量涌入汉口，尤其是 20 世纪初，他们在汉口商业、工业、金融等多个领域中开辟市场。如同前述的天津一样，在近代中国逐渐形成的经济体系之中，汉口既是上海出口商品的主要输送地，又是上海进口商品的主要接收地。

汉口开埠通商之后，诸多洋行旋即来到此地经营茶叶出口贸易。1863年，俄商巴提耶夫到汉口，并进入附近茶叶产区羊楼洞收购茶叶。随后，俄国的新泰、顺丰、阜昌等洋行，相继在汉口开业并设立砖茶厂，资本均在 200 万—300 万两左右。继俄商来汉口经营茶叶出口贸易的是英国商人，英商的怡和、天祥、太平、宝源等洋行活跃在汉口茶叶市场上。因汉口茶叶贸易需要调动大量资金，洋商们要求本国银行在汉口设立分支机构。上海麦加利银行抓住这一机会，即于 1863 年夏来到汉口设立分行，

---

① 季宏、徐苏斌、青木信夫：《天津近代工业发展概略及工业遗存分类》，《北京规划建设》2011 年第 1 期，第 26 页。

② 天津市档案馆等编：《天津商会档案汇编（1903—1911）》（下册），天津人民出版社1989 年版，第 1230 页。

③ 宁波市政协文史委编：《宁波帮在天津》，第 136 页。

这是第一家来汉口的外国银行，随后，1864 年英国利生银行、[①] 1867 年英商汇丰银行、1875 年法商东方汇理银行分别在汉口设立分行。[②] 这些银行最初主要是跟随茶叶贸易的节奏开展金融业务。随后来汉口拓展贸易业务的洋人和洋行逐渐增多。到 1905 年，在汉口从事经济活动的外商已达 2000 多人，洋行多达 114 家，其中著名洋行有怡和洋行、太古洋行、宝顺洋行、美最时洋行、安利洋行、德士古洋行、集臣洋行、保安洋行等。[③]

19 世纪 60—70 年代，汉口成为我国茶叶最大集散市场，其茶叶出口量曾一度超过了上海、福州等城市，占全国茶叶出口总量的 60% 左右。汉口并非茶叶出产地，但却是茶叶贸易的大市场，"江西之义宁州，安徽之祁门，湖北之羊楼洞，湖南之安化，皆是茶之大出产地，而以汉口为发卖之门户也，每逢茶节，江舟滚滚，行贾济济，问其何事，莫不言：载茶，问其何往，莫不曰：到汉口。则汉口者，实江西、安徽、湖北、湖南四省茶之中央贸易场，可无异词，而汉口有所谓茶栈者，林立云集，实茶之屯集所"[④]。

"中国之业茶者，咸同以前，无不致富"，然自 1880 年以后，中国茶叶受到了印度、日本茶叶之打压，但是，"去年（即 1888）二三春，其有起色"，卖茶者"无不利市三倍"[⑤]。即使汉口茶叶出口量有所下滑，但出口总数在 70 万—80 万担之间，最高年份曾达到 120 万担。

外商洋行，有如俄商的顺丰、新泰、阜昌、百昌、源太、天裕、祥太、义昌、巨昌，英商的天祥、公信、宝顺、怡和、厦大，德商的嘉乐、美最时、协和、杜德、柯华威等洋行，[⑥] 几乎垄断了汉口茶叶出口贸易。1875 年，在汉口这个大产茶区，签发的护运茶叶的外运子口税单共为 193

---

① 武汉金融志编写委员会办公室：《武汉银行史料》，武汉金融志编写委员会办公室 1985 年版，第 3 页。

② 张克明：《汉口金融机关概况》（下），《银行周报》1934 年第 18 卷第 1 期，第 29 页。

③ 皮明庥：《武汉近代（辛亥革命前）经济史料》，武汉地方志编纂办公室印行 1981 年版，第 32 页。

④ 《汉口与茶之关系》，《国民日日报汇编》1904 年第 1 期，第 9 页。

⑤ 《茶商踊跃》，《申报》1889 年 3 月 13 日。

⑥ 《武汉市进出口商业解放前历史资料》未刊稿，转引自皮明庥《武汉近代（辛亥革命前）经济史料》，第 41 页。

张，总值为 799235 海关两，其中俄商占 179 张，护运茶叶及砖茶的总值为 727592 海关两；发给英商的 12 张，价值为 69711 海关两。① 在茶叶出口之中，砖茶是汉口茶叶市场上最具特色的大宗贸易商品。在汉口开埠后，砖茶运往俄国的数量总体上呈递增趋势：1869 年为 73758 担，1874 年为 83402 担，1876 年为 96333 多担，1878 年为 111641 多担，进入 19 世纪 90 年代后，砖茶对俄国出口数量迅速增加，1891 年为 255703 担，1892 年为 244100 担，1900 年跃至 390200 担。② 19 世纪下半叶的汉口市场可以说，茶叶兴旺，一切都兴旺。

这一时期来到汉口的中国商人资本，在汉口形成了自己的行业特色。罗威廉说，某一特定地区的人专门生产和销售某些商品类型或从事某些服务行业，即使初来乍到的观察者也能看出在汉口商业与出生地之间的关系。19 世纪 60 年代，一位西方人报道说：经营鸦片贸易的主要是广州人，经营棉布和绸缎业的主要是浙江人，经营瓷器和药材生意的主要是江苏商人，经营烟草的则都是福建人。③ 1869—1871 年的汉口海关报告也说：本地（汉口）布商几乎都是安徽太平县的人，其中也有少数是武昌人和咸宁人。这些大钱铺都是绍兴人经营的，如果不是害怕官吏勒索，就会命名为银号了。经营小钱庄的是江西人，山西人差不多垄断了所有汇兑业务。汉口沙市、宜昌之间的买卖，主要操于安徽太平人之手；运货往四川及湘潭的都是江西人。④

最先追随外商进入汉口的依然是广东买办。美国琼记洋行的瑞生、刘绍宗；美国旗昌洋行的阿彭、协隆；英国怡和洋行的裕隆、丁思兴、苏穆、王兴；美国宝顺洋行的盛恒山、杨辉山等买办，⑤ 基本上都是那一时期汉口商业中的领袖人物，宝顺洋行的买办盛恒山曾是汉口茶叶公所的主要创办人。这些广东买办多是茶叶买办。不过，在充当买办之前不少人原

① Trade Report, 1875, Hankow, p. 35，转引曾兆祥主编《湖北近代经济贸易史料选辑（1840—1949）》第 1 辑，第 13 页。

② 皮明麻：《武汉近代（辛亥革命前）经济史料》，第 59 页。

③ ［美］罗威廉：《汉口：一个中国城市的商业与社会（1796—1889）》，江溶、鲁西奇译，中国人民大学出版社 2005 年版，第 262 页。

④ 姚贤镐编：《中国近代对外贸易史资料（1840—1895）》，第 1575—1576 页。

⑤ 根据郝延平《十九世纪的中国买办——东西间桥梁》第 287—290 页表归纳出来的。

本就是商人，如琼记洋行在汉口的买办刘绍宗，在 1862 年时还曾是一名盐商。这些广东茶叶买办，是内陆腹地茶叶生产者和外国商人之间的中介人，尽可能地获取最大利益。他们曾把英俄战争即将爆发的消息传入内地，并且尽量渲染它对茶叶贸易的不良影响，以此让生产者害怕他们的茶卖不出去，因而廉价出售给买办。广东商人因此获得很大的利润，据说不下两三百万两银子。①

　　不少来到汉口的广东商人在充当买办的同时，还有自营的商业活动。汉口市面上规模较大的茶栈，几乎全是由广东买办开设的。1889 年，汉口新开两大茶栈，一家为英国宝顺洋行的盛恒山（《申报》上原文是王恒山，经查对是盛恒山）所开，另一家是为厚生祥茶栈主唐瑞枝所开。是年唐瑞枝为俄商阜昌洋行聘请为买办。据说阜昌洋行原来收购头春茶"尚不及（汉口）英商十之一二"，后经唐瑞枝得力的经营，阜昌洋行不但压倒了英商的竞争，"反驾乎英商之上"。阜昌洋行借助唐瑞枝及厚生祥茶栈的活动，于 19 世纪 80 年代末每年运出红茶多达五六十万箱。② 唐瑞枝和厚生祥茶栈在汉口地区华茶贸易中的地位，由此可见一斑。汉口麦加利支行首任买办唐寿勋，是早年汉口有名的粤籍茶商。他在该行担任买办长达二十多年，死后仍由族侄唐朗山继任。③

　　兴盛的汉口茶叶贸易中当然少不了素以金融业称雄于世的晋商。因太平天国运动，阻断了传统茶叶生产与运输，山西茶商或票商因而转战两湖。④ 这一时期，山西茶商进入两湖边界的幕阜山脉一带羊楼洞（亦称"羊楼峒"）、崇阳、洋楼司一带种植茶叶，收购茶叶运至汉口再输送到蒙古、俄国西伯利亚一带。据水野幸吉在《汉口》一书中的描述，山西茶商几乎垄断了汉口对蒙古的茶叶贸易。20 世纪初，在汉口从事洋庄和口庄生意的山西茶商有 12 家：德巨生、三德玉、谦益盛、锦丰泰、德生瑞、

---

　　① 　曾兆祥主编：《湖北近代经济贸易史料选辑（1840—1949）》第 1 辑，湖北省志贸易志编辑室 1984 年版，第 36 页。

　　② 　《汉皋茶务》，《申报》1889 年 3 月 13 日第 1 版。

　　③ 　蔡尊英：《汉口第一家外国银行——英商麦加利银行》，《武汉工商经济史料》第 2 辑，中国人民政治协商会议武汉市委员会文史资料研究委员会 1984 年版，第 2 页。

　　④ 　不少山西茶商兼票商，或者说票商兼茶商，二者合为一体，在羊楼峒经营茶叶的山西长盛川同时也经营票号。

天顺长、沅生利、兴泰隆、大昌玉、天表和、宝表隆等。单独从事口庄业务的茶商有 5 家：巨贞和、大泉玉、大升玉、独慎玉、祥发永。以上 17 家茶商每年销往蒙古地区的茶叶约为 8 万箱，其价值约在 100 万两；此外，每年向张家口地区输入 4 万—5 万箱。① 如果说 19 世纪下半叶至 20 世纪初，是沿海地区的中外商人促进了汉口海上茶叶贸易的繁荣，那么，晋商则促进了汉口通向蒙古、俄国等陆路茶叶贸易的兴盛。

这一时期，山西票号在汉口设立的分支机构在全国各城镇中是最多的。1881 年汉口有票号 33 家，比同一时期的上海还多 8 家。② 有人注意到，在清末汉口票号中，除两家以外，其他的老板和经营者都来自山西汾河流域；例外两家的老板属于湖南和湖北的本地人，但是这两家所雇请的经理仍然是山西人。③ 1900 年汉口银根活跃，以票号票借为最多，就全镇而言，常有 700 万—800 万两。④

19 世纪 80 年代以后，各地商人资本进入汉口后常常会在报纸上刊登广告，从中可以看出这一时期各种商业资本流入汉口的情形，请看下面 19 世纪 80—90 年代《申报》上的相关广告：

> 汉口协记吕宋票出售（1881）；
>
> 汉口新开天福纸号（1886）；
>
> 汉口乐善堂书药房（1887）；
>
> 上海汉口亨达利洋行告白（1889）；
>
> 汉口全泰恒号（1890）；
>
> 汉口大余利洋行（1891）；
>
> 汉口新开億中洋行（1892）；
>
> 粤东百年老铺郑福兰堂分设汉口河街开张（1893）；
>
> 汉口致中和新开（1894）；
>
> 汉口利通源票行广告（1899）。⑤

---

① ［日］水野幸吉：《中国中部事情：汉口》，第 172 页。

② 黄鉴晖：《山西票号史》，第 204 页。

③ ［美］罗威廉：《汉口：一个中国城市的商业和社会》，第 198 页。

④ 黄鉴晖等编：《山西票号史料》，第 809 页。

⑤ 参见《申报》1881—1899 年的广告。

广告标题，是告知在汉口所开设的行号与商店，从资本的角度来看，全是外来资本（包括洋商，其中不少商号挂名是洋行，但是多数是有华商资本在内的）的涌入。再请看20世纪初《申报》上的相关广告：

汉口新开同春福记银楼（1900）；

汉口新开浙江凤宝元号银楼先行交易择吉开张（1905）；

汉口华胜公司申号（1906，浙江人宋炜臣所开）；

湖北汉口镇新开得胜军装公司（1906）；

汉口新开浙江庆华银楼（1910）；

汉口新开浙绍东浦汤源元茂记老号绍酒栈（1910）；

上海销售所汉口王盈丰烟袋号（1912）；

汉口浙江老凤祥新凤祥永号银楼先行交易广告（1913）；

汉口顶好栈房宁波人开来安宾馆算第一（1914）；

新开汉口大旅馆（1914）；

汉口鸿彰永记绸缎庄开幕（1917）；

汉口浙江老庆和银楼正式开张通告（1917）；

上海汉口蚨记股票公司（1918）；

汉口四明商业储蓄银行择于夏历三月二十日开幕特此广告（1919）；

上海有喊钟表行新设汉口分行露布（1919）；

汉口交通银行广告（1920）；

汉口中国银行特别广告（1920）。①

同样，从汉口地方性报纸《汉口中西报》与《汉口新闻报》的诸多广告上也可以看到相同的情形：这一时期外来商人资本纷纷流入汉口。

1907年《汉口中西报》上刊登"告白"的有帝国水险公司、永年人寿保险公司、日本三菱、正金银行、美国商人的集成储蓄公司、嘉利洋行的永利人寿保险公司、金龙机器面粉有限公司、信义储蓄银行、浙江九华

---

① 参见《申报》1900—1920年广告。

楼、大清汉口户部分行、英商信记公司等；① 1908 年 2 月 7 日刊登的广告有茂隆洋行招请买办、德商茂记彩票公司等。②

1915 年 3 月 9 日《汉口新闻报》上的"汉镇江浙绸业公启"说明，老鸿彰、老采章、老大成、新鸿彰、和记、九章、嘉纶、裕号、振新、新大成、介伦、华盛、豫成、人和等是江浙人在汉口所开的绸缎店，在同一个版面的广告中，有汉口新开的浙江九霞瑞号银楼的广告，广告特地说明，其是从沿海过来的："本楼向设浙江、上海等埠，已历多年，今春特设于汉口永宁巷正街。"③

在 19 世纪 80 年代之后流入汉口的众多商人资本中，宁波商人资本是最为突出的。从前述广告中大体也可以看出这样的趋势。其实，19 世纪 60 年代汉口开埠不久后，就有宁波商人随着洋行来到汉口。著名学者罗威廉曾说："广东、宁波商人来到这里（汉口），并逐渐成为茶叶贸易领域的主宰以来，作为经纪人和雇员服务于大商行，就会引起人们的特别关注……在某种程度上改变了长期以来不曾变化的商业精英结构。"④

不过，宁波商人大量来到汉口主要还是在 19 世纪 80 年代以后，大批宁波帮买办由上海进入汉口。依附于汉口洋行的买办，至少有 500 余人，其中，宁波籍买办人数约占 1/3。汉口的很多买办都是上海宁波籍买办引荐而来的。那一时期，汉口著名宁波籍买办有：美最时洋行买办王予枋、王伯年，日商三井洋行买办史晋生父子，德商西门子洋行买办钱心如，德商谦信洋行买办陈劭先，汉口瑞记洋行、汉口住友银行买办欧阳会昌等。镇海人汪显述先后担任过汉口多家日商洋行的买办。

宁波商人在汉口新式商业贸易尤其是在五金、石油、钟表、金银首饰、海味、服装等方面，是行业中的老大，引领着汉口的商业风尚。叶澄衷开创了汉口五金业，汉口顺记便是叶澄衷老顺记的一个分号。宁波商人垄断了汉口的石油行业。宁波商人开设的钟表银楼，名扬汉口。在汉口的金银首饰行业中，浙帮也占据一席之地。浙帮在汉口开设的宝成楼、老天

---

① 《汉口中西报》，1907 年 12 月 30 日"告白"第 1—2 页。

② 《汉口中西报》，1908 年 2 月 7 日"告白"第 1—2 页。

③ 《汉口新闻报》，1915 年 3 月 9 日"告白"第 1—2 页。

④ ［美］罗威廉：《汉口：一个中国城市的商业和社会》，江溶、鲁西奇译，中国人民大学出版社 2005 年版，第 193 页。

宝、老凤祥、老物华、老宝兴等银楼，是汉口金银首饰行业中最为强盛的，这些银楼多是宁波人在上海银楼的分号。浙宁帮的"葆元""同丰泰"是汉口最为著名的两家参燕号。"葆元"创设于上海英租界，于1918年夏在汉口后花楼正街开设分店。宁波商人也曾于19世纪末在汉口经营西药业，项松茂、张铭卿、程思浩是其中代表。宋炜臣曾在汉口经营过服装业和皮鞋业，可以说他是汉口西式服装和皮鞋行业的首创者。

航运与贸易紧密相连的。宁波商船在汉口转运贸易中非常重要。19世纪六七十年代，宁波商人杨坊购置元宝号轮船，装运各种货物，往来于汉口、镇江、安庆及九江等地。1877年，原任职于美国旗昌轮船公司的一批以宁波商人为主的中国买办合资组建宁波轮船公司，包租挂有美国国旗的船只，从事沪汉、沪甬及北洋等航运业务。1889年，宁波商人叶澄衷参与创办鸿安轮船公司，该公司系"中西商人合股开设"，开辟了从上海溯江至汉口的路线，后来鸿安轮船公司于1919年在汉口设立分公司。此外，叶澄衷还曾自置帆船100余艘，经营宁波、上海至汉口的航运业。[①] 可以说，宁波商人一直走在近代中国航运业的前列，在汉口航运业中更是先锋者。

在开办工厂方面，洋商洋行是先行者，以下是1895年前洋商洋行在汉口开办工厂一览表：

表3—1 　　　　　　　　**1895年前外商在汉口开办工厂**

工厂名称	国别	开办年代	业务	备注
顺丰砖茶厂	俄	1863	制造砖茶	三厂资本约有400万两
新泰	俄	1866	制造砖茶	
阜昌	俄	1874	制造砖茶	
英商砖茶厂	英	1872	制造砖茶	
汉口熔金厂	英	19世纪70年代	熔炼金银	
平和洋行打包厂	英	19世纪70年代	机器打包	182662镑
隆茂洋行打包厂	英	19世纪70年代	机器打包	
汉口英商压革厂	英	1876	皮革加工	

---

① 宁波市政协文史委员会：《汉口宁波帮》，第143、153页。

工厂名称	国别	开办年代	业务	备注
罗办臣洋行	英	1878	制造乐器	
美最时蛋厂	德	1887	蛋品加工	
礼和蛋厂	德	1887	蛋品加工	
元亨蛋厂	德	1889	蛋品加工	
和盛蛋厂	澳	1891	蛋品加工	
瑞兴蛋厂	瑞典	1891	蛋品加工	400000 元
汉口制冰厂	英	1891	机器制冰	200000 两
公兴蛋厂	法	1891	蛋品加工	
嘉利蛋厂	德	1895	蛋品加工	40000 两

资料来源：根据皮明庥《武汉近代（辛亥革命前）经济史料》第 11 页中数据整理得出。

1895 年之后，流入汉口投资设厂的外商资本就更多了。据统计，1900—1913 年，外商在汉口投资设厂有 23 家，其营业范围涉及制冰、面粉、榨油、发电、蛋业等多个行业。[1]

19 世纪 90 年代之后，中国商人资本大量投资汉口工业，表现最为突出的是江浙商人资本，它们在汉口开设了诸多现代工商企业，它们是近代汉口乃至湖北民族工业的开拓者。

1894 年，曾创办上海第一家民族资本机器缫丝厂的江苏商人黄佐卿应湖广总督张之洞之请，投入股银 2 万两于湖北缎丝局。[2] 近代汉口最为著名的外来商人当属宋炜臣。1897 年，上海燮昌火柴厂老板叶澄衷委派宋炜臣携银 25 万两奔赴汉口，创办"汉口燮昌火柴厂"，此厂是武汉三镇最早设立的私人企业之一。不久，他在汉口江汉路上又开设华盛呢绒军装皮件号。[3] 1906 年，宋炜臣邀集丁维藩、叶世濂、叶璋、蔡绍荣、朱士彬、胡敞、朱佩珍、蒋鸿林等浙江、湖北、江西三地 11 名巨商，共同发起组建汉口水电公司，设筹备处于华胜皮件号内，决定先集股 30 万股，

① 皮明庥：《武汉近代（辛亥革命前）经济史料》，武汉地方志编纂办公室印行 1981 年版，第 12—13 页。

② 孔令仁、李德征：《中国近代企业的开拓者》下册，山东人民出版社 1991 年版，第 424 页。

③ 皮明庥：《武汉近代（辛亥革命前）经济史料》，第 267 页。

每股 10 元，其中上海 10 万股，汉口 5 万股，再在汉口商民中征集 15 万股，总股本共计 300 万元。筹议初成，联名具禀张之洞，申请创办水电公司，并望给予专利权。[1] 1906 年 7 月，汉口既济水电公司在英租界太平路（今江汉路）正式成立，开收股份。认定股份之股东，有来自上海、汉口等地："上海请向义善源庄、宝大庄、南市永昌元号，汉口向源茂隆、义源、万泰、公源……厚德、大丰钱庄、永昌元号交款，即给本公司收条为凭，限七月底截止，幸勿迟误"，[2] 招集股本 300 万元，其中湖北省官钱局投资 30 万元，其余均为商人所投资。1907 年 7 月，宋炜臣和顾润章作为发起人，联合一批富商集资 35 万两，在汉口开办扬子机器厂。[3] 正因如此，宋炜臣被人称为"汉口的中国头号商人"。

江浙商人还在汉口投资开办了诸多粮食工业。上海人称为"粮食大王"的阮雯衷，1890 年在上海开办了元丰食粮号，此后，他于 1893 年到汉口独资创立了元丰号粮食行，并于同年在汉口德租界内创办元丰豆粕制造厂，资本 28 万元，有 270 台机械，工人 140 人。随后，阮雯衷又在汉口兴办元丰蛋品加工厂、芝麻风选厂等企业。[4] 1904 年，浙江镇海商人盛竹书开办汉丰面粉厂，该面粉厂的工人多数来自宁波和上海，此厂是湖北地区最早的机制面粉厂。[5] 1904 年，上海裕通纱厂朱士安与人筹资 7.5 万银元，合伙在汉口创办了和丰面粉厂。[6] 1906 年，宁波人景庆云购入法国机器，在汉口法租界独资开办金龙面粉厂，计有 18 寸、20 寸磨机 4 部，每日产量 300 包，[7] 该公司曾在《汉口中西报》上连续几天刊登广告。[8] 1918 年，江苏无锡荣氏兄弟在汉口投资 30 万元开办了福新面粉五厂，为当时武汉乃至华中地区最大的面粉厂。

---

① 宁波市政协文史委员会：《汉口宁波帮》，第 36 页。

② 《申报》1906 年 8 月 21 日，转引自涂文学主编《武汉老新闻》，武汉出版社 2002 年版，第 8 页。

③ 宁波市政协文史委员会：《汉口宁波帮》，第 37、48 页。

④ 宁波市政协文史委员会：《汉口宁波帮》，第 64—65 页。

⑤ 皮明庥：《武汉近代（辛亥革命前）经济史料》，第 257 页。

⑥ 武汉市硚口区政协编：《硚口之最》，武汉出版社 2010 年版，第 126 页。

⑦ 徐凯希：《宁波帮与湖北近代工商业》，《宁波大学学报》（人文科学版）2004 年第 6 期，第 3 页。

⑧ 参见《汉口中西报》1907 年 12 月 30 日、31 日两天的第 2 版广告。

　　江浙商人还在汉口投资开办其他工业。1911 年，贺宝庆（镇海人）由上海来汉口在法租界创办了宝华印染厂。1912 年，李厚漠（镇海人）创办茂记皮鞋厂。① 1915 年，江苏商人陈经畬在汉口汉正街开了汉昌烛皂公司。② 同是江苏人的薛坤明，由上海来到汉口，于 1914 年在汉口开办民信肥皂厂，后扩建改名为太平洋肥皂厂，它是华中地区最具规模的民族资本肥皂厂。③ 同一时期，江浙商人还在汉口投资开办了东华绸布染厂、耀华玻璃厂、雄黄厂等诸多企业。

　　与此同时，广东商人资本也在汉口开办了一些工厂。

　　1902 年，广东商人创办了广利砖瓦厂，1907 年开办同德砖瓦厂、广茂砖瓦厂、美奂砖瓦厂。④ 1906 年，广东茶商唐郎山（原英商麦加利银行买办）与人合作，在汉口玉带门投资 50 万两白银开设兴商砖茶厂，占地 600 平方米，其加工机械由英国进口，职工人数达 700 人，⑤ 该茶厂既代外商加工茶叶，又兼营出口业务，该茶厂虽然远不及俄商财大气粗，但以个人一己之财力在汉口创办茶厂，能有如此开风气之盛举，亦殊为难得。

　　可以说，湖北近代工业及手工业的许多著名企业，多是由外来商人资本创办的。一般说来，它们大多是先在上海设厂，然后再进军汉口开拓市场，因而与上海有着紧密的联系，但凡上海有什么新的技术和设备，他们都能很快采用。皮明庥先生曾说，我国民族资本主义工业肇建于沿海城市，逐步向内地推移，武汉作为一个万商云集的商业都会和“九省通衢”的转运港，与上海、广州乃至海外华侨商人形成了复杂联系的经济网络。⑥ 在已知为商人投资所开办的 29 家工厂中，外地商人占 16 家之多

---

①　宁波市政协文史委员会：《汉口宁波帮》，第 64—65 页。

②　武汉市政协文史学习委员会等编：《品读武汉工商名人》，武汉出版社 2011 年版，第 3 页。

③　武汉市政协文史学习委员会等编：《品读武汉工商名人》，武汉出版社 2011 年版，第 3、111 页。

④　皮明庥：《武汉近代（辛亥革命前）经济史料》，第 197 页。

⑤　蔡尊英：《汉口第一家外国银行——英商麦加利银行》，《武汉工商经济史料》第 2 辑，中国人民政治协商会议武汉市委员会文史资料研究委员会 1984 年版，第 2 页。

⑥　皮明庥：《武汉民族资本主义早期状况特点和产生渠道的考察》，《近代中国资产阶级研究》续辑，复旦大学出版社 1986 年版，第 120—121 页。

（广东商人 7 家，上海商人 4 家，浙江商人 3 家，安徽商人 1 家，侨商 1 家）。[①] 可以说，外来商人资本开启并推动了近代武汉工业的发展。

除此以外，这一时期还有大量生息资本流入汉口，也值得注意。

"汉口银行之设立，外国银行实先于内国银行，自汉市辟为商埠，外人来此互市者日多，且租界划分，洋商营业，日趋发达，各该国银行，鉴于汉埠金融机关之缺乏，不足以周转流通，遂先后来汉设立分行。"[②] 的确，汉口新式银行的设立，以外商银行为先。清同治二年（1863），英商麦加利银行就在汉口建立了分行，这是汉口的第一家外国银行。同治七年（1868），英国商人又在汉口设立汇丰银行汉口分行。随后，德商德华银行、俄商华俄道胜银行、法商东方汇理银行、美商花旗银行、日商横滨正金银行、比商义品放款银行等纷纷在汉口设立分行。[③]

清末，华资银行也在汉口设立分行：1897 年中国通商银行汉口分行，1906 年户部银行汉口分行（1914 年中国银行），1908 年交通银行汉口分行，1908 年浙江兴业银行汉口分行，还有信义银行，信成银行等也在汉口设立了分行。[④] 不过，"惟汉埠各银行十九为沪行之分行"。[⑤] 在辛亥革命前在汉口开办的银行中，外国银行有 8 家，本国银行有 8 家。[⑥]

辛亥革命之后，外来银行蜂拥而至。1913 年，直隶、湖南、民国、浚川源等银行在汉口设立分行。1915 年聚兴诚银行，1916 年盐业银行，1917 年中孚银行，1919 年上海商业储蓄银行，1918 年四明商业储蓄银行、金城银行等在汉口开设分行。1920 年，蔚丰银行、永孚银行、工商银行、华充银行、湖南实业银行、四川铁道银行、陕西秦丰银行、大中银行等在汉口建立分行。1923 年，来汉口建立分行的有大陆、中南、广东、农商、香港国民商业储蓄、甘肃、晋胜、中和等 9 家银行。总的看来，1917—1926 年，相继来汉口创设的银行共有 48 家。民国以后，继续来汉

[①] 皮明庥：《武汉民族资本主义早期状况特点和产生渠道的考察》，第 120—121 页。

[②] 张克明：《汉口金融机关概况》（下），《银行周报》1934 年第 18 卷第 1 期，第 28 页。

[③] 雷世仁：《武汉银行业发展概谈》，《武汉工商经济史料》第三卷，武汉出版社 1988 年版，第 542 页。

[④] 武汉金融志编写委员会办公室：《武汉银行史料》，第 12—15 页。

[⑤] 中国人民银行武汉市分行金融研究所：《武汉钱庄史料》，第 107 页。

[⑥] 雷世仁：《武汉银行业发展概谈》，第 541 页。

口开设的外国银行有：日本住友银行（1912）、中法实业银行（1913）、日本台湾银行（1915）、中日合办中华汇业银行（1918）、中美合办中华懋业银行、美商友华银行（1919）、日本汉口银行（1920）、比商华比银行、意商华义银行等10家。另外，在汉口还设有万国储蓄会、中法储蓄会等。①

民国以来，票号衰落之际，钱庄继之而起。浙江、安徽、江西等地商人资本纷至沓来，在汉口开办钱庄，到1922年汉口钱庄数已达150余家。②汉口的钱庄有本帮、徽帮、浙帮、西帮之分。③1912—1918年，汉埠皖商气运大盛，凡匹头、棉纱、衣、典各大商业，几为徽帮所独占……贸易既大，收解款项日多，不愿假手外帮……于是自组钱庄，办理本帮收交各款。西帮即江西帮，是辛亥革命以来汉口金融界之巨擘。浙帮为后起之秀，"缘自民国七八年以后，浙帮势力渐盛，逐取徽帮而代之，以迄于今"④。

一战期间，上海钱业通过汉口钱庄代放大量资金，浙宁帮钱庄居间运作，营业十分活跃，是为汉口钱业的极盛时期。至1925年，汉口17家浙帮钱庄资本共计117.8万两，超过本帮以外各帮钱庄资本之总和。⑤汉口的钱庄大多是上海钱庄的分庄。在上海钱庄业执牛耳的镇海方家和慈溪董家都曾在汉口开设过钱庄，如镇海方家的方性斋在汉口开设了同康钱庄。⑥

上海钱庄资本向汉口流动。如1919年"本星期内因各帮生意稍有发动，上海各庄亦多来汉放款（1919年2月）"。汉口（阴历七月上半月市面情形）……银拆理可放松，讵知竟有不然，盖近因各外国银行均无存银，而各洋商办货较旺，需款日殷，于是均向华商借款。且今春沪、南及镇江三帮来汉放款四百余万（1919）。⑦上海钱庄因资金富裕，常年向汉

---

① 雷世仁：《武汉银行业发展概谈》，第542—543页。
② 中国人民银行武汉市分行金融研究所：《武汉钱庄史料》，第45页。
③ 胡永弘：《汉口的钱庄与票号》，《武汉文史资料》1997年第4期，第62页。
④ 中国人民银行武汉市分行金融研究所：《武汉钱庄史料》，第31页。
⑤ 徐凯希：《宁波帮与湖北近代工商业》，第3页。
⑥ 徐凯希：《宁波帮与湖北近代工商业》，第160—162页。
⑦ 中国人民银行武汉市分行金融研究所：《武汉钱庄史料》，第39页。

口放贷。1925 年上海钱庄在汉口放款，"其数恒在千万左右，而汉口钱庄得此巨款，周期灵敏，营业于是大展焉……钱庄获得上述之机会，其兴隆气象，正如春花怒放，不可遏抑，兹持本期各钱庄营业概况，分述如下：资本总额 4000000 元，存款总额 7000000 元，本地银行放款 17000000 元，上海钱业放款 10000000 元。"① 除了钱庄和银行，宁波帮还在汉口经营近代保险业，如上海宁波帮巨商朱葆三等参股创办的华安人寿保险公司在汉口设立了分公司。②

1925 年，武汉地区共有中外银行、钱庄、保险公司等 258 家，金融业务网遍及华中数省，时人将汉口与上海、天津、广州并称为全国四大金融市场，其业务量仅次于上海。③

值得注意的是，在商人资本大量由上海向天津、汉口等通商口岸渗透、扩展之时，同一时期的中国出现了另一种现象：20 世纪初，一些寓公集聚在天津，他们或是清朝的遗老遗少，或是民国下野的官员，把搜刮来的财富用来投资银行或工业，例如在"北四行"中，多是这些资本。

可能是在近代工商业、金融业丰厚利润的吸引下，或许又是为了在风云变幻的政局和命运的浮沉中"韬光养晦"，北洋军阀官僚们将其聚敛的一部分钱财投进了实业，其投资的领域相当广泛，举凡土地、商业、金融、工矿业等皆有军阀官僚投资。全国其他地区尽管也有军阀官僚投资，但并没有像京津地区这么集中，军阀官僚的投资对京津地区的影响自然要比其他地区大。他们在天津的投资成为这一时期天津近代工商业、金融业的主要资金来源，对天津近代工商业、金融业的发展产生了重大影响。这也是同一时期天津经济发展的一个重要特色。④

第三节　商人资本再度集中上海

历经了 20 世纪早期工业的发展，到 20 世纪 20 年代末，尤其是 30 年

---

① 中国人民银行武汉市分行金融研究所：《武汉钱庄史料》，第 52 页。
② 宁波市政协文史委员会：《汉口宁波帮》，第 159 页。
③ 宁波市政协文史委员会：《汉口宁波帮》，第 157—158 页。
④ 龚关：《近代天津金融业研究：1861—1936》，第 182 页。

代，中国商人资本流动的区位选择偏向性越来越明显，越来越汇聚于通商口岸，尤其是向上海集中。这一时期全国土产一如既往大批量地集中于上海出口，洋货多数依旧是通过上海转运到全国各地，虽说这一时期，上海在全国进出口贸易中所占的比重有所下降，但是，上海依然是这一时期中国最大的转运港口、商业中心、货币中心。

然而，与前几个时段的流动大大不同的是，这一时期商人资本向上海集中突出地表现为现金流，或是说生息资本流，或是说货币资本流等，展现出更多的投机性，它们汇入了上海"游资"之中，或所谓的"热资"之中，导致这一时期上海银行数量增多，银行存款增多，股票市场、房地产市场异常兴盛。这一次商人资本的流动，既不是上海开埠早期突出的商品流，如果说有，那至多是进口商品的入超流，① 也不是工业资本的流动。由于内地动荡不靖，天灾人祸频仍，农副产品出口运输受阻，出口不畅，工业生产萎靡，加之1931年长江流域数省大水、1931年九·一八事件、1932年上海一·二八事变等，所以30年代以来，工业并没有过多地向上海集中。但是由于内地工商业不景气而没有新的投资渠道，多数资本以现金汇入上海，或以抵消从上海的进口之不足，或为安全考虑，流入了上海的银行保险柜里，或为投机，流入了上海的证券市场之中。

生息资本向上海转移的表现之一就是华资银行总部纷纷迁往上海。

1927年，国民政府定都南京，这对整个中国商人资本流动的影响巨大。一方面为了更好地控制银行资本，南京国民政府把中国银行、交通银行的总管理处和总行从北京南迁至上海。另一方面，近代中国的资本素来喜好围绕着政权而流动，尤其是已"组团"的银行资本，为了获得某种利好或垄断，自愿南下上海。鉴于中国、交通等国有银行的南迁，在京津

---

① 参见赵惠谟《游资集中上海的三大原因》(《民族杂志》1934年第2卷第1—6期)，第111页，表2"我国十年来对外贸易入超统计表"(单位千海关两)，1911年是102576；1922年是290157；1923年是170485；1924年是246426；1925年是171512；1926年是259926；1927年是94311；1928年是204614；1929年是250091；1930年是414912；1931年是524013；1932年是556605；1933年上半年是339296，如果把1911年增减率定位100%。那么1930年为404.49%、1931年为510.85%，1932年为542.62%，可见，到20世纪30年代，中国的入超比率是越来越大的。

一带的其他银行总部也自动迁往上海。如 1927 年中国实业银行从天津移至上海；1930 年，中孚银行从天津迁至上海；1931 年，新华商业银行与中国农工银行也由北平迁往上海；[①] 1933 年，东莱银行从天津搬至上海；1934 年盐业银行由北平迁往上海；1936 年金城银行从天津移至上海。1929 年上海钱业领袖秦润卿、李馥荪等人接手中国垦业银行后，为了办事方便，将上海分行改为总行，天津总行改为分行。[②] 随着总行转移的是源源而来的资本。[③]

北四行是对近代北方四家著名私营银行即盐业银行、金城银行、大陆银行和中南银行的合称，它是当时国内最大的民间金融集团。其早期经营重点在京津地区。盐业银行、金城银行和大陆银行的总行均设于天津，中南银行总行虽设在上海，但是成立初期的业务重点在北京和天津。然而，20 世纪 30 年代以后，北四行的主要机构先后迁往上海。

生息资本向上海转移的表现之二就是上海的中外银行存款总额、库存总量急剧增多。

南京国民政府成立最初几年实行的财经金融政策措施基本上是有利于近代银行的发展的。例如 1926—1931 年，上海商业储蓄银行的存款总额由 3244 余万元增至 9555 余万元，其间增长了 2.9 倍。1927—1931 年，二十五家主要银行的存款总额由 4.87 亿多元增至 9.7 亿多元，增长近 1 倍。[④] 上海，位于首都南京旁边，这个位置无疑有利于上海金融业的发展；另一个因素，则是由于内地经济凋敝，沿海经济活跃，所以现金向沿海尤其是上海集中，使得上海华资银行存款总额激增。1927 年至 1931 年仅 5 年时间，上海华资银行的存款总数竟由 7.9 亿增到 18 亿，此 10.1 亿存款，"若非系内地游资集中上海，单以上海一隅，五年之间岂能骤增偌大数目？民二十年之总额，且系单指已入上海银行同业公会之银行，若加入上海其他本国银行，总额当不止此。已入银行公会之银行，其实收股本仅为一万万四千五百万，而存款则十倍之而有余。其资产总额共为二十五

---

① 龚关：《近代天津金融业研究：1861—1936》，第 257 页。

② 张连红、严海建：《民国财经巨擘百人传》，南京出版社 2013 年版，第 184 页。

③ 从银行资本来源可以看出，大多数为商业资本，后面会有进一步的说明。

④ 中国人民银行上海市分行金融研究室编：《上海商业储蓄银行史料》，第 696、698 页。

万万，存款即占其中百分之七二，上海我国银行存款额数激增之速，我们单就若干总行在上海之主要银行考察，尤为显著。"①

有人对20世纪20年代末至30年代初总行在上海的中国银行、交通银行、上海银行（即上海商业储蓄银行，下同）、中南银行、浙江兴业银行、中国实业银行这六大银行的存款增加数有过具体统计：1926—1932年，中国银行增加1.4亿多元，交通银行增加9000余万元，上海银行增加8000余万元，中南银行增加近6000万元，浙江兴业银行增加2600余万元，中国实业银行增加3000余万元，六行存款增加总数在4亿元以上。若再把1932年与1921年存款作一比较：中国银行增加3亿元，交通银行增加1亿元，上海银行（即上海商业储蓄银行）增加1亿元，中南银行增加8600万元，浙江兴业银行增加4800万元，中国实业银行增加4000余万元，共约6.7亿多元。上述六大银行总行均在上海，"其吸收的存款，亦是流入上海了。此种巨额存款何自而来？上海本地人不必皆成巨富，外人更当无以余款存我国银行者，我国银行一般存款之激增，实多由于内地游资骤向上海集中。"②

同一时期，上海中外银行的库存总数急剧增加。"至去年十二月底止（1932年年底）上海库存实际已增至3.1亿多两，一年之间共增1.1亿多。较之民十六，则五年间所增者共为2亿多。若与民国六年库存底3000余万两相较，则所加何止十倍。而民六至民十六，十年之间，所增者则只为8000余万。以五年增加20000万余两，与十年增加8000余万两相较，则最近数年增加程度之迅速，实为至明显之事实。若再以今年（1933年）最初三月观察，则一月末库存增至319346000两，二月末增至326125000两。较去年年底又增2600余万两，折合银元为3300余万元。即每年平均有1000余万元之增加。此种现象，我们不能不认它是游资集中上海的结果。"而且，"本国银行库存超过外国银行，上海库存的急剧增加，可以表示游资正向上海

① 赵惠谟：《游资集中上海之数字上的考察》续一，《民族杂志》1933年第1卷第11期，第1866页。

② 赵惠谟：《游资集中上海之数字上的考察》续一，《民族杂志》1933年第1卷第11期，第1867页。

集中，上海本国银行库存竟超过外国银行，尤足以先是集中上海的是国内的游资，而非外洋输入的银货"①。

那么，这一时期，上海一地所集中的现银在全国货币流动总量中是怎样的一个比重呢？就银洋方面，据在沪著名经纪人英商狄爱德氏之估计，全国流通之总数在 1707225000 元（即 17 亿多元）。"而上海以一隅之地，至 1932 年 1 月后，即已超过 20000 万元（即 2 亿），截至 1933 年 6 月，则已达 27600 万元（即 2.76 亿）。与全国流通总额比较，已达 1/6。若再就银两而言，据耿德华氏估计，全国现银约有 15000 万两（即 1.5 亿），而 1933 年 1 月底，上海本国银行之库存银两为 5200 万两，外国银行之库存为 9700 万两。合共约 15000 万两。我们固然不能承认全国银两已完全集中上海，但银两之大部分集中上海则可断言。故无论就银洋或银两而言，上海库存在全国已占极可惊人之地位，而内地之游资，确已大多集中于上海。"②

中国银行总裁张公权说："全国的银货若是算他二十二万万元，吾敢说其中可认为流通资金的不足四分之一，在六万万元左右，上海一隅所占的成分，已在一半以上。"张公权说的是 1932 年 9 月以前的情形，"若自去年（1932 年）九月起迄今年六月（1933 年），则上海存银早已超过四万万元，全国流通资金额，若依张氏估计，则上海一隅所占早逾三分之二，约为十分之八，十里洋场，早已为全国流通资金聚集之中心"。③

中国重要银行的总资产，从 1921 年的 7.5 亿多元增加到 1931 年的 25.6 亿多元。④ 银行存款在继续增加。交通银行存款在 1927 年至 1937 年间，全行存款共增加了 49413 万元，为 1926 年的 8 倍，即翻了三番。其中，前 6 年平均每年增加 1800 余万元，后 5 年平均每年增加 7600 余万

---

①　赵惠谟：《游资集中上海之数字上的考察》，《民族杂志》1933 年第 1 卷第 10 期，第 1670—1671 页。对于 1932 年上海中外银行的库存，赵惠谟的统计是 3.1 亿多两，同时期另一学者陈明远的统计是 4 亿多元，参见陈明远《我国金融病态的考察》，《汉口商业月刊》1934 年第 1 卷第 6 期，第 27 页。

②　赵惠谟：《游资集中上海之数字上的考察》，第 1677—1678 页。

③　赵惠谟：《游资集中上海之数字上的考察》，第 1679 页。

④　中国银行总管理处经济研究室：《中国重要银行最近十年营业概况研究》，新业书店 1933 年版，第 2 页。

元，增加最多的 1936 年为 13916 万元。① 1931 年至 1935 年，中国银行的存款总额从 1931 年的 46270 万元增加到 1935 年的 80940 万元。中央银行的存款总额从 8980 万元增加到 59590 万元，1933 年至 1934 年，上海六大银行总存款额从 64830 万元增加到 72020 万元，一年之间增加 7000 多万元。②

内地资金之所以流向上海还有一个原因，那就是前述 30 年代列强实行的白银政策导致国外白银价格高于中国国内，有大量好利者把白银经由上海贩运至海外谋利。所以不少运往上海的白银旋即又被运至海外，如 1934 年 6 月到 10 月的五个月内，从上海输出的白银为 22290 多万元，约是 1933 年白银总输出量的 16 倍，导致上海白银存底急剧减少，从 1934 年 2 月的 55568 余万元减至 12 月的 35499 余万元。③

为什么这一时期生息资本大量集中于上海？目前看来，这是由 1929 年西方发达国家爆发的经济危机、1931 年长江流域的大水、同一时期国民党政府对多个苏区进行的"围剿"等诸多因素导致的。从资本本身来看，也可能是与安全、利润有关，于是大量流进上海。就是在这样一个背景下，各种资本大量流进上海，让上海在这样一个畸形的经济环境中，越来越"非常态"繁荣。

近代转型时期，无论西欧还是中国，其经济都是建立在以白银主要交易手段的基础之上的，白银如此之重要，然而它又是如此之短缺，为了获得足够或更多金银，近代中西商人资本为追逐白银而进行了流动。近代中国转型时期商人资本的区间流动，如与近代西欧转型商人资本的区间流动相比较，非常有趣。

西欧的近代转型时期大致是 16 世纪至 18 世纪，中国的近代转型时期可以说是 19 世纪中叶至 1949 年（本书只研究到 1936 年），尽管时间不同，但是，引发中西商人资本区间流动的原初动力，都与外部世界市场的打开有着紧密关系，地理大发现给西欧带来了越来越大的世界市场，在商

①　交通银行总行、国家历史档案馆编：《交通银行史料·第 1 卷：1907—1949》（上册），中国金融出版社 1995 年版，第 311 页。

②　徐农：《中国国民经济的全貌》，《中国国民经济》，中国问题研究会 1937 年版，第 270、277 页。

③　郑允恭：《银价腾贵与中国》，《东方杂志》1935 年第 32 卷第 13 号，第 50—51 页。

人资本的区间流动中，西欧逐渐成为现代世界资本主义体系的"上游"；中国被迫开埠通商，也被纳入世界市场，在商人资本的流动中，逐渐成为现代世界资本主义经济体系的"下游"。

近代转型时期，西欧商人资本区间流动的时间跨度长且较为明晰，16—18世纪，西欧商人资本区间流动过程可视为：安特卫普—热那亚（地中海）—荷兰（北海）—英国；而中国商人资本流动的时间比较短而其过程需要仔细分辨，19世纪中叶至1949年，中国商人资本区间流动过程，根据目前的史料来看，大体可视为：广州—上海—天津、汉口等地—上海—重庆—上海，不过，因为不太明晰，对于其整个区间流动过程还有待进一步考察论证。

近代西欧转型时期的商人资本主要是围绕白银转动，而近代中国转型时期的商人资本，主要是跟着外国资本（有充足白银与特权）、跟着中国政府流动（有特权），体现出近代中国半殖民地半封建社会的特殊国情。

第四章

商人资本区间流动与近代中国
经济重心转移

　　转型时期商人资本的区间流动，对近代中国社会经济的发展有着深远的历史影响，使近代中国经济重心出现转移：从珠江口转移到长江口，从广州转移到上海。

　　对于近代中国经济重心的这种转移，史学界早有定论，毋庸置疑，而且学术界也认为近代中国经济重心转移的历史推动力量有很多，不过本书认为，商人资本的区间流动，是近代中国经济重心转移的重要推动力之一。也就是说，这一时期商人资本大规模的区间流动，有力地推动了近代中国经济重心的转移。

　　世界资本主义体系的创始者沃勒斯坦指出，一个经济体系、一个经济重心①的衰落，一般是指这个地区的资本持有者开始转移某投资场所，②著名学者伊斯雷尔研究近代荷兰资本主义发展史时也表达过类似的观点。③换句话说，商人资本大规模地向某一重心流去，或者撤离某地，往往预示着一个经济重心的形成或一个经济重心的衰落。然而，历史事实是复杂的。

　　16 世纪上半叶，当西欧商人资本大量地向大西洋沿岸的安特卫普城

---

　　① 本书之所以用"重心"一词，是因为"重心"涵盖的地域面要比"中心"广阔一些。经济重心所包含的主要内容是贸易中心与支付中心。

　　② ［美］伊曼纽尔·沃勒斯坦：《现代世界体系》第二卷，庞卓恒等译，高等教育出版社1998 年版，第 254 页。

　　③ Jonathan I. Israel：*The Dutch Republic：Its Rise，Greatness，and Fall 1477 – 1806*，Claredon Press. 1998，p. 1003.

市流动时，是不是说明当时西欧的经济重心就转移到大西洋沿岸了呢？不，这只是西北欧的新兴商人资本推动西欧经济重心转移的一个前兆，而同一时期的意大利诸城市，正在控制着那一时期西欧国际转运贸易与国际货币支付体系，所以从这个角度上看，这一时期西欧的重心依然在地中海沿岸。同样，在近代中国经济重心转移的过程中，也需要仔细分辨。

19 世纪中叶，中外商人资本纷纷离开广州奔赴上海，致使前者在中国经济舞台上的重要性急剧下降，遂逐渐不再是整个中国的商贸重心，而沦为一个区域的商业中心；自此，中国的商贸重心开始向上海转移，后者的经济地位逐渐上升，但不能就此说，上海已经是这一时期中国的经济重心了，否则，太过于草率，这不符合历史唯物主义，因为经济重心[①]的确立，不是一蹴而就的，而是需要一个长时间的过程。然而，人们的思维往往喜于从"结果"断定"开头"[②]。再者，19 世纪末，当商人资本从上海流向天津、汉口等其他通商口岸、开辟新的市场时，并不意味着此时上海衰落了，相反，上海正处于向中国经济重心迈进的过程之中。

在推动经济重心转移过程中，传统商人资本与新兴商人资本的流动路径是不一样的，近代中国与西欧皆是如此。传统商人资本[③]多会围绕权力中心流动，进行经济上层——金融活动，而新兴商人资本则多会在新的商业市场上角逐。

鸦片战争之前，在外国人眼中，广州是世界上最大的城市之一，也是中国最大的商业市场。[④] 鸦片战争后的 1843 年 11 月 17 日，根据《南京条约》，上海被开辟为商埠。此后，近代中国的经济重心开始向上海转移。19 世纪下半叶至抗战前夕，在商人资本的区间流动过程中，近代中国经济重心大体经历了三个过程：首先是从广州到上海，中国对外贸易重

---

① 就 19 世纪下半叶的中国来说，其经济重心应该是控制着全国商贸体系与支付体系，然此时的上海还不能控制全国的支付体系，故此时上海还不足以成为"重心"。

② 人们常说第一次工业革命是发生在 18 世纪 70 年代，但是工业革命的成果主要是在 19 世纪 30—40 年代才开始凸显出来，也就是说，到了 19 世纪 30—40 年代人们才发现，这个社会正在经历着怎样的一个时代变革，才开始去细细梳理、回溯这个事件到底从什么时候开始的，但也正是在梳理的过程中，往往会出现夸大 18 世纪 70 年代机器发明的意义，以及制度的先进性等现象。

③ 如导言中已界定，本书研究中的传统商人资本主要是指大商人资本。

④ 姚贤镐编：《中国近代对外贸易经济史资料（1840—1895）》第一册，第 545 页。

心开始转移；其次是京津与上海的南北两个金融重心并存；最后是从京津转移到上海，上海经济重心地位确立。

那么，商人资本的这种区间流动是怎样推动近代中国经济重心转移的呢？具体过程是怎样的呢？是否具有长时段，或阶段性？下面将进行一番探究。

第一节　从广州到上海：中国对外贸易重心开始转移

开埠通商后，外资在中国区域之间的流动对中国国内商人资本，尤其是新兴商人资本具有强大的带动性。可以说近代早期，中国商人资本是随着外资流动而流动的。鸦片战争前，我国对外贸易大部分是在广州进行的。1843年上海开埠后，或因外国商人"冒险家"向上海纷至沓来，或因外国商行多数先后移至上海，我国的对外贸易重心逐渐由广州向上海转移。

前近代的广州是中国唯一一个获得政府准许，能与世界各国进行海上贸易的港口，中国各地大量的茶叶、生丝、瓷器等货物，不远万里跋山涉水，汇聚在此出口，港口贸易异常发达，促进了当地经济的繁荣。然而，第一次鸦片战争之后，五口被迫通商，尤其是在1843年上海开埠之后，这种状况逐渐"一去不复返"了。

可以说，上海的开埠极大地削弱了广州的地位。例如，前近代的广州，除鸦片贸易外，最为重要的商业贸易就是茶叶与生丝了。五口通商之后，因多种原因，丝茶贸易的集聚中心逐渐改为上海，广州丝茶出口地位下滑。不过，这种变化经历了一个过程。

位于长江口的上海具有地理优势，如茶叶从内地运往上海的费用约为茶叶价格的一半，而运往广州的费用要占茶叶价格的70%，然而，由于受到很多在广州贸易中既得利益集团强有力的影响，中外贸易并没有马上向上海转移。正如马士所说："上海把以往属于广州的贸易拉走了很多，但是留下来的还很多。"[①] 公行系统的官商幸存了一段时间，传统贸易商

---

① ［美］马士：《中华帝国对外关系史》第一卷，张汇文等译，生活·读书·新知三联书店1957年版，第410页。

路上的脚夫迫使货物继续按照原先的路线运送，涉及其个人私利的官员，也使出了浑身解数来阻止产品输往其他口岸。① 例如，1845 年，在江西玉山县贩运茶叶的广州商人何宗祥，准备购茶一千斤运往上海，但是该知县责令这批茶叶运往广州，不过，约有 8000 担茶已经运往上海了。②

当时清政府的政策是不管丝绸运往哪个口岸，都要收取与运到广州相同的运输费。确实，要想中断根深蒂固的广州贸易体制，以及在其他口岸重组贸易体制，还是比较困难的。1846 年，来自世界各国的 304 艘商船装载 130170 吨货物抵达广州，而同期，只有 76 艘商船装载 21759 吨货物抵达上海，驶往其他三个口岸的商船数量更是微不足道。1847 年，总计312 艘商船装载 125926 吨货物抵达广州，合计 102 艘商船装载 26735 吨货物抵达上海。③ 历史的转折大约出现在 1852 年，太平天国运动的爆发打乱了国内传统贸易路线，大量的对外贸易被迫从广州转移至其他通商口岸。

从 1844 年起，上海港开始输出茶叶，其出口量一直到 1850 年仍不到广州出口量的 25%。然而，从 1851 年起，上海港茶叶出口量开始超过广州。1852 年，广州茶叶出口占华茶出口量的 43.20%，上海则占56.80%。1855 年，广州出口茶叶占华茶出口量的 15.28%，上海则高达70.29%。在这一时段里，广州出口的茶叶仍高于除上海之外的其他口岸，是中国第二大茶叶港。但是此后，随着中国通商口岸逐步增多，外国商人也把资本投向了福州、汉口等地，广州茶叶出口量就迅速下滑了。④

1845 年以后，上海港开始输出生丝，广州生丝出口的数量逐渐下降。广州生丝出口：1845 年为 6787 包，1853 年为 4577 包，前后下降了32.6%；而同一时期内，上海生丝的出口数量却迅速增多：1845 年为6433 包，1853 年为 58319 包，前后增长了 8 倍之多。由上可见，1845 年，上海生丝出口数量为 6433 包，与同年广州生丝出口的 6787 包比较接近，至 1853 年，上海生丝出口数量为 58319 包，超过了广州出口的 4577 包，

---

① 张仲礼：《中国绅士的收入》，费成康、王寅通译，第 156 页。
② 严中平：《中国近代对外经济史资料》第一册，科学出版社 2016 年版，第 542 页。
③ 张仲礼：《中国绅士的收入》，费成康、王寅通译，第 156 页。
④ 甘满堂：《清代中国茶叶外销口岸及运输路线的变迁》，《农业考古》1998 年第 4 期，第204 页。

是后者的 12 倍之多。①

19 世纪 50 年代，在全国对外贸易方面，上海逐渐代替了广州的首要地位，这一点可以从其进出口货值占全国进出口总货值的比重中得到证实。在开埠通商早期，中国对外贸易主要是中英之间的贸易，所以，可从中英贸易中来看上海在近代中国的重要性。据统计：1853 年英国输入中国的总货值为 1749597 镑，其中有 1045000 镑是经由上海进口的，即 59.7% 是从上海进口的；至 1856 年，这一比重上升到 75.8%，即英国对华输出总价值 2216123 镑中，有 1679581 镑是经由上海进来的。中国对英国出口货值的统计数字也说明了同一现象。1853 年，中国出口英国的总货值为 8255615 镑，其中有 4337000 镑是经由上海出口的，即 52.5% 是从上海出口的。由此可见，这一时期英国对华贸易的 50% 以上是在上海进行的，② 这就意味着上海在近代中国的对外贸易中具有了非常重要的地位。

综合这一时期中国对英国的进出口贸易，可以看出 1843 年以后，广州和上海在中国对外贸易中的此消彼长情况，具体如下（表4—1）：

表4—1   1844—1856 年英国经由广州和上海两地进出口货物总值（单位：元）

年份	广州（进出口总值）	上海（进出口总值）	年份	广州（进出口总值）	上海（进出口总值）
1844	33400000	4800000	1851	23200000	16900000
1845	38400000	11100000	1852	16400000	16000000
1846	25200000	10200000	1853	10500000	17200000
1847	25300000	11000000	1854	9300000	12800100
1848	15100000	7500000	1855	6500000	23300000
1849	19300000	10900000	1856	17300000	32000000
1850	16700000	11900000			

资料来源：黄苇：《上海开埠初期对外贸易研究》，第 71 页。

① ［美］马士：《中华帝国对外关系史》第一卷，第413页。
② 黄苇：《上海开埠初期对外贸易研究》，上海人民出版社1961年版，第76页。

从表4—1可以看出，上海开埠后，英国经由广州输出入的货物总值几乎是逐年下降的，其间有些年份即使偶有回升，隔年大都又跌到原有水平以下；但经由上海输出入的货物总值总体上却是上升的。1853年，上海开始超越广州。1868—1885年，上海进出口数额占全国进出口总额的58.5%，进口占全国总进口额的68.48%，出口占全国总出口额47.93%。[①] 可见，上海对外进出口贸易，已居全国首位。到1870年时，中国主要港口在对外贸易中所占比重为：上海63.6%，广州13.4%，天津1.5%，汉口1.7%，其他各地19.8%。[②] 此时，对比上海，其他港口不能望其项背。

可以说，19世纪下半叶的对外贸易，是中国经济发展的原初动力，上海取代广州成为中国最大的对外贸易中心后，逐渐成为近代中国经济发展的一个最大发动机，它是"现代中国的钥匙"（罗兹·墨菲[③]语）。在贸易带动之下，现代性的工厂开始在上海设立。[④] 如在1840—1862年，外资在华开设了17家工厂，上海一地就占14家。[⑤]

近代中国，港口兴旺，一切都兴旺，[⑥] 反之亦然。

国际转运贸易的兴盛，直接催生了上海金融地位的崛起，最终成就了现代上海的国际地位。

一般认为，近代上海是中国的金融中心，其实，这个中心地位也不是一蹴而就的，亦经历了一个长时段的形成过程。

在外贸的带动下，外资金融机构逐渐转向上海。外资金融机构起初是为贸易服务的。随着贸易的北移，外商银行也随之北上。1847年，即上

---

① 余捷琼：《1700—1937年中国银货输出入的一个估计》，第16页。

② 洪葭管、张继凤：《近代上海金融市场》，上海人民出版社1989年版，第9页。

③ 参见［美］罗兹·墨菲《上海——现代中国的钥匙》，上海社会科学院历史研究所编译，上海人民出版社1987年版。

④ 不过这一时期，上海的企业多是为外贸服务的，如修船厂、打包厂等。

⑤ 黄逸平：《近代中国经济变迁》，第74页。

⑥ 法国年鉴派历史学家布罗代尔曾说，17世纪荷兰阿姆斯特丹"货栈兴旺，一切都兴旺"。近代中国的通商口岸亦是如此。请看近代中国兴旺发达的城市，如上海、天津、汉口等，基本上无一不是转运贸易港口，其功能是现代世界资本主义体系赋予的，它们是世界资本主义利润输送链上的一个个节点，广州在前近代中国之所以具有重要地位，就在于它曾是当时中国最大的对外贸易出口港、国内最大的国际转运港。

海开埠 4 年之后，英商丽如银行进驻上海，这说明英国开始把注意力从广州转移到上海。1854 年，英国汇隆银行在上海设立分理处。同年，阿加利银行在上海设立分行，此后于 1855 年在广州设立分支机构，1858 年在香港设立分行，这个银行开设分支机构的次序，改变了以往外资银行先在广州设立机构，然后到上海设立据点的传统，意味着此时上海的重要性已超过广州。此后外资银行进入中国的顺序，大多是先上海后广州了。如有利银行 1854 年先在上海设立代理处，后才在广州、汉口等地设立分支机构，麦加利银行也是如此。从 1845 年到 1858 年的 13 年里，中国的外资银行，几乎全是英国的银行，上面提到的 5 家银行在 19 世纪 50 年代末共设立机构 13 个，上海 5 个，香港、广州各 4 个。[1]

19 世纪 50—60 年代，当太平军挥师东进之时，中国内地资本因安全原因急速地向上海汇聚。一些官僚、地主、商人携资涌往上海，他们不仅把钱存入上海钱庄，而且还投资钱庄，极大地促进上海钱庄业的发展。与此同时，因受太平天国战争的影响，原来聚集汉口、苏州的票号也纷纷把资金转移到上海，上海遂成为票号聚集重地。票号资力雄厚，常把大量款项拆放给钱庄，此举无疑进一步加速了上海钱庄实力的增长。

至 19 世纪 80 年代，上海已有外资银行 11 家，山西票号 24 家，钱庄62 家。国际贸易中 80% 的金融周转业务是通过上海进行的，[2] 上海的金融机构在全国处于举足轻重的地位。1897 年 5 月，第一家由中国人自办的银行——中国通商银行在上海成立。

这一时期的上海是否已经为中国的金融中心？目前还没有准确的数据完全令人信服，但是，可以说的是，这一时期上海的金融地位不容小觑，准确地说，上海崛起了！

如何评价这一时期上海在全国的地位，有人说，这一时期上海就是全国的经济重心了。对此，笔者不敢苟同，只能说，这一时期上海在逐渐成为近代中国现代经济发展的标杆，是新经济潮流的引领者。整个上海金融市场确实聚集了相当的实力，但是它还不具备作为全国金融中心的条件。

---

[1]　孔祥毅：《金融票号史论》，第 250—252 页。
[2]　洪葭管：《20 世纪的上海金融》，第 32 页。

这一时期上海的外资银行，在内地几乎没有什么影响,[①] 而同期中国最为富有的资本集团——晋商的大本营不在上海，因此可以肯定，此时的上海还没能掌控全国的支付体系。

但是，这一时期上海崛起了，吸引了大批商人资本的前往，突出的行动就是舍弃广州而赴上海。如果说此时中国的经济重心就在上海，为时过早，不符合历史事实。

第二节　京津与上海：南北两个金融重心并存

最早提出"两个中心论"的，是北洋政府时期驻上海的调查金融专员李焱菜，他在一份给北京政府的报告中说：北京是首都，全国度支出纳均集散于此地，为本国的财政枢纽，是为全国的"财政金融中心"；上海是全国最大的商埠，是中国对外贸易的咽喉，国内外汇兑市价多以上海为标准，是为全国的"商务金融中心"。[②]

后来，杜恂诚先生直接提出：20世纪20年代初（即北洋政府时期）的中国有两个金融中心：一个是北京，另一个是上海，前者是当时中国的财政金融中心，而后者则是当时中国的商务金融中心。从南京国民政府执政开始，直至抗战前夕，京津逐渐衰落，上海更加突出，中国的经济中心遂从两个归为一个，那就是上海，这一时期的上海才是当时中国唯一的财政、金融、商务重心。[③]

吴景平先生说，20世纪上半叶的全国性金融中心是在不同区域之间变迁的，这一变迁的基本轨迹是：上海—北京与天津—上海—重庆—今上海。[④] 可以看出，吴先生认为，在20世纪前半叶内，北京与天津曾经一度是中国的金融中心，其所指的具体时间段主要是晚清与北洋政府时期。

姜义华先生也认为：开埠通商之后的上海，在较长时间里，"充其量

---

① 龚关：《近代天津金融业研究：1861—1936》，第118页。

② 财政部驻沪调查金融专员李焱菜关于上海金融情况的报告1920年，转引自杜恂诚、贺水金、李桂华《上海金融的制度、功能与变迁（1897—1997）》，上海人民出版社2002年版，第155页。

③ 杜恂诚：《上海成为近代金融中心的启示》，《档案与史学》2002年第5期，第50页。

④ 参见吴景平《近代中国金融中心的区域变迁》，第177—180页。

只是一个地域性的金融中心。从清末到北洋政府时期，全国金融中心和政治中心相结合，事实上是在京津地区"。所以，"上海成为全国最大的和最重要的金融中心，是在 1927 年南京国民政府建立之后"①。

由此可以看出，尽管上述学者的观点有些差异，但是基本上都认为，近代上海并不是从一开始就是中国唯一的金融中心，曾经有一个不容小觑的"京津地区"，一度在近代中国经济史上占据着重要位置。② 根据目前掌握的史料，笔者也认为：20 世纪上半叶至南京国民政府成立之前，中国有两个金融中心：京津与上海，两者并立。如果一定要做比较的话，从财力来看，在晚清与北洋政府大部分时间内，上海曾一度稍逊于京津地区；而从现代经济发展趋势来看，上海则一直领先于京津地区（前者是时代经济的标杆，后者是旧经济传统模式的代表，是正在没落的"强者"）。另外，从外贸与内贸方面来看，曾得"转运贸易"青睐的上海，20 世纪以来，在与天津、广州、汉口等城市的竞争中③，在全国贸易中的地位已相对下降了。

在近代中国，金融与政府联系紧密。清末民初，中央政府驻地北京，位于京城附近的天津，④ 也是多个高层政治机构，或多个高层政治人物的青睐之地，同一时期，这一地带的金融机构在不断地涌现或不断地发展，也就是说，有不少商人资本围绕着政治高层机构或高层人物在转动、逐利。辛亥革命前握有大量资本的晋商，在户部大清银行没有创建之前，其作用类似于国家的"财政家"，一度负责为政府运解京饷、协饷，筹谋军饷、粮饷与赔款等诸多事宜。可以说，晋商是那一时期最富有的群体，即使是著名的粤商买办群体，也只能说是后起之辈了。从整体上看，论财力，晋商群体"鹤立鸡群"，粤商群体不能与之抗衡；从时间上看，晋商财力的突出地位，至少一直维持到 19 世纪 70 年代。可想而知，只有当晋

---

① 姜义华：《上海与近代中国金融中心》，《档案与史学》2002 年第 6 期，第 41 页。

② 主要因京津一带曾是全国政治中心所致，近代以及前近代政治因素在很大程度上左右着当地经济地位的兴衰。

③ 20 世纪以来，天津是华北地区的转运中心，广州是华南地区的转运中心，汉口是华中地区的转运中心，它们已经逐渐与国外有直接的贸易联系，分走了上海国际转运贸易的部分"蛋糕"。

④ 近代历史现象耐人寻味：北洋政府时期，北京是首都，附近的天津则是金融重镇；南京政府时期，南京是首都，附近的上海则是金融中心。

商财富达到一定程度时，才有资力大量专注于生息资本（票号是生息资本、货币资本）的运营①，如西欧中世纪晚期、近代早期富可敌国的富格尔商人家族（南德意志地区奥格斯堡的商人家族）那样，在 15—16 世纪"全身心"地为西班牙哈布斯堡王朝，甚至为整个西欧王室政府服务。而且还应注意到：在晋商鼎盛的时期，其活动范围的重点是在北方，在京津一带。

有一个问题值得思索：19 世纪下半叶，中国最富有的大商人资本（如晋商）群体主要集中在京津一带，那能说这一时期中国的金融重心在上海吗？进入近代以后，晋商基本上放弃了对于一般商品资本的经营，将重点放在为政府服务的金融方面，处于经济活动的上层；而广东、江浙一带的小商人（新兴商人资本）则奋战在中国通商口岸商品贸易的前线，他们无法嫌弃收获的多寡，热火朝天地进行着商品的贩运与进出，虽说后者代表着当时中国经济发展的新方向，代表着未来发展趋势，但能就此说明，上海就是这一时期中国的金融重心吗？是不是金融重心，有什么样的标准，笔者觉得还得看中国最富有商人群体的资本是否集聚在此。

所以，笔者同意杜恂诚先生的观点，上海的金融中心地位形成于 20世纪 20 年代末 30 年代初，即南京国民政府时期。在 20 世纪 20 年代之前，中国有两个金融中心，一个是京津一带，另一个是上海。中国发达的大商人资本，曾一度奔赴京津一带，向"政治权力"靠拢，专营金融业务；新兴商人资本，则集聚于上海滩，抓住新经济潮流，发展商品贸易。这一时期，上海的现代金融业——银行业发展迅速，数量也不少，但是从京津一带银行所拥有的资本总额来看，二者不可同日而语。

一　京津一带金融实力

清末民初，京津一带是中国的政治中心，同时在某种程度上看，也是中国金融中心。北洋政府时期，京津一带，一时间成立了不少官方或官商

---

①　正如亚当·斯密所言："除富豪外，任何人都不能靠货币利息生活。"见 ［英］亚当·斯密《国民财富的性质和原因的研究》上卷，第 88 页。可想而知，票号的运营，是需要大量的白银来作为支撑的，而当晋商票号在中国出现与发展时，正值当时清朝全国上下白银严重匮乏之时，请参见本书的第一、第二章。

合办的银行。

20 世纪初，清政府为了摆脱财政困境而设立了几个国家银行，因其资本雄厚而使北京迅速具有了其他地区无法企及的金融地位与影响。如1905 年户部银行在北京设立，资本总额为 400 万两，官商各认购一半，独享国家银行的基本特权，至 1908 年改为大清银行后，资本增至 1000 万两，仍由官商各半认购。该行最初在天津、上海设分行，后陆续在全国各地设立了 30 多个分行。该银行在 1906 年的存款额是 1056 万两，1908 年是 3526 万两，辛亥革命前骤增至 6339 万两。[①]

清政府邮传部所筹办的交通银行于 1908 年在北京开业，实收资本是250 万两，该银行业务发展迅速，陆续在上海、天津、汉口等地设立了 23个分行，从资力总额和业务方面看，交通银行是仅次于大清银行的中国第二大银行。

1912 年，原大清银行改为中国银行，总行在北京开业；整顿后的交通银行也于 1912 年 5 月在北京复业，其总行依旧设于北京。两个银行存款总额请见表 4—2：

表 4—2	交通银行与中国银行存款	（单位：元）
年份	交通银行 存款总额	中国银行 存款总额
1912	21600000	2010000
1914	65530000	58380000
1915	48620000	105350000
1919	75090000	181450000

资料来源：交通银行总行、国家历史档案馆编：《交通银行史料·第 1 卷：1907—1949》（上），中国金融出版社 1995 年版，第 348 页。张郁兰：《中国银行业发展史》，上海人民出版社1957 年版，第 131 页。

同一时间内，北洋政府在北京还开设了其他专业银行：1910 年成立

[①] 《大清银行始末记》第 250 页的附页，转引自洪葭管《从借贷资本的兴起看中国资产阶级的形成及其完整形态》，《中国社会经济史研究》1984 年第 3 期，第 16 页。

北洋保商银行；1913 年成立殖边银行，资本额为 2000 万元；1914 年成立劝业银行，资本 500 万元；1915 年成立中国农工银行；1919 年成立中国实业银行；1919 年成立新华储蓄银行，等等。

在北洋政府时期，中国银行和交通银行具有中央银行的地位，其资力逐渐得到了进一步增强。中国银行实收资本从 1921 年的 1827 多万元，增加到 1926 年的 1976 多万元；交通银行的资本额，也从 750 多万元增加到 771 多万元。[①] 中国银行与交通银行是北洋政府的两大财政支柱。

一般认为，外贸促生着金融，然而，在近代中国，政治才是影响金融的重要因素。近代商人资本（尤其是大商人资本）的流动与集中，多是以政治为风向标的。从某种程度上可以说，近代中国的银行，多是因政府的需要而出现的。在京津一带，因政治的原因，除了上述中央政府开办的银行外，还有不少地方政府或民间创办的商业银行。

晚清，在北方民间金融领域中长袖善舞的是票号，然其无可奈何地随着清政府的倒台而飘散。北洋军阀时期，取而代之的是在民间金融业中"新生"的银行。1915 年至 20 年代初，民间出现了一个兴办银行的高潮，天津成立了多家华资银行。1916 年，中孚银行在天津成立，此后几年在天津设立的银行还有：金城银行（1917）、大陆银行（1919）、大中银行（1919）、大生银行（1919）、边业银行（1919）、裕津银行（1921）等。当时其他地方的一些重要商业银行还陆续在天津设立分行，如浙江兴业银行（1915，总行在杭州）、盐业银行（1915，总行先设北京，1928 年移至天津）、山西裕华银行（1915，总行初设山西太谷，1927 年迁至天津）、聚兴城银行（1918，总行在重庆）、东莱银行（1918，总行初设山东青岛，1926年迁至天津）、上海商业储蓄银行（1920，总行在上海）、中南银行（1921，总行在上海）等。从 1913 年到 1921 年的 8 年间，新设的银行就有 26 家，银行存款总额由 1912 年的 1 亿元增加到 1921 年的近 5 亿元。[②]

这一时期京津一带兴起的银行中，除了中国银行与交通银行两巨头之外，"北四行"的财力与地位也不容小觑。

---

① 吴承禧：《中国的银行》，商务印书馆 1935 年版，第 19 页。
② 中国银行总管理处经济研究室：《中国重要银行最近十年营业概况研究》，新业书店 1933 年版，第 2 页。

1915 年设立的北京盐业银行，1922 年实收资本额为 500 万元，1925 年增至 650 万元。1917 年设立的天津金城银行，1919 年实收资本额为 200 万元，1922 年增至 500 万元，1927 年达到 700 万元。1919 年设立的天津大陆银行，1921 年实收资本额为 200 万元，1926 年增至 356 万元。中南银行①在 1921 年开业时，其资本额有 500 万元，华侨商人黄奕柱一人出资 350 万元。"北四行"总资本为 3250 万元。②"北四行"的财力及其影响，是当时仅次于中国银行与交通银行的，其存在进一步奠定了京津一带的全国金融中心地位。

前文已述，商人资本与政治之间的关系颇为紧密。近代中国商人资本，在为政府服务、紧紧跟随政府方面，真可谓前赴后继。前有晋商资本为清政府服务，随着清政府垮台而沉寂，后有另外一批又一批商人资本紧紧追随北洋政府而来。

北京是清末民初中国的政治中心，资本究竟是如何跟随权力中心而集聚的，请看下面的统计数据：1897—1918 年中国成立的 27 家银行，官商合办（中国银行、交通银行）2 家，商办 22 家，中外合办 3 家。总行设在北京 13 家，上海 6 家，天津 2 家，香港 2 家，杭州、长沙、威海卫、巴黎各 1 家，也就是说，北京占据 48.1% 多。就连山西票号蔚丰厚改组招股的蔚丰商业银行，也把总号（行）由平遥改设在北京。在上述 22 家商办银行中，从它们的投资者、发起者和总经理身份看，多数是江浙一带的人。③ 此种现象，一方面说明江浙财团在兴起，将逐渐成为银行业的主体;④ 另一方面也说明江浙商人资本因政治的牵引而北上了。上述史料也再次证明了资本尤其是大商人资本喜好围绕权力而转动的特点。

1918 年，中国银行的业务放款中，有 45.81% 是借给北洋政府财政部和各省财政厅的，也就是说，有近一半的放款是借给了政府。当时的北洋政府财政困难，多是以借款、发行公债等办法来维持政府的日常运转。1925 年，北洋政府积欠国库证券本息 59114384 元，余盐借款本息

① 中南银行总部虽在上海，但其最初的业务重点是在京津一带，故归为"北四行"之列。
② 阚立军：《"北四行"金融资本初探》，《安徽教育学院学报》1997 年第 2 期，第 29 页。
③ 在北洋政府时期，江浙金融人才得到了历练，其实力在逐渐显现，至南京国民政府时期，则成为金融界的主导了。
④ 黄鉴晖：《中国银行业史》，第 125 页。

44112388 元，银行短期借款本息 38904282 元，银行垫款本息 30333399 元，四项合计达 172464453 元。而银行借款和垫款中，以中国、交通两银行为最，这就是北洋政府开设国家银行的目的。[①] 也就是说，这两家官办银行是直接为政府服务的。除此之外，地方或民间兴起的银行同样也热衷于为政府服务。为什么呢？因为不少银行本身就是因政府需求而产生的。

有人曾谈及这一时期京津与上海两地银行兴起的原因："上海为我国第一大埠……独得风气之先，俨然为我国金融之中心……惟北平……徒以政府所在之首都，因承揽政府公债借款等业务之关系，遂为一部分银行之发源地。"[②] 可以看出，对于北京银行的兴盛，政府公债"功不可没"。不少银行就是在经营公债和政府借款过程中迅速发展壮大的。

为什么政府债券能促发银行业的兴盛呢？因为据估算，购买公债，往往能获利达 3 分。这一时期新开设的银行，不少是专为做政府公债投机而生的。[③] 1918—1921 年是公债发行最多的年份，也是银行开业数字最多的年份。[④]

这一时期，一些北方银行获得发行钞票、承揽政府公债等诸多利好，诱导了南方大量商人资本向京津一带流动，或组建银行，或开设钱庄。如宁波帮的银行或钱庄利用与政府官员的关系，从政府那里获得了发行钞票、承售政府公债、给政府放款等利好。商人资本的这种流动模式可谓为"南存北放"[⑤]。

例如，上海南市著名老药铺"童涵春堂"老板的孙子、宁波商人童今吾，因与李思浩（曾任北洋政府财政总长之职）的关系，在京津一带曾先后开设过三家银行。1919 年，宁波帮商人贺得霖和童今吾在天津创办东陆银行，这家银行以经营北洋政府财政部放款为主要业务，利用宁波本地钱庄和上海宁波帮银行的长期放款，资金不断扩大，获利比较丰厚。至 1923 年年末，其资产总额超过 560 万元。[⑥]

---

① 黄鉴晖：《中国银行业史》，第 131—134 页。

② 中国银行总管理处经济研究室编：《全国银行年鉴》，A7 页。

③ 千家驹：《论旧中国的公债发行及其经济影响》，《文史哲》1983 年第 6 期，第 50 页。

④ 姚会元：《民国初年中国金融资产阶级的独立发展要求》，《学术月刊》1995 年第 4 期，第 70 页。

⑤ 前述晋商辉煌时期曾有过"北存南放"的现象。

⑥ 宁波市政协文史委编：《宁波帮在天津》，第 57—58 页。

1920 年，童今吾又创办了明华银行，总行设于北京，并在天津、上海、青岛设立分行，经营商业性业务，兼办有奖储蓄。童今吾家的"童涵春堂"经理邵明辉，以"童涵春堂"的名义向上海、宁波等地的钱庄，为明华银行吸收长期存放款，充作股本；再加上童今吾、邵明辉个人和亲友的投资，凑成银元 20 万元，同年，成立了上海、天津两个分行以及济南、宁波两个支行，次年还设立了青岛分行。明华银行北京总行、上海分行都是以经营财政部放款为主，第一年获利颇丰。于是，遂增加资本至100 万元。①

1926 年 3 月 15 日，童今吾联合俞佐庭在天津设立中国垦业银行，该行在创始之初就获得了钞票发行权。该行的资本来源主要是童今吾请宁波商人俞佐庭帮忙延揽的。此时的俞佐庭在宁波担任天益钱庄经理，并任宁波钱业同业公会主席、宁波总商会会长，延揽商业资本非常方便。开办之初，中国垦业银行实际资本金只有银元 30 万，且大多是由宁波元益、天益两钱庄的股东和俞佐庭、童今吾的亲友凑集的。按规定申报所差的 95 万元，全是由俞佐庭延揽宁波、上海两地钱庄的资本来填补的。

京津金融资本的集中，与商人资本有何关系呢？

细究起来，可以发现京津的官办银行中，有不少商人资本投资其中，而且越到后来，商人资本所占比重越来越大。例如，光绪三十四年（1908）三月户部银行改为大清银行，增资为库平银 1000 万两，官商各半认购；② 北洋军阀时期的中国银行③，因政府资本不足，一个是逐渐将其官股"过归商股"，后来商股④所占的比例越来越大：1915 年该行商股比重为 17.01%，1917 年上升为 59.29%，1923 年猛增至 97.47%，⑤ 也就是说，到 1923 年时，中国银行几乎完全转入商办。⑥ 另一个政府银行交通银行，从一开始明确为商业银行，交通银行的资本金，最初规定为库平

---

① 宁波市政协文史委编：《宁波帮在天津》，第 60 页。

② 宁波市政协文史和学习委员会编：《宁波帮与中国近代银行》，中国文史出版社 2008 年版，第 6 页。

③ 此时的中国银行，是由清末户部银行转化而来的。

④ 银行商股中，有部分来自官僚的资本投资，当其投资银行这样的生息行业之后，其转变后的资本可被称为商业资本或商人资本。

⑤ 姚会元：《民国初年中国金融资产阶级的独立发展要求》，第 70 页。

⑥ 姚会元：《民国初年中国金融资产阶级的独立发展要求》，第 70 页。

银 500 万两，其中邮传部投资 200 万两，招募商股 300 万两。后因商股认购踊跃异常，额定资本增为 1000 万两，先收半数，至 1902 年，实收官股 200 万两，占 40%，实收商股 300 万两，占 60%。1908 年，实收资本 450 万两，官股 150 万两，商股 300 万两（表 4—3）。[1] 中国实业银行也是官商合办的，拟定资本 2000 万元，官商各半。官股由中国银行承担，商股则主要由直、鲁、淮、浙四岸盐商分担，[2] 后来基本完全成为商办了。

表 4—3　　　　1910—1928 年间交通银行官、商股本变化情况

年份	官股（%）	商股（%）
1910	40	60
1918	33.33	66.67
1921	34.42	65.58
1922	29.16	70.84
1928	20.42	79.58

资料来源：根据交通银行总行、国家历史档案馆编《交通银行史料·第 1 卷：1907—1949》（上册）（中国金融出版社 1995 年版）第 23 页整理。

私人银行，如北四行的创立，最初创立股本多有官方背景，但是后来，具有官方背景的股本随着时间推移逐渐减少，而商人资本则在其中不断渗透。如金城银行初创时，军阀官僚的投资占 90.4%，至 1927 年时下降为 50.5%，反观，金融业者、工商业者、买办等股份从初期的 9.6%，上升到 1927 年的合计占 44.3%，可以看出，银行、工商业者和买办对该银行的投资大为增加。[3] 也就是说，商人资本的投资不仅没有被官僚资本投资所"屏蔽"，而且，随着北洋政府的逐渐衰微而越来越多。

二　上海金融的发展

同一时期的上海，一直是中国的一个自由度较大的港口城市，其金融

---

[1]　交通银行总行、国家历史档案馆编：《交通银行史料·第 1 卷：1907—1949》（上册），中国金融出版社 1995 年版，第 16、18 页。

[2]　盛斌：《周学熙资本集团的垄断倾向》，《历史研究》1986 年第 4 期，第 90 页。

[3]　中国人民银行上海市分行金融研究室编：《金城银行史料》，上海人民出版社 1983 年版，第 22 页。

在这一时期也有较大发展。

1897 年中国第一家银行——中国通商银行在上海成立总行,它是中国人创办的第一家民族资本银行,担任通商银行总董的商人张振勋和严信厚各投资 10 万两和 5 万两。1905 年和 1908 年官办的户部(大清)银行和交通银行也分别在上海设立分行。

北洋政府时期,北方有"北四行",南方有"南三行"。南三行中的浙江兴业银行(1907 年总行设于杭州,1915 年后改设总行于上海)的前身是 1905 年的浙江铁路公司,该公司的招募股款中来自上海、杭州、宁波、绍兴、南浔一带富商认股的资金达 2200 多万元,为了保管这笔资金,浙江铁路公司设立了附属银行,即浙江兴业银行。上海商业储蓄银行(上海银行)于 1915 年由陈光甫等人创办,最初资本不足 10 万元,职员只有七人,被人讥称为"小小银行"。①浙江实业银行于 1923 年在上海成立,实收资本为 180 万元,随后又补足为 200 万元。上述的"南三行"多是由江浙籍资本家所创办,其初创之时的总资本,比起前述"北四行"的总资本来说要逊色许多。

然而,与北方银行有政府参与投资不一样,这一时期,南方所开办的银行多是私人银行,其资本更多是来自商人资本,其商务性要浓厚一些。如 1906 年成立的信成银行,1907 年成立的浙江兴业银行,1908 年成立的四明商业储蓄银行,主要就是由商人资本投资设立的。

1907 年,浙江兴业银行成立时最初的股本来源,除去浙江铁路公司购买的股份外,其余的 2/3 股份多是由商人资本购买的。初期大股东有:杭州五大商号(锦云龙、同庆春、恒丰履、厚德昌、中和隆)的业主周德毓,浙江南浔巨商刘澄如,杭州丝绸商蒋海筹、蒋抑卮父子,浙江南浔商人张淡如,上海商人苏保笙,杭州开泰、元泰钱庄股东郑岱生,杭州酱业商人章振之等。1914 年,浙江铁路公司出让银行股份,购买者绝大多数为工商业者,其中最为突出的是蒋海筹、蒋抑卮父子,其购买的股份日益增多,从最初的 2%,到 18.80%,再到 23.2%,几手占整个银行股份

---

① 中国人民银行上海市分行金融研究所编:《上海商业储蓄银行史料》,上海人民出版社 1990 年版,第 21 页。

的 1/4,[1] 成为该行最大股东。[2]

　　1908 年成立的四明银行，其发起人、主要投资者均为旅沪经商的浙江宁波籍商人，投资较多的股东有：源丰润银号经理陈薰原，老晋隆洋行买办董杏生，荷兰银行买办虞洽卿，地产商卢少堂，老九章绸缎庄的严子均（严信厚之子），沙船业主李厚垣（镇海小港李家后人，著名银行家），上海总商会第一任会长周晋镳，著名商人朱葆三等。[3]

　　1915 年成立的上海商业储蓄银行，也主要是由商人资本投资创建的，这从 1915—1921 年间上海商业储蓄银行股东身份统计中也可清楚看出，请见表 4—4：

表 4—4　　　　　　1915—1921 年上海商业储蓄银行股东分类统计

资本总额	工商业者占资本总额（%）	金融业者占资本总额（%）	官僚占资本总额（%）	买办占资本总额（%）	其他占资本总额（%）	不能分析部分占资本总额（%）
5 万元（1915.4.1 收足）	46	10	—	44	—	
10 万元（1915.5.22 收足）	25.50	34.5	17.05	22		
20 万元（1916.2.2 收足）	29.95	23.75	22.50	21.3	2.59	—
30 万元（1916.12.31 收足）	24	20.83	16.67	23.63	3.83	11.03
100 万元（1919.12.31 收足）	49.72	10.24	8.17	7.52	4.59	19.76
250 万元（1921.12.31 收足）	38.81	8.53	12.74	7.93	4.95	27.04

资料来源：中国人民银行上海市分行金融研究所编：《上海商业储蓄银行史料》，第 35 页。

---

① 洪葭管：《从借贷资本的兴起看中国资产阶级的形成及其完整形态》，第 20 页。
② 宁波市政协文史和学习委员会编：《宁波帮与中国近代银行》，第 7—8 页。
③ 洪葭管：《从借贷资本的兴起看中国资产阶级的形成及其完整形态》，第 20 页。

表4—4 中工商业者资本、金融者资本、买办资本，按照前述界定，都可归为商人资本一类，那么三者相加之和就是商人资本的总数，在上海商业储蓄银行资本为 5 万元时，可以看出商人资本占 100%；当资本是 20 万元时，商人资本占 75%；当资本是 30 万元时，商人资本占 68.46%；当资本是 100 万元时，商人资本占 67.48%；当资本是 250 万元时，商人资本占 55.27%。上述仅仅是从狭义上看的，若从广义上看，当官僚资本投资银行，成为生息资本之后，也可看作商人资本了。

这一时期，以宁波商人为核心的江浙财团开始形成，其领袖型人物如严信厚、叶澄衷、朱葆三等人在上海多家银行中担任总董或董事。[1] 20 世纪以来，陆续出现了一批有影响力的江浙银行家，如虞洽卿、李云书、盛竹书等，[2] 在他们的活动中，江浙财团逐渐在近代中国经济舞台上崭露头角。

三 京津与上海两地金融、贸易实力之比较

这一时期京津一带的金融实力，远超上海，何出此言？可以看看京津与上海在金融实力相关数据方面的比较。

户部（大清）银行成立后，1908 年时资本是 1000 万两，历年存款总额为：1906 年的 1056 万两，1907 年的 2208 万两，1908 年的 3526 万两，1909 年的 4381 万两，1910 年的 5401 万两，1911 年上半年的 6339 万两，1911 年下半年略降为 5905 万两。而同期同样有众多分支机构的中国通商银行，1902 年时资本约为 200 万两，历年存款总额为：1897 年的 261 万两，1898 年的 267 万两，1899 年的 297 万两，1903 年的 233 万两，1904 年的 189 万两，1905 年的 386 万两，1906 年的 1194 万两，1907 年的 224 万两，1908 年的 194 万两。[3] 浙江兴业银行的最初额定资本是 100 万元，分 4 次收齐，1907—1911 年，其存款额在 170 万至 270 万元之间，放款额

---

[1] 如在中国通商银行、四明银行等银行中，这些人担任了重要职务。

[2] 姚会元：《江浙金融财团的三个问题》，《历史档案》1998 年第 2 期，第 114 页。

[3] 《大清银行始末记》第 250 的附页，转引自洪葭管《从借贷资本的兴起看中国资产阶级的形成及其完整形态》，《中国社会经济史研究》1984 年第 3 期，第 16 页。

在 240 万至 330 万元之间。①

1915 年，上海商业储蓄银行成立时，中国银行实收资本为 1300 万元，交通银行实收资本为 750 万元，盐业银行实收资本为 350 万元，浙江兴业银行实收为 250 万元，其他在 100 万元以上者有江苏银行（上海）、新华银行（北京）、聚兴诚（重庆）三家，在 50 万元以上者有浙江地方实业、山东、四明三家，中华商业储蓄银行（上海）资本最少，亦有 25 万元。当时上海商业储蓄银行的名义资本是 10 万元，实际上只有 7 万多元，是为同业中最少者。②

截至 1919 年，北京现有中外银行，总行设在北京者 13 所，分行在北京者 10 所，中外合办银行 5 所，外国银行 7 所，总计 35 所。总行设在上海者 15 所，分行在上海者 25 家，中外合办银行 5 所，外国银行 18 所，总计 63 所。③虽说这一时期上海的银行数量多于北京，但是实力却很弱。请见表 4—5：

表 4—5　　　　　　　　　主要银行总行所在地与资产总额　　　　　（单位：元）

银行名称	总行所在地	资产总额（元）	附注
中国银行	北京	317431172	本表所列之资产总额系贷借
交通银行	北京	147350098	对照表资产科目之合计
盐业银行	北京	29549786	
新华储蓄银行	北京	16651919	
东陆银行	北京	5159009	
北京商业银行	北京	4407214	
五族商业银行	北京	2681951	
边业银行	北京	—	报告未到
新亨银行	北京	—	同上

---

①　《大清银行始末记》第 250 的附页，转引自洪葭管《从借贷资本的兴起看中国资产阶级的形成及其完整形态》，《中国社会经济史研究》1984 年第 3 期，第 20 页。

②　中国人民银行上海市分行金融研究所编：《上海商业储蓄银行史料》，上海人民出版社 1990 年版，第 21—22 页。

③　沧水：《吾国金融之分布与金融之中心及上海金融业资力之推测》，《银行周报》1920 年第 4 卷第 38 号，第 24 页。

续表

银行名称	总行所在地	资产总额（元）	附注
致中银行	北京	—	同上
京兆农工银行	北京	—	同上
蔚丰商业银行	北京	—	同上
中华储蓄银行	北京	—	同上
合　计	13	523231149	
浙江兴业银行	上海	18245426	
上海商业储蓄银行	上海	10310486	
四明商业储蓄银行	上海	5957605	单位为规元银
中华商业储蓄银行	上海	1995232	
中国通商银行	上海	11372553	单位为规元银
江苏银行	上海	3428924	
永亨银行	上海	2362663	
正利银行	上海	1752563	
华商实业银行	上海	—	新近开业
华丰银行	上海	—	同上
庆丰银行	上海	—	同上
大丰银行	上海	—	同上
华大银行	上海	—	同上
民新银行	上海	—	尚未开业
中华劝工银行	上海	—	同上
合　计	15	38095294 17330158	（银元） （银两）
中孚银行	天津	7640640	
金城银行	天津	18596787	
大陆银行	天津	7360686	
中国实业银行	天津	23360025	
北洋保商银行	天津	—	报告未到
大生银行	天津	—	同上
合　计	6	56958138	
浙江地方实业银行	杭州	9261740	
华孚商业银行	杭州	3920718	

续表

银行名称	总行所在地	资产总额（元）	附注
浙江储丰商业银行	杭州	724531	
浙江杭县农工银行	杭州	337608	
浙江道一银行	杭州	—	报告未到
合　计	5	14244597	

　　资料来源：沧水：《吾国金融之分布与金融之中心及上海金融业资力之推测》，《银行周报》1920 年第 4 卷第 38 号，第 22 页。

　　由上表可知，从总行分布来看，北京是 13 所，上海是 15 所，天津 6 所，杭州 5 所，但是，总部设在上海的银行中，有 5 所是新开业的，还有 2 所尚未开业，从资产总额来看，总行在北京的 13 所银行资产总额是 523231149 元；总行设在上海的银行有 15 所，但是银行资产为银元 38095294 元，银两 17330158 两；总行设在天津的 6 所银行资产总额是 56958138 元；总行设在杭州的 5 所银行资产总额是 14244597 元。[1] 所以从资产总额来看，仅北京一地的中外银行实力便远远超过上海。从单个银行的资产总额来看，1919 年的北京也是远超上海的。当时总行在北京的中国银行资产总额是 317431172 元，交通银行是 147350098 元，盐业银行是 29549786 元，新华储蓄银行是 16651919 元。总行在上海的银行资产总额排名依次是：浙江兴业银行的 18245426 元，中国通商银行的 11372553 元，上海商业储蓄银行的 10310486 元，也就是说，1919 年尽管总行设在上海的银行有 15 所，其资产 38095294 元，不如一个交通银行的资产总额（147350098 元），更不用提中国银行了，也不如总行设在天津一地的银行总额。从银行资产总额来看，总行设在京津一带的银行总资力为 580189287 元[2]，当时上海的银行相形见绌。

　　从华资银行的存、放款在全国所占百分比来看京津一带与上海的金融

---

　　① 沧水：《吾国金融之分布与金融之中心及上海金融业资力之推测》，《银行周报》1920 年第 4 卷第 38 号，第 22 页。

　　② 此数据为前述北京 13 所银行资产总额的 523231149 元，加上天津 6 所银行资产总额 56958138 元，所得出的。

实力。1921 年，全国华资银行的存款比重依次排名：中国银行 35.45%，
交通银行 23.33%，浙江兴业银行 3.26%，上海商业储蓄银行 2.7%；放
款比重依次排名是：中国银行 33.44%，交通银行 18.76%，中国商业储蓄
银行 2.71%，浙江兴业银行 2.02%，其他都低于 2%。到 1927 年时，华资
银行存款比重依次排名：中国银行 33.8%，交通银行 16.22%，其他银行皆
没有超过 5%；放款比重依次排名：中国银行 34.43%，交通银行 14.95%，
盐业银行 5.07%，其他银行亦都没有超过 5%。具体请见表 4—6：

表 4—6　　　　　1921 年、1927 年华资银行存、放款百分比比较

银行	1921 年		1927 年	
	存款（%）	放款（%）	存款（%）	放款（%）
中国银行	35.45	33.4	33.8	34.43
交通银行	23.33	18.76	16.22	14.95
浙江兴业银行	3.26	2.02	4.55	4.15
上海商业储蓄银行	2.7	2.71	3.21	3.12
四明银行	2.01	1.74	3	2.89
中国通商银行	2		0.85	1.42
浙江实业银行	1.02	1.56	2.59	2

　　资料来源：根据中国银行总管理处经济研究室《中国重要银行最近十年营业概况研究》（新
业书店 1933 年版）第 12 页、第 14 页数据整理得出。

　　1925 年时，全国共设有银行 141 家，就其总行的地点来说，上海有
33 家，北京有 23 家，天津有 14 家。[1] 也就是说，至 1925 年时，京津一
带设有总行的银行共有 37 家，还是比上海多。

　　1926 年，从整体实力来看，北洋时期上海金融业的地位和影响还是
尚逊于京、津一带。有关这一点，可以对上海和京津金融业中各居主要地
位的几家私人银行的资产总额和存放款总额进行比较：1926 年，上海的
南三行（上海商业、浙江兴业、浙江实业）再加上中国通商银行和四明
银行，资产总额为 14229.7 余万元，存款总额为 10160.4 余万元，放款总
额为 9299.3 余万元；而同年北四行资产总额则为 18100.4 余万元，存款

---

　　① 吴承禧：《中国的银行》，1935 年，第 13 页。

总额为 14307.4 余万元，放款总额为 14435.2 余万元。[①] 到 1927 年，撇开京津一带的银行两巨头中国银行与交通银行不谈，仅看北四行与南三行的存放款比重，就可看出两者之差异：前者存款之和在全国所占比重是14.79%，放款之和占全国的比重是 15.13%，后者存款之和的比重是10.35%，放款之和比重是 9.27%。见表4—7：

表4—7　　　　　　　　1927 年北四行与南三行存、放款比较

北四行	存款（%）	放款（%）	南三行	存款（%）	放款（%）
盐业银行	4.18	5.07	浙江兴业银行	4.55	4.15
金城银行	4.35	4.01	上海商业储蓄银行	3.21	3.12
大陆银行	2.86	2.28	浙江实业银行	2.59	2
中南银行	3.40	3.77			
共计	14.79	15.13	共计	10.35	9.27

资料来源：根据中国银行总管理处经济研究室《中国重要银行最近十年营业概况研究》第12 页、第 14 页数据整理得出。

　　由此可见，这一时期北京、天津的金融地位大大高于上海，也可以退一步说，这一时期的上海不是中国唯一的金融中心，或者诚如前述学者所言，北京—天津的金融中心具有鲜明的财政性，而上海则是典型的商贸性金融中心。[②]

　　不过，因同一时期的贸易与金融呈正相关关系，这一时期全国的贸易，也不是完全集中在上海一隅了。同时期的京津内外贸易，对上海表现出很大的独立性，京津一带逐渐成为华北一带的经贸中心。

　　有人研究上海在近代中国对外贸易的影响时发现，自中国开埠之初至19 世纪末，上海在中国内外贸易中确实具有不可撼动的地位，但是到 20世纪后，上海在全国的地位相对下降了，如在全国土货的转运比重中，上海从以前的 20% 多，降至 1930 年前后的 15.9%。[③] 20 世纪，从整体上

①　根据中国人民银行上海市分行金融研究室编《上海商业储蓄银行史料》第 265 页得出。

②　吴景平：《对近代上海金融中心地位变迁的思考》，第 42 页。

③　参见唐巧天《上海外贸埠际转运研究（1864—1930 年）》，博士学位论文，复旦大学，2006 年，第 20、36 页。

看，此时上海依旧是中国最大的外贸口岸，但是在全国贸易中地位已大不如从前。以天津为首的北方口岸逐渐脱离上海的外贸转运影响范围，以广州为首的南方口岸也不在上海外贸转运的影响范围之内。① 上海在全国贸易中的地位相对下降了。

19 世纪末以及北洋政府执政的这一时段，在资本的流动中，中国的经济重心，总体来看，南北并行，靠纯粹的经济力量还不足以把中国的经济重心从北方政治重心的京津一带完全拉回到南方的上海，在下一个时间段内，经济重心归于上海，同样也是需要政治因素来助力的。

第三节　上海经济重心地位确立

在研究近代中国金融重心的转移时，政治因素是考察重点。一些前辈学者说，中国的商人资本具有封建性。所谓的封建性，就是当商人资本的财力达到一定程度，能够进入政府法眼、受到政府青睐的时候，它们早已迫不及待地向政府靠拢，投其所好，因此能在短时间内谋取厚利。当蒋介石的国民政府在南京成立之后，时人就有这样的一个说法："军事北伐，经济南伐。"近代中国商人资本都有如此倾向：紧紧追随中央政府驻地的变动而流动。当时中央政府由北京向南京转移时，中国的商人资本，也就跟着向南转移。尽管与政府捆绑在一起，时常有很大的风险，但是，有时风险程度与获利程度是成正比的，而且有可能在极短的时间内，获利无数，或许正是先前如此之多的成功先例或样板，令无数京津一带的金融机构纷纷选择南下上海。国都南迁，京津一带商业趋向萧条，银行已失其重心，于是逐渐有南迁之趋势。②

南京国民政府成立以后，采取了具有风向标意义的举措，就是把中国银行、交通银行的总管理处或总行从北京南移至上海。如前所述，中、交两行是当时中国实力最强、业务辐射范围最广、影响最大的银行。它们南移上海，是全国金融中心南移过程中具有重要意义的因素。

---

① 唐巧天：《中国近代外贸埠际转运史上的上海与天津（1866—1919）》，《史林》2006 年第 1 期，第 27 页。

② 中国银行总管理处经济研究室编：《全国银行年鉴》，A7 页。

中、交两行中枢机构迁沪后，北方实力较大的盐业、金城、大陆、中国实业等银行也纷纷南迁上海，此后，总行设在京津一带的银行数目锐减。如总行设在北京的银行，1925 年时有 23 家，至 1934 年时就只剩下 2 家。① 对银行总部设在京津一带或南迁的原因，1936 年，金城银行总经理周作民曾比较含蓄地说："本行总行原设天津，其时趋向所集，固在北方，平津相近，一切自易处理。年来形势既异，而经济及金融重心，益觉专集于上海矣。京沪密迩，亦有相为呼应之势，同业中已先有将总行迁沪者，本行似难再缓。"② 这段话的实质是，银行总部地点的选择是紧跟政治权力中心的，政治权力中心南迁，银行总部自然就要南迁，否则银行业务不好开展。1934 年，上海银行公会会员银行有 32 家，除总行原在上海者 14 家，设于南洋者 2 家，设于香港者 3 家外，其余 13 家中，总管理处由外埠移至上海者 8 家之多，"此又可为银行重心转移之一例"③。

因此，自国民政府定都南京之后，全国多种金融机构逐渐云集上海。1935 年全国有银行 164 家，总行设立在上海的有 58 家，占 35%。④ 此外，当时国内 5 家跨地区性的储蓄会（局），即中央、四行、四明、万国和邮储，其总会、总局均设于上海。国内 12 家信托公司，有 10 家设总公司于上海，如中央、中一、中国、生大等。国内最著名的保险公司也大多设总公司于上海，如中国、太平、宝丰、安平、泰山、天一、兴华等保险公司。⑤ 值得注意的是，此时的上海，也是外资银行的大本营，1935 年，上海共有外资银行 28 家，占全国主要通商口岸外资银行总数的 33%。⑥ 到抗日战争全面爆发前夕，上海共有 86 家华商银行，27 家外国银行，48 家钱庄，6 家信托公司，56 家证券公司，36 家华商保险公司，155 家外商保险公司，其中英商即有 75 家。⑦

---

① 吴承禧：《中国的银行》，第 13 页。

② 中国人民银行上海市分行金融研究室编：《金城银行史料》，第 241—242 页。

③ 中国银行总管理处经济研究室编：《全国银行年鉴》，A7 页。

④ 洪葭管：《20 世纪的上海金融》，第 197 页。

⑤ 吴景平：《近代中国金融中心的区域变迁》，第 183 页。

⑥ 张忠民：《近代上海经济中心地位的形成和确立》，《上海经济研究》1996 年第 10 期，第 63 页。

⑦ 张忠民：《近代上海经济中心地位的形成和确立》，《上海经济研究》1996 年第 10 期，第 8 页。

与各种金融机构汇聚上海相伴随的是，全国资本高度集中于上海。1931 年，资产总额在 1 亿元以上的银行，其总行在上海者竟有 4 个。到1931 年年底，上海的华资银行存款共计约 1.8 亿元，中国、交通、上海三行所持有现金已占全国的 1/3，因其实力雄厚，政府与其他实力较弱的银行多向前者借款或周转。① 1933 年，上海华商银行存款总额为 21 亿元。② 除银行外，上海证券交易所的实力也颇为雄厚。1929 年上海华商证券交易所的交易额约为 14.2 亿元，1934 年交易额便达 47.7 亿元，该交易所不仅在全国而且在远东也是最大的证券交易所。③ 至 1936 年，在沪银行、钱庄和信托公司的总资力估算为 32 亿多元，占当时全国金融业总资力的 47.8%。④ 抗日战争前后，全国银行的存款有 45 亿多元，上海一地约 20 多亿元。⑤ 如此看来，这一时期全国资本汇聚于上海。

至于同一时期的京津一带，到 1937 年抗日战争全面爆发前夕，天津尚有 8 家银行总行，分行有 58 处，其中仅大陆银行算得上是全国性的商业银行。"自国都南迁后，北平商业，一落千丈，而银行业务，遂连带遭受打击，加之中国、交通二银行之总行亦迁往上海，北平银行遂失重心所在，唯以北平历年开设银行不下五六十家，现存者不足二十家，尚不失一金融之中心也。"北平则只有北洋保商银行为总办事处、北平市银行和北平农工银行为总行，另外 56 家为分支行或办事处。⑥ 在北洋政府时期曾经盛极一时的北京证券交易所急剧衰落，至 30 年代初不得不改为以物品交易为主。⑦ 虽然时人称北平"尚不失为一金融中心"，但此时的北平只具有地区性的金融中心地位了。⑧

可以说，此时的上海已成为全国唯一且无可匹敌的金融中心，其他各

① 刘树芳：《"热钱"与近代上海金融中心地位的确立》，《江南大学学报》（人文社会科学版）2013 年第 2 期，第 63 页。
② 张公权：《中国银行二十二年度营业报告》，《中行月刊》1934 年第 8 卷第 4 期，第 28 页。
③ 吴景平：《近代中国金融中心的区域变迁》，第 182 页。
④ 洪葭管：《20 世纪的上海金融》，第 198 页。
⑤ 洪葭管：《20 世纪的上海金融》，第 87 页。
⑥ 中国银行总管理处经济研究室编：《全国银行年鉴》，K125、156 页。
⑦ 中国银行总管理处经济研究室编：《全国银行年鉴》，第 182 页。
⑧ 吴景平：《近代中国金融中心的区域变迁》，第 182 页。

地一切以上海"马首是瞻"。上海是全国现银的集中地和分配地，全国各城市的剩余现银均输送到上海，而缺乏现银时也均从上海调运，因此，同一时期中国其他城市的金融直接或间接依赖上海为之调剂。① 上海的利率、汇率和外汇行市是全国的风向标，各地均以此作为决定当地行市的依据。②

北洋政府时期，因政治原因，各地商人资本向北京、天津集聚，京津一带金融业发展迅速，该地区的贸易兴盛，工业也随之发展起来了。相较而言，同一时期上海的金融地位相对下降。但是，当国民政府在南京成立之后，北京、天津不再是"京畿"，而上海却在"京畿"一带之中了，前者地位衰落，后者地位则再次凸显，并获进一步发展。可以看出，京津金融重心的丧失与政治有关，而同一时期上海全国金融重心的确立亦与政治相关。这一时期，上海可谓"一枝独秀"，其对全国资本的垄断折射出近代中国殖民化的特点。

可以说，近代中国的政治左右了近代京津、上海经济（当然包括金融业）的兴衰。政治因素是 20 世纪 30 年代上海成为中国经济重心的主要因素。

首先，那些集聚于上海的大银行继续把为政府放款当作重要业务。

那些把总部从北平迁到上海的大银行，继续重操旧业，只不过放款的对象由北洋政府转换成南京政府。例如，中国银行从 1930 年到 1933 年的四个年度中，对政府的放款占其放款总额的比例分别是 48.93%、47.19%、42.61%、43.9%。③ 可见，财政性放款均在 40% 以上，有些年份甚至接近 50%。中国银行对政府倾力放款，这在整个华资银行中不是个例。虽然这一时期，华资银行对商业和工业的放款比例较前段时间有所提高，但是，在其业务中财政性业务仍占首位，也就是说，南迁的银行在继续享受着为政府服务而带来的利好。然而，政府这把"双刃剑"的另

---

① 李一翔：《论长江沿岸城市之间的金融联系》，《中国经济史研究》2002 年第 1 期，第 41 页。

② 中国人民银行武汉市分行金融研究所：《武汉钱庄史料》，第 107 页。

③ 参见吴承禧《中国的银行》，1935 年，第 54 页；张公权《中国银行二十二年度营业报告》，《中行月刊》1934 年第 8 卷第 4 期，第 3 页；中国银行总管理处经济研究室编《全国银行年鉴》，1934 年，A30 页。

一面是，大量的银行资本依附其上造成了华资银行的脆弱性，"一荣俱荣、一损俱损"，也造成上海经济的"空心化"的繁荣。

其次，上海金融地位的确立与政府对金融控制有极大关系。

南京国民政府对南下的中国银行与交通银行进行了改造，并于1928年在上海设立了中央银行。20世纪30年代，南京国民政府对中央银行不断加大投资，但是到1931年，中央银行的资力还是大大落后于中国银行、交通银行。当时全国华资银行的存款总额中，中国银行的占比是32.68%，交通银行是10.28%，中央银行是4.87%；放款总额中，中国银行的占比是33%，交通银行是16.6%，中央银行是6.11%。① 这种情形与南京国民政府的期望是有一些差距的。

此后，政府相继采取了一些措施。1935年4月，政府加大对交通银行的投资，官股增至1200万元（占63.37%），商股为693.51万元（占36.63%），1936年官股仍为1200万元，商股增至800万元，是年商股占40%，官股占60%，"所谓官四商六之成数，至此遂为官六商四矣"②。同年，"财政部训令中国银行，将政府官股股本，由五百万元增至二千五百万元，股本总额由二千五百万元，增长为四千五百万元"，即拟将中国银行的官股占比提高到55%以上，后经过官商之间的反复谈判，把官股减少到2000万元，即最终将官股所占比重定为50%。③ 因而，南京国民政府通过增股逐渐控制了中国银行、交通银行。曾在北洋政府时期一度"民间化"的中国银行、交通银行④，重回"政府怀抱"。与此同时，继续对中央银行追加投资，使其资本凌驾在中国、交通两行之上，而最终成为全国资本总额最多的银行。

从经济上可以说，北洋政府时期是一个"国退民进"时期，有不少官办、官商合办或有官方背景的银行或企业逐渐"商业化"，或"民间

---

① 根据《中国重要银行最近十年营业概况研究》第14页的表格数据整理而来。

② 交通银行总行、国家历史档案馆编：《交通银行史料·第1卷：1907—1949》（上册），第23、26页。

③ 中国银行总行、中国第二历史档案馆编：《中国银行行史资料汇编》上编（1912—1949）第1册，档案出版社1991年版，第383、392页。

④ 参见本章第二节，中国银行、交通银行成立之初官股固然所占比重较大，然至20世纪20年代中期，银行中的官股逐渐退出，商股则占据了主导。

化"，民间资本才越发强大；而南京国民政府时期，则是一个"国进民退"时期，国家逐渐控制经济，使得不少原本"民间化"的银行或企业逐渐"官办化"，民间资本在国家经济生活中的地位逐渐弱化。

中国的银行最为踊跃的时期，是 1916—1924 年和 1928—1932 年。这两个时期银行之所以盛极一时就是因为北京政府、南京政府大发公债、大举借款，因政治借款与公债买卖利益的优厚，新设的银行便风起云涌，为数骤增。中国银行事业的勃兴，"由于产业的进展者少，由于政治变化的影响者多"①。

这一时期的上海，除了金融业独大以外，其在工业、商贸等方面也是独大的，19 世纪 30 年代上海的商业，占全国商业的 60%。② 在此，毋庸赘言，20 世纪 30 年代的上海不仅仅是整个中国唯一的金融重心，而且是整个中国唯一的经济重心了。

近代中国经济重心的转移，犹如近代西欧一样，不是一蹴而就的，而是经历了一个长时段的过程。在商人资本的流动中，近代中国的商贸中心开始由广州转向上海，上海的金融业逐渐发展起来。在晚清至北洋军阀执政时期，中国大量商人资本（晋商、还不包括那些所谓的"绅商"资本）集中在京津一带围绕着政治权力流动。在南京国民政府时期，当南京成为首都之后，商人资本纷纷南下距离首都不远的上海。

如果说，在开埠通商早期，上海的崛起主要是因外商的话，那么，后来的京津一带，再到 30 年代的上海，之所以能够成为金融重心（经济重心）则主要是政治原因。近代中国，政治原因左右着商人资本，尤其是大商人资本的流动。同样基于政治原因，此后的抗战时期，中国的经济重心又从上海迁到了陪都重庆。在近代中国经济发展史上，政治是左右商人资本流动的重要因素。

---

①　因铭：《帝国主义在华的金融统治与中国金融》，1933 年，第 13 页。

②　自强：《中国金融资本》，《自决》1932 年第 2 卷第 2 期，第 7 页。

第 五 章

商人资本区间流动与其职能转型

马克思说，没有哪一种资本比商人资本更容易改变自己的用途，更容易改变自己的职能。布罗代尔也认为，资本主义发展史上的一个基本特点是它的无限灵活性、它的变化和应变能力。① 在 16 世纪到 18 世纪中期西欧这样一个转型时期，商人资本的投资无不体现出这样的特征，即资本自我实现的手段是多变的。然而，无论资本实现、自我扩张的手段或方式（贸易、生产或金融）如何变化，它追求的目标只有一个，那就是追逐利润，实现资本一定程度上的增殖。对此，亚当·斯密有过精辟的论述："任何新的制造业，新的商业部门，或任何新的农业操作方式的建立，从来都是一种投机，实施者指望从中获取巨额利润。有时这种利润很大，有时情况也许恰恰相反。但是，总的说来，这种利润跟同一地区其他老的行业利润构成不同寻常的比例。如果哪个项目取得成功，它的利润起初通常是很高的，而当这个行业或营业一经确立而变得人人皆知的时候，竞争就会使利润降到和其他行业相同的水平。"② 所以，商人资本为追求利润会不停地变换形态及其职能。不过，越是在社会动荡的时期，商人资本越倾向于把资本保持在流动状态（金融或贸易），越倾向于投机。

本章将分三个阶段来论述近代中国主要商人资本群体的三次转型：一是 1843—1894 年③；二是 1895—1927 年；三是 1928—1937 年。之所以这

---

① ［意］杰奥瓦尼·阿锐基：《漫长的 20 世纪：金钱、权力与我们社会的根源》，姚乃强、严维明、韩振荣译，第 5 页。

② ［英］亚当·斯密：《国民财富的性质和原因的研究》上卷，郭大力、王亚南译，第 108 页。

③ 选择 1843 年为起点，主要是因为这一年上海开埠通商。

样分期，主要是为了论述的方便，其实 19 世纪 80 年代末，中国近代工业生产已经在一些通商口岸开始发展起来，而本书将第二阶段的起点定为1895 年，主要是因为此后近代工业生产获得快速发展，并将成为时代的潮流。再如第三阶段起点定为 1928 年，主要是因为南京国民政府执政时期，政府对经济开启了国家干预，甚至是国家垄断过程。

第一节　1843—1894：生息资本和商品资本

这一时期是新兴商品资本兴盛的时代，商品资本处于经济潮头。国际贸易直接促进了上海、天津、汉口等通商口岸的繁荣，造就了一个又一个富商大贾，如富可敌国的晚清四大著名买办，如浙江湖州南浔"四象八牛七十二金狗"的富商群体等。这些新晋巨富不同于前近代晋商巨富们的是：他们的发迹与辉煌得益于开埠通商，得助于外力，得益于新商品经济的发展。生息资本如票号的盛行，只不过是前一个时代的延续罢了。

一　在 19 世纪下半期，大多数晋商资本转向了生息资本

近代开埠以来，当全国大大小小商人资本纷纷涌向上海之时，正值晋商的生息资本繁荣之时。鸦片战争前后，晋商纷纷把资本从商品资本中抽离出来，投入票号这一金融行业，由从前走南闯北的远程贸易商人进入了票号金融商人的这一角色，开启了晋商生息资本在近代中国纵横捭阖的时代。

商人的发家多是筚路蓝缕，九死一生，晋商亦是如此。人们常说，晋商纵横中国五百年。自明初以来，晋商利用地理优势，为长城边镇一线80 万驻军提供粮饷、马匹，以此换取政府的盐引，进入淮扬地区，而后走向蒙俄市场，至 19 世纪初年，晋商的足迹已经遍及中国各地，甚至扩展至海外，东至朝鲜半岛与日本，西至俄罗斯等地。晋商曾开辟了 3 条对俄国的茶叶贸易路线，其贸易触角曾经抵达俄罗斯的伊尔库茨克、涅尔琴斯克、莫斯科和圣彼得堡等地。可以说，晋商是前近代中国的著名远程贸易商人，其角色犹如中世纪晚期意大利的威尼斯商人与热那亚商人。中世纪意大利的威尼斯商人与热那亚商人，前者曾主导着地中海东边的黎凡特贸易（即地中海东部贸易），后者曾控制着地中海西边的伊比利亚半岛及

其海外殖民地的贸易。晋商也贯通了中国南北西东的国内贸易，承担着中国与俄罗斯、朝鲜半岛、日本等地的远程贸易。

晋商贩运两湖或福建茶叶、苏杭绸缎、江西瓷器、广东杂货、四川药材、东北人参貂皮、西北膏药水烟、蒙古牛马皮毛、俄国呢绒等，在遥远的路途中跋涉。南来"烟酒糖布茶"，北来"牛羊骆驼马"。[①] 如果说，威尼斯商人的禁脔之地是利凡特（即现在的近东），热那亚商人的禁脔之地是伊比利亚半岛及其海外岛屿，那么，晋商的禁脔之地则是蒙俄之地了。晋商在这个区域的经营历史由来已久。有资料显示："远在康熙年间，驻库伦经销茶叶的山西商人就有 12 家，到乾隆、嘉庆年间增加到 50 多家，人数有 6000 多人。清代后期，库伦的旅蒙商号发展到 400 余家，其中开办茶庄的晋商有 100 多家，20000 多人。"[②] 前近代的晋商，就在闯虎口、走西口、过东口，以及风刀霜剑、日晒雨淋、豺狼虎豹的环视中，赚取了巨额财富，至鸦片战争前夕，他们已是中国最为富有的群体了。

金融资本（或者说生息资本）的产生必须具备两个前提条件：一者，商业资本高度集中（即财力雄厚），它内含频繁的商品交流；二者，广泛的信誉度，意即它能赢得商家的高度信任。[③] 两者互为因果、相互依存。日昇昌就具备了这两个条件：一是因为该铺东为山西巨富，银两往来无阻，长袖者自善舞也。二是雷履泰个人信用卓著，素来为往来商民信任不疑，"即以大宗银钱交之，尤寄外府，职此之故，所以营此业二三年，而获利数十倍。由此日昇昌之名大著，而仿行者亦渐多矣"[④]。

同时，晋商票号的出现与发展也有时代的需要。18 世纪末 19 世纪初，中国社会普遍出现了"银荒"，常苦于货币的短缺，然而，晋商却因多年经营而积攒了巨额白银，使之有相当的财力能够为社会提供更多的货币服务。

这一时期的晋商，相较于其他商帮来说，到底有多少财产？

① 孔祥毅：《金融票号史论》，第 186 页。
② 李永福：《山西票号研究》，第 23 页。
③ 李永福：《山西票号研究》，第 15 页。
④ 韩业芳、王之淦：《山西票号之兴衰及其人才》，1937 年，第 27 页。

先来看山西票号最初开设时的资本：日昇昌 32 万①、蔚泰厚 24 万、蔚丰厚 20 万、天成亨 20 万、新泰厚 16 万、蔚盛长 16 万（有说最初资本 120 万）。② 后面 5 个是山西介休北贾村商人侯崇基在 1826 年创办的，即一年之中连开 5 个票号，投资近 100 万。其实，侯家早在乾隆年间已被称为"侯百万"。一般来说，一个票号之下又设有多个分号，如日昇昌有 35 个、蔚泰厚有 33 个、蔚丰厚有 26 个、蔚盛长有 22 个、新泰厚有 26 个、天成亨有 23 个，③ 分号所需资本又有多少，由此推知晋商票号雄厚的经济实力。

据载，19 世纪 20—50 年代，山西太谷曹家的经营活动曾囊括了 13 个行业，持有 640 多个商号，雇请了 37000 名职工，资本达到 1000 多万两。④ 山西介休北辛武冀家在 1838 年，家产达 300 万两。⑤ 徐珂在《清稗类钞》中曾对资产有 80 万两及以上的晋商有过一些估算：介休的侯家资产有 700 万—800 万两，太谷的曹家有 600 万—700 万两，祁县的乔家有 400 万—500 万两，同是祁县的渠家有 300 万—400 万两，榆次的常家有 110 万—140 万两，太谷的刘家有 101 万—109 万两，榆次侯家有 80 万两。⑥ 值得注意的是，徐珂所估算的是 19 世纪 70 年代的晋商财产，这一时期，不少晋商家族已经开始在糟蹋钱财、奢侈享受而走下坡路了，试想当其发展最为鼎盛时期的财产，可能比徐珂统计的高出不少。不过，也有一些发迹的晋商在开设票号之后，财产得到进一步增加，如祁县乔家堡的乔家，至光绪末年，其资财仅流动资本一项就高达 700 万—1000 万两白银之巨。⑦ 可以比较一下，当时国内哪一个商帮的实力，能与晋商争锋？

处在广州对外贸易前沿的十三行的一些行商比较富有。浩官（伍秉鉴）曾被洋人认为，是那个时代最富有的人。1834 年据估计，其财产已

---

① 另据黄鉴晖等编《山西票号史料》第 639 页，日昇昌最初的资本是 17 万。

② 陈其田：《山西票庄考略》，经济管理出版社 2008 年版，第 38 页。

③ 黄鉴晖等编：《山西票号史料》，第 639—643 页。

④ 孔祥毅：《金融票号史论》，第 186 页。

⑤ 根据《冀氏族谱》和冀孔瑞回忆整理，1961 年 1 月 15 日，转引自黄鉴晖等编《山西票号史料》，第 776 页。

⑥ 徐珂：《清稗类钞》，中华书局 1984 年版，第 2292 页。

⑦ 黄鉴晖等编：《山西票号史料》，第 779 页。

达 2600 万美元。① 除此之外，目前还没有看到其他粤商的财产统计资料。从单个人来看，19 世纪 70 年代中国最富有的商人也许不一定是晋商，但是晋商可能是当时最先达到富有的一个群体。同一时期的大买办，人均拥有资产近 10 万两。② 由是可知，即使是时间到了 19 世纪 70 年代，晋商财力还是远远地超过了前述的那些粤商买办，相较而言，可称前者为"大商人资本"，后者只能称为"新兴商人资本"，或者说"小商人资本"了。

在时代的需求下，有雄厚财力做保证，又有巨额利润的召唤，大多数晋商逐渐从远程贸易中抽离出来，走上了以经营票号为主要营生的一条"不归路"。

票号发展非常快。道光初年（1823 年前后）雷履泰把北京西裕成颜料庄改成日昇昌，这是第一家票号，不久，道光六年（1826），介休县北贾村的侯氏将侯家在平遥经营的蔚泰厚绸布庄、蔚丰厚钱铺、蔚盛长绸缎庄、天成亨细布庄、新泰厚绸缎庄等 5 个商号全部改营为票号，组建成了著称于世的平遥五联号。③ 此后，"大德恒号，昔为茶帮，嗣后改汇业"④。山西祁县荣任堡人郭源逢与祁县张廷将在道光二十七年（1847）将茶庄改设为合盛元票号，资本为 10 万两白银，后嫌其资本太少，遂将名下的合盛亨、合盛利、合盛贞 3 个商号共计 16 万两白银再次投入进来，在全国各地广设分支机构。⑤ 这一时期，不少资力雄厚的晋商，逐渐把商号改为票号，从经营商品资本转变为经营生息资本。

19 世纪 50 年代后期，晋商票号开始结交政府，逐渐从一般的货币汇兑、存放款活动中，转向了"专职"为晚清政府服务，诸如为各级地方政府汇兑、垫借、垫解京饷与协饷，经手政府与列强的赔款事宜等。总之，晋商似乎越来越成为晚清政府的"财政家""金融家"。

毋庸置疑，山西票号在为政府服务中获利甚丰，这引起了无数商人资本纷纷效仿。从 19 世纪 60 年代起，非山西商人经营的南帮票号兴起，也

---

① ［美］雅克·当斯：《黄金圈住地——广州的美国商人群体于美国对华政策的形成，1784—1844》，周湘、江滢河译，广东人民出版社 2015 年版，第 94 页。

② ［美］郝延平：《十九世纪的中国买办——东西间桥梁》，第 125 页。

③ 黄鉴晖等编：《山西票号史料》，第 466 页。

④ 《山西汇商一年之盛衰》，《申报》1914 年 5 月 10 日第 6 版。

⑤ 孔祥毅：《金融票号史论》，第 168 页。

开始为官方服务。如"红顶商人"的胡光墉（胡雪岩）在 1863 年开设了阜康票号，该票号多次为左宗棠筹粮筹饷，不经数年胡光墉个人资产迅速膨胀。

晋商票号衰落的原因有很多，其中，与政府紧紧地捆绑在一起，是其致命的原因。对此学界已形成了共识。新成立的户部银行、各省官钱局等对票号的排挤，也是其衰落的一个重要原因。户部银行是 1905 年开业的官商合办的国家银行，1908 年改名为大清银行。户部银行直接接管了以前由票号主管的各省海关官银号；在地方财政中，各省官钱局又接手了票号的部分业务。户部银行和各行省官银钱局号，是票号的竞争对手，它们凭借拥有的特权，在官款存汇领域，或在一些衙门和地方官款存汇中几乎把票号完全排挤出去。

近代以来，国门被打开，国内外市场得以开辟，新型商品经济发展得如火如荼，然而，这一切好像与晋商这样的大商人资本毫无干系。晋商不愿做出改变，投入新式经济之中，所以在新经济潮流中不可避免地渐渐衰落。大商人资本或者说传统商人资本保守性的一个具体体现就是不愿进入新的行业。所以，出现了这样的现象："贸易方式一经改变，旧的行商很快地就从舞台上消失了……后来，山西票商也不愿作必要的改变，结果在清末完全衰落了。"①

新经济潮流的到来，正值大商人资本表现出"秋天的迹象"②，它们疯狂地进行生息资本的投资或投机，而奋战在沿海新式商品贸易前沿的一批小商人资本，正在这个新经济中快速崛起。

二　粤商、江浙商人投资的多元化

近代粤商，主要是以买办的身份活跃于近代中国的各个通商口岸，起初主要是在上海，随后分散于天津、汉口等其他通商口岸。

19 世纪下半叶，尤其是 70—80 年代上海商界的商贾巨富，大多数是

---

① ［美］郝延平：《十九世纪的中国买办——东西间桥梁》，第 4 页。
② ［意］杰奥瓦尼·阿锐基在《漫长的 20 世纪：金钱、权力与我们社会的根源》中说："（每次）资本主义的这类发展，通过金融扩张阶段，在某种意义上好像宣告了它进入成熟期，这是秋天到来的一个迹象。"

粤商，而这批粤商虽与十三行有渊源关系，但是其主体并不是原来的那一批行商，他们是在中国开埠通商之后富起来的一批新人，多数人是买办，是在对外贸易中发迹的。他们中的大多数人在鸦片战争前夕，曾经或是小商人，或是学徒，或是伙夫、走街等，总之，不少人出身寒微，是后来随着洋行到上海、天津、汉口等通商口岸，通过贩卖茶叶、鸦片或丝绸等商品而发达的。但是，他们大多数人早年身处中外贸易的前沿，对与洋人的贸易或有所经历，或有些了解，或略有所闻。近代早期中国著名买办，如唐景星、徐润、郑官应等，大都出自广东香山——这个曾经就是中国对外贸易最前沿的地方。

学者郝延平对买办的评价非常高："通过仔细的观察，应该把买办阶级的兴起视为整个商人阶级兴起。"可以进一步说，粤商虽然大多数是买办身份，但他们的出现代表着近代中国新式商人的兴起。"买办显然组成了把财富和企业家的专长结合起来的一种新型的富人。"① 相较于前近代早已发迹的晋商、徽商，近代中国的买办，就是"暴发户"，他们在较短的时间内发达，且更喜于投机。

粤商买办在中外贸易中异常活跃。他们为洋人做"中介"，也为自己做生意。粤商擅长的国际贸易除了茶叶与丝绸之外，还有鸦片贸易。那一时期，国门才刚刚打开，这些商品贸易的利润，相较于前近代中国主要财富——土地的收益来说是非常丰厚的。

土地投资收益率在19世纪的中国是不断下降的：在18世纪后期，纳税前的收益率约为10%；19世纪20年代，土地税前收益率降到4%左右；19世纪80年代，在中国某些地方（山东）土地收益率低于2%。而且19世纪的更晚些时候，土地的收益率还在不断下降。不仅土地投资的收益率很低，而且因政局动荡、地方不靖，要收齐地租也变得越来越困难。②

相较而言，商品贸易的利润要高出许多。当时鸦片利润有的是15%，茶叶利润有的是25%或200%，生丝利润有的达到47%或65%，③ 食盐贸

① ［美］郝延平：《十九世纪的中国买办——东西间桥梁》，第4—6页。
② 张仲礼：《中国绅士的收入》，费成康、王寅通译，第128—129页。
③ ［英］詹姆斯·惠代尔：《致怡和洋行》，1861年1月24日，怡和档案，转引自［美］郝延平《中国近代商业革命》，第301页。

易的利润也相当不错。1869 年以前曾任上海怡和洋行买办的雅记，1868 年在食盐贸易中赚得 60% 的厚利。靠着怡和洋行的帮助，1869 年唐景星也成为一名中国政府批准的盐商，从扬州运盐至汉口，希望赚到 47% 的年利。[1] 琼记洋行福州买办唐隆茂，在 19 世纪 60 年代以贩盐而闻名。唐隆茂 1882 年在汉口深有所感地说，每个人都想做盐的生意，由此可见，这一贸易肯定是利润不菲。

从地域上看，沿海贸易利润率较高。沿海商人的平均年利润率约为 30%，远远高于农村土地投资——19 世纪 80 年代仅为 4%。[2] 沿海商人常常通过合法或非法的手段，在较短时间内就能积聚巨额的商业财富。所以，这一时期从事对外贸易的商人往往能在较短时间内暴富。

在 19 世纪 60 年代，怡和洋行的唐景星、宝顺洋行的徐润和旗昌洋行的陈竹坪，是各自洋行在长江和中国北部沿海买办的"头目"，洋商认为他们所雇请的买办"可能是最为富有的"，在 19 世纪 50 年代的大约十年间，上海怡和洋行的买办杨坊积攒起数百万两，这在当时是一笔惊人的财富数额。如前所述，晋商经过数代人的积累，其财产多者才能达到上百万两。19 世纪六七十年代，在上海旗昌洋行充当买办的陈竹坪，其财富之大，就连外国人也不得不羡慕。1862 年洋商谈及陈竹坪时说："他是此地的大亨之一。他在旗昌公司里投下了 13 万两，拥有'苏格兰号''竞赛号''山东号'和'查理·福士爵士号'，还有房产和地产也占半个租界……他是一个掌握钱财的人，我们要向他磕头求拜。"[3]

徐润（1838—1911），15 岁来到上海，在宝顺洋行工作，1859 年开始投资，先是经营茶叶、生丝、棉布等贸易而发家，后是兼营钱庄、房地产或其他店铺等而发达，至 1883 年，他已是上海最为富有的商人之一。1883 年 8 月，《北华捷报》报道：一个农民年平均收入约为 15 元，而徐润的财产大约相当于 316000 个农民的一年收入。[4]

---

① 汪敬虞：《唐廷枢研究》，第 56 页。

② ［美］郝延平：《中国近代商业革命》，第 310 页。

③ ［美］A. F. 侯德：《致小奥古斯丁·侯德函》，1862 年 4 月 18 日，琼记档案 HL—36，转引自［美］郝延平《十九世纪的中国买办——东西间桥梁》，第 122 页。

④ 《北华捷报》，1883 年 8 月 3 日，转引自［美］郝延平《中国近代商业革命》，第 306 页。

另据徐润个人自传，到 1883 年，他以股票形式在多家近代企业中的投资已达 1275000 两。[1] 宁波商人中的先锋，叶澄衷于 1854 年即他 14 岁时来到上海，起初在黄浦江上摇舢板贩卖小商品。1862 年，他在上海百老汇路（今大名路）开设了第一家顺记五金洋杂货店，此后经营范围扩大到多个行业，到 19 世纪末，他已是上海声名显赫的买办商人，1899 年去世时积资 800 万两。可见，这些曾经名不见经传的小商小贩，在经营丝茶、五金业等国际贸易中，不出数年，积累财富之盛，令人惊叹，同时也说明，这一时期新兴商品贸易的利润之高，如此才能成就这些新经济时代的弄潮者。

19 世纪 60—70 年代，粤商，再加上少许的江浙商人，因商品贸易而发达起来。这些发达起来的商人，此后逐渐投资于近代各种不同的企业，如矿厂、航运或工业企业。不过，他们对企业的投资，最初大都附股于洋人企业或公司，后来又投资于官办企业或官商合办企业。

从通商口岸早期外国企业中，可以看出华商向近代企业投资的意愿。中国买办商人投资外国轮船业，在当时是一个非常普遍的现象。早在 1859 年，买办们就对琼记洋行的"火箭号"船只投资 15000 银元，这是该洋行在长江上航行的第一艘船。后来他们又以同样的方式对该洋行的其他船只做过投资，如"山东号"（82000 两）、"江龙号"（20000 银元）、"金山号"（45000 银元）和"汤姆·亨特号"（50000 银元）。19 世纪 60 年代末，中国著名买办唐景星、郭甘章、李松云和郑现应等人投资过英国公正轮船公司。1870 年，唐景星向英国怡和洋行的一艘轮船"南浔号"投资 30000 两，在此后的三年里，他还对另外两艘外资轮船进行了投资。[2] 这些依附于外国企业的华商资本，有时在外国企业中占据很大的比重。例如，在怡和洋行的华海轮船公司股份中，第一批有 1650 股，华商竟购买了 935 股，仅唐廷枢一人就购买了该公司 1/4 的股份。在怡和洋行的北清轮船公司中，华商购买了 1/3 的股份。怡和洋行在 1872 年组建怡和轮船公司，资本 50 万两，买办唐景星等即占了近 1/5。[3] 在美国旗昌轮

① 《徐愚斋自序年谱》，第 49 页。
② ［美］郝延平：《十九世纪的中国买办——东西间桥梁》，第 149—150 页。
③ 黄逸峰：《关于旧中国买办阶级的研究》，《历史研究》1964 年第 3 期，第 98 页。

船公司中，华商买办是最大的股东，在该公司 100 万的原始资本金中，中国人投入了 60 万—70 万两。在外资大东惠通银行的股份中，中国人占有 4/5 的股份。德国宝兴洋行的烟台缫丝局股份公司，"几乎全部是中国人出资"。怡和洋行的怡和丝厂 3/5 以上的资本是华商投资的。[①]

当洋务运动从军事工业逐渐向民用企业拓展时，中国的买办或商人也投资其中。

在中国人创办的第一家轮船公司——轮船招商局中，买办商人及其资本非常活跃。1873 年，唐景星辞去怡和买办职务，应总督李鸿章的邀请而成为政府倡办轮船招商局的总办时，他所面临的首要任务就是筹集资金。唐景星运用自己多年在商界的人脉关系，做了极大努力。1873—1874 年间，他成功地筹集了资本 476000 两，到 1877 年其延揽的资本总额已增加到 751000 两。在他所筹集的资本中，大部分是由他的买办朋友认购的。在轮船招商局的筹办与扩大过程中，除了唐景星外，买办徐润也做出了不小的贡献。徐润在 1873—1874 年间认购轮船招商局股本约 120000 两；1881 年，轮船招商局 1000000 两的资本全额收足的时候，徐润名下认购的总额为 240000 两；1882 年，轮船招商局实收资本增加至 2000000 两，徐润的认购总额也增至 480000 两。1897 年，徐润在呈给李鸿章的一份"各事节略"中申述，除了他认购的 480000 两以外，他还"设法招徕各亲友之入股者亦不下五六十万"。其他买办商人，"如 60 年代汉口和九江的琼记洋行买办刘绍宗，70 年代福州怡和洋行的买办阿魏，人们都知道，他们也都拥有（轮船招商局）的股份"。

1872—1893 年，在华资轮船公司的投资中，政府占 6.94%，其他商人占 25.79%，绅士官员占 12.77%，买办占 54.5%。除了轮船业外，买办对开采业也特别感兴趣。从 1863 年至 1886 年，他们在煤矿业所做投资在 200 万银元以上，差不多两倍于其他来源的资金。1877 年唐景星在开平煤矿投入了大约 30 万两，同年，宝和洋行的广东买办杨德以资本 10 万两在安徽开办了池州煤矿公司。[②]

这一时期，中国买办还向近代多种企业进行投资。19 世纪 80 年代，

---

① 汪敬虞：《唐廷枢研究》，第 106 页。
② ［美］郝延平：《十九世纪的中国买办——东西间桥梁》，第 152—156 页。

徐润除了在轮船招商局投资 48 万外，还在保险公司、中国玻璃公司、香港制糖厂、香港牛奶公司、上海缫丝厂等多个近代企业投资，总计约为410.1 万。[①] 1883 年，怡和买办祝大椿投资 100000 银元在上海独资创办了源昌五金厂，这在当时是一笔很大的投资数额。1902 年，东方汇理银行买办朱志尧以 699000 银元，在上海创办了求新机器轮船制造厂，[②] 这是同期华资创办的最大的机器厂。

综上可见，新兴商人资本以商品经营发迹后，已经开始向多个领域投资，包括工业领域。总体说来，这一时期是一个人们在商业领域创造财富的传奇时代。那些广东买办或商人以及后来发达起来的江浙买办或商人，都是在商品领域发迹的。粤商在传统商品领域如茶叶、丝绸等对外国际贸易的经营中发迹、发达直至强大，后逐步投资近代企业；而江浙商人却是在这一时期新兴商品领域的经营中逐渐发迹的。一个时代就犹如一个潮流，不同的潮流就有不同的弄潮者。鸦片战争前夕，弄潮者是晋商，鸦片战争后的弄潮者曾一度是粤商，此后是江浙商人，尤其是宁波商人。弄潮者代表着一个时代经济发展的趋势，他们或许并不是那一时代最为富有的商人群体，然而却是那一时代最富有活力的商人群体。例如鸦片战争之后，最有财力的或许是晋商资本，但是晋商资本此时已呈现出"秋天的迹象"，而代表着经济发展主旋律的却是粤商资本，不过，"江山代有人才出，各领风骚数十年"，19 世纪七八十年代经济危机之后，粤商资本又逐渐被江浙商人资本所取代。

第二节　1895—1927：从商品资本、生息资本到工业资本

1895—1927 年，中国迎来了工业大发展时期，不少资本多从商品资本转化为产业资本。在这一时期的经济发展潮流中，工业资本取代商品资本而矗立于新时代经济的潮头。

---

① 根据徐润《徐愚斋自叙年谱》（江西人民出版社 2012 年版）中"序言"第 1—2 页得知。

② 汪敬虞编：《中国近代工业史资料（1895—1914）》第二辑下册，第 1091 页。

不过，可以把这一时期细分为两个小时段：1895—1911 年与 1912—1928 年。1895—1911 年，即是在清政府倒台之前夕，在这一时期创办工业企业的人员大致可分两类，一类是有"官方背景"的，他们或本身就是官僚，或是游走在官商之间的商人（或可称之官僚商人，或"官僚实业家"①，即亦官亦商的一类），还有一类就是买办，这一类人是有着"洋人背景"的。如此看来，1895—1911 年，在中国创办现代企业的人都是有"背景"的，而且有时可能"背景极深"，因为这两类人有时是交织在一起的——既有官方背景，②又有洋人背景。19 世纪末 20 世纪初，虽有清政府鼓励工商业发展的诸多优惠政策，但是社会中真正投资工业的商人却不多，为什么呢？一是没有背景，二是没有多大的资本，只有前述的那些或是有官方背景，或是有洋人背景，或是两者兼而有之的那一批人，才敢于冲在前面创办企业。因为在晚清那个民风还尚未大开、政局不稳、吏治腐败等诸多不利于资本投资的情况下创办企业，是需要得到官方或洋人多方支持或帮助的，如此才能保证资本的安全，继而获取利润。然而，在1912 年之后，即进入民国之后，在中国创办企业的人，就不再局限于前述两类人了。这一变化，可以从 1895—1927 年中国企业创办人的出身看出。③

一　官僚实业家与买办投资工业

如前所述，甲午战后至辛亥革命前，所谓创办民族资本企业的人主要有两类，一类是"官僚实业家"。这一类人，也有人称之为绅商，即表明绅士地位与商业活动之间有关系，在近代中国具有官员地位或身份在做生意时是非常重要的。20 世纪初，日本对中国经济的一份详尽报告曾做过描述：在中国，所谓出资者大多属于官员阶层。在现任官员中，没有一个不是拥

---

① 引自［美］陈锦江《清末现代企业与官商关系》（王笛、张箭译，中国社会科学出版社1997 年版）第 10 页中的称谓。

② 那一时期有官方背景的人，大多把子弟送往国外留学，学成归来，又有洋人背景，这种现象屡见不鲜。

③ 参见陈真、姚洛编《中国近代工业史资料》第一辑（生活·读书·新知三联书店 1957年版），第 247—254 页的"1936 年以前上海 238 家工厂主要创办人出身调查"，从中可以看出，1911 年前中国工业创办人多是这两类人。

有资本的。在地方上，那些拥有很大权力，或那些有绅士或绅董头衔的人们，都是致仕官员或官员的后代，这些人是绅商。在这些绅商中，有些人担任重要官职。有时候很难区别他们究竟是商人还是官员。虽然在表面上你可以说他们中的某人是官员，但其实他正在通过隐蔽的手段做生意。①

19 世纪末 20 世纪初，"南张北周"中的张謇与周学熙、聂云台、孙多鑫孙多森兄弟等都是有官方背景的人。② 状元企业家张謇创办了大生纱厂（1898）；两广、两江总督之子周学熙，创办了启新洋灰公司（1906）、滦州矿务公司（1907）、滦州矿地公司（1908）等；曾国藩的外孙聂云台，主持过恒丰纺织局；两广总督李翰章的外孙、"三代帝师，一朝名相"之子孙多鑫、孙多森③开设了阜丰面粉厂（1898 年，一说 1900 年），据说这是中国"民族资本"开办的第一家机器面粉厂，所产面粉被清政府批准"概免税厘，通行全国"。就是这类人，开创了近代中国民族企业的多个第一，他们是民族企业的先驱者，细数他们的"简历"，就会发现他们有着极强的官方背景，与其说这是一个时代的特点，还不如说这是一个国情的"印记"。如此事例不胜枚举。1896 年，商务大臣、邮传部尚书盛宣怀④派东方汇理银行买办朱志尧设立大德榨油厂；1898 年，道台朱鸿度之子朱幼鸿创立裕通纱厂；1906 年，原安徽按察使郑孝胥创办了日晖织呢厂；同年，商人出身但靠捐助得来四品堂官的庞元济创办了龙章造纸厂，等等。⑤

另一类就是买办，这一类是有洋人背景的人，在创办现代企业方面也颇为积极。"硕学买办"郑观应，19 世纪末"在中国近代企业中可能投下了 40 万两银子"⑥。天津四大买办之一吴懋鼎于 1898 年创办了北洋硝

---

① 张仲礼：《中国绅士的收入》，费成康、王寅通译，第 144 页。

② 这些人曾经都是有过功名的。

③ 李翰章为李鸿章的哥哥。孙多森是中国银行首任总裁。其父孙传樾，早年追随李鸿章，曾任南京洋务局总办。孙多森的资本积累多赖于其舅父的襄助。其舅父李经楚（李翰章之子）曾为清政府邮传部右侍郎。孙家从盐务起家，富甲一方。

④ 盛宣怀与本书中所列举的人不一样，他多是以官员的身份为"公家办事"，而本书列举人物所创办是私人企业，属于民间企业。

⑤ 陈真、姚洛编：《中国近代工业史资料》第一辑，生活·读书·新知三联书店 1957 年版，第 248—251 页。

⑥ 郝延平：《十九世纪的中国买办——东西间桥梁》，第 122 页。

皮厂，在 1899 年创办了天津织呢厂。[1] 怡和洋行买办祝大椿在 1898—1913 年投资了多个企业，其所投资的企业及其资本数额按照时间顺序如下：源昌碾米厂 40 万元（1898）、华兴面粉厂 20 万元（1900）、源昌缫丝厂 50 万元（1904）、怡和源打包厂 28 万元（1906）、苏州振兴电灯厂 14 万元（1908）、无锡源康缫丝厂 4.5 万元（1909）、上海公益纱厂投资 75 万元（1910）、无锡惠元面粉厂 15 万元（1913）、扬州振扬电灯厂 32 万元（1913），约为 378.5 万鹰洋。东方汇理银行的买办朱志尧，对工业的投资更多。在 1897—1910 年，他投资上海大德油厂 21 万元，同昌榨油厂 13 万元，求新船厂 69.9 万元，北京溥利呢革厂 139.8 万元，同昌协记纱厂 60 万元，申大面粉厂 28 万元，另外若干家碾米厂 15 万元，其投资总额约达 346.7 万鹰洋。[2]

据对 1890—1911 年 26 家华资纱厂主要创办人的出身与社会关系统计，有 9 家是现任大官僚或退职大官僚（李鸿章、张之洞、孙家鼐、陆润庠、杨宗濂等）支持援助或直接经手创办起来的，有 3 家（创办人严信厚、高凤德、荣宗敬）是有政治靠山的，有 7 家是由买办创办的，其余纱厂的创办者多半是有官衔的。[3]

当然，除了以上两类人，还有一些原本就是商人或钱庄业主，在这一时期也开始投资企业。如 1909 年、1910 年，粮行股东顾馨一相继开设了立大面粉厂、申大面粉厂；1910 年，同丰恒记工业原料公司股东林涤庵开设了上海科学仪器厂。[4] 1896—1913 年，湖北设立的 29 个厂矿，全部是由商人创办。[5]

但是与前两类人相比，此类商人开办的工厂数量在当时并不多。如在 1872—1913 年，在纺纺织、缫丝、榨油、卷烟、水电、水泥、煤矿 7 个行业 80 家企业的共 103 个创办人中，地主和官僚有 67 人，占 65.1%；商人 15 人，占 14.5%；买办 21 人，占 20.4%。[6]

① 庞玉洁：《开埠通商与近代天津商人》，第 79 页。
② 根据郝延平《十九世纪的中国买办——东西间的桥梁》第 164、165 页整理得出。
③ 严中平：《中国棉纺织史稿》，第 152—154 页。
④ 陈真、姚洛编：《中国近代工业史资料》第一辑，第 248—251 页。
⑤ 皮明庥：《武汉近代（辛亥革命前）经济史料》，第 190 页。
⑥ 章有义：《旧中国的资本主义生产关系》，人民出版社 1977 年版，第 24 页。

为什么这一时期商人（此处不算买办在内的）投资企业者如此之少呢？可以反过来问：为什么游走在官商之间与出入洋人商行的两类人，所创办的工业企业较多呢？这主要是因为他们有倚靠的背景，有背景"才好办事"。这两类人或有官方背景，或有洋人背景，或者兼而有之，其投资经营才能如鱼得水。如"宁波帮买办受到外国洋行老板青睐的另一个重要原因就是，宁波商人向来与清朝政府各级官员的关系比较密切，直隶总督兼北洋大臣李鸿章和袁世凯等封疆大吏，是支持宁波商帮在天津发展的强有力后盾"①。近代早期天津宁波帮领袖王铭槐曾投在李鸿章门下。以经营外国五金起家的叶澄衷与宋炜臣，能率先在上海、汉口等地创办企业取得成功的原因也是如此。宋炜臣能在汉口创办多个企业，是因为得到了湖广总督张之洞的首肯与帮助。在开设企业之前，宋炜臣先行带着叶澄衷具帖，参拜了湖广总督张之洞，提出要在汉口创办企业，张之洞表示给予支持，宋炜臣于是在 1897 年创办了燮昌火柴厂分厂，并获得了张之洞批准的 15 年的专利权，后来又是在张之洞的直接参与下，创办了"汉镇既济水电公司"。在汉口创建了元顺运输公司的阮雯衷，也曾得到过张之洞的扶持。② 正如张謇的儿子张孝若曾在《南通张季直先生传记》中谈到张謇创办企业时说道："在中国的社会，要做事就和官脱不了关系，他能够帮助你，也能够破坏你，如果民间做事，能得官力帮助，那自然就事半功倍了。"③ 捐纳官衔封典、花翎顶戴，结交达官贵人，无非就是为了搭上"官方"背景，如此，或许为自己资本获得安全感，或许想要特权而获得超经济的垄断利润，或许是为了减少来自官府的阻力，正因如此，近代中国许多开创性的企业，首先是官办，后来或为官商合办，或为官督商办，一句话，离不开一个"官"字，需要官方创办、牵头。

除此之外，晚清政府害怕洋人，并且后来晚清政府逐渐沦为了"洋人的朝廷"（革命家陈天华语），因此，在洋人卵翼下的买办资本，自然也就可以免遭政府不正当的勒索或破坏，所以这也是同期买办创办企业较多的重要原因。

---

① 宁波市政协文史委编：《宁波帮在天津》，第 44 页。
② 宁波市政协文史委员会编：《汉口宁波帮》，第 65 页。
③ 张孝若：《南通张季直先生传记》，中华书局 1930 年版，第 69 页。

有学术前辈说，中国早期的民族资产阶级是从商人、官僚中来，"商人"，其实多为买办商人，"官僚"，也并非按封建科举道路从举人、进士走上仕途的人，除个别者外，多为杨宗濂、严信厚等做过海关道、盐运使，或军队中督办钱粮的差官，严格地说，其官算不上入流，但却可以发财；至于如徐润、唐廷枢等捐纳道台，则干脆是用银子买来的顶子，就如法国的穿袍贵族一样，官不承认其为官，贵族则不承认其为贵族，然而在那时，能够懂得点资本主义的，却只有这批人了。[①]

这一时期，官僚实业家与买办之所以投资工业，主要是当时创办工业能获得丰厚的利润。上海海关报告中说：1891年上海只有两个纱厂运转……起始两三年中，这两个工厂是赚钱的。[②] 1895年盛宣怀在给张之洞的信中这样说道：纱、布大利，岁漏数千万，赖宪台首创其难，宣因之招成六厂，岁可收利千万。[③] 1899—1913年的15年里，大生纱厂净得纯利润是534万两之多，在除去"官利"之后的所剩利润与资本之比例情况，请见表5—1，换言之，大生纱厂的实际利润率比下表要高出许多。[④]

表5—1　　　　　　　　　　大生纱厂利润率

年份	利润率（%）	年份	利润率（%）
1901	18.2	1905	24.3
1902	32.2	1912	22.1
1903	23.4	1913	26.0

资料来源：根据严中平《中国棉纺织史稿》第142页表格数据计算得出。

二　商人资本投资工业

1912年后，非前两类出身的人办厂的现象越来越多，尤其是商人。如颜料号股东王启宇于1913年开设了达丰染织厂；食品店主乐汝成于1914年开办了罐头厂；商人何逢生于1915年开办了榨油厂，同年洋货店

---

① 马鸿谟：《近代中国城乡经济改组初探》，《近代中国》第2辑，上海社会科学院出版社1991年版，第116页。

② 汪敬虞编：《中国近代工业史料（1895—1914）》第二辑下册，第680页。

③ 汪敬虞编：《中国近代工业史料（1895—1914）》第二辑下册，第680页。

④ 严中平：《中国棉纺织史稿》，第142—143页。

主陈志庚开设了香皂厂；鸦片商郭子彬于 1916 年开设了纱厂；进出口商人谢子楠开设了针织厂；颜料商王云甫开设了油漆厂，[1] 如此等等，这一时期商人资本投资工业的现象越来越普遍，商业资本向工业资本的转移成为一种时代趋势。

其实，进入民国以来，商人资本之于工业越来越重要。于全国棉纺业和面粉业两大行业，在 1913 年以前开办这两大类企业的资本家中，商人是屈居第二位的，此后，商人已跃居第一位。[2]

据不完全统计，1872—1913 年中国资本开办了 25 家纱厂，在 41 个创办者或主要投资者中，地主和官僚 26 人，买办 10 人，商人 5 人。1914—1922 年中国资本开办了 36 家纱厂，在 59 个创办者或主要投资者中，商人 35 人，比前期大为增加；地主和官僚 17 人，比前期减少；买办 1 人；另外还有工业资本家、银行资本家 4 人，技术、文教人员 2 人（见表5—2）。"这时期的商人也很多不是封建社会原有的商人，而是随着外资和资本主义工业的发展而产生的新的商业资本家了。"[3]

表5—2 纱厂主身份来源比较 （单位：人）

创办人身份	1872—1913 年	1914—1922 年
地主和官僚	26	17
买办	10	1
商人	5	35
工业资本家、银行家		4
技术、文教人员		2

资料来源：章有义：《旧中国的资本主义生产关系》，第 23 页。

1900—1913 年，上海开办了 11 家民族资本面粉厂，其主要投资者：洋行买办出身的有 4 家（华兴、中兴、立大、申大等），封建官僚出身的有 3 家（阜丰、裕丰、华丰等），商人出身的有 2 家（大有、福新），情

---

[1] 参见陈真、姚洛编《中国近代工业史资料》第一辑，第247—254页。

[2] 章有义：《旧中国的资本主义生产关系》，第34页。

[3] 章有义：《旧中国的资本主义生产关系》，第23页。

况未查明的（裕顺、立成）有 2 家。① 1914—1922 年，上海开办了 42 家民族资本面粉厂，在 53 个创办人或主要投资人中，商人 26 人，地主和官僚 8 人，买办 7 人，另有华侨 8 人，工业资本家、银行资本家 4 人。创办者的出身变化趋势与前述棉纺工业的情况大体相同。② 可以说，民国以来，商人（即使不包括买办在内）在工业投资中所占比重最大，也就是说，第一次世界大战以后的工业，主要是由商人资本创办的。

如果进一步把买办归入商人一类来看，在辛亥革命前后，商人资本投资工业所占的比重就更大了。1913 年前由民族资本开办的纱厂和面粉厂共计 53 家，其 84 个创办人或主要投资人中，商人 20 人、买办 25 人，合占 53.5%；1914—1922 年民族资本所开设的纱厂和面粉厂共计 75 家，其 112 个创办人或主要投资人中，商人 61 人、买办 8 人，合占 62%。大量的商人资本转化为产业资本，对发展民族工业，改变社会资本结构，具有重要意义。③ 严中平先生对华资纱厂创办人情况进行统计后得出结论："大体上可以说，1914—1931 年这十七年间创建纺织工厂的主要人物，实在就是那些独资或合伙经营贩卖业务的一般商人"，"如果我们推测不错，那么在欧战繁荣期，大批商人，特别是棉纱商人从商品的流通过程转入生产过程，可算这个时期民族资本积累过程上的第一个特征。"④

除了棉纺与面粉两大行业，商人资本还在其他行业进行了广泛投资。1872—1913 年中国资本开办了 12 家轮船公司，其 15 个创办人中，地主和官僚 9 人、商人与买办 6 人；1914—1922 年开办了 8 家轮船公司，其 9 个创办人中，地主和官僚 2 人、商人与买办 7 人。⑤

---

①　上海市粮食局等编：《中国近代面粉工业史》，中华书局 1987 年版，第 113—114 页。

②　章有义：《旧中国的资本主义生产关系》，第 24 页。

③　王水：《二十世纪初中国商业资本的发展》，《近代史研究》1987 年第 3 期，第 243 页。

④　严中平：《中国棉纺织史稿》，科学出版社 1955 年版，第 190 页。

⑤　参见章有义《旧中国的资本主义生产关系》第 24 页。从中可以看出，在近代中国新式工商业投资方面，由于中国的特殊国情，最先走在前头的是官僚资本，商人资本只是尾随其后，当环境宽松之后，商人资本才逐渐超过官僚资本（如北洋政府时期）。然而，到了南京国民政府时期，国家垄断资本主义异常强大，商人资本在夹缝中生存，不断收缩，这也就是近代中国为什么一直处于"转型时期"，却没有完成工业化的重要原因。而在近代西方转型时期，一直是商人资本走在前头，商人资本率先投资工业，最后促成了第一次工业革命的到来。近代中西商人资本的不同命运在某种程度上决定了中西不同的工业化道路、不同的现代化进程。

总之，第一次世界大战以后，商人资本是近代中国工业资本的主要来源。这一点可以从许涤新、吴承明《中国资本主义发展史》第二卷"1872—1922年间创办人或主要投资人表"中可以得知：如果把买办资本纳入商业资本中来，在第一次世界大战以前商业资本对工业的投资只占43.1%。而第一次世界大战爆发后的1914—1922年，即使不把买办资本算进来，商业资本对工业投资就已高达53.7%。这就说明，商人资本是近代中国工业投资的主要资本来源，在这一时期，可以说，"工业资本主要来自商业资本的积累"，也就是说，这一时期的商业资本直接推动了近代中国工业的发展。从这个意义上可以说，商业资本是中国近代工业资本的先驱。[1] 其实，"商人资本的存在和发展到一定水平，本身就是资本主义生产方式发展的历史前提"[2]。

尽管不少人批判说商业资本投入生产领域具有很大的投机性，赢利目的特别强烈，因而其所开设企业的寿命往往比较短暂，但是众多商人资本投入制造业会形成一股潮流或趋势，往往就"很难区分商业资本和工业资本"了，商业资本进入生产领域，无形之中转化为产业资本，由量变到质变，可加快工业社会的到来。近代西欧转型时期工业资本的发展历程就是如此，西欧的工业资本是在商业资本的母体中孕育成长的。如果没有一批批急于自我实现的商业资本走在前头，西欧在制造业上的进步就没有可能，也就不会有后来西欧大工业社会的产生。所以，在近代中国，商业资本向工业资本的转化是具有重大历史意义的。

从客观上看，商业资本之所以改变职能，主要也是因高利润的牵引。19世纪末以降，第一次世界大战期间及其前后是中国工业发展的"黄金时期"，由于西方列强的缺席，中国民族工业尤其是轻工业获得了丰厚的利润，于是，才有了商人资本竞相投资工业的潮流。

棉纺织业获利很大。南通大生纱厂第一厂在这一时期的红利曾高达9分之多。无锡振新纱厂于1906年所建，经营了七八年时间没有重要进展，但是到了1919—1920年，股东红利达到6分之多。又如同年建厂的宁波和丰纱厂，战前本难以维持，但是在1919年竟以90万元的资本获净利达

---

① 许涤新、吴承明：《中国资本主义发展史》第二卷，人民出版社2003年版，第1057页。
② 马克思：《资本论》第三卷，第364页。

125 万元，即利润率高达 139%，1920 年获利尤在此数之上。江阴利用纱厂之前一直出租出去，后于 1915 年收回，其后六年以 72 万两资本，获利 300 余万元之多。天津裕元纱厂，1918 年时的资本为 200 万元，此后四年盈利 600 多万元，平均年利润率是 75%。又如天津华新纱厂，1918 年开工时仅有资本 200 万元，1919 年便盈利 150 万元，利润率达 75%。可以说这一时期的纱厂大都能获得厚利。[①] 一战前后，荣氏申新纺织获得了极高的利润。申新一厂 30 万资本，1916 年盈利 11 万，1917 年 40 万，1918 年 80 万，1918、1919 连续两年扩大投资，1919 年盈利高达 100 万元，1920 年达到 110 万元。[②] 利润之高，引得商人资本竞相投资纺织工业。

同一时期，面粉业盈利也很大。荣氏兄弟的福新一厂、三厂，从 1914 年至 1921 年的 8 年间，平均盈利率为 127.63%，其中最高年份达到 196.6%（1920）（见表 5—3）。[③] 这一时期，孙多森家族的阜丰面粉厂的盈利率也不低（见表 5—4）。

表 5—3　　　　　　　　1914—1921 年福新一厂、三厂盈利率

年份	盈利率（%）	年份	盈利率（%）
1914	120	1918	146.2
1915	188.8	1919	162.6
1916	144.3	1920	196.6
1917	188.7	1921	56.7

资料来源：上海市粮食局等编：《中国近代面粉工业史》，第 126 页。

表 5—4　　　　　　　　1918—1921 年阜丰面粉厂盈利率

年份	盈利率（%）
1918	56.2
1919	64.2
1920	32.1

① 严中平：《中国棉纺织史稿》，第 185—186 页。

② 严中平：《中国棉纺织史稿》，第 203 页。

③ 上海市粮食局等编：《中国近代面粉工业史》，中华书局 1987 年版，第 126 页。

续表

年份	盈利率（%）
1921	24.5
4 年平均利润	44.25

资料来源：上海市粮食局等编：《中国近代面粉工业史》，第 195 页。

　　丰厚的利润激起了商人资本的建厂热潮。1914—1921 年，是近代中国纺织工业、面粉工业的黄金时期。1914—1922 年的这 9 年中，由民族资本所开设的纱布厂有 54 家，其中仅 1920—1922 年的 2 年内就开设 39 家。[1] 1921—1922 年，中国形成了一股设厂高潮：有 29 家纱厂投产，共增纺机 78.9 万锭，年均近 40 万锭，前所未有。上海永安、无锡申三、天津裕大和北洋、武昌裕华、汉口申四、唐山华新、石家庄大兴等厂，都是在这两年内建成的。[2] 荣氏家族的福新面粉厂，在 1914—1921 年，从 1 家厂发展成 9 家厂，资本从 4 万元增长到 280 万元（表5—5）。[3] 同一时期，民族资本新创办的机器面粉厂发展到 100 家，日生产能力达 229453 包。[4]

　　1916—1922 年，有 32 家新设华资纱厂，由商人资本家投资的有 22 家，而这其中，有 15 家是由从事纺织品经营的商人所开设的，"在新建的纺织公司之中，以商人的投资为最多，商人尤以棉纱棉布商人居多，商人以降，便推官僚军阀，至由工业资本积累而来者则寥寥无几"[5]。这一时期，"商业资本家在制造业部门投资和管理是一种非常正常，而且也是预料中的行为"[6]。

---

[1] 严中平：《中国棉纺织史稿》，第 186 页。
[2] 许涤新、吴承明主编：《中国资本主义发展史》第 3 卷，第 131 页。
[3] 上海市粮食局等编：《中国近代面粉工业史》，第 121 页。
[4] 上海市粮食局等编：《中国近代面粉工业史》，第 41 页。
[5] 严中平：《中国棉纺织史稿》，第 189—190 页。
[6] ［意］杰奥瓦尼·阿锐基：《漫长的 20 世纪：金钱、权力与我们社会的根源》，姚乃强、严维明、韩振荣译，第 165 页。

表 5—5　　　　　　　1913—1921 年福新系统工厂发展情况

厂名	地址	开办年份	资本（万元）
福新一厂	上海	1913	15
二厂	上海	1914	60
三厂	上海	1916	15
四厂	上海	1913	30
五厂	汉口	1919	40
六厂	上海	1917	40
七厂	上海	1920	30
八厂	上海	1921	60
元丰面粉厂	上海	1918	—
合计			290

资料来源：上海市粮食局等编：《中国近代面粉工业史》，第 122 页。

哪里利润高，资本就流向哪里。这一时期，金融资本（即生息资本，按照马克思的观点它属于商人资本或商业资本的一种，在"导言"中已说明）也发生投资转向了，开始间接或直接地投资近代工业。最初是钱庄投资工业，后是银行加入其中，并逐渐成为主要的放贷者。

据不完全统计，1899—1927 年，福康钱庄的信用放款达 35 家以上，其中纺织厂曾达 23 家以上。其放款对象涉及有丝厂、纱厂、染织厂、针织厂、棉织厂、油厂、花厂、毛绒厂、毛织厂、味精厂，以及汉冶萍公司、启新洋灰公司、燮昌火柴厂、阜丰面粉厂等。除了信用放款外，福康钱庄还进行抵押放款（表 5—6），相较来说，其抵押放款的户数相对信用放款户数少，但放款数额却较大。除了福康钱庄，福源钱庄、顺康钱庄、恒隆钱庄等，也多向工业放贷，也分信用放款与抵押放贷，其数额整体上要比福康钱庄大许多[①]，表 5—7 是恒隆钱庄向工业抵押放款情形。可以说，这一时期，钱庄投资工业已经非常普遍了，不过一般来说，抵押放款数额要高于信用放款，这说明资本的安全

―――――――――

① 请见《上海钱庄史料》第 800—802 页的"福源钱庄"、第 818—820 页的"顺康钱庄"、第 842—844 页的"恒隆钱庄"。在福源钱庄的抵押放款中，放给鸿裕纱厂 35 万两（1927），放给鸿章纱厂 22.9 万两（1927），放给申新纱厂两次（1925、1927）共计 33.5 万两。

意识在逐渐增强。

第一次世界大战爆发后，银行与工业之间的关系逐渐密切起来，并且银行对工业的贷款力度逐渐超过了钱庄。

表5—6　　　　　　　　1902—1927年福康钱庄抵押放款

年份	工厂户名	金额（银两）	年份	工厂户名	金额（银两）
1902	瑞顺丝厂	65000	1925	和兴铁厂	81280
1902	丰记油厂	22259	1925	崇新纱厂	30000
1902	纺织局	20000	1926	元元丝厂	114000
1903	瑞纶丝厂	100000	1926	崇信纱厂	103000
1903	宝昌丝厂	40000	1926	赵节记丝厂	72817
1904	恒昌丝厂	44000	1926	和兴铁厂	30000
1905	恒昌丝厂	33223	1927	溥益纱厂	305410
1906	又新纱厂	20000	1927	元元丝厂	101000
1925	元元丝厂	125000	1927	鸿裕纱厂	100000
1925	统益纱厂	81280	1927	鸿章纱厂	90000

资料来源：根据《上海钱庄史料》第784页整理。

表5—7　　　　　　　　1919—1927年恒隆钱庄对工业抵押放款

年份	工厂户名	金额（银两）
1919	振锠泰丝厂	140000
1920	振锠泰丝厂	369000
1920	源锠余丝厂	224000
1920	源记丝厂	202000
1920	厚大丝厂	101000
1922	大生三厂	112000
1927	大生三厂	100000

资料来源：根据《上海钱庄史料》第842页整理。

第一次世界大战时期，交通银行的上海分行除了房地产押款和股票押款比重较大外，对民族资本工业的放款比重平常亦在 10%—20% 左右。例如，交通银行对求新造船厂、大生纱厂、振华丝厂、龙章纸厂等规模较大的民族工业放款，其金额多在 5 万至 10 万两之间，最多的有超过 20 万两的。① 金城银行 1919 年对工矿企业放款 83 万元，占其放款总额的 15%；1923 年增至 426 万元，占 31.94%。② 创办于 1919 年的安徽芜湖裕中纱厂，以中国实业银行为主的银行界曾向该厂放款多达 180 余万元。1922—1926 年，浙江兴业银行对汉口第一纱厂的最高放款额曾一度达到 175 万银两，河南、山西、山东境内的一些纱厂几乎都是在中国银行的资金支持下创办或营运的。③ 不过，银行对工业的放款有偏向性，可能因为大企业信誉度高，投入的资本可能会更安全些，故银行喜好对大企业的投资。

三　其他资本投资工业

这一时期，因工业利润普遍较高，也吸引了北洋军阀官僚资本的投入，主要是在天津。

天津大丰面粉厂开办时的实收资本 65 万元中，倪嗣冲（原安徽督军）即投资 20 余万元；三津寿丰面粉厂 60 万元的资本中，倪嗣冲之子倪幼丹是其最大的股东。福星面粉厂 30 万元的资本中，主要是奉系军阀孟思远、刘纪亭等人的资本。庆丰面粉厂 67 万元的资本中，直系军阀蔡成勋、王占元二人的投资占资本总额的一半。天津裕元的实收股本 200 万元，主要是倪嗣冲和王郅隆（原倪嗣冲幕僚）的投资。恒源纺织厂 400 万元的资本中，其中曹锟家族投入 100 万元以上。裕大 300 万元的资本中，除王克敏外，还有冯国璋、张弧、李纯等人的投资。可见，当时北方开办的棉纺厂的资本额一般达几百万元，面粉厂的资本额达几十万元。当时京津一带工业企业的投资规模，普遍要比同期南方工业企业的投资规模

---

① 交通银行总行、国家历史档案馆编：《交通银行史料·第 1 卷：1907—1949》（上册），第 344 页。

② 中国人民银行上海市分行金融研究室编：《金城银行史料》，第 155 页。

③ 李一翔：《从资金流动看近代中国银行业在城市经济发展中的作用》，《改革》1997 年第 3 期，第 113 页。

大。其原因多是因有财大气粗的北洋军阀的投资。其他如永利、久大、丹华火柴公司、天津造胰公司等规模比较大的工业企业，也都有军阀官僚的投资。① 北洋军阀官僚投资近代工业的现象一直持续到 1925 年。从上述史料可见，北洋军阀对工业投资之盛，也可推知，他们在任上利用职务之便，通过巧立名目攫取了多少民脂民膏！

这一时期，多种资本投入工业中去而转化为工业资本，使得社会资本总额中的工业资本额大为增加：1913 年全国累计为 4987.5 万元，1920 年则累计达到 15522.1 万元，较七年前增加了两倍以上。② 尽管如此，还应看到，整个社会的生息资本并没有过多地投资工业。例如，1919 年金城银行放款之中，工矿企业放款占 15%、商业放款占 31.59%、政府机关放款占 31.12%、铁路放款占 3.91%、个人放款占 17.64%、其他占 0.74%。③ 1926 年 12 月 31 日上海商业储蓄银行放款之中，工矿企业放款占 19.9%、商业放款占 54.77%、政府机关放款占 1.38%、铁路放款占 0.94%、个人放款占 20.81%。④ 可见，在金城银行、上海商业储蓄银行全部放款中，工矿企业放款占比不到 20%，而商业放款占比却超过 30%，甚至是 50%。如此看来，银行资本更愿意把资本保持为流动状态。虽然，从纵向上看，银行对工业放款增多了，但从横向上看，在其整个放款总额中的比重并不大。

相较来说，这一时期的工业资本，在整个社会资本总额中所占比重不大。1912 年湖北省的钱庄资本是 123.4 万元，典当业资本是 521.7 万元，而工业资本只有 54.2 万元，前两者之和与后者之比是 1190.2：100。⑤ 如果钱庄业资本、典当业资本再加上当时商品资本之和，再来与工业资本来比较，其比例将会更加惊人。1920 年的中国民族资本

① 孙德常、周祖常主编：《天津近代经济史》，第 193—194 页。
② 龚骏：《中国新工业发展史大纲》，转引自李一翔《中国早期银行资本与产业资本关系初探》，第 73 页。
③ 中国人民银行上海市分行金融研究室编：《金城银行史料》，第 155 页。
④ 中国人民银行上海市分行金融研究室编：《上海商业储蓄银行史料》，第 193 页。
⑤ 《第一次农商统计表》上卷，转引自皮明庥《武汉近代（辛亥革命前）经济史料》，第 227 页。

中，产业资本是 57977 万元，而商品资本①则是 230000 万元，金融资本是 102700 万元，② 可以得知这一时期商品资本是产业资本的近 4 倍，如果把商品资本与金融资本（即商业资本或商人资本）相加，则是产业资本的 5.7 倍多。所以，尽管这一时期商人资本对工业的投资增多了，工业亦是这一时期热门投资行业，但是，无论工业资本之于生息资本，还是工业资本之于商品资本来说，比重都很小。纵观整个近代中国资本构成，商人资本所占份额远远高于工业资本，"如果广义上的商业资本包括金融资本在内，则中国商业资本占民族资本的比重 1894 年高达 97.72%，1913 年为 88.36%，1920 年为 85.16%，虽然这一比重在逐渐下降，但是商业资本远远超过产业资本。即使在近代工业最发达的上海，商业资本仍占社会资本总额的 80%"③。这说明近代中国商业资本向工业资本的转变是比较迟缓的。其原因何在？

这一时期，虽说投资工业能获得较高的利润率，但是生息业（如钱庄、银行）的利润率并不低。1903 年上海钱庄业的平均利润率是 46%，1912 年是 59%，1926 年是 27%。1926 年时，上海钱庄业的平均利润率尽管已不如 1903 年和 1912 年，但仍旧相当可观。④ 同一时期银行业的利润率也较高。"银行之利润常在一分三厘至一分七厘之间。"⑤ 1910 年，中国各城市银行放款年利率最低 6%，最高 20%，一般在 10% 左右。⑥ 1919 年上海商业储蓄银行的利润率是 33.17%，1920 年是 40.65%，该银行自 1915 年开业以来，至 1926 年，共计获得 355 万元。⑦ 金城银行自开办后的十年间（1917—1927）共获得 1065 万元的巨额利润，资本利润率是 166.2%。⑧ 1923 年，天津整个市面凋零，银根奇紧，商民处在一种恐

---

① 原文是商业资本，因本书中的商业资本与商人资本通用，且包括生息资本与商品资本，以示区别，在此把原文的商业资本改为商品资本，更合适。

② 根据许涤新、吴承明《中国资本主义发展史》第三卷第 747 页表 6—4 得知。

③ 王相钦、吴太昌：《中国近代商业史论》，中国财政经济出版社 1994 年版，第 159 页。

④ 杜恂诚主编：《上海金融的制度、功能与变迁：1897—1997》，上海人民出版社 2002 年版，第 58—59 页。

⑤ 中国银行总管理处经济研究室编：《全国银行年鉴》，A31 页。

⑥ 张郁兰：《中国银行业发展史》，上海人民出版社 1957 年版，第 35 页。

⑦ 中国人民银行上海市分行金融研究室编：《上海商业储蓄银行史料》，第 278、284 页。

⑧ 中国人民银行上海市分行金融研究室编：《金城银行史料》，第 35、42 页。

慌之中，然而银行盈利却较多，是年盐业银行获利 32 万，金城银行获利 30 万，中南银行获利 25 万，农商银行获利 18 万，交通银行获利 25 万。①

正因为生息业利润较高，使得不少资本投入其中。在金城银行的投资中，买办与工商业者投资所占份额从 1919 年的 4.15%，增至 1922 年的 20.62%。② 前述所说的周学熙，从 1915 年到 1922 年，虽先后在天津、青岛、唐山、卫辉开设了四家华新纱厂，但是在 1919 年，他开办了中国实业银行。③ 1919 年，中国两大民族资本集团，即以荣宗敬为代表的申新、福新集团和以张謇为代表的大生集团，对上海商业储蓄银行进行了投资，前者为 20 万元，后者为 15 万元，分别占上海银行资本额的 20% 和 15%。④ 同期的中孚银行，多是由阜丰面粉厂注资的。可以说，当生息行业资本高时，让商人资本对工业加大资本是比较困难的，"这决定了货币财富流向不可把握的新行业是困难的"⑤。在近代中国，只要是发达了的商人都会逐渐投资金融，如江浙集团的商人一直以来就在生息业的投资中比较活跃，前期如投资钱庄业，后期如投资银行业。这一时期的中国银行业界中多有江浙商人的资本。

总体说来，尽管工业资本是这一时期经济的主角，但是并没有成为经济结构的主体，更没有成为社会资本的主导。这一时期的中国，依旧是商品资本占据主导。商品资本相对工业资本来说，流动性更强一些，近代中国的商人资本喜好保持流动状态。工业资本原是近代中国的一个"新生儿"，又在机缘巧合下（第一次世界大战爆发）突然"成长"，在社会经济中还比较羸弱，需要时间来成长，但是在其后的时间中，特殊的国情没能给予它良好的发展环境。

---

① 《商业：天津去年各银行赢余之比较》，《农商公报》1924 年第 10 卷第 7 期，第 23 页。
② 中国人民银行上海市分行金融研究室编：《金城银行史料》，第 23 页。
③ 章有义：《旧中国的资本主义生产关系》，第 28 页。
④ 洪葭管：《20 世纪的上海金融》，第 95—97 页。
⑤ 马鸿谟：《近代中国城乡经济改组初探》，《近代中国》第 2 辑，第 115 页。

第三节 1928—1936：从工业资本到生息资本

南京国民政府形式上实现统一之后，中国国民财富处于"国进民退"①的窘况之下，再加上 1929 年以来的世界性经济危机，20 世纪二三十年代农村经济衰败，内外战事不断等诸多不安全因素，促使大量商品资本、工业资本转化为货币资本，或者说是生息资本，到处投机，这是畸形社会的一种反映。在商人资本的多种形态如工业资本、商品资本、生息资本中，生息资本流动性最大、投机性最强。在不安的环境中，资本喜好保持流动状态，尤其喜好以生息资本表现出来。社会越是动荡，生息资本数额就越大，在经济生活中就越活跃，甚至一度成为社会经济的主导，反过来可以说，生息资本数额巨大的时代，多是一个动荡的时代。

20 世纪 30 年代，整个社会经济不景气，民族工业减工、停工的现象非常普遍。

纺织业、橡胶业曾是近代中国为数不多发展较好的行业。1933 年，12 家华商纱厂有 427000 纱锭完全停产，同时不少纱厂削减了开工班数。华商工厂的纱产量从 1932 年的 1665000 件减少到 1935 年的 1438000 件。1935 年经济萧条扩散，全国 92 家华商纱厂中有 24 家停工，12 家缩减开工。上海及其邻近地区受到的打击最为严重，前述 36 家（24＋12）全停或半停的工厂中，有 17 家在上海，9 家在江苏。由于 1931 年和 1933 年间上海橡胶产品价格剧烈下跌，中国橡胶工厂中有占近 3/5 即 30 家橡胶厂关闭。② 中国丝厂最盛之时，无锡与上海有丝厂 200 多家，1934 年，因外销不振，已经相继停业达 4/5，尚能勉强维持的只有 5、6 家。③ 这一时期，手工业所受的打击更重。1936 年，广州市西关一带，"一般织纱罗绸缎工人，麇集该处工作者，其历史已二百余年，查全盛时代，全行有四五千木机，最近所余者，二百木机耳，失业工人达万余人"④。

---

① 南京国民政府通过对四大银行强行控股，控制了中国的金融。

② ［美］小科布尔：《上海资本家与国民政府（1927—1937）》，杨希孟、武莲珍译，第 178、184 页。

③ 《华丝外销愈形不振》，《新广东》1934 年第 13—14 期，第 175 页。

④ 《国内劳工消息：各地状况》，《国际劳工通讯》1936 年第 3 卷第 8 期，第 98 页。

1934 年，纺织业、洋灰、制帽等行业减工率在 25%—30% 之间；染色、罐头、印刷、电器、制药、涂料等行业减工率在 40%—50% 之间；牙刷、热水瓶两行业的减工率皆为 50%，丝业减工率最高，竟达 80%。[①] 1930 年以后上海很多缫丝厂停工。1928—1935 年，上海华商的缫丝厂与缫车逐渐减少，1928 年为 104 家，1932 年为 46 家，1933 年为 61 家，1932 年为 44 家，1935 年为 33 家；缫车数从 1928 年的 23911 辆减少到 1932 年的 15014 辆，再到 1935 年的 7686 辆。[②] "朝不保夕，大批倒闭，民族工业已经到了总崩溃的边沿。"[③]

荣宗敬是中国著名实业家，30 年代初期他的申新棉纺公司经营了 9 个工厂，占华商棉锭总数的 1/4，同时他还经营茂新和福新面粉公司，兼任中国银行董事，在上海和无锡一共经营着 21 家面粉厂。在纺纱方面他是能够和日本进行竞争的少数中国实业家之一，具有如此之实力的荣氏，1934 年时旗下申新公司的很多工厂竟处于停工状态，其申新二厂和五厂完全关闭。[④]

荣氏企业生存困难，资金不足，银行业不愿放款，政府也不愿援助。1934 年，荣宗敬拖欠中国银行和上海商业储蓄银行较多债务，不得已恳求南京政府对其面粉厂给予紧急援助，然而政府给予的答复是："无法给以直接帮助。"1934 年年底，荣宗敬向汇丰银行贷款 200 万元也遭到拒绝，以致他的申新七厂处于抵押关厂拍卖的危险之中。[⑤] 作为中国面粉业和纺织业的大亨，荣宗敬尚不能渡过危机，同期其他工业家的处境就可想而知了。

1930—1933 年，中国银行对工业放款占全部放款的比重分别是 6.57%、10.14%、11.46%、12.08%，而同一时期对政府的放款分别是 48.93%、47.19%，42.16%、43.9%，[⑥] 可以说，中国银行对工业的放款在整个银行

---

① 根据黄鉴晖《中国银行业史》第 160 页的表格而来。

② 严中平：《中国近代经济史统计资料选辑》，第 163 页。

③ 黄鉴晖：《中国银行业史》，第 159 页。

④ ［美］小科布尔：《上海资本家与国民政府（1927—1937）》，杨希孟、武莲珍译，第 183—184 页。

⑤ ［美］小科布尔：《上海资本家与国民政府（1927—1937）》，杨希孟、武莲珍译，第 108—111 页。

⑥ 参见吴承禧《中国的银行》，第 54 页；张公权：《中国银行二十二年度营业报告》，第 3 页。

放款中所占比重微不足道。同期，上海商业储蓄银行对工业放款的比例要高一些。1931—1936 年，该银行对国货工业放款占比是 29.18%—37.59% 之间。[1] 虽说比例高，但实际数额并不大，如 1936 年对工业放款只有 1500 多万元，且多是抵押放款。可以说，这一时期，银行对工业企业兴趣不大。

银行对工业放贷少，利息却很高。站在银行的角度来看，在社会动荡之中，放贷给工业风险确实很大，资金可能有不能收回的危险，因此高利息中包含了一部分保险费与货币贬值的补偿费。[2] 工业贷款的利息居高不下，一般企业承受不了。以中国纱厂业为例。1917—1931 年 22 家华商纱厂举债的年利息都在 10% 以上，常年高至 12%。1931 年 11 月，荣宗敬致函南京国民政府，认为金融界"借款利率过高"，而使受信企业"难维持现状"，"若利率不减，工商业万难图存"。[3] 各地纱厂借款利息，在上海是 6%—12%，无锡是 7.8%—10.8%，武汉是 8%—12%，其他如宁波、青岛、九江、长沙等地是 6%—20%。[4] 所以，或是从工业上抽逃资本，或是关门停产，总之，及时止损成为资本的一种必然选择。这一时期，中国多个城市出现歇业的风潮。据天津财政局报告，1935 年天津平均每日歇业的有 10 多家以上。1936 年北平 1 月 4 日到 15 日即 11 天的时间内有 71 家歇业。[5]

银行对于工业发展有时并没有起到积极作用。据一般估计，战前整个中国华资银行对工矿事业的贷款，通常仅在全部投资额的 1% 以内，即使是从以发展工矿业命名的银行放款动向来看，其对工矿业投放的数额，也始终没有超过 25%，可见，当时"我国银行与产业资本的关系，是何等的淡薄，何等的缺少联系"。而且，即以这 1% 的工矿投资来说，由于一般放款时间不长、利息高昂，且有不少苛刻的附带条件，所以，产业界在实际上不但未因银行的放款而感到舒适，有时甚至反因借款的缘故，而有全部被吞没的危险。例如 1932 年时杭州伟成织绸厂的停业，就是无法应

---

① 中国人民银行上海市分行金融研究所编：《上海商业储蓄银行史料》，第 504 页。
② 吴承禧：《泛论中国的利率》，《资本市场》1948 年第 1 卷第 2 期，第 10 页。
③ 吴承禧：《泛论中国的利率》，《资本市场》1948 年第 1 卷第 2 期，第 29 页。
④ 吴承禧：《中国的银行》，第 57 页。
⑤ 《国内劳工消息：失业歇业及停工》，《国际劳工通讯》1936 年第 18 期，第 86 页。

对银行追索债务的结果，又如 1934 年上海申新五厂被日本商人兼并，据说也与华商银行不愿融通资金有关。"所有这些悲惨的故事，都在告诉我们，战前中国的银行资本，的确不独未予产业资本以应有的帮助，且以种种非法的活动来阻碍民族产业的迅速发展。"①

国内外市场不景气、资金不足、贷款利息颇高，使得一些即使投资工业的商人，也"心不在焉"，投机心理比较重。② 如前所述，制丝业所受打击较大，其投机性很强也很大。"沪地各厂……视为投机事业，租厂制丝，全以借押为营业者亦正不乏人，此中丝质往往不易改良，因急于出货筹押现款，以作流动资本，甚有随时收茧，随时制丝，随时筹押。含有此等营业性性质者，足证此等厂家毫无永久营业性质，不过投机营业，于丝质上自难讲求也。"③

然在举国百业衰败之际，银行业却异常兴盛。

一是新式银行数量增多。正如千家驹先生在 1933 年所说："无论近年中国的工商业是遭受了多大的打击，无论中国的社会经济经历了怎样的危机，但中国的银行业却能'得天独厚'，有它蓬勃的发展。新银行如雨后春笋的添设，旧银行多获得丰厚的利润。据我们不很完全的调查，一九二八年添设的银行有十二家，一九二九年有六家，一九三〇年有十一家，一九三一年有十一家，即以一九三二年空前的沪战与金融危机，亦开了六家新银行。"④ 1933 年新设银行十余家。⑤ 抗战前期的银行，多数是这一时期开设的。

二是银行存款迅猛增多。上海商业储蓄银行 1931 年的存款金额是 99693333 元，1932 年是 129428737 元，1933 年是 154586080 元，1932 年

①　陈真编：《中国近代工业史资料》第四辑，生活·读书·新知三联书店 1961 年版，第 73 页。
②　参见陈真编《中国近代工业史资料》第四辑的第 31 页，"有人细数了这一时期在上海从事工业者之心理，大约有数种：（1）须成本甚低，能与国内同业竞争。（2）更有一般从事工业者带投机性质，只盼于短期内获利若干……故资本愈少愈妙，机器原料等皆求其价贱，只须目前获利，以后可以随时收歇，故租用房屋，租用机械，租用电力，一切减轻成本方法皆为此辈所欢迎。此种投机心理在上海已表现充分。"
③　陈真编：《中国近代工业史资料》第四辑，第 171 页。
④　千家驹：《救济农村偏枯与都市膨胀问题》，《新中华》1933 年第 1 卷第 8 期，第 16 页。
⑤　吴承禧：《中国的银行》，商务印书馆 1935 年再版，第 73 页。

比 1931 年增加了近 3000 万元，1933 年比 1932 年增加 2500 多万元。[1] 以下是 1927—1936 年全国 25 家主要银行的存款统计（表 5—8）。

表 5—8　　　　　　　　　　25 家主要银行存款金额

1927—1936 年　　　　　　　　　　（单位：元）

年份	金额
1927	487314278
1928	569318897
1929	671714375
1930	833931193
1931	971569335
1932	1026067900
1933	1193729673
1934	1395926274
1935	1247263876
1936	1363699961

资料来源：中国人民银行上海市分行金融研究室编：《上海商业储蓄银行史料》，第 698 页。

由表 5—8 可见，全国 25 家主要银行的存款从 1927 年近 5 亿元，增至 1931 年的近 10 亿元，1932 年超过了 10 亿元，1933 年比 1932 年增加近 1.7 亿元，1934 年又比 1933 年增加 2 亿多元。

三是银行利润快速增长。上海 40 多家华商银行，1927 年盈利 1052 多万元，1928 年盈利 1320 多万元，1929 年盈利 1869 多万元，1930 年盈利为 2106 多万元，1931 年盈利为 1791 多万元。[2] 在所有工商业都衰败的情形下唯银行业兴旺。"以民国二十一年之各行纯益观之，则中央银行之纯益达 11961933 元，为其本行总收益的 81%。"[3] 1932 年，中国银行获

---

[1]　中国人民银行上海市分行金融研究室编：《上海商业储蓄银行史料》，第 698 页。

[2]　千家驹：《救济农村偏枯与都市膨胀问题》，第 17 页。

[3]　中国银行总管理处经济研究室编：《全国银行年鉴》，A31 页。

利 1128.9 万元，交通银行 457.7 万元。上海主要华资银行，1928 年至 1932 年的五年里，年均获利为 3786.8 万元。[①] 银行在萧条中的繁荣诱导了越来越多的新银行的开设。1932 年 1 月至 1933 年 12 月的 3 年间，上海共出现了 34 家新银行。[②] 1934 年，对农民、商人和工业家来讲是一场大灾难，经济进一步恶化，政府收入减少，水灾损失严重，然而同期，在上海竟开设了 10 家新银行。[③]

在产业萧条之下，银行业却发展得如此之兴旺。的确，这一时期中国的银行业与产业之间的关系不大，"中国银行业发展的一个特点：它与中国产业的盛衰，没有十分密切的关系"。那么，银行业的兴旺与什么有关系呢？近年来，"由于军阀的连年混战与帝国主义商品侵入的结果，农村经济破败不堪；内地资金，纷纷集中都市，因而形成都市金融之畸形发展，地产的投机，公债的买卖都是今新式银行之主要的业务，亦即近年来银行业所以不因产业的衰败而相反的兴盛一个主要原因"[④]。银行的兴旺，与房产、公债的投机关系颇大。"银行徒苦膨胀，不敢放款原因固维工商业衰颓，丝绵减产，通融之款项，恐难收回本利，而投机事业较易获利，遂群趋证券买卖与地产之经营，且大部之资金仍苦无用途，不得不冻结于金库，此畸形发展之金融危机。"[⑤]

首先，投资有价证券。

在 1927—1937 年四行储蓄会的资金运用中，购买有价证券所占的资本比重最低是 22.84%，最高达到 38.74%，[⑥] 在有价证券中，政府债券是其中绝大部分。1927 年至 1936 年，国民党政府财政收入总计 55.21 亿元（债款收入未计入），财政支出总计 73.76 亿元，收支不敷约 18.55 亿元，其中 9 年发生财政赤字，1934 年高达 5.42 亿元。入不敷出的窘况下，政府只好借债。南京国民政府在 1927 年至 1936 年间，以关税、盐税为担保

---

① 许宝和：《中国银行业近年之动态》（待续）（附表），《交行通信》1933 年第 3 卷第 3 号，第 5 页。

② 中国银行总管理处经济研究室编：《全国银行年鉴》，A9 页。

③ ［美］小科布尔：《上海资本家与国民政府（1927—1937）》，杨希孟、武莲珍译，第 113 页。

④ 吴承禧：《中国的银行》，商务印书馆 1935 年版，第 10 页。

⑤ 颖之：《白银外流与中国金融危机》，第 6 页。

⑥ 赵津：《中国城市房地产业史论（1840—1949）》，南开大学出版社 1994 年版，第 99 页。

共发行公债 48 种，价值达 26 亿多元，比起北洋政府 16 年间所发行的公债 6.12 亿元增加 3.2 倍。[①] 这一时期，政府的主要债权人就是银行。1931—1933 年是国民政府发行公债最多的时期，约 10 亿元，上海 27 家银行对公债投资，1931 年占总投资额的 47.19%，1932 年占 42.9%。这一时期新设银行数之增加与公债发行额之增加成正比，一些银行就是为专营公债而开设。[②] 下面是南京国民政府时期全国重要银行购买有价证券总额（表 5—9）。

表 5—9　　　　全国重要银行购买有价证券总额 1928—1936 年　　（单位：元）

年份	全国重要银行有价证券总额
1928	126221773
1929	141.893322
1930	222311189
1931	239236974
1932	238192026
1933	264227321
1934	458143605
1935	565347566
1936	378510863

资料来源：中国银行总管理处经济研究室：《上海商业储蓄银行》，第 703 页。

　　购买有价证券的主要是大银行。1931 年，华资银行购买有价证券百分比在 5% 以上的银行如表 5—10 所示：

表 5—10　　　　主要银行购买有价证券占资产总额百分比

银行名称	百分比（%）
中国银行	30.10
四行储蓄会	10.70

---

① 中国近代金融史编写组：《中国近代金融史》，第 160 页。
② 莫湮：《上海金融恐慌的回顾与前瞻》（附表），《东方杂志》1936 年第 33 卷第 22 期，第 34 页。

续表

银行名称	百分比（%）
上海商业储蓄银行	9.12
交通银行	8.93
浙江实业银行	5.86
四明银行	5.86
金城银行	5.55
中南银行	5.30

资料来源：中国银行总管理处经济研究室：《中国重要银行最近十年营业概况研究》，新业书店1933年版，第18页。

这些大银行之所以乐于为政府效劳，主要就是由此获得的利息远远超过当时贷款给工商业的利息。1927年至1931年间公债的平均年利息是8.6%，但是，公债在出售时有大量的贴现，所以它的实际收益是比较高的。南京国民政府公债的年收益百分比是：1928年1月22.51%，1930年1月18.66%，1931年9月20.90%。与别的投资相比较，购买公债的收益是有吸引力的。当时银行给上海纱厂贷款的年利一般是6%—8%的；给商业家贷款的年利是10%—20%。即使在公债收益最低的1929年1月，利息也为12.44%，也胜过同期银行借给其他方面的利息。[1] 相较而言，多数情况下，银行无论是直接还是间接向政府放贷，都能稳赚不赔。反之，银行给工业贷款，所获利润不高，投放出去的资本还有可能受损，这是银行界对于工业投资缺乏兴趣的主要原因。

政府因财政入不敷出，为筹措军费等，大肆发行各类债券，银行非常乐意大量吸收。上海各种银行对有价证券的投资：1921年为5000余万元，1927年为1亿多元，五年间仅增加近5000余万元，但在1927年至1931年间，则由1亿多元猛增至2.3亿多元，五年间增加近1.4亿元。[2] 30年代，南京国民政府全年收入为6.8亿多元，而支出是8.289亿多元，

---

① 吴承禧：《中国的银行》，第53页。

② 根据中国银行总管理处经济研究室《中国重要银行最近十年营业概况研究》（新业书店1933年版）第4页表格数据整理。

每年赤字在 1.4 亿多元，而用之军费者，占 85.6%。① 1931 年，政府发行了 3.8 亿公债，② 1933 年，发行了 1.24 亿元，"社会仅有之资金，悉为厚利公债所吸收，人人叹息建设生产资金缺乏"③。

上海的银行把大量资本投放在政府公债上，而凋敝的农业、工业、商业等却苦于资金短缺。对此，时人有诸多批评，指出"公债发行与民众利益背道而驰，货币从农村流入城市，又被政府公债所吸收，大宗的收益不是用来发展生产而是消耗在非生产的军费上"④。的确如此，大量的钱财都用在军事上面。1927—1936 年的十年财政总支出中，南京国民政府军费支出达 31.99 亿元，占财政总支出额的 43.4%。⑤ 虽说，政府公债政策对银行极为有利，但是对整个国家经济发展却极为不利。故 1933 年年底千家驹先生发表文章，批评政府公债阻止了中国金融资本的发展，公债以高价夺走了生产领域中的资金。⑥

银行无心投资产业，紧紧地依附政府，"兴衰与共"。这一时期，主要从事政府公债买卖的上海证券交易所是银行特别关心的场所。任何一项给南京政府带来威胁的重大事件或者头条新闻，都可以使行情一落千丈。暴动的威胁、中日的纠纷，或者关于政府经济的形势和展望的新闻，均影响着行情。这些变化无常的局面，"使投机成为一种生活方式"。公债投机市场把银行家与南京政府捆绑在一起。因为政府的行动如此强烈地影响着市场，以致"银行家们必须与宋子文及其他官员保持亲密的私交，以便不断获得可能影响公债市场的行动的动向"⑦。1934 年，上海的银行约有 1/3 以上的收益量和政府相依连。当经济萧条恶化时，对于银行来说，

① 李紫翔：《中国金融的过去与今后》（附表），《新中华》1934 年第 2 卷第 1 期，第 102—103 页。
② 自强：《中国金融资本》，《自决》1932 年第 2 卷第 2 期，第 12 页。
③ 张公权：《中国银行二十二年度营业报告》，《中行月刊》1934 年第 8 卷第 4 期，第 28 页。
④ 吴承禧：《中国的银行》，第 80—81 页。
⑤ 中国近代金融史编写组：《中国近代金融史》，第 160 页。
⑥ ［美］小科布尔：《上海资本家与国民政府（1927—1937）》，杨希孟、武莲珍译，第 201 页。
⑦ ［美］小科布尔：《上海资本家与国民政府（1927—1937）》，杨希孟、武莲珍译，第 86—87 页。

投资政府也许是一种较为有利的选择。

正是因为与政府利益捆绑在一起，不少银行倒闭，尤其是那些本着投机而开设的小银行在政治动荡之下，毫无支撑力。"最近三年公债充斥，经营公债之银行，风险滋大，政治一有变动，根基未固之银行，随时可呈动摇状态。查最近三年停业之银行共计十五家，其中十家，资本均在五十万元以下，可知资本之薄弱为银行失败之一大原因。又因军事关系而停业者亦达五家之多。沪上银行林立、竞争激烈，新银行信用未固，谋利心切，遂不得不趋向投机事紫以致有此结果。他方面都市银行之遇剩，危象已渐显著，此尤不可不预防者也。"[1]

其次，投资房地产。

时人这样描述当时上海地产业异常发达的情形：

> 虽然一方面尽管到处闹着恐慌，而上海的地产买卖与建筑事业，依然兴隆如常。地皮的价格，较之以前不仅没有低落，反而有向上的趋势，而大厦的建筑，则全上海触目皆是，跑马厅二十二层高层尚未落成，白桥渡的二十四层高层又在开始建筑，至于七层到十二层的高厦，在建筑中，或正在开始建筑者，何止数十处？尤其是大世界八仙桥的附近，爱多亚路北京路各地，都在大兴土木。从表上看，上海何当是不景气？在六七年前，上海华商大旅馆，仅有东亚、大东、远东、一品香等家……今上海华商大饭店之多，除东亚、大东、远东、一品香等家之外，新起的简直不下数十家。[2]

这一时期上海地产业的兴盛与银行资本的投入关系极大。上海商业储蓄银行投资房地产的金额在1929年只有140万元，仅占存款总额的2%；1931年该银行总行盖起一座六层半的大楼，耗资280万元，又购入其他房地产，金额增至712万元，已占存款总额的7%；1936年该类投资金额又增至932万元。[3] 上海商业储蓄银行不是个案，同期上海诸多银行都非

① 中国银行总管理处经济研究室编：《全国银行年鉴》1934年，A15页。
② 《经济危机中的畸形发展》（上），《社会新闻》1933年第4卷第1期，第3页。
③ 洪葭管：《20世纪的上海金融》，第104页。

常喜好投资不动产。1930 年上海浙江兴业银行"资产"一栏中，资产总计是 2650240.92 元，其中房地产是 1636858.67 元，房地产抵押是 807056.71 元，后两者总和占总资产的 92%，而房地产的收益几占总收益的 50%。①

上海租界的地价一路攀升，其地价上涨固然是上海人口城市化进程中的需求所致，但与上海各大银行的推波助澜有着很大关系。1921 年，金城、盐业、上海、浙江兴业、聚兴诚、四明等 14 家银行的房地产投资总额为 347 万元，1936 年为 6144 万元。这个统计，还不包括银行放款中以房地产道契为抵押的部分。"今日银行业之抵押放款，不外乎公债，股票，栈单，及房地产等，其中尤以房地产为最稳妥，盖以其产业固定，并无巨大风险。"② 有一个外国地产商人曾这样评论上海的银行与房地产之间的关系："上海之金融组织基础，筑在地产与房屋之上，有如南非洲筑在金与金刚钻之上，南洋群岛筑在马口铁与橡皮之上。"③

银行之所以喜好投资房地产，同样也与这一时期后者利润率很高有着很大关系。自 1926 年至 1930 年，五年内上海地产价值的增加额为 20 亿两，1930 年一年所增占其半数。"同时，上海各地产公司股票红利的增进，亦可视上海地产事业发达之一班④。"1927 年，上海英法地产公司股息红利为 9%，1930 年增至 12%；普益地产公司 1927 年为 7%，1931 年增至 16%。1930 年，上海房地产交易总额为 6500 万元，而 1931 年则增为 13100 万元，"这些都足以表示上海地价的高翔与地产交易的旺盛"。⑤

从 20 世纪 20 年代末开始，许多华资银行相继成立了信托部，由信托部专门负责银行房地产业务。如四行信托部专门制定不动产信托规则，包括代理买卖、代理租赁、代理执业、代理建筑等事项。其他如上海商业储蓄银行、新华信托储蓄银行等，都有订购住宅、建筑贷款等具

① 根据《上海浙江兴业银行房地产信托部十九年度上届（第一期）决算帐略》（《银行周报》1930 年第 14 卷第 33 期）第 4—5 页的表格数据计算出来的。
② 蒋清如：《今日银行业投资于房地产所负之使命》，《银行周报》1934 年第 18 卷第 26 期，第 20—21 页。
③ 杨培新：《论中国金融资产阶级》，《近代史研究》1983 年第 4 期，第 39、40 页。
④ 此处原文就是"班"。
⑤ 千家驹：《救济农村偏枯与都市膨胀问题》，第 17 页。

体办法。除南三行、北四行之外，四明、国货、新华、中国、中孚、广东、通商、中国实业、聚兴城等银行都在各大城市投资了大量的房地产，如在汉口，"北四行"的中南银行在胜利街江汉路口修建了一栋大楼和拥有积庆里、方正里、辅德里等173栋房屋；金城银行在中山大道南京路口修建了一栋大楼和拥有金城里、辅义里114栋房屋；大陆银行在扬子街口修建了一栋大楼和拥有大陆里、大陆村、大陆坊82栋房屋；盐业银行也修建了昌年里和拥有江汉村等42栋房屋。"南三行"的上海银行在江汉路花楼街口修建了一栋大楼和拥有慈德里、上海村79栋房屋；浙江第一实业银行在中山大道北京路口修建了一栋大楼和拥有义昌里26栋房屋；浙江兴业银行在中山大道保成路口修建了一栋大楼和拥有兴业里14栋房屋。还有广东银行在扬子街修建了一栋大楼和拥有17栋房屋；四明银行在江汉路鄱阳街口修建了一栋大楼和宁波里；中国国货银行在江汉路修建了一栋大楼和拥有吉星里14栋房屋；中国银行则据有了华中里等128栋房屋。[①] 而且1935年，中国银行在汉口的硚口大量购地、大规模修建现代式仓库，湖北省银行也在汉口汉正街清远巷修建仓库。[②]

这一时期，华资银行的有价证券与房地产器具到底有多少呢？下面是1932年的重要华资银行有价证券及房地产器具的资本统计（表5—11），[③]管中窥豹，可见一斑。

表5—11　　　　1932年重要银行购买有价证券及房地产器具统计　　（单位：元）

银行	有价证券	房地产器具
中央银行	330460	5004099
中国银行	64544446	8150459
交通银行	26033357	5935981

① 胡莲孙：《三镇房地业丛谈》，《武汉文史资料文库》第三卷《工商经济》，武汉出版社1999年版，第523页。

② 湖北省政府秘书处统计室编：《湖北省年鉴·第一回》，湖北省政府秘书处统计室印1937年版，第457页。

③ 中国银行总管理处经济研究室编：《全国银行年鉴》，1934，F75—79页。

续表

银行	有价证券	房地产器具
金城银行	14778234	3562482
中南银行	12423061	2443091
盐业银行	14390901	3604250
大陆银行	13202440	6165368
上海商业储蓄银行	6467817	7919054
浙江兴业银行	10398450	8259784
浙江实业银行	10911694	450005

资料来源：此表根据 1934 年《全国银行年鉴》中"民国二十一年全国银行有价证券及房地产器具统计"得出的。

　　银行资本大量投入有价证券、房地产，对工业投资却比较"谨慎"。如前所述，这一时期，华资银行与工业没有多大关系："很明显的，上海的发达并非基于都市工业经济的繁荣，因为自一·二八沪战后，奄奄一息的中国民族工业，已亦遭到最后致命的打击。而且上海金融的宽松，也无补于工商业的发达，因为上海银根虽宽，但银行、钱庄对工商业的信用却异常紧缩，他们要得到银行的融通，仍说非常困难的。"[1] 在外国，银行资本是工业资本的发展，其任务就是为工业投资，助其发展，它们是一致的，然而在中国，银行资本并不是由工业资本发展起来的，而是官僚资本与高利贷商业资本发展起来的，所以两者利益并不一致，而且在高利的榨取方面，几乎是与工业资本敌对的。"在工业不发达的中国，银行资本也绝不以调节工业资本为职志——如果如此，那么这些银行就一天也不能存在。"因此，银行的目标主要是进行政治投机借款的经营，公债的买卖，交易所的投机，地产的经营。在外国，银行资本的发展是象征工业资本的发展，但在中国，银行资本的发展，更增加了经济破产的危机。[2]

　　上海的银行资本，可以说大部分主要来自内地。内地工商业凋敝，农村破产，大量的游资集中于上海。上海各银行吸纳了这些游资后，除将一

---

① 千家驹：《救济农村偏枯与都市膨胀问题》，第 18 页。
② 《经济危机中的畸形发展》（中），《社会新闻》1933 年第 4 卷第 2 期，第 18—19 页。

小部分用于工业放贷外，多用于投机。为什么银行不愿投资工业呢？除了利润考量外，还有其他原因。上海商业储蓄银行总经理陈光甫曾说："社会上往往责备银行不肯供给资金。然而办理工厂缺少精密计划，不但自身债台高筑，并可拖累银行同归于尽。"① 在银行家眼里，投资工业，只有毁灭，而投机公债、房地产等，虽有毁灭，亦有希望，所以，银行不愿投资工业，而是进行投机，有时还能获利不菲。"都市工商业不能发展之故，有投资能力的人，亦不愿投资于不可靠的工商业，而宁愿以低微的利息存储在银行里，这是银行现金之所以集中的缘故。"②

这一时期，不只是银行不愿投资工业，其实整个社会都不愿意投资工业。前述在甲午海战后对工业投资较多的福康钱庄，30 年代以后也开始大量购买公债、股票、房地产。1929 年，福康钱庄只购买了公债、股票，二者共计 58315 两；1930 年，在此基础上增加了房地产投资，三项之和是204910 两，1932 年 5 月 31 日，此三项之和增至 236297 两，1932 年年底攀升至 1051293 两。③ 故工业投资在国民所得的投资中所占比重非常小。有学者估算：30 年代，在整个国民所得中，92% 被私人消费掉了，政府消费了3%，真正用于工业化投资的只有 5%，而这 5% 中有 2% 是来自外国的投资，所以，真正从中国整个国民所得中抽出来做投资之用的只有 3%。④

这一时期，工业资本在社会资本构成中占多大比例呢？请见下表5—12：

表5—12　　　　　　　工业资本商业资本所占比重

时间/城市	工业资本比重（%）	商业资本比重（%）
1929 年汉口	27.4	72.6
1933 年南京	37.6	62.4

① 陈光甫：《怎样打开中国经济的出路——由上海的金融现状讲到中国的经济出路》，《新中华》1933 年第 1 卷第 1 期，第 29 页。
② 《经济危机中的畸形发展》（中），第 18—19 页。
③ 中国人民银行上海市分行编：《上海钱庄史料》，第 794 页。
④ 张传洪、钱小明：《王业键教授谈近代银行业的发展与旧中国工业化的资本问题》，《上海经济研究》1983 年第 5 期，第 5 页。

时间/城市	工业资本比重（%）	商业资本比重（%）
1933 年上海	33.2	66.8
1935 年北平	5.62	93.38
1936 年河南郑州、开封、许昌等 8 个城市	5.6	94.4
1937 年前国统区	30	70

资料来源：陈真：《中国近代工业史资料》第四辑，第 83—84 页。

　　以上统计，把整个社会资本只分为工业资本与商业资本，所以上述商业资本是包含了商品资本与生息资本的，同时还可以看出，工业资本所占比例小，而商业资本所占比例大。1934 年浙江省在统计全省的商业资本时，包括了银行资本、钱庄资本、典当资本，所统计的资本共计 3932.11 万元，而当时的工业有 52 家，但是因资本额较小，没有进行统计。[①] 这一时期除了银行资本在增加外，典当业的资本也增长较快。1934 年，全国主要城市典当业资本为 5077200 元，1935 年则增至 14061800 元，[②] 即增加近 2 倍。

　　全面抗战爆发之后，资本更不愿投资工业。抗战前，国统区商业资本占工商业资本总额的 70% 左右，工业资本只占 30% 左右，而到了抗战结束及解放战争时期，商业资本上升到 90%，工业资本大约仅占 10%。[③] 所以，从这个基础上看，在中华人民共和国成立之前，中国的工业化无从谈起。这一时期，工商业资本所占比重在各个地区有所不同：在工业不发达的内地城市，或进出口贸易发达而工厂不多的城市如广州等地，商业资本所占比重大，反之，在日本帝国主义肆意掠夺工矿资源的东北各省，工业资本所占比重大。

　　社会愈是动荡，资本愈是喜好保持流动状态，即所谓的游资。社会越动荡，游资越多，其中包含着大量商人资本，它们不愿意投资实体，以便

[①] 《浙省商业资本之调查》，《时事月报》1934 年第 11 卷第 2 期，第 66 页。

[②] 《中国典当业资本估算》，《农行月刊》1936 年第 3 卷第 4 期，第 33 页。

[③] 陈真编：《中国近代工业史资料》第四辑，第 83 页。

尽快抽逃。下面是对抗战后中国资本投机状况的描述与解释，有助于深入了解资本疯狂投机的原因。

1931 年与 1932 年，集中在上海的游资只有 4 亿元，而在 1940 年则达到 50 亿元。[①] 这些游资中，有原本从事正当商业贸易的资本，也有不少原本是从事工业生产的资本，它们在动荡的环境中抽逃出来，伺机进行投机。

如工业界的资本抽逃出来，从事原料的囤积。国际路线中断以后，若干原料没有了来路，加之囤商任意抬高价格，工业界与其开工设厂，还不如买卖原料的利润高。因此，很多工厂把囤积原料作为主业，反以生产作为副业。"这些资本家不把资本用于开发产业方面，而投在有害于国民民族的外流及投机方面。任何一个资本家所唯一注意的事情是利润，如其开发内地产业有利可图的话，他们谁不做名利双收的事！但是今天客观条件，使他们不敢投资到内地去。第一，有钱有势的大财阀原来已失去了民族的自信心，把大部分的资金换成外币；第二，中小资本家无力与封建残余官僚势力相抗衡，到了内地，不仅没有发展的希望而且有全军覆没的危险，所以望而却步。"[②]

商人资本不愿转向工业资本的直接原因是其他行业利润高。同一时期，除了银行业能获厚利外，其他生息业也能获利。据 1929 年天津钱业统计，其存款月息是八厘至一分之间，而放款月息在一分二至一分五六之间。每年钱业放款在五千万至七八千万之间，[③] 在百业不景气情形之下，天津钱业仅因其存、放款之差价反而颇得其利。"在商业、土地和高利贷等行业的利润超过了生产利润之条件下，商人资本是永远不会转变转化为生产资本的。"更何况当时中国工业面临着诸多问题，商人资本不仅不愿投资，还会撤资。"所以，在转型时期的西欧与中国，商人资本所起到的作用是大不相同的，欧洲的商人资本曾经创造了工业革命，而在中国却反成为发展工业的锁链。"[④] 在动荡社会之中，工业资本就会减少，加入社

---

① 张锡昌：《中国工业化的当前问题》，《中国工业（桂林）》1943 年第 13 期，第 8 页。

② 《从上海的入超看中国民族工业》，《（上海）华美晚报》1940 年 3 月 20 日，转引自陈真编《中国近代工业史资料》第四辑，第 35 页。

③ 《天津钱业之调查》，《工商半月刊》1929 年第 1 卷第 12 期，第 4—5 页。

④ 李紫翔：《抗战以来四川之工业》，《四川经济季刊》1943 年第 1 卷第 1 期，第 26 页。

会"游资"大军之中。

纵观整个中国近代工业发展状况，其形势不容乐观。近代中国工业存在诸多特点：组织上的小型性、经营上的投机性、地域上的偏枯性。[①] 近代中国民族产业虽已日渐增加，可是一方面因为列强商品的大量倾销，民族产业发展大受影响；另一方面，因为中国资产者的能力过于薄弱，新式金融机构又付阙如，所以商办的产业资本，也始终异常落后，停滞不前。1914 年第一次欧战的爆发，虽给中国的民族工业带来了"黄金时代"，但好景不长。中国的国民经济，也正因为国内政局的频年动荡不定，以及封建残余的层层束缚，终致日渐衰落崩溃；而另一方面，口岸都市的假态繁荣，却因洋货进口的频繁、投机买卖的盛行，始终永葆不坠，因此结果遂使国人资金不能投资生产，群趋商品投机。这样，一直到了全面抗战爆发的那一年，中国的民族产业在表面上看来，虽已大有进步，但实际上无论产业资金构成，还是各厂矿的组织规模，莫不依然极度落后。据 1935 年调查，全国合于工厂法的工厂，共有 2435 家，其中属于公司组织性质的，仅占总数的 28% 有奇，可见，"当时国人对于产业投资是何等的冷淡，产业组织又是何等落后。"[②] 动荡时期，多数商人把生产当作投机的载体，大发横财。

近代中国的经济模式，究其实质是转运贸易经济。在这种经济模式下，工业只是在商业转运贸易的带动下而发生的。近代中国通商口岸城市的主要功能就是从事转运贸易。小的港口出口土产，转运到大的港口，如由沙市、宜昌，到汉口，再到上海。进口外国商品的路线则是反过来的。要言之，近代中国经济主要是转运经济。这种经济模式比较"虚弱"。

从开埠通商至第一次世界大战，工业蓬勃发展起来，只是冲淡了这种转运功能，但是，这种功能一直居于主导地位，也就是说，直至中华人民

---

① 姜庆湘：《论当前我国产业资金问题》，《公余生活》1943 年第 1 卷第 1 期，第 17 页。

② 姜庆湘：《论当前我国产业资金问题》，《广西企业季刊》1944 年第 2 卷第 2 期，第 12—13 页。

共和国成立之前，这种状态一直未曾有过实质性的改变。此种特点衍生出来的另一特点就是中国经济的依赖性与脆弱性。看清这一点，就可以理解近代中国经济为什么脆弱，如国外一有风吹草动，中国的经济就会出现危机；同时，也就不难理解为什么中国的经济一直是受到外国列强控制的，因为自己没有坚实的经济基础——工业；同时，还不难理解，当日本封锁了中国东南沿海后，中国的经济、军事等领域的发展为什么极其艰难。

近代中国城市经济或是繁荣，或是衰败，皆因国际转运贸易。在国际转运贸易带动下，中国工业多是加工工业，或者说多是商人资本管理之下的轻工业。一遇风吹草动，商人资本就迅速从工业上抽脱出来，可以说，工业只是商人资本的副业。

19世纪90年代以后，在大多数列强国内的社会资本构成中，工业资本占据主导，但在对近代中国输出资本的过程中，列强颇有"入乡随俗"的倾向，他们更多地表现为商业资本，而不是工业资本。尽管19世纪末，列强诸国基本上已进行了第二次工业革命。然其在中国境内的工业投资与其商业投资相较，要少出许多。这一点可以从陈真先生的"20世纪30年代外国资本构成统计"中看出，外国（不包括日本）资本在上海的投资，1936年的工业资本是24.9%，商业资本却是75.1%；英、美、法、日、德、意、比等国对天津的投资，1936年的工业资本是33%，商业资本却是67%。[1] 由上观之，列强在中国的投资资本，以商业资本为主导。所以，在某种程度上看，列强主要是通过商业资本在中国进行掠夺与欺诈的：大量商品涌入中国，打压中国工业品，甚至是农产品。马克思曾说："主要（地区或国家的）商业资本是对不发达的共同体的产品交换起中介作用，商业利润就不仅表现为侵占和欺诈，而且大部分是从侵占和欺诈中产生的。"[2]

综上所述，近代以来，中国商业资本在整个社会资本构成中的所占比例一直很大。虽有商业资本不断向工业资本转化，但是，这个转化就"一直存在着"，经济"一直在转型着"，却一直没能完成从商业资本主义

---

① 陈真编：《中国近代工业史资料》第四辑，第84页。

② 马克思：《资本论》第三卷，第364页。这里的商业资本是包括金融资本在内的资本。

向工业资本主义转变的过程。"商人资本的发展就它本身来说，还不足以促成和说明一个生产方式到另一个生产方式的过渡。""商人资本的独立发展与资本主义生产的发展程度成反比例。"所以，"在商人资本占优势的地方，过时的状态占着统治地位。"① 近代中国，正是如此。

① 马克思：《资本论》第三卷，第364—366 页。

第 六 章

商人资本区间流动与近代
中国经济格局变迁

商人资本在中国区域之间的流动，对近代中国经济格局产生了重大影响。在商人资本流动过程之中，区域经济开始融合，全国统一市场开始形成。然而，商人资本在近代中国的流动有着很大的偏向性，亦是在这种有偏向的流动过程中，近代中国开始出现了前所未有的城乡分野或分裂（城乡二元结构）以及东西部之间的割裂。

第一节　商品资本区间流动与区域经济融合

列强打开中国大门，迫使中国开埠通商，先是上海、厦门、福州、宁波等五口岸通商，后是天津、汉口等沿海沿江城市相继通商。外商资本进入中国，最初主要是将鸦片、棉纱、洋油等洋货运进来，将中国茶叶、生丝、桐油等土产运出去。在推销洋货或购买土货的过程中，洋行雇请了中国人作为其买卖的"中介"，这就是买办。为了能够购买更高品质的土货，洋行买办率先深入中国内陆腹地的土货产地。例如，19 世纪五六十年代洋行买办进入福建的武夷山区，进入湖北、湖南与江西交界的幕阜山脉一带的羊楼洞、羊楼司、崇阳等地收购茶叶；又如到万县、湘西、广西梧州等地，采购桐油、猪鬃等土产。深赴内地采购的洋行买办，一般是带着大量现银前去的。① 19 世纪下半叶以来，不断流进土货产地的商人资本

---

① 在开埠通商早期，贵金属（金、银）对商业活动的顺利开展是非常必要的，在金融活动越不发达的内地，在其交易中，越是看重金银货币。

在中国广大封闭的内陆腹地，开创了一个又一个茶叶经济、生丝经济、桐油经济等特色经济模式，启动了当地的现代化进程。不过，无论是茶叶经济，还是桐油经济，即土产经济都是外向型经济，严重地依赖国际市场，它们因国际市场需求的旺盛而兴盛，因国际市场需求的萎缩而衰败。

中国国内茶叶输出系统往往不稳定，使外国洋行不能定时获得茶叶供应，在这种情况下，洋行指派买办携带大量的白银进入产茶地区，到产茶地区直接向茶农收购，这就是所谓"内地采办制度"。时人描述：将很大一笔款子委托中国买办到内地采购茶叶和生丝，这在最近的上海和福州已成为一种习惯。为了购买土产，大量现金被洋行买办，或中国本土的商人（受洋行之托）运进土产区。有的买办被"派往内地，所携款项数目大得足以买下整个地区的出产"。而且，为了获得优质土产，这些现金往往需要被预先送到土产区。1867 年中国海关的一位外国税务司说："交货之前事先订货的制度最近几年来已经在很大范围内盛行，现在（外国）商人不再在市场上等待土产到来，而是由他们的中国雇员（买办）带大笔钱到乡下去，他们预付款项给当地的丝行，并与他们订立合同。"①

19 世纪 50 年代，福州茶叶国际贸易地位突出。武夷山茶区距离福州只有 250 英里，为了方便到内地大规模采购茶叶，美国琼记洋行在福州设立了分行，每年早春时节该行买办和职员就把大量的现金送到内地预定茶叶。该洋行的小奥古斯丁·何德曾写道："公行制度不再存在的年代，外国人习惯于把大笔款子从福州送到乡下去采购茶叶。"为了在内地购买茶叶，琼记洋行备足了现金，"二三月份大笔钱（由买办带着）送到乡下去"。② 茶叶采购时间是从五月持续到八月，不断贩运到福州的时间是从六月持续到九月。每年内地采购款项 20 万元中大约 7 万元就是这样在茶叶一点都没有运到之前就送到乡下去了，往往要到九月，才有足够抵补已付垫款的茶叶运到。琼记洋行驻福州代表威廉·康斯托克在其报告中说，福州买办所花费用，共计 12 万多两，其中，直接用于购买

---

① ［英］《英国蓝皮书（1867—1868）》，第 69 卷，《1866 年中国条约口岸外籍税务司贸易报告》，第 10 页，转引自［美］郝延平《十九世纪的中国买办——东西间桥梁》，第 90 页。

② ［美］小奥古斯丁·侯德：《旧中国和新世界》，琼记档 GQ—2，第 38 页，转引自郝延平《十九世纪的中国买办——东西间桥梁》，第 93 页。

茶叶的有 10 万两。① 1860 年，琼记洋行通过买办唐隆茂之手在福建武夷山采购茶叶，共花费 25 万元。② 太平军在长江流域活动，打乱了采办茶叶的正常渠道。第二次鸦片战争进一步使得交通运输困难起来。为此，琼记洋行制订了详细采购计划：从福州采办的第一批茶叶中，将以 38000 美元的白银购买白毫茶，以 13000 美元的白银购买乌龙茶，另外再打算将 17 万美元的白银运送到内地贸易区。③

其他洋行也派买办携带大量现银进入武夷茶区。外国商人以预付款方式给买办的多是白银。由于白银较轻，许多买办就随身携带到茶区。1855 年旗昌洋行买办阿洪，"携带大笔款子到内地去"，直接向茶农收购茶叶。同年，英商宝顺洋行在那里采购茶叶花费了 400000 元。1856 年春，怡和洋行给阿熙（买办）一笔 440065 元的巨款，同年 5 月，阿熙将价值 432372 元的茶叶运到福州。1863 年 11 月 24 日怡和洋行詹姆斯·惠代尔在上海向香港的亚历山大·帕塞维（1860—1864 年东方部负责人）报告说："今天下午林钦（我的买办）又出发到乡下去了，'浦东号'轮船载着他和大约 10 万元财物……届时我打算再送 10 万元左右到该地区去。"④

这一时期，除了洋行买办外，还有不少中国商人也到内地采购茶叶。湖南岳州府巴陵县，"道光二十三年与外洋通商后，广人每携重金来制红茶，土人颇享其利"⑤。咸同年间，晋商到武夷山、两湖等地区采购茶叶贩卖到蒙古或俄国等地。光绪初年，湖北羊楼洞茶区有大小茶庄 80 多家。1889 年，"今闻东洋、印度所出之茶瓣往西洋，食之都觉膨胀，西商今年

---

① ［美］斯蒂芬·洛克伍德：《美商琼记洋行在华经商情况的剖析（1858—1862）》，章克生、王作求译，第 63—65 页。

② ［美］阿尔伯特·F. 侯德：《致约翰·侯德函》，1863 年 4 月 1 日，琼记档 HL—38，转引自［美］郝延平《十九世纪的中国买办——东西间桥梁》，第 95 页。

③ ［美］斯蒂芬·洛克伍德：《美商琼记洋行在华经商情况的剖析（1858—1862）》，章克生、王作求译，第 67 页。

④ ［英］乔治·V-W. 费雪：《致约瑟夫·查颠（香港）函》，1856 年 5 月 1 日，怡和档；威廉·克锡：《致亚历山大·帕塞维（香港）函》，1863 年 11 月 24 日，怡和档，转引自［美］郝延平《十九世纪的中国买办——东西间桥梁》，第 95、99 页。

⑤ 杜贵墀：《巴陵县志》，光绪十七年，卷七，页二，转引自李文治编《中国近代农业史资料（1840—1911）》第一辑，生活·读书·新知三联书店 1957 年版，第 451 页。

相约群往中国买茶，不到印度等处，所以九江各茶庄刻下携资入山采买者，较往年尤为踊跃，闻茶银入山庄已有七八十万云"①。19 世纪下半期，从地域来看，中国茶叶市场的大致情形是：上海支配江苏、安徽和浙江产茶区；汉口控制湖北、湖南和江西北部等长江中游茶区；福州则左右福建和江西南部武夷茶区。

除了茶叶外，生丝、桐油、猪鬃等土产也是 19 世纪下半叶中国对外贸易出口的大宗商品，为了购买这些土产，这一时期，国内外大量商人资本源源不断地流入内陆腹地的土产区域。商人资本的这种流动，打开了封闭已久的内陆腹地与中国沿海沿江城市之间的市场通道，构筑了近代极具特色的贸易体系（土货贸易体系），借此，这些内陆腹地成为世界资本主义体系中的一部分，不过，它们是这个体系中的下游生产端。从客观上看，外来资本的进入刺激了内陆腹地商品经济的发展，带动了当地加工工厂或工场手工业的发展，开启了内陆腹地的现代化进程。

一　茶叶经济

（一）武夷山区茶叶经济

福州、厦门等地开埠通商之后，大量商人资本进入福建武夷山区购买茶叶，该区域茶叶贸易发展起来。"武夷北苑，夙著茶名饥不可食，末业所存，易荒本务。自各国通商之初，番舶云集，商民偶占其利，遂至争相慕效，漫山遍野，愈种愈多。"② 茶叶国际贸易刺激了当地茶叶生产及商品经济的发展，进一步引来了更多外来商人的涌入，开辟茶山，贩卖茶叶。

"海禁既开，茶业日盛，洋商采买，聚集福州。"福州是武夷山茶叶的主要输出港口，洋商集聚福州，"洋行茶行，密如栉比"。在此，著名洋行有怡和、协和、天祥等。国内茶商有粤商、晋商等商帮。每年茶季一到，国内外茶商纷纷进入福建茶区采办新茶。建瓯县，"至光绪中叶，近今广潮帮来采办者，不下数十号"③。在茶季开市前夕，大量商业资本就

---

①　《茶商踊跃》，《申报》1889 年 3 月 13 日，第 1 页。

②　李文治编：《中国近代农业史资料（1840—1911）》第一辑，生活·读书·新知三联书店 1957 年版，第 447 页。

③　彭泽益编：《中国近代手工业史资料（1840—1949）》第二卷，科学出版社 2016 年版，第 106 页。

迫不及待地奔赴福州，再进入福建广大产茶区域，尤其是武夷山区。正是茶业国际贸易的兴盛，才使得福州一度成为世界著名茶叶港口。19 世纪60—80 年代中期是福州茶叶贸易的全盛时期。这一时期的茶叶出口量：1864 年为 487000 担，1880 年为 740000 担，1884 年为 680000 担。[①]

茶叶兴旺时期，外国洋行的大量白银不断流入茶区。1855 年宝顺、怡和两家洋行各 40 万元、1860 年琼记洋行 25 万元纷纷流入武夷山茶区采购茶叶。以致有人惊叹说，"中国的白银外流局面已变成白银继续不断内流了。"[②] 在从内地把茶叶贩运出来再输送到通商口岸的过程中，内陆山区与沿海城市之间日益建立起紧密的经济联系。

在此过程中，有多少人在为武夷山区的茶叶贸易服务呢？请看 19 世纪 50 年代一名外国人的描述："红茶由产区运至出口口岸——广州或上海——的路线……武夷山附近各县上等茶区所产的茶叶，几乎全部由商人向小茶农收购运往崇安……然后卖给其他茶商……茶商便雇来若干力伕把茶箱向北挑运，越过武夷山运至河口镇……河口镇是一个繁盛的大市镇，茶行林立，全国各地茶商云集于此。一批茶商就在河口收购茶叶，不再前进了；另一批茶商则越过武夷山前往崇安县收购……茶叶运到河口后，便装上平底大船分途运往广州与上海。"[③]

这一时期，那些频频地出入于福建内陆腹地与沿海之间，替洋行买茶的中国买办，或贩运茶叶售给洋人的中国商人，是内地与沿海之间、内地与国际市场之间的"桥梁"，他们带来了大量资本、需求信息、现代化的风尚，把茶叶的内陆生产地区与国际市场紧密连成一体。国际市场上茶叶需求兴旺，武夷山区茶叶经济也就兴旺，而且，内地一切为茶叶贸易服务的产业也被带动起来，可贵的现代性气息在内陆山区逐渐出现了。

为了便于茶叶外销，现代性的茶叶加工厂出现了。首先创办此类工厂的是外国商人资本。1872 年，俄商开始在福州制造砖茶，继而有 3 家英国商行在此设立制茶厂。1875 年福州砖茶的产量为 6200000 磅，1879 年

① 胡刚：《近代福建茶叶对外贸易的盛衰》，《中国经济问题》1985 年第 1 期，第 50 页。

② 程镇芳：《五口通商前后福建茶叶贸易商路论略》，《福建师范大学学报》（哲学社会科学版）1991 年第 2 期，第 93 页。

③ 姚贤镐编：《中国近代对外贸易史资料（1840—1895）》，第 1538—1539 页。

增至 13700000 磅。① 此后，华商资本在福州、武夷山茶区等地也相继创办了一些茶厂。同时，因茶叶运输的需要，福建产茶地区、茶叶集市与沿海通商口岸之间的水陆交通基础设施得到极大的改善与发展，先是木船的发展，后是弃木船而改用机动轮船，不久这种机动轮船运茶的方式很快就在福建省内各个航线得到了推广。

（二）两湖地区茶叶经济（羊楼洞、崇阳、羊楼司等地）

开埠之后，汉口逐渐成为近代中国著名茶叶港口，其茶叶主要是来自两湖地区的羊楼洞、崇阳、羊楼司等地。② 1871 年，湘鄂两省"茶叶的种植近来有了扩张，几乎较十年前增加了百分之五十"，同年经汉口向英国输出茶叶 60 万箱，每箱重达 951 磅，"较去年输出增加了十万箱"③。其中，羊楼洞一地出产的茶叶约在 35 万箱，洋商多是从羊楼洞运出生茶，"在汉口制砖者，欧战前约二万五千吨"④。

最先进入两湖地区投资茶叶的是山西商人。太平天国运动使得武夷山区茶叶难以北运，于是，山西商人逐渐在两湖地区，尤其是鄂南与湘北交界的幕阜山脉一带进行茶叶种植，几年之后，该地成了茶叶重要出产地区。晋商多把此地茶叶贩运到蒙古与俄国销售。羊楼洞最早的砖茶庄多为晋商所开设，1927 年以前，晋商有 20 余家。"民初以后之数年间，为羊楼洞老茶贸易之最盛时期，此时该镇茶庄全为山西帮所经营，资本雄厚，常有数十万至百余万元者。"⑤

然而，最早使两湖茶叶蜚声国际、使汉口成为著名茶叶港口的，是外国商人或洋行，尤其是俄国洋行。1861 年汉口开埠之后，循着山西商人前来此地购买茶叶的是俄国商人，接着英美等国商人也纷纷进入两湖茶叶产地。汉口茶叶出口，以俄商为最多，俄国商人在汉口开设了顺丰、新泰、阜昌等砖茶厂，除代各商行加工外，主要还是自己收购茶叶后，制成

---

① 彭泽益编：《中国近代手工业史资料（1840—1949）》第二卷，第 111 页。

② 这些地方位处于湖北、湖南交界的幕阜山脉一带，羊楼洞、崇阳在湖北省境内，羊楼司位于湖南省境内。

③ 戴鞍钢：《近代中国植茶业的盛衰》，《史学月刊》1989 年第 1 期，第 49 页。

④ 《羊楼洞砖茶业调查表》，《农商公报》1920 年第 7 卷第 5 期，第 28 页。

⑤ 曾兆祥主编：《湖北近代经济贸易史料选辑（1840—1949）》第 1 辑，湖北省志贸易志编辑室 1984 年版，第 11、40 页。

砖茶出口，平均日产 408 石。华商经营茶叶业务的店面被称为洋庄，资金较多的达纹银一百万两以上；业务最盛时，曾有 100 余户。两湖地区的茶叶运到汉口，用汽压机等设备压制成砖茶，转售给汉口各洋行。[①] 1920 年湖北羊楼洞的砖茶贸易中，俄商资本银在六百万两以上，英商资本银在四百万两以上，华商资本银在三百万两以上。[②]

这些资本的注入极大地刺激了当地茶业的商品化发展，扩大了当地茶叶的生产规模，打破了长期以来小农生产的经营方式和传统的内销模式。快速增长的茶叶贸易就像一台抽水机，不断地把沿海沿江城市中的商人资本大量地抽入内陆茶叶产地，由此，开启了当地前所未有的现代性发展。

首先，茶区工业得到发展。

如同福建茶叶产区一样，两湖地区茶叶加工厂应需而生。早在 19 世纪 60 年代俄国商人就曾在此地创建了茶叶加工厂。[③] 后来俄国人在汉口开办的顺丰、新泰、阜昌等砖茶厂，均在羊楼洞设庄收茶。羊楼洞地区的山西茶庄也把茶叶制成茶砖，运销到察哈尔、绥远、蒙古、新疆及俄国西伯利亚各地。两湖一带的茶叶，"正货出羊楼洞，次货出羊楼司、柏墩，下货出聂市"，以上四地出产茶砖，面皆印有"洞庄"二字，"故蒙俄人只知有羊楼洞而不知其它之三市也"[④]。据估计，19 世纪七八十年代，全国制茶工场有三四百家，而羊楼洞一带就有七八十家，约占 1/4。同光年间，羊楼洞茶业经济进入鼎盛时期，年产销青茶、红茶、包茶、砖茶等一系列"洞茶"高达 4949 万斤，其中以"川"字牌青砖茶驰名中外。[⑤] 随着"洞茶"国际市场不断扩大，其加工工场的生产规模也在不断扩大，当时羊楼洞茶叶工场雇请的劳动力，少则数百人，多则上千人。

20 世纪以来，羊楼洞茶区出现了机器制茶工厂（表6—1）。可以说，羊楼洞因茶叶国际贸易而发展起来的工业，在当时中国广大内陆腹地中尚

---

① 《武汉市进出口商业解放前历史资料》，未刊稿，转引自皮明庥《武汉近代（辛亥革命前）经济史料》第 42 页。

② 《湖北羊楼洞砖茶业之现状》，《北京实业周刊》1920 年第 1 期，第 3 页。

③ 羊楼洞地区的俄商茶厂后来搬迁到汉口。

④ 《羊楼洞砖茶业调查表》，1920 年，第 28—29 页。

⑤ 宋衍锦：《蒲圻县乡土志》，转引自定光平《近代羊楼洞制茶业的特点及其影响》，《华中师范大学学报》（人文社会科学版）2004 年第 2 期，第 103 页。

属凤毛麟角。

表6—1　　　　　　　　　　羊楼洞机器制茶工厂统计

年度	茶厂名	资本（万元）	设备	年产值（万元）	出资人
1909	振利茶砖总公司	69.9	机器	不详	万国梁
1920	义兴茶厂	10	蒸气一台	20	刘志略
1925	聚兴顺厂	8	蒸气一台	12	张友文
1933	宏源川	4	蒸气一台	5	张仲三
1935	义兴公司	3	蒸气一台	6	郭子敬

资料来源：《申报》1909年3月15日；曾兆祥主编：《湖北近代经济贸易史料选辑（1840—1949）》第1辑，第34页。

其次，茶区现代性的基础设施出现。

快速发展的茶业经济，就像一匹加足马力的发动机带动了当地为茶叶经济服务的相关行业的发展，使羊楼洞迅速从一个小小的村落成长为一个较大的现代性城镇。在茶叶贸易最为兴盛的时候，羊楼洞镇常住人口有4万之多。在此地，为茶叶经济服务的现代性基础设施应运而生。

为了更好地把茶叶运送出去，现代性的交通建设出现了。羊楼洞镇附近修建了火车站，修建了铁路并与粤汉铁路连通，此后还修建了洞赵公路，一切交通设施建设都是为了更方便、更快捷地输出茶叶。现代性的交通设施大大提高了羊楼洞地区茶叶的输出效率。另外，早在1884年，羊楼洞便有了茶商自建的电报业务；1896年，羊楼洞镇开始了有电的生活；1903年，羊楼洞邮政所设立；1923年，羊楼洞电报局成立。现代性的铁路、公路、电报、电力、邮政等基础设施的陆续出现，表明此时的羊楼洞镇早已走在了中国内陆的前列。[①]

因茶叶的国际贸易，在商人资本的流动或裹挟之下，羊楼洞被纳入现代世界资本主义经济体系之中，兴旺发达起来，羊楼洞（两湖地区）与汉口（华中地区最大的转运港）—上海（全国最大的转运港）连成一体，内地与沿海区域经济出现了整合。

---

① 蒲圻市地方志编纂委员会：《蒲圻县志（1866—1986）》，转引自定光平《近代羊楼洞制茶业的特点及其影响》，第104页。

二　桐油经济

近代中国的桐油主要输入美国、英国、荷兰以及中国的香港地区，尤其是对美国输出最多，约占中国输出总量的60%以上。[①]

20世纪以来，国内外市场对桐油的旺盛需求，促使四川东部的重庆与万县（现为重庆的万州区）、湖南西部、广西梧州等地的桐油贸易迅速发展起来，并逐渐成为当地支柱性产业，带动了当地经济社会的发展。

（一）万县桐油经济

万县，桐油之都，始于清代，盛于民国。川省之桐油出口，万县居重要地位。"全川年产三万吨以上，下川东产量较富，上川东连江巴在内，集中渝市出口，占全出口三分之一，下川东连鄂属之施利在内，则集中万市出口，占全出口的三分之二。"[②] 可见，万县是下川东地区最大的桐油汇聚地。

"每年运至万县之油约至十万篓至十四万篓，即十八万担至二十五万担。"[③] 而万县桐油输出量：1922—1926年为11911392公担；1927—1930年为13242114公担；1932—1936年为1361790公担。[④] 1929年，万县成立了桐油同业公会。"其营业之盈，桐油之多，每年出口计十余万篓。值洋一千万以上。营此业者，每年营利恒以万计，实为本市百业之冠。营业家数是58家。"[⑤] 在桐油营销过程中，深入内陆腹地的外商资本主导了万县桐油的出口。[⑥] 这些洋商资本多从汉口而来。那一时期，在万县经营桐油的主要有义瑞行[⑦]、生利洋行、丰利洋行、礼和洋行等。表6—2是

---

① 《万县桐油事业之调查》（附表），《检验年刊》1933年第2期，第15页。

② 《万县桐油业近况》，《四川农业》1934年第1卷第10期，第49页。

③ 季海：《四川万县之桐油业》，《农事月刊》1925年第4卷第4期，第58—59页。

④ 张丽蓉：《长江流域桐油贸易格局与市场整合——以四川为中心》，《中国社会经济史研究》2003年第2期，第56页。

⑤ 《万县桐油业调查》，《四川月报》1935年第6卷第3期，第81页。

⑥ 参见《川桐油为洋商操纵》，《汉口中西报》1923年10月6日第三张。

⑦ 总部设在汉口的义瑞行是华人商号，其人员原多是聚兴诚银行外国贸易部从事桐油出口业务的骨干，他们独立出来成立了这家商号，在四川万县收购桐油，专为卖给美国施美洋行，而后者为前者提供资金，施美洋行亦只向前者购买桐油，所以前者实质上是一家买办企业，也可看作一家外资商行。义瑞行是中国的"桐油大王"。1928—1937年间，每年向美国出口桐油1万—2万短吨（不包括出口到香港的），占中国输美桐油总额的40%—50%，10年间累计向美国出口桐油20余万吨。参见袁继成主编《汉口租界志》，武汉出版社2003年版，第143—144页。

1931 年 5 月至 12 月，万县桐油商号输出数量比较表，从中可以看出外商资本在桐油输出中的占比情况。1935 年 2 月，万县桐油出口亦是以洋行输出为最多，总输出量是 24000 余市担，其中有 12000 余市担，是施美洋行出口的，即占全数的 1/2。[①]

表 6—2　　　　　　　　　　1931 年商号桐油输出百分比

商号	百分比（%）
义瑞	37.13
生利	28.88
丰利	16.16
聚兴诚	11.5
福星	2.31
永福长	1.49
其他	2.53

资料来源：《民国二十年五月至十二月万县桐油商号运销数量比较图》，《检验年刊》1932 年第 1 期，第 214 页。

桐油贸易直接带动了当地其他经济的发展。在桐油输出之前，当地先把桐油从桐籽中打榨出来，此项需求直接促进了当地榨油业的发展，万县有榨坊多家，据统计，全县的榨房最多时曾达到 700 多家，[②] "专榨桐油，大抵每间油坊设置土制油榨一具，每日能出油有半担之谱，"[③] 20 世纪 30 年代，万县当地政府督促打榨桐油的厂家，改用机器打榨。[④] 桐油打榨出来之后，需要用竹篓盛装，这又促进了当地竹篓业的发展。

桐油贸易直接左右着当地金融业的活动。当桐油业兴旺时，金融业兴旺。据统计，当时万县的银行、钱庄最多时达到 30 余家。这些金融机构主要是为桐油贸易存放款项与汇兑服务的。桐油贸易兴盛，货币流通量自然就大，钱庄、银行的存放业务也就会大为增加。然而当桐油业不景气

---

① 《万县桐油业调查》，1935 年，第 85 页。

② 张丽蓉：《长江流域桐油贸易格局与市场整合——以四川为中心》，第 56 页。

③ 季海：《四川万县之桐油业》，第 58—59 页。

④ 《万县筹备改用铁机制造桐油》，《四川农业》1934 年第 1 卷第 6 期，第 69 页。

时，金融活动就不活跃。"本星期内金融渐趋活动，惟嫌出口各货，今年来路不广，如桐油一宗竟无货可买。"① 有的金融机构还直接经营桐油贸易，如前述的聚兴诚银行就是万县城内比较大的一家华资桐油出口商。

万县因桐油贸易而兴，成为川东地区重要的商业城镇。桐油兴盛时，万县城内曾有 10 万之众，多是依靠桐油经济而生活的。万县的桐油来自水陆两路，陆路之油来自开县、梁山、新宁、东乡、垫江、利川等；水运之油来自忠州、灯都、涪州、合州等处。② 万县多是山区，桐油的进出大多时候只能走水路，这就促进了当地造船业的发展。桐油之运输，由小船运往宜昌，由宜昌改装大船转运汉沪，汉水涨后有直接运往汉口的，也有直接运往上海的，有的在宜昌改装铁驳径直运往上海的吴淞口再装洋船运出海外。无论是运往汉口，还是运往上海，桐油主要是通过轮船来运输的，故当地轮船业制造发展起来了，"今年轮船公司于川油出口之多新造船只，大抵设有油舱便于装油"③。

下川东地区连同湖北省恩施山区在内的桐油，进入万县，经过油坊、油店（即贩家），过栈铺（即经纪店）、出口行，最后运往汉口、上海，即内陆腹地与沿海紧紧联系在一起，区域市场与全国市场联系在一起。

（二）湘西桐油贸易

近代桐油贸易也是湘西的支柱性产业。因桐油的国际贸易，湘西地区的王村、迁陵镇、里耶镇等这些内陆腹地的乡镇，在与外面的世界联系在一起的同时，内部的世界也获得了一些现代性的发展。

随着桐油经济的发展，清末王村的商业市场已是非常繁荣。据统计，从街头太平桥到街尾河码头，有商号共 204 家，从业人员达 6 万多人，资本总额达 85 万多元，该村每年桐油输出量达 574 万多斤。桐油经济还带动了当地其他土产的出口，如茶油在"旺年"输出量达 1 万桶左右，重达 130 多万斤，另外，土碱、倍子牛皮等土产的出口量也很大。④ 进驻湘

---

① 《各埠金融及商况：万县（十一月五日通信）》，《银行周报》1917 年第 1 卷第 26 期，第 6 页。

② 季海：《四川万县之桐油业》，第 58—59 页。

③ 《万县桐油事业之调查》（附表），《检验年刊》1933 年第 2 期，第 19 页。

④ 王朝辉：《试论近代湘西市镇化的发展——清末至民国年间的王村桐油贸易与港口勃兴》，《吉首大学学报·社会科学版》1996 年第 2 期，第 69 页。

西的桐油油号有很多，资本在百万元以上的不在少数，资本在三四万元的油号，估计也有几百家之多。① 如同因茶叶贸易而发达的羊楼洞一样，因桐油而兴盛的湘西也出现了一些难能可贵的现代化气息。如在湘西的里耶镇，商人们率先使用煤气灯，铺设路灯，在市镇上随处可见照相馆、新式制衣铺等新鲜事物。可以说，内陆腹地的这些现代性气息都是因外来商人资本的流入而出现的。

近代中国，除了茶叶经济、桐油经济造就了一批又一批财富传奇外，生丝贸易、棉花贸易等其他的土产贸易也造就了一批巨商大贾。例如，五口通商之后的生丝贸易，造就了浙江湖州南浔一个小镇上的"四象八牛七十二金狗"的财富传奇。这些传奇正是因为外来商人资本流入后的冲击而成就的。

从某种程度上说，近代早期的福州是因武夷山茶叶而获得发展的，近代早期的汉口是因两湖地区茶叶贸易而兴旺，近代的万县是因川东地区桐油贸易而崛起。两湖地区，尤其是羊楼洞的茶叶（连贯着汉口与内地山区）被源源不断地输送到汉口——华中地区最大的茶叶港口集中后，又被运往上海——全国最大的集散中心——集中，再被运至海外，如此这样，区域茶叶市场与全国茶叶市场连成一体。桐油经济、生丝经济等其他土产经济也同样承担着连接融合区域市场与全国市场的功能。所以，正是因为外来商人资本在区域之间的不断流动，使得诸如茶叶经济、桐油经济等土产经济所在的内陆地区与沿海沿江城市之间整合起来，近代中国的全国统一市场在逐渐形成。

再者，在国门洞开之后，武夷山茶叶、两湖地区的茶叶与川东、湘西等地的桐油，在外来资本主要是国际资本的裹挟之下，进入世界市场，被纳入现代世界资本主义经济体系。在这个经济体系之中，在原有传统贸易优势和新兴外部市场相结合之下，茶叶经济与桐油经济等土产经济得到了突飞猛进的发展，给当地带来了巨大的经济效益、社会效益。其中最为显著的就是这些内陆地区的城镇得到发展。例如在茶叶贸易、桐油贸易等兴盛之前，诸如羊楼洞、万县、王村等这些土产区，多为一个个闭塞的小村落、小城镇，此前或虽有商品经济的缓慢出现，但现代化的进程尚未启

---

① 张园园：《民国时期湘西桐油业研究》，硕士学位论文，吉首大学，2015年，第44页。

动，是国际茶叶贸易、国际桐油贸易等土产国际贸易，犹如一个个发动机，促动了这些内陆腹地的商品经济、工业加工、人口规模、交通、邮电通信、文化教育等诸多方面的发展，启动了这些内陆腹地的现代化进程。反之，"茶叶一衰，人亦因之失业，既失业而无进款，则向之仰销于种茶之人之货物，遂减色矣"[①]。"近20年来，茶市衰落，固有茶园，已荒废不堪……农民因感茶价低落，收入减少，每于茶地间种杂作。"[②] 可见，商人资本的流动之于内陆的经济是何等的重要。

如果说城市开埠是为西方影响中国打开了一扇又一扇的大门，那么从事茶叶国际贸易、桐油国际贸易或其他土产贸易的商人资本，则为这些土产区域开辟了通向现代世界的一条又一条大道。

商人资本的流入刺激了当地经济发展，进而启动了当地的现代化进程，内陆得到了开发。尽管后来因诸多原因，商人资本抽逃，内陆出现了衰落，但是，相对于中国茫茫的广大封闭性内陆来说，殊不知，这种商人资本的流入是比较稀少（有选择性的）而难能可贵的，故其开启的现代化进程又是多么令人欣喜！在商人资本的区间流动之下，在近代中国，统一市场逐渐出现，内陆与经济重心、内陆与世界市场开始连接起来了。

第二节　生息资本区间流动与区域城市融合

近代中国生息资本的早期形态，是票号、钱庄或银号等金融机构所拥有的资本。在近代前期，中国金融业的主导是票号，票号资本通过在各地的流动担负着资本余缺调剂的功能，做到"汇通天下"。后来，代表中国金融业现代化趋向、取代票号主导地位的是银行。所以，近代中国百年，生息资本中的主角前期是票号资本，后期是银行资本。

一　票号资本的流动

近代中国的票号开设是生息资本的一大创举。正如票号创立的初衷是

① 李文治：《中国近代农业史资料（1840—1911）》第一辑，生活·读书·新知三联书店1957年版，第446页。

② 曾兆祥主编：《湖北近代经济贸易史料选辑（1840—1949）》第1辑，第2页。

"汇通天下"，在金融上织就一张张网络体系。近代早期，票号主要是进行汇兑业务，钱庄主要是进行兑换业务。把总部设在平遥、祁县、太谷的票号，属于北帮票号，后来又出现了南帮票号，但是论其在金融史上的作用，后者与前者相比不能同日而语。在19世纪下半叶直至清政府垮台，北帮票号及其分号遍布全国各地，一家票号及其分庄就是一个金融网络体系，多家票号就是多个金融网络体系，总号与分号之间、分号与分号之间数不清的资金流动，把这些票号所在城市紧紧地联系在一起。票号打造的金融世界包括了中国多个城市，尤其是西北部城市。

自晋商的西裕成颜料庄改成日昇昌票号后，资本迅速扩张，犹如一个庞大的章鱼，把它的资本扩张到了中国多个城市：太原、北京、天津、上海、湘潭、汉口、沙市、成都、重庆、长安、三原、汴梁、周口、道口、扬州、清江浦、杭州、芜湖、南昌、广州、桂林、梧州、南宁、香港、常德、长沙等30余处。日昇昌票号资本活动范围之广大，由此可知。这只是日昇昌一个票号资本在中国多个城市中的扩张，构建的一个庞大资本体系。

就整个山西票号来看，在太平天国运动失败后，平遥、祁县、太谷三大票帮金融资本迅速向经济发达的东南沿海城市和其他边远地区扩张，形成了多重金融网络体系覆盖的资金汇兑网。光绪年间是整个山西票号的兴盛时期，这一时期山西票号除总号外，分号共有414家，分布在21个行省及蒙古、新疆等地方。[1] 至1900年，山西票号所设立的分号包括的大大小小城市达到100多个，[2] 几乎遍布全国各地，而且令人惊讶的是，此时的票号还没有明显的地域偏向。[3] 例如，山西票号沿袭了其前近代的一些商业习惯，在蒙古、甘肃、宁夏、四川等西部地区也设立了一些分号，这说明票号与西部城市间还有着商业或资金的往来。例如，票号在甘肃、新疆等西部省份设立分号，主要是为将茶叶贩运到外蒙、俄国等地提供服

---

① 萧清：《中国近代货币金融史简编》，第52页。

② 张正明、张舒：《晋商兴衰史》，第115—116页。

③ 近代中国金融机构在分布上一般都有"偏在东南"的特点，但是票号由于处在近代早期这样一个传统与现代过渡时期，所以其分支机构没有突出的地域性，尽管后来它们也有意识地在东南沿海增加分支机构。可以说，山西商人资本是一个近代经济转型时期的大商人资本，它是传统性与现代性的结合，不过，其传统性成分更多一些。

务。总的看来，山西票号分号的设立区域，主要是以北方黄河流域为基地，兼及长江流域一带，这说明山西票号还带着一定的传统经济色彩。①

在晚清最后 50 年里，山西票号担任着清政府"中央银行"的角色，山西票商担负着"全国财政家"的使命，分配、划拨、调剂着各地的资金往来。清末每年全国有亿万两通货之需求，而现款运送之所以稀少，不能不说应归功于山西票号。当时日本驻上海总领事说，这是"赖有票号为之周转"的缘故。不仅国内工商业等依赖票号汇兑，就连一些在上海的外国银行向内地汇款，也依赖票号为之周转。② 然而，其在"汇通天下"的过程中，没能抓住时代经济发展的脉搏。例如直至破产，诸多票号一直顽固地把其总部定在其家乡平遥、祁县、太谷等这些内陆地方，远离时代经济弄潮之地——中国沿海沿江，深处内陆，怎能把握住时代发展的脉搏，怎能快速做出反应呢？不过，山西商人资本面对时代的发展，还是做过一些调整。例如靠北方分号收揽存款，支持南方分号的放款，对于这种经济现象，有人称为"北存南放"，后来上海崛起，成为票号经营的重点，具有了"南存南放"的倾向。即便如此，票号始终没能完全从内陆走向沿海。但是，其"汇通天下"的金融网络，已经把中国绝大多数区域的城市连接在一起了。

二 银行资本的流动

在 19 世纪下半叶的中国经济生活中，票号扮演着主导角色，在全国范围内进行大额现金的调配，钱庄在票号之下，主要承兑小额的业务，与一般小顾客打交道。一直到辛亥革命前，中国的资金流动主要依靠票号与钱庄之间的相互配合，辛亥革命之后，票号急剧衰落下去，取而代之的是现代银行，它开始主导全国金融活动，钱庄依然是一个"基层的""辅助性"的角色。

（一）外国洋行资本与外国银行资本的流动

说起外国银行在中国的资本流动，不得不谈及近代中国境内较早的外国洋行资本。开埠通商之后，最先出现在中国的是洋行，如英国怡和洋

---

① 萧清：《中国近代货币金融史简编》，第 52 页。
② 黄鉴晖：《山西票号史》，第 346 页。

行、宝顺洋行、琼记洋行以及美国旗昌洋行等。在 19 世纪 60 年代之前，这些外国洋行实际上负有银行之责，进行汇兑、放款等，只是到了 70 年代之后，外国银行才取代了这些洋行的银行功能。[①] 开埠通商之后的二三十年里，为了收购中国上好的茶叶、生丝、猪鬃等土产，洋行在广州、上海、福州、汉口等处设立分支机构，其资本由买办间接或直接送入内陆土产区，这是近代早期外国商人资本在中国的流动。

除了在上海之外，列强的触角继续扩张，外国资本随之扩张到由不平等条约开辟出来的一个又一个通商口岸之中。上海、广州、厦门、福州、宁波、九江、汉口、沙市、青岛、天津、大连等城市不断地被开辟成租界城市或殖民城市，外国洋行资本或银行资本也就从香港、广州流向上海、天津、汉口等区域城市，再到九江、沙市等次级城市之中。可以说，是外国商人资本在近代中国境内的扩张塑造了近代甚至是现代中国经济的格局。与此同时，外国商人资本在中国的扩张，加强了中国口岸城市之间的经济联系。

在近代中国条约口岸城市中，不少是因外国商人资本的到来而兴起的，如青岛、大连、香港等，还有一些是因外国商人资本的到来而在原有中国城市城墙边而建的城市，例如上海及其他大城市。毋庸讳言，外国商人资本是条约口岸城市发展的原初动力。西方人所占据的口岸逐渐成为中国大城市，到 20 世纪它们仍然是中国最大的城市。除了北京或广州外，几乎所有当代中国大城市在条约口岸时期都得到了很大的发展：上海、天津、武汉、沈阳、大连、重庆、青岛、南京等。[②] 这些条约口岸城市在近代外国资本的扩张中，前所未有地紧密联系在一起，自成一个贸易、金融、交通体系。

（二）中国的银行资本流动

相较于外国银行资本来说，本国银行资本对中国城市经济社会的影响更广、更深。

[①] 汪敬虞：《十九世纪外国在华银行势力的扩强及其对中国通商口岸金融市场的控制》，《历史研究》1963 年第 5 期，第 59 页。

[②] Rhoads Murphey, *the Fading of the Maoist Vision: City and Country in China's Development*, Methuen, New York, London, Toronto, 1980, pp. 25 - 26.

　　1897 年，中国第一家新式银行——中国通商银行设立。1905 年户部银行和 1908 年交通银行相继出现。1912 年，在大清银行①的基础上成立了中国银行。在票号由盛而衰、钱庄不断发生倒闭风潮之中，银行脱颖而出，在不长时期内其整体实力迅速超过钱庄，成为近代中国本土金融业的主体。②

　　上海是最早产生本国银行的长江沿岸城市。据统计，1935 年全国共有新式银行 164 家，总行设在上海的有 58 家，占 35.4%，其中 28 家在全国各地开设了 629 个分支机构和数千个汇兑点，构成了一个全国性的金融网络体系。③

　　随着各地金融的融合与整合，全国性的金融中心和地域性的金融中心在逐步形成。上海是全国的金融中心；天津、武汉、重庆、大连、广州、厦门等是各自区域的金融中心。在这些金融中心城市中，汇聚了众多的中外银行、钱庄，并以其强烈的辐射力，把全国的大中小城市联结起来，形成一个完整的城市资金流动网络。④

　　以上海为中心的中国金融业对工业的放款并不局限于上海一地，而是逐渐扩展到东部沿海及沙市以下长江沿岸的一些城市。⑤ 中国银行的纱厂放款户有 40 多家，其中上海不到 10 家，其余 30 多家分布在其他 20 多个城市。交通银行的全部工业放款对象中，上海以外的城市约占 50%；全面抗战前夕，该行超过 50 万元的大宗工业放款对象有 5 家，这 5 家都是在上海以外的城市里。⑥

　　商人资本在城市之间的流动促进了近代经济区域之间的融合与整合，这是历史横向发展的最好例证。在商人资本区间流动之中，中国传统经济区域之间开始出现新的融合与整合，现代市场逐渐扩大，逐渐形成了以上海为中

---

①　大清银行的前身是户部银行。

②　笔者认为近代中国金融业，在大部分时间里外国资本处于主控地位，但是对中国民间影响较大的还是中国本土银行。

③　李一翔：《论长江沿岸城市之间的金融联系》，第 40 页。

④　李一翔：《论长江沿岸城市之间的金融联系》，第 110 页。

⑤　戴鞍钢：《近代上海金融中心地位与东西部经济关系》，《上海档案史料研究》，上海三联书店 2006 年版，第 29 页。

⑥　戴鞍钢：《近代上海金融中心地位与东西部经济关系》，《上海档案史料研究》，上海三联书店 2006 年版，第 31 页。

心的新型市场体系。亦在商人资本区间流动中，中国现代化进程开始扩展。

但是，正是在国际商人资本与国内商人资本的区间流动中，近代中国出现了城乡分裂并且严重失衡，出现了传统与现代并存的二元经济结构，出现了前所未有的、明显的东西部之间的割裂。

第三节　商人资本区间流动与城乡分裂

商人资本的流动促进了区域之间的融合，但是，20 世纪 20 年代末 30 年代初期，这种良性流动中断了，此时的资本几乎完全单向地从乡村流向城市，由内地流向沿海，这种资本流向，把沿海沿江的通商口岸打造成了一个个"吸血泵"，吸干了乡村和内地的"血液"，于是，整个中国的乡村，整个中国的内地，呈现出一片凋敝衰败的景象。就是在这一时期，城市与乡村之间的区别凸显：繁荣的是城市，凋敝的是乡村，完全打破了前近代几千年来中国城乡不分，浑然一体的局面。

一　外国洋行或银行资本向城市的流动开启了近代城乡分野

外国商人资本在条约口岸城市之间的流动，前所未有地把这些城市连成一体。然而，罗兹·墨菲指出，条约口岸与中国广大内陆地区从未建立过有效联系，除了把货物集中出口以外，广大内陆很少受到前者的影响。[①] 此言虽略显偏颇，但也不是完全没有道理。条约口岸城市，犹如中国广大农村汪洋中的几块"飞地"，在外国商人资本的流动中，飞地与飞地之间有着紧密联系，但是，相较于周边农村腹地，一个个飞地就是一个个独立的世界，由外来者管理。前近代的中国城市与农村自成一体，其特点是内向型的；但是，近代条约口岸城市是外向型的，它们与海外的联系远比与中国内地的联系要紧密得多。[②] 从某种程度上可以说，就是因为外国资本在近代中国的有选择性流动（主要在通商口岸之间），打破了前近

① Rhoads Murphey, *The Fading of the Maoist Vision: City and Country in China's Development*, p. 27.

② Rhoads Murphey, *The Fading of the Maoist Vision: City and Country in China's Development*, p. 27.

代中国几千年来城乡不分的局面，开启了近代以来中国大城市与乡村之间分野的进程，导致中国城乡二元结构的出现。

外国资本雄厚，持有大量白银，拥有复杂精湛的金融技术，控制了中国金融，而中国票号、钱庄以及后来的中国本土银行不能望其项背。开埠之初，大部分中国商人资本是追随外国商人资本在中国境内的流动而流动，尤其是在近代中国频繁的"银荒"时期更是如此。所以，中国商人资本在本国的流动范围与外国资本的流动范围大体一致，均体现出强烈的偏向性，多在沿海沿江的条约口岸流动。

二　商人资本逃离农村是农村衰败的一大因素

20 世纪 20 年代末 30 年代初，诸多原因致使中国农村凋敝，大量商人资本从农村逃离出来。1934 年，美国耶鲁大学教授、美国政府货币顾问罗杰斯正在中国旅游，他对中国农民的贫困、农村资本的逃离，感受特别强烈，5 月 8 日电告摩根韬（注：另一美国人）："因为农民如此穷困，他们已不得不拿出窖藏的白银来支付生活费用。地方上的放债人和银钱兑换商纷纷收回借款，并把白银送往通商口岸。"[①]

近代早期，当国际上大量需要中国的茶叶、生丝、桐油等土产时，为了尽快或更好地得到这些商品，外国商人资本或本国商人资本大量流入这些土产的生产地区，促进了当地的经济商品化，成就了与此贸易相关的一批新的富商，启动了当地现代化进程并使之得以进一步发展。商人资本流到哪里，哪里就会出现难得的兴盛与繁荣。因为近代中国繁荣的经济，大多数是外向型经济，或者说是依赖性经济，严重依赖国际市场，依赖外国商人资本与本国商人资本。一旦国际市场不太需要这些土产之时，商人资本就会逃离这些地区，这些地区便会衰落下去，湖北羊楼洞茶叶产地、湖南湘西桐油产地的衰落便是如此。

20 世纪 30 年代，羊楼洞茶业不振，1933 年晋商茶号只有 7 家。[②] 在

---

① ［美］杨格：《1927—1937 年中国财政经济情况》，陈泽宪、陈霞飞译，中国社会科学出版社 1981 年版，第 223 页。

② 定光平、邱红梅：《清以降羊楼洞茶区的山西商人》，《山西师大学报》（社会科学版）2004 年第 2 期，第 40 页。

抗日战争期间，羊楼洞地区茶商星散，茶农辍业，茶地荒废，人民失业破产不能自存者约六七十万人。[①] 可以说，在国内外诸多不利因素的影响下，那些曾经有过繁荣时期的内陆地区衰败了，那些不曾有过繁荣时期的其他内陆地区就更为凋敝了，"十里无人烟"。商人资本之于近代中国经济，犹如血液之于人体一样。20 世纪 20 年代末 30 年代初，中国广大农村衰败或凋敝的重要原因就是商人资本的稀少，或者说因大量的商人资本抽逃出农村，致农民无钱可用。

这一时期，中国的农民非常贫穷，其负债的数额异常庞大。中央农业实验所曾对全国 22 个省的农民负债情况进行调查发现：其一，全国近半数以上的农家都负有债务，借现金的农家平均占农家总数的 56%，借粮食的农家平均占总数的 48%，几占总数的一半。其二，各省农民负债的程度，相去并不甚远，"江浙，虽是江南富庶之区，但农民的负债，却竟与西北的不相上下，可知，在这农村崩溃日趋激化的今日，无论东南西北，农民的穷困以及农民对于资金的需要都是非常普遍而又极其迫切的。"[②] 也就是说，当时中国绝大多数农民都非常穷，迫切需要资金。

如此境况之下，农村借款的利息是多少呢？想来应该是很高的，调查的结果也确是如此。根据 1934 年第 11 期《农情报告》统计，农村中的高利贷是很普遍的。一分至二分的借款在乡村中已不可多得了，二分、三分以至四分的借款却占到 66% 以上，四分至五分的借款比一分至二分的还多，而五分以上的借款，竟亦达到 12.9%。[③] 而且，北方各省的利率水平比全国平均水平还要高，如月利率在四分以上者，宁夏占 71.5%，绥远占 62.6%，陕西占 63.2%，甘肃占 55.6%，山西占 39.8%，河南占 35.2%。[④] 从上述统计数据可以看出，四分以上所占百分比较高的地区主要是北方地区，尤其是西北地区，这表明西北各地农村资金的缺乏较全国

---

① 参见狄英杰《近代湖北羊楼洞茶业经济与文化研究》，硕士学位论文，华中农业大学，2011 年，第 17 页。

② 吴承禧：《中国各地的农民借贷——几个极堪玩味的统计的申述》，《劳动季报》1935 年第 4 期，第 136 页。

③ 吴承禧：《合会在中国今日农村金融中的地位》（1934 年 10 月），《解放前的中国农村》第一辑，第 550 页。

④ 龚关：《近代天津金融业研究：1861—1936》，第 104 页。

其他各地更甚，那比曾经是富庶之地的江南农村是否要好一些呢？

实业部对江苏各县的利息有过调查，江苏普通利息的月息一般均在二三分以上，其中有 1/10 县区的普通利息，竟高至四五分，这可能是经济比较落后的江北一带。而江苏的长江以南经济不发达的地方，普通利息均在二三分以上。江苏省内的普通利息在二分以内的县区，大都比较接近大城市。就最高利息来说，有五县区月息竟高至十分，而月息在三分以上乃至七八分的地区，占全省县区 2/3。江苏是全国经济最为发达的地方，其高利贷剥削程度竟然这样厉害，其他省份就更甚了。[1] "农村的借款利息，则较之都市至少高过三倍，甚至有高过十倍以上者，且有种种无理的勒索。农村似已成为贫病痨，都市鼓胀病。"[2]

即便农村利息如此之高，但是，多数情况下农民却告贷无门，坐以待毙。在广大内陆农村，多数农民是"一穷二白"，农村资金干枯情形极为严重，无处可借。

时人杜岩双在考察浙江农村金融后感慨道："近年来农民之所苦，实以金融窘迫为最甚。就以浙江崇德而论，崇德为蚕桑之区，其利息最好之时，厥在蚕汛初起。当其时养蚕之家，皆须购买蚕种，需要资金者多，年利常达三分左右，今虽给以四分五分之利，亦无贪图高利从事放借之人。"[3] 1934 年，甘肃庆阳县的农民为输纳捐税，以三斗麦预支一元，尚无顾主。十月中旬以后，县府催款委员用尽吊烤等残酷手段，终打不出一块大洋出来。[4] 可见，在 20 世纪 20 年代末 30 年代初，中国农村的金融干枯到何种地步！

那么，农村为什么无钱可用呢？因为资金大都向城市奔涌而去了。这一时期，社会资金不仅不愿到农村来，而且就连农村的仅有资金也在不断地流出农村。为什么会有如此窘况呢？主要原因是，30 年代以来农村对通商口岸城市的严重入超造成的。

这一时期，处于近代中国贸易体系下游的农村对上游城市（上海、

---

[1] 因铭：《帝国主义在华的金融统治与中国金融》，第 20 页。
[2] 鲍幼申：《湖北省经济病态及救济》，第 28 页。
[3] 章有义：《中国近代农业史资料（1927—1937）》第三辑，生活·读书·新知三联书店1957 年版，第 679—681 页。
[4] 钱亦石：《中国农村的过去与今后》，《新中华》1934 年第 2 卷第 1 期，第 139 页。

天津、汉口等）贸易是入超的，其上游城市对列强贸易也是入超的，在这种依附性国际贸易体系的入超链条之中，几乎没有多少工业品的中国，其贸易入超之后的最终埋单者往往是农村，后者用现金去抵消中国贸易入超的大部分，其现金抵消的大致路线即中国农村—通商口岸（主要是上海）—列强（纽约、伦敦等），在这个顺序中资金不断地流入通商口岸后，又有大部分流出国门。

20 世纪以来，中国对外贸易多数时候是入超的，至二三十年代后入超的数额更巨。1931 年，入超数为 524013669 海关两，已打破历年来的新纪录；1932 年，入超数达 556605240 海关两；[①] 1933 年，入超数是 7.3 亿多元。[②] 1934 年，进一步加剧，张公权说："过去一般人尚未加以深刻注意，及到我们发现了每年八万万以上的国际贸易入超的惊人数目，"[③] 也就是说，30 年代初国际贸易年平均入超数多在 8 亿左右，如此之差额，需要中国用大量现金去抵偿。据载，1932 年中国出超银元是 7000 多万元，1933 年是 8000 多万元。而中国当时的银行存款不过 10 亿。[④] 如此出超之白银从何而来？毋庸置疑，主要是从内地而来，从农村来。其路线为：乡村—城镇—通商大埠（汉口、天津）—上海。白银由内地流向上海，再由上海输出国外。1931 年上海白银存底增加了 5000 万元，1932 年增加了 1.26 多亿元，1933 年增加了 1.09 多亿元。内地输入上海现洋，无异于输出国外的第一步。内地输入上海之现洋，与输出国外，"相差仅一间耳"。[⑤] 那么，这一时期内地的白银，为什么会流向上海？

上海是近代中国最大的进口港，因而也是这一时期入超最巨的码头，换句话说，上海是近代中国最大的现金输出港，犹如一个巨大的抽水泵，不断地把中国血液——白银输送到列强的保险柜之中。上海一埠入超之数，约占全国的 80%。上海对列强固然表现为入超，然而对于内地却表

---

① 千家驹：《救济农村偏枯与都市膨胀问题》，第 18 页。

② 张肖梅、蔡致通：《二十二年中国对外贸易检讨》（下），《中行月刊》1934 年第 8 卷第 4 期，第 38 页。

③ 张公权：《内地与上海》，《银行周报》1934 年第 18 卷第 14 期，第 13 页。

④ 张肖梅、蔡致通：《二十二年中国对外贸易检讨》（下），第 31—37 页。

⑤ 张公权：《中国银行二十二年度营业报告》，《中行月刊》1934 年第 8 卷第 4 期，第 11 页。

现为出超。内地主要从上海输入洋纱、洋布、洋油等日用品，而又以什么方法来抵补上海的输入呢？主要是由丝、茶、猪鬃、桐油等土货的出售来平衡。在土货的出售中，大量现金会由上海流到内地，进而流到了农民手中，农民再用一些钱财去购买一些日用品，如此这样，农村资金又重新回到通商大埠来。资金这样一来一回的流动，在20世纪20年代末之前还算比较正常。① "以前由上海输入内地的洋货是多于由内地输出的土货的，但是由于上海向内地放款，以及都市的内地人向内地的汇款等诸多原因，现银仍然是能够向内地移动的。"如1922年到1931年，由上海输出到各埠的银洋有68500余万元，而由各埠（杭州除外）输入上海的银洋，却不过23000余万元。② 据王方中先生研究："北洋军阀时期，甚至直到20年代末，内地金融状况是比较好的"。③ 请看表6—3：

表6—3　　　　　　1922—1931年内地和上海现银运动情况　　　（单位：千元）

年份	内地输入上海	上海输入内地	上海对内地入超
1922	75159	117216	38057
1923	76317	170587	94270
1924	84677	96256	11579
1925	94448	145123	50675
1926	77684	125352	47668
1927	85249	170644	85395
1928	108069	214242	106173
1929	114748	159304	44556
1930	79413	126150	46737
1931	96892	149852	52960

资料来源：《12年来上海现银出入趋势》，《银行周报》1934年第18卷第41期，第2—3页。

然而，20世纪30年代初，资金这种良性循环的双向流动被打破了，表现为资金单向地从农村流向城市。一般来说，上海与内地之间的现金流动有一定的季节性。一年之中，现金流入上海的时间以12月及3月为最

① 千家驹：《救济农村偏枯与都市膨胀问题》，第18页。
② 因铭：《帝国主义在华的金融统治与中国金融》，第16页。
③ 徐畅：《二十世纪二三十年代华中地区农村金融研究》，第384页。

多，而流出则以 5 月及 11 月为最多。因为 5 月是茶叶、生丝等土产售卖时节，而 11 月是棉、米及其他杂粮售卖时节，当内地的土产货物源源而来之时，银元便由上海流入内地，这是一般常规。但 20 世纪 30 年代以后，这个常规被打破了。如 1930 年 11 月，上海银元出口仅 249 万元，较之该年每月银元出口之平均数 6208000 元，反减 1/3；1931 年 5 月，出口银元仅 1600000 元，反成为该年全年最低数。到 1932 年 5 月，银元则根本没有出口，仅有进口 9270000 元。[1] 即农村资金向上海输送较多，而上海向农村流入的资金却很少。1933 年 1 月至 3 月银元移入上海的总数是 2159 万元，而移出之数则为 330 万元，两者之比为 6.5：1。[2]

　　也就是说，即便是到了农产品上市的季节，由上海流入内地的资金也较少甚或没有，以前那种城乡之间的资金双向流动失衡了。请看表 6—4：

表 6—4　　　　　　1932—1933 年内地与上海现银运动情况　　　　（单位：千元）[3]

年份	由内地输入上海	上海输入内地	上海对内地出超
1932	174720	30821	143899
1933	113146	10264	102882

　　资料来源：《12 年来上海现银出入趋势》，第 2—3 页。

　　内地对上海的贸易为什么是入超呢？1932 年，中国银行总经理张公权在一次讲演中指出："内地所用洋货购自上海……就是煤油……甚至米面亦须由上海购买。全国对于上海，差不多都是入超。近年以还，农产输出减退，而工业品之输入农村则旦夕滋长。农村入不敷出之结果，现金一味外流，而甚少运回农村之机会。"[4] 即农村大量地购买城市货物，而农村却没有多少土产能够卖出。由表 6—5 20 世纪 30 年代三个省份中三个县的贸易输出输入情况，就会进一步了解农村入超的困境。

　　[1]　千家驹：《救济农村偏枯与都市膨胀问题》，第 19 页。
　　[2]　《中国经济的衰落程度及其前途》三续，《中国经济（南京）》1933 年第 1 卷第 3 期，第 5 页。
　　[3]　《12 年来上海现银出入趋势》，第 2—3 页。
　　[4]　戴鞍钢：《近代上海金融中心地位与东西部经济关系》，第 33 页。

表6—5　　　浙江吴兴、安徽宁国与湖南临武等县输出输入贸易统计　（单位：元）

地区		年份	输出额	输入额	入超额
浙江	吴兴	1933	37075000	63669900	26594900
	嘉兴	1931	11086500	12955190	1868690
安徽	宁国	1934	519782	575000	55218
	休宁	1933	7013700	8276200	1262500
湖南	临武	1933	350000	850000	500000
		1934	720000	800000	80000

资料来源：章有义编：《中国近代农业史资料（1927—1937）》第三辑，第675页。

由上表可知，江南三省三县都是入超，而且沿海县区的入超更甚。入超的具体原因是什么？例如，1933年，湖南临武县入超50万是怎么来的呢？请看下表该县同年输出输入的商品总额（表6—6）：

表6—6　　　　　1933年湖南临武县输出输入商品总额

输出		输入	
白蜡	100000元	食盐	350000元
龙须席	100000元	日用品	300000元
猪牛油靛	150000元	谷米	200000元
总计	350000元	总计	850000元

资料来源：章有义编：《中国近代农业史资料（1927—1937）》第三辑，第675页。

由上表可知，在此县输入商品中，食盐与日用品占据了大宗，令人不解的是，谷米输入额也达20万元。

1934年，该县入超8万元的数据又是如何得来的呢？请看表6—7：

表6—7　　　　　1934年湖南临武县输出输入商品总额

输出		输入	
白蜡	200000元	食盐	250000元
龙须席	200000元	日用品	500000元
猪牛油芋	200000元	现金出境	50000元

续表

输出		输入	
谷米	120000 元		
总计	720000 元	总计	800000 元

资料来源：章有义编：《中国近代农业史资料（1927—1937）》第三辑，第 675 页。

据史料记载，1934 年是一个丰年，然而这一年竟有 8 万元的入超，而且其中有 5 万元的现金是直接出境的。

按常理讲，"农村经济日益枯竭，购买力自然薄弱，日用品价格理应随之降低，可是如食盐这宗，自泰利和公司粤盐专卖以来，价格竟涨了 50%！这越益使农村趋于贫乏。"上述浙江、安徽、湖南等地因入超而造成现金流失的情况，不是个例，全国其他地区的入超情况也很严重。1936 年云南蒙自入超 12566050 元，广西梧州入超 12213689 元，海南琼州入超 4008284 元，广西南宁入超 3480115 元。1936 年，西南边陲各埠的入超竟达输入额的 66%、输出额的 194%。这一方面表明西南广大土产不能外销，另一方面也标志着这一地区资金的外溢和生产的萎缩。[①]

那么，这一时期，造成中国农村对城市入超的深层原因何在呢？

首先，城乡之间悬殊巨大的不等价交换。

许涤新与吴承明两位先生认为："农村资金集中大城市，有地方不靖、资金逃亡，地主富绅将资金运往城市、托庇于租界等因素，不过大量地还是工农业产品价格差扩大所致。"[②]商人资本有选择性的流动造成中国越来越成为一个二元结构的国家：都市出售工业品，广大农村仍停留于传统经济的范围，出售农产品。农村与城市的商品交换是农村以低价值的农产品换取城市高附加值工业品的，往往造成农产品不足以抵补工业品之价值，因而这种交换是不平等的。

而且这一时期，农作物价格普遍下跌。如济南小麦的价格，1931 年是 5.28 元，1932 年是 4.32 元；芜湖的米价，1932 年是 9.11 元，1933 年

<hr />

① 韩启桐：《中国埠际贸易统计（1936—1940）》，中国科学院 1951 年版，（说明）Ⅳ。

② 许涤新、吴承明主编：《中国资本主义发展史》第 3 卷，人民出版社 2003 年版，第 128 页注 1。

是 6.17 元；青岛花生的价格，1932 年每担平均价格是 13 元，1933 年跌至 9.5 元；山东青州的烟叶价格，1932 年平均每担值 16.6 元，1933 年降至 9 元。① 1937 年的一篇文章描述了云南农村的生活情况：近年谷价地价夭跌，米价比三年前跌一半，麦价跌 1/3，大豆、蚕豆，也跌价 1/3。因此，农民以农产品交换工业品，便要大大吃亏。"例如三年前的布匹八九元，米价每斗十一二元；现在布价每匹增加到十三四元，而米价每斗跌则至四五元。"② 中国经济萧条，农产品受到的冲击最大。农民出售农产品的价格指数若以 1926 年为 100，则 1931 年是 118，1934 年是 49；农民出售物与购进物之价格比的指数若以 1926 年为 100，则 1933 年下跌至 52.7，1934 年下跌至 47.2。③

一面是农村农产品价格不断下跌，另一面是城市工业品价格不断上升，两者之间严重不等价，长此以往，这种交换会掏空农村资本而使农村枯竭，城市因资本膨胀而畸形繁荣，城乡差距加剧。

其次，中国传统土产在国际市场上不断受到排挤，销路变窄，出口量减少。

近代中国是农业国家，出口创汇主要是通过大量农产品的输出实现的。然而，20 世纪 30 年代中国土产受到打压。1931 年，日本在中国倾销生丝，中国丝价下跌，"结果以至每担四百八十之日金，合规元五百五十余两，为空前未有之低价"。蚕茧是要以丝厂为销路的，"今丝的销路，疲敝若此，农民的蚕茧没有出路，可想而知"④。1934 年，华丝外销愈形不振，市价惨落，回涨无望。日本生丝在其政府补贴下，对中国倾销，使得中国生丝出口由每月数千担降到每月数十担，"即可知外销市场惨落之情形也！"⑤ 日本还在中国大量出售人造丝品，对中国生丝以及丝织品市场打击很大。"广州市面，日本货物触目皆是，就中尤以人造丝制品来途最盛，且预先制成衣服，每件售价与棉织品相较尤为平贱，市民利其价

---

① 张公权：《中国银行二十二年度营业报告》，第 12 页。

② 章有义编：《中国近代农业史资料（1927—1937）》第三辑，第 674—675 页。

③ ［美］小科布尔：《上海资本家与国民政府（1927—1937）》，杨希孟、武莲珍译，第 111 页。

④ 千家驹：《救济农村偏枯与都市膨胀问题》，第 19 页。

⑤ 《华丝外销愈形不振》，《新广东》1934 年第 13—14 期，第 175 页。

廉，无不纷纷购用，土丝制造品市场，遂大受打击。"①

再如茶业，全国产茶之区如浙江、安徽、江西等省因受时局的影响，复加外茶的排挤，亦一落千丈。皖、浙的绿茶虽略有销路，市价则跌落1/2；至两湖及江西的红茶，即使价值低落到只及制造成本，也无人问津。② 湖北省茶叶一项，从 1928 年到 1930 年，出口由 62 万担减少到 31 万担。③ 1933 年，中国茶叶出口只有 400 多万银元。④ 在国际形势的影响下，茶叶有时增产不增收。1936 年 6 月至 8 月，两湖地区的茶叶有159775 箱，比去年同期增加了 45357 箱，但是销量较 1935 年锐减 22953箱，存底数较去年增加了 68310 多箱，"产量猛增，去胃奇滞"，究其原因，一方面受印度、锡兰、日本等地茶叶竞争的影响，销路不畅；另一方面，英俄德等国外商，观望不前，想趁机压价收购。⑤

"近年来因为华茶对外贸易愈形不振的缘故，农村金融的枯竭，已是日甚一日。"⑥ 除了丝、茶外，这一时期，全国农产品的出口总额整体下滑：1931年是 421000000 元，1932 年是 253000000 元，1933 年是 241000000 元。⑦

农产品不能销售出去，通商大埠的现金也就不能顺利地回流到内陆农民手中，然而农民需要购买城市里的日用品，在资本流动上，则表现为只有农村向城市的资金单向流动了。

而且，在农产品出口锐减之下，粮食还需大量进口。常说"湖广熟，天下足"，然而，湖北省一直在进口洋米，1929 年进口 4000 担左右，1932 年增至 840000 担，同年湖北省输出的米仅有 20000 石上下。⑧ 就全国来看，1931 年洋米进口值为 64375851 关两，1932 年上半年进口值为69745036 关两，即半年之数，即超过 1931 年全年的进口，其中上海一埠，1932 年前六个月洋米入口，已超过 1932 年同期的 90%。⑨ 1933 年，

---

① 《国内劳工消息：各地状况》，《国际劳工通讯》1936 年第 3 卷第 8 期，第 98 页。
② 千家驹：《救济农村偏枯与都市膨胀问题》，第 18 页。
③ 鲍幼申：《湖北省经济病态及救济》，第 27—28 页。
④ 张肖梅、蔡致通：《二十二年中国对外贸易检讨》（下），第 31—34 页。
⑤ 《两湖红茶产销概况》，《中国农民银行月刊》1936 年第 1 卷 9 期，第 97 页。
⑥ 千家驹：《救济农村偏枯与都市膨胀问题》，第 18 页。
⑦ 张公权：《中国银行二十二年度营业报告》，第 22 页。
⑧ 鲍幼申：《湖北省经济病态及救济》，第 27—28 页。
⑨ 千家驹：《救济农村偏枯与都市膨胀问题》，第 18 页。

中国小麦的进口比 1932 年增加了 700 万银元。① 也就是说，不仅是洋货，连农产品粮食也要大量从国外进口；而同期中国传统大宗商品，"如丝、茶出口则完全失败，内地的现金自然只有向通商大埠流出了"②。

再者，20 世纪二三十年代初，天灾人祸交织，农产品生产锐减，土产运出减少，农村没有多少商品可用来与城市进行交换，因而流向农村的资金则大为减少。

20 世纪二三十年代，中国的自然灾害几乎无年不有，如 1928 年北方八省大旱，1931 年长江流域大水，再加之当时内战不已。1930 年的中原大战，1931 年、1932 年、1933 年等数年江南几省内，国共两党之间的"围剿"与"反围剿"斗争，战争硝烟弥漫，广大乡村十室九空，这一时期，所产出的农产品价值在全国总产品价值中所占的比例，按当时价格计算，从 1931 年至 1934 年下跌了 47%。③ 农业收成一再下降。天灾人祸之下，湖北省内农业生产衰落，米麦、棉花、茶叶、桐油、苎麻等本是湖北省主要出口物产，但是在 20 世纪 30 年代，除了棉花一项，尚能维持现状，其他生产严重下滑。④

另外，农村的不安全加剧了资金的不断抽逃。"因内地的不安一天天加甚，凡稍有资产的人家都由乡而镇，由镇而城，由城而市，他们的游资都集中到大都市来，这可以说是资金的逃亡。"⑤ 与此同时，内地的不安全又促使银行、钱庄不得不收缩内地的信用，"均视农村放款为畏途"⑥。

30 年代的中国农村，不仅无法吸收资金，反而使得更多的资金流出去。农民日常所需之用品，如油、煤、食料之类，"均须仰给于都市，资金因以外流，往时尚可以用出售之农产品相抵，使资金重复流入，但年来因为农业生产事业衰落影响，流入少而流出多，现金往来，不能抵消"⑦。陈光甫先生说："到了民国十七年，上海方面的信用，已不甚灵通，前年

① 张肖梅、蔡致通：《二十二年中国对外贸易检讨》（下），第 31—34 页。

② 千家驹：《救济农村偏枯与都市膨胀问题》，第 19 页。

③ ［美］小科布尔：《上海资本家与国民政府（1927—1937）》，杨希孟、武莲珍译，第 111 页。

④ 鲍幼申：《湖北省经济病态及救济》，第 27—28 页。

⑤ 千家驹：《救济农村偏枯与都市膨胀问题》，第 19 页。

⑥ 张公权：《内地与上海》，第 13 页。

⑦ 鲍幼申：《湖北省经济病态及救济》，第 28 页。

大水之后，他们的放款不能收回，加以上海催索，自然难于支持了。通商大埠，收缩内地各都市的信用，各都市收缩各村镇的信用，所以内地资金只有流出，通商大埠，只有流进，集中一处，就露了一种分配极不平均的现象。"①

在中国农村，中国农民"对于资金的需要又是如何的迫切！他们只要有钱可借，可以暂时的拯救他们的燃眉之急，则不论借款条件之如何苛刻，也在所不顾。"② 然而，"融通商业资金入注的旧式钱庄，以及为一般平民作种种动产抵借的典当业……是不能和大多数的贫农有所往来。"③

20世纪30年代，中国的整个社会已经凸显出强烈的城乡二元结构特征，一面是广大农村的极度贫穷，另一面是少数通商口岸的资金膨胀。

三 资金流向城市并集中于城市

全国汇款，趋向口岸，口岸汇款，则集中在上海。④

如前所述，20世纪30年代农村处于入超地位，资金由农村一路流入城市，正如中国银行1933年的营业报告所说，"农村对于市镇，市镇对于都市，都市对于通商大埠，均立于入超地位，现金纷纷流出"⑤。这一报告道出了当时现金流向的路线。

作为这一时期国内现金流主要目的地上海，其银行存款增加迅速。请看下表1927—1934年上海外国银行与本国银行钱庄存洋总数（表6—8）：

表6—8　　　1927—1934年上海外国银行与本国银行钱庄存洋情况（单位：千元）

年份	1927	1928	1929	1930	1931	1932	1933	1934
银洋现金	134308	133704	168658	229258	258052	260192	446639	560077
指数	357	356	449	610	687	693	1189	1491

资料来源：章有义编：《中国近代农业史资料（1927—1937）》第三辑，第678页。

---

① 千家驹：《救济农村偏枯与都市膨胀问题》，第19页。
② 吴承禧：《合会在中国今日农村金融中的地位》，第545页。
③ 吴承禧：《中国各地的农民借贷——几个极堪玩味的统计的申述》（1934年），第138页。
④ 张公权：《中国银行二十二年度营业报告》，第4页。
⑤ 章有义编：《中国近代农业史资料（1927—1937）》第三辑，第678页。

由上表可知，1928 年以后上海存洋数量逐年增加，尤其是 1933 年、1934 年存洋数量急剧增加。如果说，1927 年上海银洋现金总数为 134308000 元，指数为 357，那么，到了 1934 年其总数为 560077000 元，指数达到 1491，即 7 年间增加 3 倍多。如此剧增的白银从何而来呢？无疑是从内地来的。

1931 年时，各地流入上海的现银只有 1290 万元，1932 年各地流入上海的现银达 1.45 亿元，1933 年上半年则达 6200 万元。"流入上海之数竟比流出之数多八倍，农村枯竭，可见一斑。"[1] 而同一时期，1931 年上海华资银行的库存为 17000 多万元，1933 年则激增到 27000 多万元，而上海 21 家外国在华银行的库存现银则自 1931 年的 8600 万元，猛增至 1933 年的 27500 万元，现银之大量集中于上海这样的沿海城市，使得都市金融呈现一时的畸形繁荣现象。[2] 白银不断地由内地运入上海。1933 年 6 月，由各地输入上海银元数量，"达一千八百余万元。良以本年汉口又值水灾，各方因鉴于前年水灾之猛烈，咸运现来沪，即各米产市场区域之九江芜湖等地，亦有巨额运来，盖亦因大水成灾，商业减退，农村之经济状况，殆尤形崩溃而陷于不可收拾之途矣。"[3] 1934 年一年时间内，"由农村流到上海的现银约有 7000 万之巨"[4]。

同一时期，上海的银行库存白银[5]数急剧增加。时人统计，1930 年，上海存银为 22100 余万元，1931 年为 26400 余万元，较 1930 年增 4300 余万元，几增 1/3，至 1933 年 1 月底为 56000 余万元，较 1930 年增 33900 余万元，骤增 1.5 倍以上，较 1931 年增加 29600 余万元，约一倍以上，较 1932 年 12100 余万元，约 1/3 强，"这样比较起来，可以知道上海现银存底增加的速率……也就是内地现银减少的速率，这种现状要是仍然维持下去，内地现银枯竭的时期，也就是上海繁荣毁灭的开始"[6]。有学者估计，1931 年至 1934 年的上海存银中，至少有 3.33 亿元系由内地农村集

---

① 参见钱亦石《中国农村的过去与今后》，第 139 页。
② 萧清：《中国近代货币金融史简编》，第 82 页。
③ 赵惠谟：《游资集中上海之数字上的考察》，第 1687 页。
④ 章有义编：《中国近代农业史资料（1927—1937）》第三辑，第 407 页。
⑤ 这里的白银是银洋与银两的总和。
⑥ 章有义编：《中国近代农业史资料（1927—1937）》第三辑，第 27 页。

中而来，它尚不包括从农村流到其他大城市者。[1]

章乃器在 1934 年谈及上海金融市场指标时有一张图，下图（图6—1）[2] 能鲜明展现上海存银、内地与上海之间银两出入的关系。

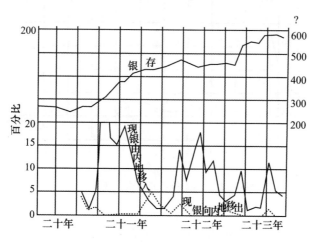

图6—1　上海存银流入与流出之比较

张公权先生认为：以上海一埠集中的现货占全国流通资金二分之一以上，决非一个过甚的估计。"因上海存银丰富，而使头衬充裕，所以上海市拆十分瘦弱，银拆是表示上海金融市场规银需供情形的寒暑表，银拆涨，则表示上海市的银根紧，银拆落，即表示上海市的银根松。上海因银洋充斥，拆息疲乏，去年年内除二月为旧历年关，拆息较高外，其他各月，均极低落，甚或白借。"[3] 请见下图（图6—2）：

从图6—2可见，都市存银大量增加，苦于无处可用，致使市面拆息低落，此种现象与高利率的乡村形成了鲜明的对比。

一方面农村金融枯竭，资本缺乏，往往月息三四分还借不到现款；另一方面都市金融膨胀，尤其是上海现银充斥，银行、钱庄的拆息常落到一钱（每千两）以下，五、六、九、十二月甚至可以"白借"。[4] 资金如此

① 许涤新、吴承明主编：《中国资本主义发展史》第 3 卷，第 128 页。

② 章乃器：《上海底两个证券市场》，《社会经济月报》1934 年第 1 卷第 7 期，第 87 页。

③ 千家驹：《救济农村偏枯与都市膨胀问题》，第 17 页。

④ 千家驹：《救济农村偏枯与都市膨胀问题》，第 418 页。

膨胀的都市，是否愿意救济偏枯的农村呢？

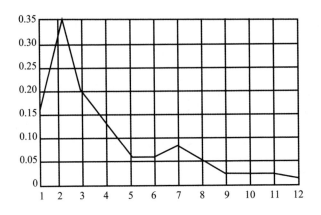

图6—2　1932年各月上海银拆张罗表①

　　"救济农村"曾是当时的一个热门话题。农村"资金大多流入都市，内地则感金融之枯竭，都市反患资金之无法销纳，以都市过剩之资金，返诸农村，用以增加生产调剂供需，遂为举国上下一致之呼声"②。于是一些银行逐渐有所行动，放款给农村。例如，1931年，上海商业储蓄银行以2万元放贷给河北省内卓有成效的各信用合作社。再如，1936年1月至1937年3月，由多家银行组成的中华农业合作贷款团，在陕西、山东、河南、河北等省对农村合作社放款600余万元，后因抗战全面爆发而停止。③

　　这一时期的银行是否在尽力地向农村投放资金呢？"在农村破产，举世骚然的今日，要想银行家把麋集在都市的游资大量的搬到农村去当然不是一件容易的事。"④

　　1933年，张公权在做报告时说，中国银行对农业的放款占各项放款

　　① 千家驹：《救济农村偏枯与都市膨胀问题》，第17页。
　　② 龚关：《近代天津金融业研究：1861—1936》，第106页。
　　③ 龚关：《近代天津金融业研究：1861—1936》，第106、107页。
　　④ 吴承禧：《中国银行业的农业金融》，《社会科学杂志（北平）》1935年第6卷第3期，第490页。

的 4.81%。[1] 上海商业储蓄银行，1933 年对农业放款占全部放款的 0.77%，1937 年 6 月是 2.11%。[2] 中国农民银行名为农民银行，但对农业的放款也不多。"本行放款，原以农贷为主要业务，推军兴以来，应现实所需，本行追随三行垫借军政各款"，占全部放款额的 80% 以上。[3] 那农业放款所占份额就较小。据吴承禧的统计，中国农民银行 1933 年的农贷只有 100 万元，1934 年是 200 多万元。对于银行来说，投放于农村的资金只占其运用资金总量很小的一部分。据估计，1933 年和 1934 年，全国各银行的农业贷款的累计总额分别为 612 余万元和 1878 余万元，[4] 若以农业贷款占银行资金运用的比例看，这一数额显然过于微小（表 6—9）。

表 6—9　　　　　　　1934 年主要银行农贷在放款总额中所占比例

银行	农贷对放款总额所占百分比（%）
中国银行	0.7
上海商业储蓄银行	2.84
中国农民银行	17.77
中国农工银行	1.75
交通银行	0.04
金城银行	0.35
浙江兴业银行	0.24
大陆银行	0.16

资料来源：吴承禧：《中国银行业的农业金融》，1935 年，第 490 页。

我国农民借款的三大来源分别为新式金融机关、旧式金融机关及私人贷主，据对全国 22 个省 871 县调查统计，全国平均私人贷主占 67.6%，

---

[1]　张公权：《中国银行二十二年度营业报告》，第 3 页。

[2]　黄鉴晖：《中国银行业史》，山西经济出版社 1994 年版，第 163 页。

[3]　中国人民银行金融研究所编：《中国农民银行》，中国财政经济出版社 1980 年版，第 82 页。

[4]　吴承禧：《中国银行业的农业金融》，第 472 页。

旧式金融机关占27.4%，所余5%为新式金融机关。可见农民借款来源的2/3实为高利贷宗主之私人贷主（计包括商人、富农、地主三类），其占1/4强的旧式金融机关亦属高利贷者，非高利贷的新式金融机关（如银行）所占极少。①

吴承禧曾说："农贷在银行资金运用中所占的比例是很小的。姑不论全国银行资金的总额究有若干，即以上海28家较有资望的会员银行来说，1933年度存款总额即24亿以上，各种放款计有21.2亿多，有价证券的投资亦在2.7亿以上；去年度的情形较此当更有增进，试问，在21亿多的一个庞大的放款总额之中，区区五六百万（1933）和一两千万（1934）的农村贷款，直有如沧海之一粟，算得甚么！"②银行对农村放款比例确实太小，"银行"在农村金融中的地位微乎其微。③

银行偏向城市。"现代式银行绝大多数集中在通商口岸，而农村地区则缺乏足够的信贷便利。"④金融组织之偏畸，大都集中于都市，一方面，在各个乡村之内，此项组织非常缺乏。虽然近来市面甚形萧条，而金融事业有日趋繁荣之现象，但是，另一方面，在省内各乡村中，除去湖北省银行及四省农民银行稍加注意，略有设备，但亦仅限于比较重要的地方以外，其他银行钱庄，仍是裹足不前，为求放款之安全起见，不得不抱收缩政策，将已放之款，逐渐设法收回，未放出者更是不敢轻试，因是乡村流通资金，极感缺乏。农村金融，渐呈极度枯涩的现象，造成农村生产不振。⑤

银行即使将资金投放农村，也是偏向东南富庶的农村。"现在一般商业银行对于农村的投资，大多集中在一些较为富庶的地方。"⑥各银行农业放款主要集中于江苏、浙江、陕西、山东、河南、河北、湖南、湖北等省，而在这些省份内又主要集中于"交通便利之县镇或农业经营条件比

---

① 王文均：《商业银行在农村中之动态》，《银行周报》1935年第19卷第48期，第21页。
② 吴承禧：《中国银行业的农业金融》，第490页。
③ 王文钧：《商业银行在农村之动态》，第22页。
④ ［美］杨格：《1927—1937年中国财政经济情况》，陈泽宪、陈霞飞译，第322页。
⑤ 鲍幼申：《湖北省之经济病态及救济》，第29页。
⑥ 吴承禧：《中国银行业的农业金融》，第501页。

较优良之区处"①。章元善先生（章乃器）在《商资与合作》一文中指出：在富庶肥沃，有利可图之地，彼此竞争，穷乡僻壤，需要最切之区，裹足不前。②

在多数贫困的内地，银行往往不是"送水的"，相反，倒是"抽水的"。银行家章乃器曾说："在内地的金融机关，多为都市金融机关的分支行，它的主要任务，是吸收内地存款，携赴都市。"也就是说银行资本不仅不能增加农村资金的供应，反而成为吸纳农村存款，转移农村资金的有力工具，对农村金融枯竭起了推波助澜的作用。③

那么，在20世纪20年代末30年代初，在那些轰轰烈烈的"救济农村金融偏枯"运动中，银行为救济农民而投放的资金在农民借款中究竟占有多大的比重呢？

金陵大学的卜凯和同事通过调查发现：农业信贷通常是季节性的，数额非常微小。据1933年间所做的一次调查，现代式银行和钱庄所提供的信贷只占总额的10%。④

1934年第11期《农情报告》对22个省的农民借款来源进行的调查发现，银行放款在农民借款的来源中只占到2.4%，则其地位之无足轻重，江苏省是银行农贷最多的一个省份了，但银行在该省农民借款的来源中亦只占8.8%，其他不如江苏的省份，就更不用谈了。⑤ 所以，"年来，都市银行业者虽以投资农村相号召，但农村既不安靖，且又不能予银行资本以高利的酬报，则实际上它们不能以大量的资金贷于农村，殆亦势所必然，所谓投资农村借以拯救农村之崩溃云者，事实上原亦不过是一种粉饰门面的企图而已！"⑥ 各省农民借款的来源中，最主要的是地主、富农和商人；地主占24.2%，富农占18.44%，商人占25%，三者合计，"已几及农民借款来源的70%了"。各省农民借款来源，如表6—10所示：

① 龚关：《近代天津金融业研究：1861—1936》，第109页。
② 龚关：《近代天津金融业研究：1861—1936》，第498页。
③ 宫玉松：《三十年代农村金融危机述论》，《中国经济史研究》1995年第4期，第53页。
④ ［美］杨格：《1927—1937年中国财政经济情况》，陈泽宪、陈霞飞译，第335页。
⑤ 吴承禧：《中国银行业的农业金融》，第492页。
⑥ 吴承禧：《中国各地的农民借贷——几个极堪玩味的统计的申述》，第138页。

表 6—10   农民借款来源

借款来源	百分比（%）
银行	2.4
合作社	2.6
典当	8.8
钱庄	5.5
商店	13.1
地主	24.2
富农	18.4
商人	25.0

资料来源：吴承禧：《中国银行业的农业金融》，1935 年，第 491 页。

吴承禧曾发出这样的感叹：《农情报告》中把地主、富农与商人三者合为一栏而统以"私人"名之，也是很有趣味的。我们知道：这三种私人，真是所谓"三位一体"的东西——地主有时候兼有商业，商人有时候就是地主，富农与地主阶级非常接近——他们原来都是直接间接或多或少的以高利贷的形式剥削农民，以榨取一般贫苦无告的农民……在"青黄不接"的时候，他们给你一斗两斗以贱价屯积起来的粮食，而在"新谷登场"的时候，减你以一倍两倍于借时的数量给他偿还。或是：在你"需款孔急"的时候，他们给你以少许现金的接济。而在你觉得无可奈何负担不起他那重利的盘剥的时候，他便很轻易的把你的土地兼并过去，使你流于佃户，沦于无产……这种三位一体的高利贷的剥削……如果一日不能除去，则农村及复兴的希望简直也是无法可以实现的。[①]

在社会的救济声中，中国广大的农民耕种既不敷成本，又无从借贷，加以苛捐杂税的催逼，除逃亡外，无出路可走。所以"到西北各地的农村中去，走上几十里路，几乎找不到一家农民。尤其是长安以西一带，那简直是赤地千里。中农和贫农，早都死的死了，逃的逃。地主大部分受不了土匪的骚扰，早移居到城市。现在遗留在农村里的，真是寥寥无几"。[②]

① 吴承禧：《中国各地的农民借贷——几个极堪玩味的统计的申述》，第138 页。
② 钱亦石：《中国农村的过去与今后》，第 139 页。

当时中国农村的衰败迹象，令人触目惊心！

内地愈偏枯而都市愈膨胀，农村破产"成就"了都市的繁华。银行对此也无能为力。据江苏农民银行无锡分行某主任的声明："积三年之经验，深知不惟小农之穷，爱莫能助；即小农之急，亦无从援手。"① 富庶的江苏尚且如此，其他贫困的省份更是可想而知了。上海商业银行总经理陈光甫先生曾说："银行天天希望把现金输送到内地去，可是困难没有解决以前，非但不能，且也不敢。"② 时人认为："救济农村，在银行方面，只能以银行眼光观察，不可认作慈善性质。"③ 所以，20 世纪 30 年代中国商业银行的农村金融活动声势很大但收效甚微。

如果说，外国商人资本侵入中国，开启了近代中国城乡之间分野的局面，而 20 世纪二三十年代农村金融的枯竭破产加大了城乡之间分裂的宽度与深度，城乡之间已是严重失衡，最终给这个国家带来了严重的经济问题乃至政治问题。

时人如此描述近代中国社会的现状："近年内地困难日深一日，上海的繁荣则相反地畸形的发达，一切现金财富均集中上海……内地破产的结果，亦就影响到上海前途的危机，尤其和上海的金融资本方面，有着密切严重的关系……对于上海而言，我们敢说，自今往后去，上海的繁华将有个大的变迁。上海自上年开始，不可否认地已踏入了衰落的途径。原因是工厂不振，生产品跌价，内地购买力减退。接着自去年起，上海的地价，亦逐渐呈跌落的趋向。金融界方面，投资困难，存款停滞，于是无论上海的银行和钱庄，都相率趋于公债证券等的投资。但这不过更形增加恐慌的程度而已。"④

城乡金融关系是城乡关系的一个重要组成部分。一方面，资本大量从农村流入城市，尤其是流入少数几个大的通商口岸，广大农村金融枯竭，"银币和铜元几乎断绝了踪迹"，农村发展停滞低下；另一方面，城市资本过剩，游资充斥，投机盛行，城市出现了畸形的繁荣。农村的偏枯与城

① 钱亦石：《中国农村的过去与今后》，第 139 页。

② 千家驹：《救济农村偏枯与都市膨胀问题》，第 19 页。

③ 龚关：《近代天津金融业研究：1861—1936》，第 110 页。

④ 张公权：《内地与上海》，《银行周报》1934 年第 18 卷第 14 期，第 13—14 页。

市的膨胀形成了鲜明对照，资本分布上的二元状况，造成城乡差距如此之大，致使这个社会潜伏着重大的政治危机。[①]

近代中国汪洋大海——农村——极度"贫血"，大海中几个孤岛——城市——畸形繁荣，城乡之间极度失衡，这种失衡如果最终需要恢复平衡，那将要以何种方式来完成？温和的改良，抑或是暴风骤雨式的革命？这一时期如此"泾渭分明"的城乡关系，在某种程度上似乎已经预示着：中国走农村包围城市的革命道路的必然性？[②]

第四节　商人资本区间流动与东西部之割裂

中国现代化的开启是与外国资本在中国的扩张同步的，这一时期是海洋时代，外国资本在中国的扩张是有偏向性的，它们偏向那些水路比较方便的中国沿海沿江地带，这些地带主要是中国的东中部。外国资本在中国的扩张，极大地左右了中国商人资本的扩展与流动，因为近代早期，后者主要是跟随前者的流动而流动，因而也带有强烈的地域偏向性，也集中在东中部。外国商人资本与中国商人资本的流动过程，打破了前近代中国几千年来城乡界限不明、东西不分的局面，促使中国城乡之间出现了巨大的差异，中国东西部之间出现明显的割裂。

通过不平等条约，外国列强迫使清政府开放广州、厦门、福州、宁波、上海等东部沿海城市，随后沿海北上，或沿江西向，不断开辟新的通商口岸，这种类型的口岸被称为"约开"口岸；还有一种口岸，是政府主动开埠通商的，被称为"自开"口岸。从时间上看，东中部通商口岸大多开放得较早，发展较快，多数成为近代中国，甚至是现代中国的大城市，如上海、天津、汉口、大连、青岛等；从空间上看，绝大多数通商口岸分布在东中部沿海、沿江地区，广大的内陆腹地稀少，故近代乃至现代

---

① 参见宫玉松的《三十年代农村金融危机述论》第57页。

② 如果一个社会有诸多严重的经济问题，所谓"积重难返"，靠经济方式往往无法解决，最后多是靠暴风骤雨式的政治方式来解决的，中外皆然。如法国大革命、俄国十月革命以及近代中国革命多是如此。这可能就是法国著名社会心理学家古斯塔夫·勒庞在《乌合之众：大众心理学》中所说的民族国家刚性有余，柔性不足，无法通过温和的、改良式的正常渠道解决问题，只有用革命性的手段来解决。

中国大城市的分布是东多西少。

一　商品资本流动的地域偏向

近代中国经济的发动机是国际贸易，早期主要集中在东中部沿海沿江大城市，如上海、福州、汉口、天津、广州等地。

在中国国门被欧美列强打开、继而国际进出口贸易开展之后，东西部的商埠及其货物流通和商贸交易，即呈现出很大差异性。东部因具有相对较有利的条件，成为航海东来的列强重点经营地区。上海、天津、广州和香港，这些东部沿海城市，分居华东、华北、华南进出口贸易枢纽港地位。[①] 据1928年的统计，在中国进出口货物所征关税总额中，上海、天津、大连、汉口、胶州、广州等位于东部沿海及中部沿江的六个口岸即占65.82%，其中上海一地就占40.88%。"在这种贸易格局下，西部内陆边地通商口岸的对外贸易和口岸经济一直未有很大起色"。[②]

近代新兴商业中心城市，也多处东南沿海地区，这样必然会形成国内贸易的偏向。据1936年的全国埠际贸易统计，上海、天津、广州、汉口、青岛五埠，占输入总额的66.6%，占输出总额的72%；而西南边陲的梧州、蒙自等九埠，合计只占输入总额的4.2%，占输出总额的1.5%。这种国内贸易的偏向，是殖民性衍生的一种表现。它直接的、长期的影响，就造成了我国东西部之间区域经济发展的不平衡。[③]

二　金融资本流动的地域偏向

（一）外国银行资本流动的地域偏向

近代以来，外国银行在中国的主要落脚点是上海，然后再由上海向其他口岸扩张。19世纪40年代，进入中国的第一家外国银行丽如银行落地上海，19世纪50年代又有一批英国银行进入上海：汇隆银行（1851，广州；1855，上海）、呵加剌银行（1854，上海）、有利银行（1854，上

---

① 戴鞍钢：《发展与落差——近代中国东西部经济发展进程比较研究（1840—1949）》，复旦大学出版社2006年版，第56页。

② 戴鞍钢：《发展与落差——近代中国东西部经济发展进程比较研究（1840—1949）》，复旦大学出版社2006年版，第57页。

③ 王水：《二十世纪初中国商业资本的发展》，第230页。

海）、麦加利银行（1858，上海）。19 世纪 60 年代，除法国的法兰西银行
（1860，上海）之外，又有一批英国银行进入上海：汇川银行（1861，上
海）、利生银行（1864，上海）、利华银行（1864，上海）、利升银行
（1864，上海）。[①] 19 世纪 60 年代中叶开设的英国汇丰银行，虽把总行设
在香港，但在上海设立分行，60 年代在福州、汉口、宁波、汕头，70 年
代在厦门、芝罘、九江设立机构，80 年代更扩及天津、澳门、海口、高
雄等东部城市。90 年代以后，列强资本输出加剧，其他资本主义国家争
相在上海设立银行：德国的德华银行（1889，上海）、俄国的华俄道胜银
行（1896，上海）、美国的花旗银行（1902，上海）、比利时的华比银行
（1902，上海）、荷兰的荷兰银行（1903，上海）等。[②] 可以说，上海是外
国银行在中国的大本营。这些新老殖民者的银行，在 19 世纪 70 年代以后
的 20 多年中，在中国的通商口岸设立了 45 个分支机构，其中汇丰银行在
分支机构的扩张方面具有典型性。19 世纪 70 年代以前，它的分支机构已
经分布在上海、福州、宁波、汉口、汕头几个重要通商口岸。进入 19 世
纪 70 年代以后，它在原有的机构以外，又先后在厦门（1873）、烟台
（1876）、九江（1879）、广州（1580）、北海（1880）、天津（1881）、澳
门（1881）、北京（1889）、牛庄（1892）、基隆（1894）等处，设立了
分支行或代理机构。[③] 由上可以看出，外国银行在中国的分布，具有很明
显的地域偏向性，那就是集中在经济比较活跃的东中部，尤其是东部
地区。

据 1936 年的调查统计，外商在华银行："约有十余处，共计八十余单
位。其中以设立在上海者为最多，计有二十余家；天津次之，计十余家；
汉口、北平各有八家；广州有六家；余如青岛、厦门、烟台、福州、汕
头、大连、哈尔滨、长春、沈阳、牛庄、旅顺、昆明等地，有一家至四家
不等。"有学者指出："外资在华银行主要分布在东部各城市，整个西部
地区只有昆明法商东方汇理银行一家。"[④]

---

① 萧清：《中国近代货币金融史简编》，第 40 页。
② 萧清：《中国近代货币金融史简编》，第 41 页。
③ 汪敬虞：《十九世纪外国在华银行势力的扩强及其对中国通商口岸金融市场的控制》，第
61 页。
④ 戴鞍钢：《近代上海金融中心地位与东西部经济关系》，第 25 页。

（二）华资金融机构资本流动的地域偏向

票号的地区分布也是有东西部之分的。近代以来，在票号占据主导地位时期，票号的总部始终是在山西的平遥、太谷、祁县等内陆地区，其兼营的商品，如皮毛、山货、茶叶等，主要是为满足蒙古、俄国贸易的需求，因而，这些山西票号在内蒙古、新疆、甘肃、西宁等西北地区也设立了一些分号。但是为了适应近代经济发展的潮流，山西票号对经营重点进行了一些调整。例如，上海以前没有票号，第二次鸦片战争后，当上海逐渐发展成为全国重要的商贸中心之时，票号便由昔日的集中之地苏州迅速向上海转移。1872 年上海已有票号 22 家，1875 年增至 24 家，1882 年又增至 25 家。[①] 汉口的经济地位仅次于上海，1891 年时，已有 16 家山西票号，每家拥有资本 10 万—30 万两。[②] 与此同时，票号还进一步在汉口新设了一些分号。

上海钱业领袖镇海方氏家族（后分为新方与老方两支）中的新方一支自 19 世纪 50 年代以后设立的钱庄，有 17 家在上海，5 家在宁波，1 家在杭州，1 家在汉口；老方一支自 1870 年以后设立的钱庄，8 家在上海，8 家在宁波，2 家在杭州。[③] 钱庄的开设，也偏在东部。

从北洋政府时期到南京国民政府时期，华商银行资本越来越向东部沿海一带集中。有关政府机构曾对华资银行总行所在省份的分布情况进行了两次调查。1925 年的调查显示，银行最多的省份，第一是江苏 44 家；第二是河北 37 家；第三是浙江、山东、广东，各 9 家；第四是湖北 7 家；第五是江西 6 家。1934 年的调查显示，江苏仍高居首位，增至 75 家；浙江次之，19 家；第三是河北 13 家；第四是四川、辽宁，各 8 家；第五是山东 7 家。前后两次调查数据表明，银行总行越来越集中在江苏、浙江、河北等东部区域。为何如此？前两者拥有沪宁两城市（上海是金融中心、南京是政治中心），后一个拥有京津两城市（曾经的政治中心与金融中心），且都在东部。[④]

与此同时，有关机构对 1925 年、1934 年华资银行总行所在的城市情

① 李一翔：《论长江沿岸城市之间的金融联系》，第 36—37 页。

② 李一翔：《论长江沿岸城市之间的金融联系》，第 37 页。

③ 中国人民银行上海市分行编：《上海钱庄史料》，第 731—732 页。

④ 吴承禧：《中国的银行》，第 12 页。

况也进行了统计对比，1925 年，中国的银行总行在城市中分布状况的排名是：上海 33 家，北平 23 家，天津 14 家，杭州 8 家，汉口 7 家，重庆 1 家，广州 1 家，其他 54 家，共计 141 家；1934 年的排名是：上海 59 家，天津 10 家，重庆 8 家，杭州与广州各 6 家，汉口与北平各 2 家，其他 77 家，共计 170 家。①

由上文可以看出，无论是 1925 年的统计，还是 1934 年的统计，一半以上的华资银行总部所在城市在东部地区，主要集中在上海、京津一带，所不同的是，1925 年，即北洋政府时期，京津一带的银行总行有 37 家，上海有 33 家，到南京国民政府时期，京津一带的银行总行大为减少，只有 12 家，而同一时期的上海，所拥有的银行总部竟高达 59 家。此种现象说明，30 年代华资银行资本越来越集中在上海。可以说，华资银行之成立地点，"以省论，江浙二省最多，以市县而论，则以上海北平为嚆矢"②。

1936 年，华资银行的总行、分行在全国的分布情况更能清晰地凸显出东西部地区之间的不平衡。

1936 年，全国华资银行在国内的总行有 154 家、分行有 1299 家。首先，为上海，总行即达 58 家，占总数的 37% 以上，分行亦有 124 家，占总数的 9%。其次，为江浙两省，总行 36 家占 23%，分行 300 家亦占 23%。再次，为南京、北平、天津、广州、武汉五大都市，总行共计 23 家，占 14% 以上，分行 210 家，占 16%。至于西北 5 省（陕、甘、宁、青、新）总行不过 4 家，只占 2%，分行 65 家，占 5%，其中新疆、甘肃各只有分行 4 家，青海则总、分行俱无。西南 5 省亦只有总行 8 家，占 5%，分行有 96 家，占 7%。就华中及华南 6 省（安徽、江西、湖南、湖北、广东、福建）而论，总行亦仅有 9 家，占 5%，分行则较多，计有 258 家，占 19%；此外如华北、东北虽未加统计，但也为数很少，可见，金融机构偏于东南一隅和几个大城市，而西北部极少，分布极不均衡。③

前述只是从地域位置上看，全国华资银行分布不平衡，东多西少。如

---

① 吴承禧：《中国的银行》，第 12 页。

② 中国银行总管理处经济研究室编：《全国银行年鉴》，1934 年，A6 页。

③ 杨荫溥：《五十年来之中国银行业》，见中国通商银行编《五十年来之中国经济（1896—1947）》，六联印刷股份有限公司 1947 年版，第 44—45 页。

果从资本分布来看，就更为不平衡了，全国资本在东中部的集中程度就更高了。

如1932年，上海、沈阳、天津、香港、北京、青岛，此6地全是东部沿海的城市，其拥有的银行数共占全国的64.93%，实收资本共占全国的85.95%。[①] 虽然，上海一市的总行数占全国华资银行总行数的比重只有38%，但其银行资本在全国的百分比，却占50.72%，存款占77.84%，放款占77.04%；如果连同天津等八市[②]合计，其资本则占全国华资银行资本的60.89%，存款占91.91%，放款占90.55%。换句话说，东中部这九个城市的银行资本，占全国的比重达60%以上，存放款达90%以上，而上海一市的银行可以支配的资金，就占全国银行资金的3/4以上。[③]

从上述史料可以看出，20世纪30年代，中国的银行资本集中在东中部，尤其是上海。中国30年代唯一的金融重心——上海在那一个时期"鹤立鸡群"，此种现象正折射出半殖民地国家的特点：一个城市独大（也可以称为"城市首位度过大"），其中之要义也就包含了一个城市的金融独大。

华资银行分布、资本汇聚等偏向东部地区，其放款的地域范围，也是偏向东部的。下表是1934年年底对全国华资重要银行的放款地区进行的调查，1935年2月所公布的数据（表6—11）如下：

表6—11　　　　　　　　　　　1935年2月数据

机关性质	机关名称	放款普及县数		主要服务省区
		实数	百分比（%）	
兼营之商业银行	上海银行	31	7.2	江苏
	中国银行	35	8.1	河南
	金城银行	5	1.1	河北
	交通银行	1	0.2	江苏
	垦业银行	1	0.2	江苏
	小计	73	16.8	

---

① 张郁兰：《中国银行业发展史》，上海人民出版社1957年版，第68页。

② 即京（南京）、平（北平）、沪、汉、津、广、杭、渝（重庆）、青（青岛）。

③ 李紫翔：《中国银行业之史的发展》，《中山文化教育馆季刊》1936年第3卷第3期，第795—796页。

续表

机关性质	机关名称	放款普及县数		主要服务省区
		实数	百分比（%）	
专营之农民银行	中国农民银行	56	13	河南
	省市立农民银行	57	13.2	江苏
	农村金融救济处	12	2.8	湖北
	农民借贷所	140	32.3	山东
	农工银行	12	2.8	浙江
	小计	277	64.1	
放款团体	华洋义赈会	57	13.2	河北
	金陵大学	1	0.2	江苏
	社会局	1	0.2	南京
	小计	59	13.6	
其他		24	5.5	山西、河北
总计		433	100	

资料来源：王文钧：《商业银行在农村之动态》，《银行周报》1935 年第 19 卷第 48 期，第 22 页。

上表可以证实，银行资本的放款也多集中在东部。资本集聚程度不同，利息也就不一样。一般说来，东南较低而西北最高，西北各省——绥远、宁夏、甘肃、陕西等处，"借款利率之在四分以上者且占到百分之五十以至六七十之高哩！"[①] 可见，西北部地方资金的匮乏有多么严重！

如前所述，资本在 20 世纪 30 年代初大量地流向东部。更详细的统计显示，1932 年中国银行的汇入资金总额为 750765000 元，其中汇入上海355546000 元，占 47.4%；汇入天津 58777000 元，占 7.8%；汇入其他各地 336442000 元，占 44.8%，仅就汇入上海与天津的资金总额来看，已有超过 50% 的资金汇入了东部。该行因此惊呼："内地资金集中都市，而上海一隅汇入之数，几占本行汇款金额之半数，尤为极堪注目之现象也。"[②] 1934 年，中国银行总裁张公权证实："一切财富均集中上海，每

---

① 吴承禧：《合会在中国今日农村金融中的地位》，第 550 页。
② 戴鞍钢：《近代上海金融中心地位与东西部经济关系》，第 34 页。

年估计约达数千万元……如华商银行最初存款不过一亿元，而最近已增加至二十亿元以上。"1936 年，上海金融业可运用的资金占到全国的47.8%。[1] 因此，张公权担忧：现金完全集中上海以后……内地城乡包括西部地区在内，由于资金大量流出，工商更显萧条，近代企业的投资更为乏力，与东部地区经济发展的差距更为凸显。因此，在近代中国，"银行的分布，根本谈不上普遍二字"，[2] 完全集中在东部，资本的分布更不均衡。

三　工业资本的地域偏向

外商工厂最初主要集中于东部沿海地区，如上海、大连、广州、青岛等。[3] 华商工厂亦是如此。因为华商资本是跟随外商资本的，它们以东部为基地向外扩散开来，甲午海战后，商人资本逐渐向长江中上游扩散。

中国商人资本工业投资偏在东部的史料不少。如买办祝大椿，从1883 年到 1913 年共投资 11 个项目，7 个在上海，2 个在无锡，1 个在苏州，1 个在扬州，即全是在东部。买办朱志尧，在 1897—1910 年投资的 7个项目中，其中只有 1 个是在北京，其余的全部在上海，即也是在东部。严信厚，从 1880—1908 年共创办了 14 家企业，6 家在上海，3 家在宁波，2 家在江苏的海州，1 家在江西的景德镇，1 家在辽宁的锦州，1 家在福建的政和。[4] 1895—1913 年间，中国买办投资了 51 个厂矿，全部在东部，上海一地就占有 26 家[5]。一战期间，商人资本创办的工业企业最多，不过还是主要集中在几个殖民地化的东中部城市，如上海、无锡、汉口、天津等地。[6] 1896—1910 年，19 家华商纱厂中，5 家在上海，2 家在宁波，2 家在无锡，2 家在杭州，除 1 家在武昌外，其余 7 家全部在东部沿海

---

① 戴鞍钢：《近代上海金融中心地位与东西部经济关系》，第 35 页。

② 吴承禧：《中国的银行》，第 12 页。

③ 郑友揆：《中国的对外贸易和工业发展（1840—1948）——史实的综合分析》，上海社会科学院出版社 1984 年版，第 51 页。

④ 根据汪敬虞编《中国近代工业史资料（1895—1914）》第二辑下册第 1091—1092 页中表格整理得出。

⑤ 根据汪敬虞编《中国近代工业史资料（1895—1914）》第二辑下册第 979—981 页中表格整理得出。

⑥ 参见陈真编《中国近代工业史资料》第四辑，第 13 页。

地区。①

第一次世界大战之后，除了官僚投资工业外，所谓的民族工业多是商人资本所创办的。如前所述，这一时期，商人资本是近代中国工业投资的主要资本来源。② 纺织业与面粉业这两个轻工业，是这一时期多数商人资本投资的最爱，如钱业出身的荣氏兄弟，其商业帝国的核心就是这两个行业（茂新、福新与申新系列）。这两个行业也是近代中国的两大支柱性产业，主要集中在东部沿海地区。1914—1921 年，福新系列面粉厂共计 9家，其中有 8 家在上海，1 家在汉口。③

中国的纺织工业中心在上海。1930 年，全国 127 家纱厂中有 61 家开设在上海，19 家开设在邻近的江苏。④ 1936 年。沿海城市的棉纺纱锭占全国的 87.7%，布机占 90%，其中上海、天津、青岛三市的纱锭占全国的 68%，布机占 69.9%，直到抗日战争前，四川还没有一家近代纺织厂。⑤

东北、江苏是近代中国两大面粉工业中心。1914—1921 年民族资本新创办的机器面粉厂有 100 家，多数集中在上述两地，尤其是上海、哈尔滨。到 1921 年，江苏、东北两地设厂共计 94 家，占全国实存数的69.63%。⑥ 此后，面粉工业集中在东部的状况并没改变。到 1936 年年底，全国各地民族资本经营的近代机器面粉工厂共计实存 152 家，其中东北地区（包括哈尔滨市，当时是沦陷区）共 53 家，日生产能力 116510包，上海、无锡以及江苏其他地区共 31 家，日生产能力 176000 包，仍占全国第一位。⑦

除了面粉业、纺织业之外，整个民族工业的地域分布也是如此。1933年，上海、天津、无锡、广州、青岛、武汉六个沿海沿江大城市拥有的民

---

① 严中平：《中国棉纺织史稿》，第 139 页。

② 请看"第五章商人资本职能转型"中第二节。

③ 上海市粮食局等编：《中国近代面粉工业史》，中华书局 1987 年版，第 122 页。

④ ［美］小科布尔：《上海资本家与国民政府（1927—1937）》，杨希孟、武莲珍译，第 176页。

⑤ 王方中：《本世纪 30 年代地方进出口贸易严重入超的情况、原因和后果》，《近代中国》第 1 辑，上海社会科学院出版社 1991 年版，第 49 页。

⑥ 上海市粮食局等编：《中国面粉工业史》，第 41—42 页。

⑦ 上海市粮食局等编：《中国面粉工业史》，第 63 页。

族工业资本额占全国的 59%，生产总值占 69%，工人数占 54%。① 同年，上海、天津、广州三个沿海大城市占有全部制造工业（不包括采矿工业）资本额的 51. 31%，全年生产总值的 62. 1%；其中上海一地占全部工业生产总值的 50. 01%。② 抗日战争全面爆发前夕，中国民族工业仍高度集中在东部沿海沿江地区。时任国民政府经济部长的翁文灏在总结战前中国工业分布特点时说，沿海沿江密集度过高。实业部对战前登记的 3985 家工厂的地域分布情况进行了统计分析，得知当时的工业分布：广东、浙江、江苏、福建、山东、河北 6 省及上海、天津、青岛、威海卫 3 市一特区，所拥有的工厂数已占总数的 76%（2998 家），而上海、江苏、浙江这块三角地带，尤为工厂密集之地，其工厂数可占到总数的 56%（2336 家），且仅上海一隅即已达到总数的 1/3 以上。其次，在其他各地的 937 家工厂中，尚有南京市 102 家，北平市 101 家，湖北省 206 家，安徽省 2 家，山西省 91 家，河南省 91 家，“现在也大都陷在敌占区，所以当时真正存在于西南、西北后方的，不过 300 多家而已，可见战前工业区位分布式如何不平衡了！”③

至抗战前，中国工业资本偏在沿海沿江一带的程度很高。例如，全国纱厂的 77%，面粉厂的 62%，火柴厂的 53%，碱酸工业的全部，都集中在沿海的上海、青岛、天津等几个大都市。④ 正因如此，当战事一起，集中在中国东部的这些民族工业基础就被敌人的炮火摧毁殆尽。

华商资本集中在中国东部，外商资本的集中程度更甚，在半殖民地半封建社会这样的一个国家里，在某种程度上可以说，后者是前者的导因。1931 年，英国人所经营的工业全部在上海，日本人所经营纱厂总锭数的 7/10 聚于上海。近代中国工业资本集中的城市，多是“条约口岸”，这是殖民地化经济的一个反映。⑤ 1949 年前中国 90% 以上的工厂分布在“条

① 根据陈真编《中国近代工业史资料》第四辑（生活·读书·新知三联书店 1961 年版）第 95 页中的表得出的。

② 吴承明：《中国民族资本的特点》，《经济研究》1956 年第 6 期，第 120 页。

③ 翁文灏：《中国工商经济的回顾与前瞻》（附表），《新工商》1943 年第 1 卷第 1 期，第 2 页。

④ 张锡昌：《中国工业化的当前问题》，《中国工业（桂林）》1943 年第 13 期，第 7 页。

⑤ 19 世纪、20 世纪，在西方列强资本的扩张中，它们多选择当地沿海沿江的城市作为殖民据点，如孟买、科伦坡、吉隆坡、金沙萨等。

约口岸",① 这种分布自然导致区域之间的割裂。

在近代中外商人资本的流动中,中国经济出现了东西部之分割,并在资本的这种流动中,随着时间的推移,其差距越来越大。

外资进入中国,粤商资本、宁波商人资本等随之流到中国内地,促进了沿海沿江与内地之间、区域与区域之间的融合,其从内涵上日益成为一个不可分割的整体,中国统一的市场逐渐出现,与此同时,一些内陆腹地的现代化进程开启。

商人资本的区间流动犹如一把双刃剑。中国城乡之分裂、东西部之割裂,是近代以来才有的,从某种程度上可以说,是资本偏向性的流动造成如此之裂变。尽管后来在抗战中,大量商人资本流向了西南西北地区,但是,当抗战胜利之后,这些商人资本又回到了中国的东部沿海地区。这种经济区位格局一直延续到现代。如今,中国正在打破这种"春风不度玉门关"的困境,出台多种优惠政策,把资本引向西北、西南地区。

---

① Rhoads Murphey: *The Fading of the Maoist Vision: City and Country in China's Development*, p. 31.

第七章

近代中国新兴商人资本特性

西欧在 16—18 世纪有一个商业资本主义时期，对此，海内外学术界早已形成了共识。然而，很少有人把鸦片战争之后至中华人民共和国成立之前，或者说至抗日战争之前的时期，定性为中国的商业资本主义时期。目前仅有美籍华裔学者郝延平曾在《中国近代商业革命》一书中说，19世纪中国发生了商业革命，属于商业资本主义时期。在此，为了不引起不必要的争论或误解，笔者只能说在整个近代中国大城市里，商业资本曾经处于非常重要的地位。①

国内外学术界对这一时期中国的商会、商团，或商帮（主要是"人"的研究）研究比较多，涌现出一批令人瞩目的研究成果。然而，学术界对这一时期中国商人资本的研究不多，② 对新兴商人资本特性的研究更是少之又少，所以，很有必要就此进行深入研究。

第一节　新兴商人资本多元化投资③

任何时代，资本都喜好多元投资，例如在经营茶丝的同时，也有可能

---

① 其实，从近代中国整个社会资本构成来看，商业资本（包括商品资本与生息资本）一直占据最大的比重，一直不低于50%，越在近代早期其所占的比例越高。而且，即使是在第一次世界大战之后，中国的民族工业发展起来，出现了较多由商人转化而来的"工业家"，然而，他们多是商人的做派：当工业生产能盈利就从事生产，不能盈利，资本就抽逃出来从事囤积居奇的商品买卖，或生息资本投机。这种特性就是商人资本家（与商业资本家互用）的特性，有鉴于此，笔者认为把整个中国近代看成商业资本主义时期，一点也不为过。

② 目前仅见王水的《二十世纪初中国商业资本的发展》一文，载于《近代史研究》1987年第 3 期。

③ 本节主要考察近代以来才兴起或才发达的中国商人资本，鉴于目前国内外学术界对近代中国商人资本投资特性尚未有过深入研究，故本章将对此进行细致考察。

经营米粮等，这些经营活动基本上还是在商品领域这样一个大范围之内，但是在近代中西方转型时期，资本投资可能一边在商品领域内进行多元投资，一边在工业领域内进行多元投资，同时兼在生息领域内进行多元投资，也就是说，在近代转型时代，商人资本进行了跨多个领域的多个投资，这是不同于以往时代的资本投资特性。这种特性是时代造就的，即在多个新兴行业中有多种高利润的出现。高利润与高风险并存，因而多元投资也可能是这个时代不安全的折射，例如在资金充足之下，多种投资可以规避因一种投资而带来的风险，增加商人资本的安全性。这是中外商人资本在近代转型时期的一种共性。

布罗代尔曾这样描述西方商人资本：历史资本主义的基本特点在一个很长的时间——也就是在它的整个生命周期里——一直是资本的"灵活性"和兼容性……是资本主义发展史上的一个基本特点：它的无限灵活性、它的变化和应变能力。[1] 纵观近代早期意大利诸城邦、荷兰、英国等地区商人资本的投资活动无不如此。

例如，英国伊丽莎白一世时期著名理财家、16 世纪的"商人之王"托马斯·格勒善，就曾创办了包括造纸、榨油、制铁、谷物加工等多个工场；商人斯皮尔曼是一个大牧羊主，同时又经营木材，还从事锡矿、铁矿等开采，以及谷物加工。诺丁汉商人威洛比投资煤矿、制铁厂、玻璃制造厂；商人兼金融家约瑟夫·赫尼爵士，创建了铜矿公司、玻璃制造公司、爱尔兰皇家渔业公司等多家公司；商人约翰·维尔德从事工矿企业与农牧业经营等。[2]

在多元投资方面，近代中国商人资本与近代西欧早期商人资本相比，其不分伯仲，有着极大的共性。

镇海方介堂家族从粮店、杂货铺经营，发展到钱业，同时还经营其他商业，如糖业、沙船、银楼、绸缎、棉布、药材、南货、渔业、书业、地产业等。[3]

---

① ［意］杰奥瓦尼·阿锐基：《漫长的 20 世纪：金钱、权力与我们社会的根源》，姚乃强、严维明、韩振荣译，第 5 页。

② 陈曦文、王乃耀主编：《英国社会转型时期经济发展研究》，首都师范大学出版社 2002 年版，第 113—115 页。

③ 中国人民银行上海市分行编：《上海钱庄史料》，第 730 页。

李也亭，上海沙船业巨子、钱业领袖、"小李港家"的创始人。他是一个处于鸦片战争前后新旧时代交替的商人，但其发迹是在鸦片战争之后，他以沙船业起家，曾创办了"久大号"船业公司，在其公司兴盛时期拥有100多号船只，且在上海辟有自己的久大码头。除此之外，李也亭多业并举，拥有近10家钱庄，4家房地产公司，还对百货、货栈等多个行业进行投资。①

买办，可以说是近代中国第一批新兴商人，他们无不是多领域投资。我们在汪敬虞先生所著的《唐廷枢研究》一书中可以看到：唐廷枢在26岁之前，在香港开设了两家当铺，前后经营了四年，每年都能赚到25%—45%的利润。② 29岁，开始与怡和洋行发生联系，"代理该行长江一带生意"；31岁，开设过棉花行；34岁，与林钦接办杨坊的当铺；35岁，附股怡和洋行的谏当保险行；39岁，投资了三家钱庄，为怡和洋行收购茶叶。③ 40岁，附股琼记洋行的航运企业、附股马立司和美记洋行的轮船、附股怡和洋行的华海轮船公司。43岁，与徐润等人合开上海崇德钱庄。44岁，与徐润等人创办仁和水险公司。45岁筹办开平煤矿，还与徐润等人投资安徽池州煤铁矿。49岁，与郑观应、徐润等人合办天津塘沽耕植畜牧公司。50岁，投资天津煤气公司，还与郑官应、徐润商办佛山码头。51岁投资热河承平三山银矿。52岁，开设长源泰、长发货栈。54岁创办唐山细棉土厂。55岁，与徐润等人勘查热河平泉铜矿和烟筒山银矿。56岁，与徐润等人勘查迁安铁矿。57岁筹办林西煤矿，同年与徐润等人接办香山天华银矿。58岁，与郑观应等集资在广州修建轮船码头，运销开平煤。60岁，与徐润等人创办建平金矿，同时筹办增开马家沟煤矿，④ 如此等等。可见，唐廷枢这一生所投资的行业之多，包括了当铺、棉花行、钱庄、保险、航运、矿山、码头、货栈等多个行业。非常可贵的是，在其晚年还创办了一家唐山细棉土厂（实体工业），这是中国第一家水泥厂。

近代中国四大买办之一徐润，所开创或所投资的行业，亦是跨越多个

① 中国人民银行上海市分行编：《上海钱庄史料》，第736页。
② 汪敬虞：《唐廷枢研究》，中国社会科学出版社1983年版，第158页。
③ 汪敬虞：《唐廷枢研究》，中国社会科学出版社1983年版，第169页。
④ 根据汪敬虞《唐廷枢研究》第154—223页中《唐廷枢年谱》统计而成。

行业多领域的，数不胜数。对此，徐润在《徐愚斋自叙年谱》的序言中
多有提及：

> 与唐景星①诸观察，创招商轮船局，仁和、济和保险公司，开
> 平、林西煤矿，塘沽种植公司，续办承平三山银矿。岁丙子，为扩充
> 商局计，独任艰巨，将旗昌金利源汽船全公司买受……雨翁之力，亦
> 雨翁生平最得意之事也。又与诸昆季创同文书局，奉旨影印图书集
> 成，进呈御览。余如广百、宋齐铅版书局，贵池、天华、南票、台吉
> 等矿、粤东开平码头公司、香港利远糖榨公司、玻璃公司、烟台缫丝
> 局、虹口伦章造纸公司、上海立顺兴杂货号、元吉绸庄、成号布庄、
> 典当钱庄、茶庄茶栈，或合开或独创，难以枚举……岁辛卯，创建
> 平，续办永平，兼热河合办各矿……又与沪上西商，设业广房产公
> 司。未几而有庚子之变，复在粤东开创自来水公司，合股循环日
> 报……乃与西商设先农房产公司，以为商务基础，复自设广益房产公
> 司，合股电车公司，种福台垦务公司，以兴市廛。岁壬寅，在上海创
> 景纶中国汗衫厂，粤东香山东岸同益种植橄榄松柴公司。癸卯，同创
> 锦州大凌河天一垦务公司。甲辰，上海合设地丰公司。丙午，设华兴
> 保险。丁未，设华安保险。皆所以振实业而挽回利权者也。②

从上文可以看出，徐润所投资的行业确是"难以枚举"，而且，徐润
似乎比唐廷枢所投资的行业还要多。此外，徐润还曾投资过书局，创办或
参与投资过不少实体工厂，如香港利远糖榨公司、玻璃公司、烟台缫丝
局、虹口伦章造纸公司、景纶汗衫厂等。

唐廷枢、徐润等人都是买办，是近代中国第一批新兴商人，他们的经
济活动多在甲午海战前，虽有多项投资，但是除了矿业、交通之外，对近
代民用工业的独立投资不是很多，③ 体现了近代早期中国新兴商人资本的

---

① 唐景星，即唐廷枢。
② 徐润：《徐愚斋自叙年谱》，江西人民出版社 2012 年版，"序言"第 1—2 页。
③ 如唐廷枢、徐润等这样近代早期的著名买办，在功成名就之后，多数进入政府圈子，参
与洋务运动中官办或官督商办工业企业的经营与管理去了。

特点。然而，甲午海战后的中国新兴商人资本投资的商业领域、实体行业，数量众多且更具现代性，构建的商业集团网络更大。

上海总商会会长朱葆三，一生投资经营的领域包括了五金、钢铁、航运、金融、纺织、面粉、水泥、自来水、造纸、榨油、保险、新闻诸事业、银行等，创建了一个庞大的"商业帝国"。具体来说，投资过工矿企业：上海绢丝厂、上海华商水泥公司、柳江煤矿公司、长兴煤矿公司、龙华造纸厂、上海第一呢绒厂、立大面粉厂、和兴铁厂、宁波和丰纱厂，以及中外合资企业、执股企业日华绢丝公司、马来亚吉邦橡胶公司等。投资过5家银行：中国通商银行、浙江实业银行、四明商业储蓄银行、中华银行、江南银行，并在上述银行里担任重要职务。投资过4家保险公司：华安、华兴、华成、华安人寿。投资过6家轮船公司：宁绍、长和、永利、永安、舟山、大达。朱葆三还曾在上海华商电车公司、定海电气公司、舟山电灯公司、上海内地自来水公司等公共事业中有过巨额投资。在1916年，他还与傅筱庵、严子均、虞洽卿等人创设祥大源五金号。朱葆三的投资，真可谓"君无所不办"。[①]

上海华商总商会董事祝大椿投资的企业有上海源昌五金厂、上海源昌碾米厂、上海华兴面粉厂、上海源昌缫丝厂、上海怡和源打包厂、苏州振兴电灯厂、无锡源康缫丝厂、上海公益纱厂、无锡惠元面粉厂、扬州振扬电灯厂，此后还创办了上海恒昌源纱厂、无锡乾元丝厂、武进电灯厂、溧阳振亨电灯厂、大通振通电灯厂等。[②]

另一位上海商会会长虞洽卿投资的主要企业有：四明商业银行（1908）、宁绍商轮公司（1909）、鄞县永耀电力公司（清末）、中国转运公司、三北轮埠公司（1914）、长兴煤矿股份有限公司（1914）、宁兴轮船公司（1917）、鸿安轮船公司（1918）、利济出口进口贸易股份公司（1919）、中华劝业银行（1920）、中华物品证券交易所（1920）、华盛信托公司（1921）、江南制纸公司（1925）、中华国货产销联会公司（1934）等。[③]

①　参见聂宝璋、朱荫贵编《中国近代航运史资料（1895—1927）》第二辑下册，第844页；浙江省政协文史资料委员会编《宁波帮企业家的崛起》，浙江人民出版社1989年版，第91页。
②　汪敬虞编：《中国近代工业史资料（1895—1914）》第二辑下册，第1091—1095页。
③　聂宝璋、朱荫贵编：《中国近代航运史资料（1895—1927）》第二辑下册，第841页。

信成银行的开创者商人周廷弼创办或投资的企业有：上海的升昌五金煤铁号（1878）、苏州的苏经丝厂（1897）、苏州的苏纶纱厂（1897）、无锡的保昌典当号（1901）、无锡的裕昌缫丝厂（1904）、上海的信成银行（1906）、无锡的锡金劝工厂（1906 年）、开化的合发铁厂（1907）。①

相对来说属于后一辈的刘鸿生，原是开滦矿务局英商的买办。他曾投资过鸿生火柴厂、龙华水泥厂、柳江煤矿铁路公司、裕生火柴公司等。1926年，他在工矿、交通运输、码头堆栈以及银钱、商业等多个领域的投资额达 310 多万元，再到 1932 年年底，刘鸿生在企业中的投资已达 740 多万元，即他在 1927 年到 1931 年的企业投资总额，比 1926 年增长了 136%。②

汉口商务总会第一届协理刘歆生，又名刘人祥，利用东方汇理银行买办身份，从该银行低价贷款，然后通过阜昌钱庄高价贷出，从中开始发迹。与此同时，他倾其所有且大胆地向银行与钱庄借款，大量收购汉口土地，进行地皮投机。除了大量购买地皮、不断填湖、修筑大道之外，他还先后投资兴办刘万顺牛皮行、刘万顺转运行、湖北商办铁路公司、歆生记铁工厂、歆生填土公司、歆生榨油厂和豆饼厂、毛皮制造所、阜通钱庄、炭山湾煤矿和江西铜矿等 10 多个企业。同一时代的商业巨擘，汉口商务总会第二届协理、第四届总理蔡辅卿，先后创办过泰昌祥、恒泰、同泰参号，元泰花行，有成、公济当铺，设运输公司等多家企业。汉口商务总会第五届总理李紫云，靠福康隆土烟店发家，1914 年投资 60 万创办了汉口第一纺织股份有限公司。此外，他还曾创办过燧华火柴厂，德康、安康、承康、同德钱庄，华丰银行，德润康、义康隆匹头号，公济、福丰当铺，大生、福隆米厂，仁寿堂药店，白康酒店等多达 18 家企业。刘鹄臣，汉口祥丰厚土栈经理，曾创办过谦益钱庄、刘有余堂中药铺、馨记茶行、利成花行、瑞华花号、厚记匹头号等企业。再如，创办过商办汉镇既济水电股份有限公司的宋炜臣还创办过汉口燮昌火柴厂、汉口扬子机器厂，投资过厦门信用银行、常德德兴房地产合资公司等多家企业。

在近代，随着时间的推移，中国商人资本多元化投资的例子数不胜数。商人资本在多个领域多个行业进行投资，创建了一个又一个包括商

---

① 汪敬虞：《中国近代工业史资料（1895—1914）》第二辑下册，第 1094 页。
② 马伯煌：《刘鸿生的企业投资与经营》，《社会科学》1980 年第 5 期，第 69 页。

业、工矿业、金融业等在内的"商业帝国"。由此，不得不令人感叹，在近代中国这样一个政治经济长期紊乱不堪、外加帝国主义强势资本长期打压的窘况之下，中国商人资本还能展现出如此惊人的投资活力！

多元投资，所体现出来的恰恰就是近代商人资本具有的高度灵活性与适应性。"占据经济制高点的独特优势恰恰不在于把自身局限于某一种选择，而在于卓越的适应性，亦即非专业化。"① 唐廷枢、徐润、虞洽卿、祝大椿等人先后创办诸多企业，这本身就说明商人资本的投入与转向是何等之快。刘歆生先前投资湖北省阳新县炭山湾煤矿、歆生记铁、歆生木工厂等都相继失败，但是他并没有就此罢手，后来成功地创建了以地产为中心的多家企业。近代中国商业巨擘们的资本投资活动大体类似。马克思说，"没有哪一种资本比商业资本更容易改变自己的用途，更容易改变自己的职能了"②，尤其是，在转型时期的多元投资折射出时代性：机遇与挑战并存。投资多个行业，说明这一时期，多个行业都充满了盈利的机遇；与此同时，不专注一个行业，"不把鸡蛋放在同一个篮子里"，也说明资本有着规避风险的现实考量。

近代中国新兴商人资本在多元化投资中有着突出的投资喜好。

第二节　新兴商人资本投资偏好

一　偏好投资房地产

在农业文明时期，中国城市人口变动比较小，城市房地产尚未形成产业，故在清代大部分时间里，城市出于商业目的的建房很少，因为房息最高不过五六厘（即5%—6%），不及钱庄利息高。③ 然而，随着开埠通商，中国对外国际贸易的发展，城市外来人口不断流入，近代中国城市化进程启动，城市地价不断攀升，尤其是在通商口岸，地价飞涨。"上海自泰西互市……地价日益翔贵，以今视昔，利逾百倍"。④ "洋人在汉口取得

---

① ［意］杰奥瓦尼·阿锐基：《漫长的20世纪：金钱、权力与我们的社会根源》，第5—6页。

② ［德］马克思：《资本论》第三卷，第314页。

③ 胡莲孙：《旧时武汉房地产》，《武汉工商经济史料》第三卷，武汉出版社1988年版，第83页。

④ 徐润：《徐愚斋自叙年谱》，第47页。

永住权时，每亩不过五六十两（白银），到 1930 年，最低也为五千两以上。"① 房地产利润之大，引得很多资力雄厚的商人资本投入此中。转型时期的商人资本与房地产似乎有着天然的联系，近代中国的富商巨贾几乎无一人不热衷于此。

通商口岸不断发展，寸土寸金，一些新兴商人资本争相投资城市地皮，或建房出租，或建房出售。最早以炒地产出名的莫过于近代早期四大买办之一的徐润，有人称之为"地产大亨"，他开设过多家房产公司，② 专门经营房地产。据说，徐润听取了洋人的建议，在上海购买地皮，建房出租。徐润曾在《徐愚斋自叙年谱》中说，他所购的土地，除去未建房的 2900 亩，已经建房的有 320 余亩，他出租的房子每年的租金就有 122980 余两。③ 此人除了在上海大量购买地产外，在天津也拥有房产，"后来他经营乃父在天津的房产"，④ 这个"他"是徐润的儿子徐叔平。唐景星也曾投资过房地产。1888 年 12 月 11 日上海业广地产公司发布启事涉及的 3 份房地产合同中，有唐景星的名字。⑤

细数近代在上海经营的商人，他们多数都曾有过投资房地产的经历。叶澄衷、程瑾轩、周宗良、郑伯昭、厉树雄等都在上海拥有大量房地产，从事房地产买卖和出租业务。他们把房地产投机活动看作在上海最靠得住的买卖。⑥

叶澄衷曾创设树德地产公司，经营房地产；金润痒开设大同企业公司，经营房地产；"小港李家"李也亭家族曾在上海拥有"天丰、地丰、元丰、黄丰"四家房地产公司，大肆收购上海房地产，并自辟两条马路（地丰路与李诵清堂路）；⑦ 再如秦君安、薛宝润、贝润生、朱葆三、虞洽卿、徐承勋等宁波帮巨商豪富，在上海租界内都购有大

---

① 胡莲孙：《旧时武汉房地产》，第 83 页。

② 徐润在《徐愚斋自叙年谱》的"序言"中提及他开办过业广房产公司、广益房产公司、先农房产公司等，此外，他还开办过宝源祥房产公司。

③ 徐润：《徐愚斋自叙年谱》，第 47 页。

④ 汪敬虞：《中国近代工业史资料（1895—1914）》第二辑，下册，第 965 页。另，徐润在《徐愚斋自叙年谱》"序言"中提及在天津与西人合作开办了先农房产公司。

⑤ 汪敬虞：《唐廷枢研究》，中国社会科学出版社 1983 年版，第 171 页。

⑥ 黄逸峰：《关于旧中国买办资产阶级的研究》，《历史研究》1964 年第 3 期，第 106 页。

⑦ 中国人民银行上海市分行编：《上海钱庄史料》，第 737—747 页。

量地产。① 虞洽卿曾把大量房地产变卖，用来投资航运业，② 即便如此，他还是拥有大量房产，因此，他死之后其家人内讧，主要是为了争夺房产。在上海从一个渔村成长为远东国际大都市的过程中，不断地成就了一批又一批新的房地产大亨。

哪里地价腾飞，哪里就有商人资本趋之若鹜，这一现象在其他通商口岸表现得更为突出。近代早期天津、汉口的买办或商人资本就是如此，它们大多喜好投资房地产，其财产的主要表现形式就是房地产。

天津广帮首富梁炎卿，曾是怡和洋行的买办，他既没有投资过工厂，也未开办过自营的商号或钱庄，他比较"稳重"，不轻易投资，但是，他笃定跟着洋商投资房地产只赚不赔，所以，他这一生中热衷于与洋人合作大量购买地皮或房产，或大肆购买外国房地产公司的股票。梁炎卿是中外合资的先农房地产公司的股东，20 世纪 20 年代中期，他曾在该公司投资123900 万元。与此同时，他还大量购买该公司的股票，价值高达 100 多万元，是该公司华人中的第二大债权人。③

同一时期的天津太古洋行"大班"郑翼之，是天津买办中仅次于梁炎卿的第二号人物，其大部分财产也是来自房地产投机。郑翼之死后，其儿子在清理财产时发现，郑家的财产约有 1000 万元，④ 其中，绝大部分是房地产或房产公司的股票。他的房地产主要集中在天津，不过，在上

① 中国人民银行上海市分行编：《上海钱庄史料》，第 106、747 页。

② 浙江省政协文史资料委员会：《浙江籍资本家的兴起》，浙江人民出版社 1986 年版，第32 辑，第 117 页。

③ 中国人民政治协商会议天津市委员会文史资料委员会：《近代天津十大买办》，第 28—29 页。

④ 参见中国人民政治协商会议天津市委员会文史资料委员会：《近代天津十大买办》第 14页，其房地产有分类。地皮：（1）俄租界牛骨厂地皮；（2）四美堂 130 亩；（3）西南城角地45.5 亩；（4）湖北路空地 30 余亩；（5）八里台地 30 亩；（6）李家华垦地 3000 亩；（7）福兴公司垦地。房地产：（1）新华路住宅 5 余亩；（2）建设路、唐山道转角房 100 余间；（3）大沽路北头五福里楼房、门面、平房、仓库共 130 间；（4）合和盛栈房地；（5）旭街沿街门面 13.5 间；（6）估衣街青云阁楼房占地 4.5 亩；（7）大沽路小营市场地 4.6 亩，房 130 间；（8）马场道老武官胡同地 12 亩、洋式太平房 20 余间；（9）湖北路余萌里地 8 亩、大楼 8 座。房地产公司股票：（1）河北宝兴公司；（2）让德里房产公司；（3）南市大兴里房产公司；（4）金钟桥元昌公司；（5）盛业公司；（6）广业公司；（7）大胡同房地股份。天津以外各地不动产：（1）上海成澄学堂余萌里大片房地产；（2）上海夏浦地产；（3）塘沽于家堡地 28 亩；（4）烟台楼房地基；（5）澳门五支松房地；（6）澳门闰兰房地。

海、塘沽、烟台、澳门等地也有不少房地产。郑家房产地皮之多，令人瞠目结舌！为什么购买如此之多的房产地皮，确实令人不解。

天津华俄道胜银行买办王铭槐也购买了大量地产。他为了投资房地产，挪用了华俄道胜银行的库存现银 20 万两，一时不能归库，后东窗事发，[①] 被开除了买办职务。由此推知，那一时期，天津房地产利润可能确实特别丰厚，才会让王铭槐不惜铤而走险。

天津"仁记"李辅臣，曾利用内部消息炒卖地皮房产，因其投机地皮的时期较早，在天津租界发展之初就开始购买地产，因而获利无数。"仁记李"先后持有的房产：宁家大桥聚相里房屋四百多间、曲阜道聚招里楼房四十所、重庆道楼房六所、仁记东栈、仁记西栈、赤海道楼房一所。除此之外，"仁记李"后来还不断收购房产，可谓不计其数。[②]

综上所述，近代早期天津商人资本购买地产之多，似乎高踞其他通商口岸的商人资本之上，然而，同一时期汉口的商人资本在此方面毫不逊色。

近代汉口房地产有 3847 个大房地产主，其中，买办刘歆生、刘子敬、周扶九、程沸澜等占有房地产较多。[③] 其中，刘歆生居首位。

刘歆生是近代中国三大地产大王之一，他起初也是一名买办。清末，湖广总督张之洞为筹措洋务经费，开始出卖公共地产。刘歆生以低价收购了大片土地约 2 万亩。20 世纪初，刘歆生又收购了不少地皮，开始填平修路，并以自己或其儿子的名字命名新建的道路。刘歆生似乎有"点土成金"之妙手。如他初在江汉路填土时每方丈不过 50 两银子，填土后的1915 年涨到 200 两，1917 年则高达 1000 两。[④] 刘歆生在经营地皮之时，还在修整的地皮上建造房屋。在其人生盛年之时，刘歆生拥有江汉路街面楼房 15 栋、生成里 160 栋、伟英里 50 栋等多处房产。[⑤] 因此，刘歆生曾自豪地对黎元洪说：都督创造了民国，我则创造了汉口，从客观上看，刘

①　中国人民政治协商会议天津市委员会文史资料委员会：《近代天津十大买办》，第 42—43 页。

②　中国人民政治协商会议天津市委员会文史资料委员会：《近代天津十大买办》，第 173—175 页。

③　高尚智：《武汉房地产简史》，武汉大学出版社 1987 年版，第 6 页。

④　胡莲孙：《三镇房地业丛谈》，第 509 页。

⑤　《刘理簏房户押抵卷》，武汉档案馆藏：171—1—39。

歆生在汉口城区建设方面确是做出了较大的贡献。与此同时，他还沿京汉铁路线、陇海线大量收购地皮，留待自用或居奇牟利。晚年的刘歆生因土地投机失败不得不变卖大部分地产还债，但直至他去世之时，所留存地皮面积仍居武汉之首。①

1917—1925 年，刘歆生发起建造汉口"模范区"活动，联合大买办张沛霖、周德安、周绣山、刘子敬、杨坤山、韩永清等人大兴土木，数年间建起新房 2000 余栋。② 这个毗邻汉口租界的"模范区"：东起大智路，西至江汉路，北至铁路边，南至中山大道。该模范区可以与租界媲美，是当时汉口的华商富人区。

民国时期大富豪程沸澜与程栋臣两兄弟，主要是通过贩卖棉花发迹的，此后，他们大量囤积房产，基本上可称为当时武汉的"房产家族"。③他们在武汉三镇购有 200 多栋房产，横跨武汉三镇 20 多个地段，如汉口的汉润里、宝润里、汉寿里以及汉阳双街、武昌粮道街等地多处房屋尽在其中。可以说，二程兄弟通过购买、自建、并购等多种方式几乎控制了那一时期武汉房地产的半壁江山。有"长江流域第一流买办"和"汉口首富"之称的刘子敬，自 1912 年起，除了零星收购了大小铺面房屋一百余栋，还先后成片修建了辅堂里、辅义里、辅仁里、方正里等处，拥有相当数量的地皮。当时汉口市场日益扩大，人口逐渐增加，住房需要日益迫切，市面房屋供不应求，以致房租昂贵，有利可图。刘家每月仅房租收入一项即达 3 万余元。④ 汉口商务总理李紫云发财之后也曾把大量资本用来购置房产，仅汉口同善里就有房屋 118 栋。⑤ 另一著名商人周扶九曾以

---

① 徐润在 1883 年破产时，也是通过大量抛售房地产来抵债的。

② 湖北省志地方志编纂委员会编：《湖北省志人物志稿》，光明日报出版社 1989 年版，第707 页。

③ 前近代的中国"以末致富，以本守之"，晚清以来，房地产似乎就是新时代的"本"，所以那一时期经商致富的人，多喜好购买田产或房地产。购买田产的是落后时代的"土豪"（如晋商），而在通商口岸大肆收购房地产的，是新时代的"土豪"，其实不论哪一种，都折射出时代的过渡性（守旧性，带有对传统路径的依赖）。

④ 《汉口大买办刘子敬的兴衰》，1928—1936 年，武汉市档案馆藏，资料号：165—1—119、165—1—113、165—1—130。

⑤ 《李紫云房屋抵押诉讼案》，1925 年，武汉市档案馆藏，资料号：165—1—100、165—1—137、171—1—2。

"周五常堂"的名义，先后在汉口鲍家巷、黄陂街、民生路等多处建造房屋。另外，他还在"英租界"购置了房屋，以至民国时期汉口黄陂街一带，每走几步就有"周五常堂"的地界碑。

刘歆生、程沸澜、周扶九、刘子敬、李紫云是晚清民国时期的武汉五大房地产大亨。除此以外，王琴甫、王柏年、贺衡夫、胡赓堂等资产雄厚的商人在汉口也购有多处房产。

如此看来，无论是上海、天津，还是汉口等通商口岸，在近代社会转型时期，因人口城市化的启动，尤其是民国时期人口城市化的飞速发展，造就了一批又一批因房地产而富可敌国的商人资本。

二 偏好投资钱庄、当铺、公债或银行等生息业

近代中国的商人资本，但凡有些积蓄的，多数喜好投资钱庄、当铺、银行等生息行业。这种现象可能与商业贸易的兴盛有关，又与近代中国货币体制的紊乱有关，更与近代中国金融体制不健全有关。

越是近代早期，商人资本不论大小，都喜好开设钱庄或当铺[1]。近代上海舞台上的早期买办或商人几乎开设过钱庄。19世纪40年代大买办杨坊开设过钱庄。唐廷枢在26岁之前，即还没有来上海之前，就在香港开设过两家当铺，前后经营了四年，据他自己说，每年都能赚到25%—45%的利润，[2] 后来唐廷枢又曾开设过4家钱庄。从徐润的"自序"中，可以看出他一生都在不断地开设钱庄。[3] 后继的上海大亨们如朱志尧、祝大椿、虞洽卿等人也都开设过不少钱庄。与泰和洋行关系非常密切的湖州商人许春荣，一方面为洋行推销洋货，另一方面又忙不迭地独资开设阜丰等七家联号钱庄，后来又与人合伙开设钱庄。19世纪70年代另一买办商人严兰卿在上海、苏州等地开设了7—8家钱庄。[4] 广东汕头商人林毓彦，至1894年独资开设钱庄3家，资本23万元，专作放款生利，后来又独资或合资开设过6家钱庄，资本共计54.2万元，设分庄于广州、香港、上

---

① 开设票号需要相当的财力，而开设钱庄或当铺所需资本不大，开设门槛不高。
② 汪敬虞：《唐廷枢研究》，中国社会科学出版社1983年，第158页。
③ 徐润：《徐愚斋自叙年谱》，"序言"第1—2页。
④ 张国辉：《十九世纪后半期中国钱庄的买办化》，《历史研究》1963年第6期，第88页。

海、厦门、潮州等地，专作汇兑、放款业务。①

　　著名买办席正甫，也正是因为经营钱庄得法，才于 19 世纪 60 年代获得汇丰银行的"青睐"而当上买办的。当其成为买办之后，他还在不断地投资钱庄。其后辈子孙中多数人从钱业者转化为银行买办后，复又兼营钱庄。例如席立功在成为买办之后的 19 世纪 90 年代，曾投资过正大、裕祥、久源等几家钱庄。② 江西商人黄兰生，在汉口开设了怡和兴、怡和永、怡和生 3 家钱庄，黄家资力号称 200 万两，除了汉口三钱庄外，此人还在江西各地开设了许多小钱庄，湖北官款多半经过此人之手。③

　　甲午海战后，除了钱庄、当铺之外，商人资本开始投资银行。1897 年，开设过源丰润银号的宁波商人严信厚与华侨商人张振勋、宁波商人朱葆三等人共同开办了中国第一家银行——中国通商银行，1908 年与人合资开设四明银行。朱葆三先后曾投资过 5 家银行。1905 年，"汉口头号商人"宋炜臣与商人李厚佑等人在厦门开设信用银行。1906 年，商人周廷弼在上海开设信成银行，并在无锡、南京、天津、北京四处设立分行。1908 年，商人朱畴在上海开办裕商银行。④ 20 世纪初，天津著名买办王铭槐在津、京到奉天沿途重要城镇设有 20 余家银行，曾垄断了这一地区的汇兑业务。

　　到了民国，商人资本开办的钱庄、银行就更多了。民国早期，汉口商务总会前八届总协理、正副会长（共 13 人）中，有 5 人或是银行经理，或是钱庄经理。同一时期会董（或议董）中，从事生息业（钱庄、票号、典当、银行）的就有 31 人，占 37%。⑤ 汉口三大财阀刘子敬、刘歆生、刘鹄臣都曾开办过多个钱庄。刘子敬于 1912 年在汉口花楼街与人合办了广大钱庄；刘鹄臣曾开办谦益钱庄。刘歆生开办过阜昌钱庄与阜通钱庄。汉口商会会长蔡辅卿开办过有成、公济当铺，并在咸宁设有泰生当铺。汉口商务总理李紫云开设过德康、安康、承康、同德钱庄，华丰银行，公济、福丰当铺。第八届会长万泽生本身就是靠丰成钱庄发迹的。汉口商会

---

① 黄鉴晖等编：《山西票号史料》，第 807 页。
② 黄鉴晖等编：《山西票号史料》，第 88 页。
③ 汪敬虞：《中国近代工业史资料（1895—1914）》第二辑下册，第 975 页。
④ 汪敬虞：《中国近代工业史资料（1895—1914）》第二辑下册，第 1092—1094 页。
⑤ 这是根据《民国夏口县志校注》（上）第 253—257 页的"汉口商务总会历届议董、会董表"计算出来的。

会长周星棠先后在汉口经营晋安、阜通钱庄。曾担任过汉口商会会长的黄文植曾于 1912 — 1919 年，先后在湖北武穴开设过天成、义成、同慎、聚昌等钱庄。著名荣氏企业的原始资本，主要源自自办的广生钱庄，在创办荣新、茂新、福新的过程中，除了继续开设钱庄，还曾投资数家银行业（如投资上海商业储蓄银行）。①

近代中国商人资本，尤其是近代早期商人资本之所以热衷于投资钱庄、当铺、银行等生息业的一个重要原因就是行业利率很高。1882 年，左宗棠曾奏报，江苏和安徽两省当铺的典押者，在当铺借款的利率为每月 2%，另外，规定地方官员存入当铺的公款的月息不能超过 1%。湖广总督张之洞曾允许当铺向典押者收取 2% 的周息。② 可以看出，晚清当铺的利息是非常高的。据杨联陞先生估计，中国当铺与钱庄的年利率为 15%—25%。张继风先生认为典当业的年押款利率多在 2 分，即 20% 以上。据载，清中叶以后，几乎所有典当不论期限的额度一律按 3 分计息，其年利为 30%。据水野幸吉记载，1907 年，汉口的银行年利息是 7.2%—14.4% 之间。③ 1910 年，中国银行放款的平均利率在 12%—14% 之间。总的看来，这些金融机构的利息是非常可观的。

汉口钱庄在正常年份一般获利颇丰。1907 年汉口各业中，钱业获利最多。1918 年、1919 年钱业盈利又居各业首位。1919 年汉口 51 家钱庄共盈利 176 万两，其中仅裕成一家钱庄盈利就高达 12 万两。利率是一个无形的指挥棒，把大量商人资本吸引到钱庄业，使得近代汉口钱庄发展迅速。19 世纪 70 年代，汉口有钱庄 40 家，到辛亥革命前有 105 家。④ 从史料来看，到了 20 世纪 30 年代，即使是整个汉口社会百业凋敝之时，唯有银钱业发展不错。1933 年的汉口银钱业尚称稳定，出口茶叶现状不佳，苎麻业极度不振，其他进出口商业均仍衰落。⑤ 1934 年的汉口银钱杂粮

① 参见洪葭管《20 世纪的上海金融》第 97 页，荣氏家族对上海商业储蓄银行 1919 年投资 20 万元。
② 张仲礼：《中国绅士的收入》，费成康、王寅通译，第 161 页。
③ ［日］水野幸吉：《中国中部事情：汉口》，武德庆译，武汉出版社 2014 年版，第 112 页。
④ ［日］水野幸吉：《中国中部事情：汉口》，武德庆译，武汉出版社 2014 年版，第 82 页。
⑤ 吴熙元：《二十二年汉口市各业概况》，《实业统计》1934 年第 2 卷第 2 期，第 175 页。

业现状尚佳，油行业稍获余利，出口茶叶先盈后亏，其他进出口商业仍极衰落。[①]

早期商人资本热衷于金融业投资的另一个重要原因是，当时中国没有完善的融资渠道，没有建立现代金融制度。多数商人资本开设票号、当铺与钱庄等生息业的初衷，就是为了便于自己的商业活动顺利开展。

商人在其资本扩张中，创设了一个又一个庞大的商业集团，这些集团下的多个企业如要正常运转，需要及时调度大量资金，在现代银行没有出现的情况下，只有自己创设金融机构（如票号、钱庄）或相当于金融机构的企业（如当铺、典当业）等。由前可知，为了经营活动能顺利开展，近代中国第一批新式商人（买办）大多数都开设过钱庄、当铺等生息业，之所以如此，可能就是这些生息业拥有大量可调度的资金。

1871年，唐廷枢39岁时，投资3家钱庄，为怡和洋行收购茶叶。[②]上海"老顺记"的创始人叶澄衷，人称"五金大王"，从1862年他在上海虹口开设顺记五金杂货店起，其主要经营业务扩展到洋烛、洋线团、罐头食品、火油、房地产、船舶等多个行业，经常需要调度资金，所以，他自己就在上海开设了5家钱庄，以及在全国各地广设钱庄分号，以便自己商业活动能顺利开展，他开设过的钱庄数最多时高达108家。[③]

19世纪下半叶到20世纪初，上海拥有4家钱庄以上的资本集团有9家，其中宁波商人家族就有5家，这些家族多是沙船业的老大。对这些资本集团来说，不知是沙船业成就了钱庄业，还是钱庄业成就了沙船业。

著名的宁波籍钱庄主，起初多是沙船业主，一般是先有沙船业，后有钱庄业。沙船业高风险高利润，对资金的需求大，融资服务是一个现实需求，钱庄应需而生，因此，宁波地区的商人与钱庄主多为一体。镇海方家，既是东南沿海一带的著名航运业者，又是闻名的钱庄业家族，曾以上海为基地，到全国各通商口岸从事商品贸易活动，用自家的沙船进行贩运

---

① 吴熙元：《民国二十三年汉口市各业概况》，《实业统计》1935年第3卷第3期，第193页。

② 汪敬虞：《唐廷枢研究》，第169页。

③ 宁波市政协文史委编：《宁波帮在天津》，第28页。

活动，其所需资金全部倚仗自家开设在各通商口岸的钱庄进行调拨，其所设钱庄达 40 多家，遍及上海、杭州、宁波、汉口、南京、沙市、宜昌、湖州、镇海等地。[①] 李也亭，这个清末航运业巨商，曾一度垄断了江浙沪一带的沙船业，他是一个从沙船水手、船主发家致富到人人赞誉的"航运大王"。李也亭在经营沙船之外，还创办了慎余钱庄、崇余钱庄、立余钱庄等钱庄，被公认为上海钱业巨擘之一，其家族到 19 世纪末，拥有"余"字号钱庄近 10 家。这也许就是航运与钱庄密切关系的例证。慈溪董家，亦是上海钱业大家，起初也是以航运业起家：于东北上海之间经营人参鹿茸药材起家，后设立"大生沙船"号，往来南北，买卖土产，然后投资钱庄业。[②]

另外，资本本身也是喜好保持其货币形式的。阿锐基说，假如资本主义机构看不到他们的选择自由有增大的可能性，或者这种可能性难以彻底实现的话，资本往往转向更加灵活的投资形式，尤其是转向它的货币形式。换句话说，资本主义机构"喜好"流动性，往往让现金周转中的大部分保持流动状态。其实，资本喜好保持流动状态，一方面是有利于它们投入与撤出，另一方面可能是对社会环境的安全性表示质疑，有意让一部分资本保持流动状态。[③] "重商时代的特点体现在经济体系上，在这个经济体系中，固定资本起着相对次要的作用，很大一部分非土地财富是由流动资本组成的，对于现金的需求也很大。"[④] 越是在社会动荡、经济起伏不定的时期，商人资本越是喜好保持流动状态。

三　偏好投资矿产

当近代早期的中国商人资本，达到一定程度时，对矿山开采业表现出极大的兴趣。

如前所述，近代早期四大买办之一的唐廷枢就特别喜好开矿，尤其是人到中年之后，这可能与其财力雄厚有着很大关系，他 45 岁筹办开平煤

---

① 中国人民银行上海市分行编：《上海钱庄史料》，第 731—732 页。
② 中国人民银行上海市分行编：《上海钱庄史料》，第 742—743 页。
③ ［意］杰奥瓦尼·阿锐基：《漫长的世纪：金钱、权力与我们社会的根源》，第 6 页。
④ ［意］卡洛奇·奇波拉主编：《欧洲经济史》第二卷，第 365 页。

矿，与徐润等投资安徽池州煤铁矿；51 岁投资热河承平三山银矿；55 岁
与徐润等勘查热河平泉铜矿和烟筒山银矿；56 岁与徐润等勘查迁安铁矿；
57 岁筹办林西煤矿，同年与徐润等接办香山天华银矿；60 岁即去世的那
一年，与徐润等创办建平金矿，筹办增开马家沟煤矿。从汪敬虞先生编撰
的《唐廷枢年谱》中可知，唐廷枢越到晚年，越偏好开掘矿山。① 同是四
大买办之一的徐润，与唐廷枢一道曾筹办过开平煤矿，还投资过林西煤
矿、三山银矿，"贵池、天华、南票、台吉等矿，创建平，续办永平，兼
热河合办各矿"，共 10 余处矿产。②

与唐廷枢同时代的其他买办，也有如此偏好。从 1863 年至 1886
年，买办在煤矿业所做投资达两百余万银元以上，差不多两倍于其他
来源的资金。除了煤矿，买办还在其他矿业中投资。1873 年琼记洋行
与宝顺洋行前买办亚帝在海南岛合伙经营铜矿和其他矿。1882 年热河
省承德府的三山银矿公司，是由另一个买办李文耀开办的（唐廷枢、徐
润曾投资其中）。广东买办何献墀对广州附近的各种矿业都非常感兴趣，
1886 年，何献墀已开办了两家矿业公司，每家资本 100000 两，后来又获
得从化（广州府的一个县）的一家铁矿和一家铅矿及阳山（广州府的一
个县）一家金矿的开采权。著名的买办郑观应于 1898 年投资宣城煤
矿等。③

其实，无论是买办商人资本还是其他商人资本，只要是有一定经济基
础的商人资本，在那一时期都比较喜欢投资矿山。"1877 年有一个广州
人、前汉口宝和洋行的买办杨德组织了一个公司，资本银十万两，获得政
府的准许，在大通附近池州府的馒头山开采煤矿……三四年后，竞争开
始。政府允准了另一个当地的资本家徐氏开了一个新矿。"④ 清末民初，
在全国各省中，似乎兴起了开矿的热潮，这一点可在汪敬虞先生《中国
近代工业史料（1895—1914）》第二辑下册中看到不少这样的记载："上
年（1897 年）有中外富商，均欲厚集资本，经营矿务，业于安徽各处留

---

① 根据汪敬虞《唐廷枢研究》第 154—223 页中《唐廷枢年谱》统计而成。
② 根据徐润《徐愚斋自叙年谱》"序言"中的第 1—2 页中整理出来的。
③ ［美］郝延平：《十九世纪的中国买办——东西间桥梁》，第 156—158 页。
④ 汪敬虞：《唐廷枢研究》，第 193 页。

心探访。"安徽泾县窑头岭万安煤矿公司是1903年由商人张荣舜集资2万两开设的。1909年有一家华商公司在上东泰安县城以南90华里处，用外国人的机械开采煤矿。① 1895年在烟台开办张裕葡萄酒的张振勋，1901年前在广西的贵县开办三岔银矿，1904年在福建开办闽广农工路矿总公司。1897年收藏大家庞元济与严信厚等人在福建北部的政和县开办南太武山煤矿。这一时期的汉口商人资本对矿产开发也非常感兴趣。刘歆生在1896年投资炭山湾煤矿和江西铜矿，在汉口的宁波商人宋炜臣于1910年集资开采阳新富池口铜煤矿，1913年集资开采湖北竹山五丰铜矿，并在第一次世界大战时期，又开办一个金矿。② 1916年，汉口商会第八届会长王琴甫在湘南投资开采锑矿。

一般来说，矿产业是一个投资门槛很高的行业，所需资金大，资本周转期长，非财力雄厚的商人资本无力为之，这就意味着该行业竞争对手少，利润高。例如，开滦煤矿的利润："第一阶段为1912/13—1919/20年度，年均盈利6667788.1元，平均盈利率为21.55%。第二阶段为1919/21—1927/28年度，年均盈利8834423.2元，平均盈利率为20.99%。第三阶段为1925/29—1936/37年度，平均盈利下降为6301241.6元，年均利润率亦下降为10.39%。"1917—1918年、1918—1919年、1919—1920年三个年度年利润率分别是27.4%、25.7%、35.9%。③ 上述数据是民国以来的统计。想来在晚清，矿业开采才刚刚起步，其利润率可能会更高。因为利润高，但凡资本雄厚者对此都感兴趣，而且也进行了广泛投资。然而，或由于技术、管理，或政策等诸多原因，近代商人资本在该行业投资时间一般都不长，资本很快就撤离出来，所以，近代中国没有出现如近代西欧那样的一个个大商人矿主。

多元化投资、喜好房地产、偏好生息业、热衷于采矿业，这些都是近代中国新兴商人资本的投资特性。对于上升中的商人资本来说，只要有钱可赚，它们就会投资，其表现出来的多元投资与灵活性是大

---

① 汪敬虞：《中国近代工业史料（1895—1914）》第二辑下册，第665—666页。

② 汪敬虞：《中国近代工业史料（1895—1914）》第二辑下册，第1093—1095页。

③ 王玉茹：《开滦煤矿的资本集成和利润水平的变动》，《近代史研究》1989年第4期，第160—162页。

商人资本（如晋商）无法比肩的。一般说来，随着资本的积累，它们很快就以各种各样的方式对近代企业进行投资。近代中国一批又一批新兴商人资本家，如陈竹坪、徐润、唐景星、郑观应、朱志尧、祝大椿、虞洽卿等，每个人都同时在多种类型的近代企业中有过投资。他们投资的跨领域性、多样化，是其"在风险极大的不稳定环境中谋求较多的平衡和稳定的经济地位的一个重要因素"①。从投资特性来看，近代中国新兴商人资本与近代西方新兴商人资本比较，表现出更强烈的投机性②。这种个性，可能与半殖民地半封建社会这样的大环境有着直接关系。尽管近代中国新兴商人资本投机性强，但是，应该看到，它们是新时代经济发展的主要推动者。

第三节　新兴商人资本与近代中国新式经济

在西欧工业化的早期，是商人资本走在工业资本的前头，因为特殊的国情，在近代中国却并非如此。③ 然而，新兴商人资本在进出口贸易、轮船航运、城市地产、矿山开采、铁路邮电、自来水厂、电话电报等多个新式行业中的投资，极大地推动着近代中国经济的现代化进程。

近代早期，作为中国最为富有的商人群体——晋商，却在轰轰烈烈的新式经济发展浪潮中不见踪影。④ 细数山西票号八大家族，除了常家、渠

---

① ［美］郝延平：《十九世纪的中国买办——东西间桥梁》，第185页。

② 这好像是近代中国新兴商人资本的一个非常突出的特性。如从前述商人资本把大量资本用来炒房地产，开设大量的钱庄等可以看出。反观近代西欧新兴商人资本，或因财力不足，没有如大商人资本（南德意志的奥格斯堡富格尔商人资本）那样热衷于投机。然而，近代中国开埠以来兴起的一批又一批商人资本，从一开始，就充满了投机性，如稍有资财后其投机性就会更加强烈，所以，近代中国经济史上经常看到一些新兴商人的破产，如徐润、胡雪岩等，正因其投机性强，其兴也勃焉，其亡也忽焉，且其兴亡之间的时间跨度非常短，近代中国经济舞台上，商人资本的"更新换代"特别快，所以，商人家族延续的现象不多。这可能与中国长期的动荡政局有着很大关系。

③ 在西欧，首先开启工业化的是商人资本，在近代中国，首先开启工业化的是官方资本，如洋务运动中的政府资本，并非一般意义上的新兴商人资本（如买办资本）。从现象上看，后者一般是依附于前者，或者是紧跟在前者之后的。然而，在国家动荡、吏治腐败的投资环境中，新兴商人资本对新式工业所做的投资非常难能可贵。

④ 如晋商，较少在新式商品、新式工业上投资。

家曾少量投资过现代企业外，① 其他家族基本上没有进行任何近代企业投资。在 19 世纪下半叶中国经济舞台上，传统大商人资本的活动与新兴商人资本的活动形成了鲜明对照：晋商资本流连于"与政府亲密的友谊"之中，疯狂地向政府垫款、放款等，而新兴商人资本却奋战在新经济潮流的前沿，它们是时代经济的弄潮者。

相较于传统大商人资本，新兴商人资本敢于投资，勇立经济潮头。如近代中国的新式商品、工厂、保险、证券、市政工程、交通、电话电报等多是由新兴商人率先引入或创办的。其中，买办是近代中国新兴商人的核心，他们敢为人先，率先对近代新式企业进行投资。

近代早期中国四大买办之首唐廷枢，创设了多个"中国第一"：中国第一家民用企业轮船招商局、第一家煤矿开平矿务局、中国民族保险历史上第一家较具规模的保险公司仁济和保险公司、第一条铁路唐胥铁路（唐山胥各庄）、第一个油井、第一条电报线、第一家水泥厂等。

四大买办之一的徐润，曾与唐廷枢一起筹办过轮船招商局，是中国最早的股份制企业（轮船招商局）创始人，他曾创办了中国第一家保险公司、② 第一家机器印刷厂，还参与创建了中国第一家机械化的大型煤矿（开平矿务）等。

其他买办也积极投资于近代企业。除了前述买办对矿产投资较多之外，在其他近代民用企业方面，他们也是重要的"拓荒者"。轻工业方面，1882 年，买办唐茂枝、李松云和陈可良创设了中国玻璃公司。同年，李松云和曹子俊与他人合伙投资创办中国熟皮公司。1886 年，买办吴懋鼎③率先创办了天津自来火公司。1888 年，唐廷枢、吴懋鼎等人创办天津煤气公司。1897 年吴懋鼎的买办同行叶澄衷和宋炜臣在汉口创办了燮昌火柴厂，资本 42 万元，其规模超过天津火柴公司。公共事业方面，宁波

---

① 参见黄鉴晖等编《山西票号史料》第 778—779 页，常家 1892 年投资山西火柴局（投资数额不详，后改为双福火柴公司），1898 年投资保晋矿务公司（投资数额不详），1919 年投资晋华纺织公司 3400 银元，渠家在山西火柴局与保晋矿务公司也有投资；另见汪敬虞《中国近代工业史资料（1895—1914）》第二辑下册第 952—953 页，渠家曾出资 5000 两接办山西火柴局，投资过保晋公司。

② 1875 年徐润创办仁和水险保险公司。

③ 此人曾是汇丰银行和仁记洋行的买办。

买办朱葆三①投资广州自来水厂、汉口自来水厂、② 宁波电话公司。③ 汉口买办刘歆生④投资武汉三镇电话公司等。⑤ 如前所述，买办往往会对多家新式企业进行投资。如怡和买办祝大椿于 1898 年在上海独资开办了中国第一家大型碾米厂，其投入资本是 40 万元（鹰洋），"在 19 世纪末 20 世纪初，祝大椿在买办中也许可算是近代企业的最大投资者"。他在航运、碾米、面粉、缫丝、打包、纺织和机器制造等各类企业中都有投资，至 1913 年，他在近代企业中的投资大约为 200 万两。⑥

可以说，作为近代中国新兴商人的核心——买办，他们不仅是"东西间桥梁"（郝延平语），更是近代中国"企业家"。在近代中国新式企业的创办中他们往往是走在前列的。1883—1913 年，买办在共计 16 家机器制造业中的投资超过了政府和官绅；政府所投资本占 17.32%，官绅所投资本占 27.64%，商人所投资本占 27.36%，买办所投资本占 27.68%。⑦在近代中国这样一个民风尚未大开的国度里，政局长期动荡不安，内忧外困的窘况之中，买办在新式工业中进行大量投资是需要非凡的胆识与勇气的。

一个新经济时代会造就一批新兴商人资本群体，经济时代更替，商人资本群体就会更替。不断涌现的新兴商人资本群体就是在新经济时代的新式行业或新式企业中⑧发迹的（如粤商资本、宁波商人资本），它们与时代同行，对国家经济发展的推动作用远远大于传统大商人资本（如晋商、徽商等，是国家既得利益集团）。新兴商人资本在上升过程中，为了获得更多的利润，对利润的高低、资本的安全等多个方面不如传统大商人资本那样有着过多考虑，所以，在面对新经济活动时，只要有利润，就会毫不

① 此人曾担任平和洋行买办。

② 汪敬虞：《中国近代工业史资料》，第二辑下册，第 965 页。

③ 《民政司呈复商人朱葆三等请在宁波装设电话一案已据详细声叙请转咨批》，《浙江公报》1912 年第 288 期，第 12 页。

④ 此人曾先后担任过法国立兴洋行、东方汇理银行的买办。

⑤ 汪敬虞：《中国近代工业史资料》，第二辑下册，第 962 页。

⑥ ［美］郝延平：《十九世纪的中国买办——东西间桥梁》，第 165 页。

⑦ ［美］郝延平：《十九世纪的中国买办——东西间桥梁》，第 160—161 页。

⑧ 新兴商人资本可能因为资本太小或其他原因，不太容易插进传统行业或旧行业，因为这些行业一般是由传统大商人资本把持着。

犹疑地投入，它们是新经济时代的"开拓者"。正因如此，它们才能抓住新经济时代发展的脉搏，敏锐地抓住一个新时代正在崛起的高附加值行业，在其自身成长、发达的过程中，极大地推动了国家经济的发展，可以说，一批又一批的新兴商人资本是近代中国经济发展的主要推动力。①

① 其实，任何时代经济发展的主要推动力都是来自新兴资本、正在上升中的资本。参见[美]曼瑟·奥尔森《集体行动的逻辑》，陈郁、郭宇峰、李崇新译，上海三联书店1995年版。

第 八 章

近代中西商人资本比较研究

在前述对中国新兴商人资本特性考察的基础之上，对近代转型时期中西传统大商人资本、新兴商人资本进行对比研究，借此对近代中国商人资本有一些新的了解与认识，有助于理解中国现代化进程的独特性。

第一节　近代中西商人资本的发展轨迹

一　近代中西传统大商人资本的发展轨迹

（一）远程贸易——传统大商人资本的兴起

近代初期的中国山西商人资本与意大利的热那亚商人资本、德意志南部（以下简称"南德"①）商人资本的发展轨迹颇为相似，前近代已是大商人资本，其发迹始于远程贸易，曾经垄断过某一或几个行业，控制了金融命脉，近代早期因给政府放款达到其顶峰，后因政府倒台或破产而败亡。

13—14 世纪，意大利两个城邦国家热那亚与威尼斯为争夺"富源贸易"——东方利凡特贸易进行了百年战争，热那亚战败之后，便把注意力转向了地中海西部，主要经营伊比利亚半岛（即西班牙、葡萄牙等地）贸易。从某种程度上看，自 14 世纪以来伊比利亚半岛已逐渐成为热那亚商人资本的殖民地，② 热那亚商人在那里从事食盐、羊毛、橄榄油等贸

---

① 南德地区即今天德国南部的巴登—符腾堡和巴伐利亚两州及瑞士、奥地利境内的一些地区。

② 代表西班牙发现新大陆的哥伦布就是意大利的热那亚人。

易，后来伊比利亚半岛上的西班牙、葡萄牙进行殖民扩张，热那亚商人资本紧紧跟随，其后曾一度控制了伊比利亚半岛以及大西洋沿岸的商贸、金融体系。如果说威尼斯商人资本把地中海东部的利凡特视为自己的商业禁脔之地，那么热那亚商人资本就把伊比利亚半岛以及大西洋沿岸视为自己的商业禁脔之地，① 不容他人染指。就是在经营地中海西部贸易和控制早期伊比利亚与美洲贸易中，热那亚商人逐渐发达起来的，他们是美洲半个真实的主人。

南德地区商人资本主要集中在奥格斯堡、纽伦堡、雷根斯堡、乌尔姆等城市。在南德商人资本中，奥格斯堡的富格尔家族很有典型性。富格尔家族的奠基者汉斯·富格尔曾经是一名织布工，后来经营商业，其继承人专注于利润丰厚的远程贸易。当财富积累达到一定程度之后，便参与了德国选帝侯的选举活动，为那些有意问鼎皇帝位置的选帝侯进行政治性贷款，后者便以领地上的地产或矿产作为抵押，该家族的后继者雅各布·富格尔曾组建矿业公司，在那些大公或国王领地上开采金矿、银矿、铜矿等，这些矿业逐渐成为富格尔家族重要的财富源泉。1519 年，他贷出54.4万盾②支持哈布斯堡王朝的查理五世当选为皇帝，因而获得了西班牙大部分水银矿与金矿的开采权，后来又控制了西西里的银矿等。富格尔家族曾一度掌控了欧洲最大的矿业公司，③ 成为欧洲铸币的主要原料供应商，大部分欧洲铸币厂得仰富格尔家族的"鼻息"。

近代初期的中国大商人资本的发迹也是因远程贸易，晋商资本就是如此。晋商从中国的南方贩运茶叶、生丝等货物到北方，或至蒙古、俄国等地，再把异域的或北方的货物贩运到中国境内或中国的南方，筚路蓝缕，不断地开辟远程国际贸易，九死一生，经过几代人的艰苦创业之后，一批批晋商逐渐发达起来，成为鸦片战争前夕中国最具活力也是最具实力的商

---

① Steven A. Epstein: *Genoa & the Genoese 958–1528*, The University of North Carolina Press, 1996, p. 281.

② 德国地区的金币。

③ 富格尔商业家族喜好开采矿山这一点，与粤商特别是近代中国那些发迹的资本雄厚的买办有相似之处，近代中国第一批新式商人，主要是来自广东的买办商人，当其发迹之后，凭借着雄厚财力，附股于外国矿业公司、清政府矿业公司，或者随着政策的放松，自行组建公司进行矿业开发。如前所述唐景星、徐润等人喜好矿业开发，尤其是唐景星晚年就特别喜好投资矿产开发。

人群体。也正是在这一时期，晋商资本逐渐成为"要成熟了"的大商人资本。

综上所述，进入近代早已发达的中西传统大商人资本，都是通过远程贸易而发迹的。

（二）金融扩张——传统大商人资本的"成熟"

已经发达了的奥格斯堡商人资本，如富格尔家族在 16 世纪上半叶一直在为西班牙哈布斯堡王朝的查理五世服务，已经"成熟了"的热那亚商人资本在 16 世纪下半叶紧紧追随菲利普二世①。整个 16 世纪，欧洲"成熟了"的大商人资本是哈布斯堡王朝的"财政家"，后来也都随着查理五世及其儿子菲利普二世的破产而破产或消散。

那一时期的西欧，一方面是民族国家形成过程中的资金严重缺乏，另一方面是意大利、南德等地区已发达的大商人群体正在为膨胀的资本寻找新的出路，于是两者逐渐结合，前者从后者那里获得资金，进行政治扩张，后者从前者那里获得更多经济政治特权。

富格尔家族之所以能在 16 世纪上半叶成为欧洲重要的金融家，主要与哈布斯堡王朝的不断扩张而财政窘迫有着直接关联。16 世纪西班牙国家财政开支增长很快。1520—1600 年，西班牙政府开支增长 80%，但国家的税收赶不上开支的增长速度。一段时间，卡斯蒂尔（西班牙）君主的开销是其收入的 2 倍，因此，借贷成为解决问题的唯一办法。② 西班牙国王借钱或用于战争，或用于镇压宗教改革。查理五世在位期间，没有哪一年不需要借贷，在他 16 次的借款中，每次借款总额都超过了 100 万杜卡特，而那时西班牙每年的税收总数最多才只有 150 万。③ 很明显，如不借贷，政府就难以正常运转。至 1546 年，查理五世欠富格尔家族的债务高达 200 万盾。④

---

① 西班牙哈布斯堡王朝查理五世之子。

② Peter Kriedte：*Peasants*, *Landlord and Merchant Capitalists*：*Europe and the World Economy 1500–1800*, Cambridge University Publishing, 1983, p. 47.

③ Harry A. Miskimin：*The Economy of Later Renaissance Europe 1460–1600*, Cambridge University Publishing, 1977, p. 166.

④ Peter Kriedte：*Peasants*, *Landlords and Merchant Capitalists*：*Europe and the World Economy 1500–1800*, p. 47.

除了西班牙王室之外，西欧其他王室、贵族也常常处于类似的财政窘况之中，16 世纪，多数民族国家的财政体制不完善，国家越是向前发展，越倾向于依赖商人家族的借贷。只有依靠国际大商人兼银行家的放贷才能度日。[①] 富格尔商业家族是 16 世纪上半叶西欧最大的放债者之一。

其实，在 16—17 世纪，西欧的大商业家族给西欧王室放贷是一个非常普遍的现象。"三十年战争"期间，南德意志的赫尔瓦斯特商业家族是法国国王最为重要的银行家，曾经资助过法王参战，还有瑞士日内瓦银行家卢林、马歇尔、萨拉丁、特瑞提尼、马勒特、迪贝、克莱默、理查德，也都曾是路易十四的主要资助者。不少国际大商人资本家，一方面是西欧王室的主要放贷人，另一方面是那些王室在国际货币金融市场上的长期代理人。这些大商人资本家利用自己的财力以及在国际货币金融市场上的信誉，为那些财政窘迫的西欧王室筹集大量的资金。当然，商人资本的这种活动也是以维护自身利益为出发点的。

富格尔家族因给西班牙哈布斯堡王朝放债，从而掌握了东阿尔卑斯山的银、铜矿这些匈牙利的财富，进而控制了整个欧洲的铜块市场。富格尔商人资本曾主导了 16 世纪前期西欧经济中心安特卫普市场，它似乎是欧洲的银行家，所以有人把 16 世纪上半叶的"安特卫普时代"称为"富格尔时代"。

16 世纪 50 年代，富格尔公司等在西班牙菲利普二世那里触礁，通过克莱伯格等人之手流入法国的不少资金也没有得到有效偿还，这些最终导致了 1556—1584 年奥格斯堡 70 多家公司的相继倒闭。[②] 虽然如此，但西欧大商人银行家仍然对那些不讲信用的国王投怀送抱，他们向王室的放款称得上是前仆后继，原因在于，放款所能得到的经济利益实在太有诱惑力了，"无法抗拒"！

当富格尔商人资本的雄风不再时，热那亚商人资本乘虚而入。热那亚的多利亚、森特里奥内、帕拉维西诺、斯皮诺拉和格里玛尔蒂等商人家族

---

① ［英］波斯坦主编：《剑桥欧洲经济史》第五卷，王春法主译，经济科学出版社 2002 年版，第 335 页。

② Hermann Kellenbenz：*The Rise of the European Economy*：*An Economic History of Continental Europe 1500 – 1750*，Holmes &Meier Publishers，Inc. 1976，p. 177.

相继进入西班牙的金融财政之中，并于 1560 年之后取代富格尔家族成为西班牙的主要放贷人。

16 世纪下半叶，意大利境内的皮亚琴察交易会，是一个欧洲大商人资本云集的信贷交易会，热那亚商人资本主导着这个交易会。在这个交易会上，欧洲的大商人资本附着于热那亚大商人资本，形成金融财团，即"组团"为西班牙国王放贷，这个"团体"逐渐成为西班牙帝国的重要财政支柱，以至这一时代被称为"热那亚时代"，但是，在 16 世纪下半叶西班牙菲利普二世接二连三的破产声中，热那亚大商人资本银行家的财力不断被削弱，最后烟消云散。

热那亚商人资本曾经控制了地中海西部以及美洲贸易活动，然而当美洲白银大量进入西欧、商业竞争加剧致使利润下降之时，热那亚大商人资本家开始不顾一切地从事金银买卖、汇兑贸易与金融放贷活动，并在 16 世纪下半叶"开始把商业贸易与金融贸易服务相分离"。他们全身心地投入货币投机，并为这种魔术般的赌博活动带来的巨大成功所陶醉，从而对西班牙与美洲的商业活动逐渐失去兴趣。他们不再像以往那样积极收购西班牙的羊毛、格拉纳达（"一个真正的热那亚经济殖民地"希尔斯语）与马萨龙的明矾了。热那亚商人资本家对金融的投入，让人感到好像热那亚整个城市都从商业转到了金融业。在 17 世纪前几十年中，热那亚是世界大钱币商、大高利贷者的家园。如果他们把资本投入海洋中，他们很容易成为有名的商人。佛朗西斯科·伯拉米斯年对伽利略曾说，"热那亚过度地沉溺于其他事，让自己的财富听命于西班牙而不是让其资本进入波涛汹涌的大洋中"①。

热那亚大商人将主要精力用于金融市场而不是商业活动，宁愿把财富投入那些如年金、租税、地产、金融等行业，而不是贸易活动的原因是什么呢？迪威提斯曾在《17 世纪在意大利的英国商人》一书中说，当地产与金融利润即使不大于或者等于商业贸易利润时，资本就会从商业活动中

---

① Gigliola Pagano De Divitiis: *English Merchants in the Seventeenth-Century Italy*, *University of Calabria*, *Translated by Stephen Parkin*, *Cambridge University Press*, 1997, pp. 10 – 11.

撤出，而越来越多地投入地产与金融投机之中。[①] 这是因为金融投机可获得较为安全（只是一种预期上的）而又快速的回报，而其他部门对意大利资本又缺乏相应的吸引力。因此，在缺乏强有力的国家干预的情况下，热那亚、威尼斯、南德意志的那些能主导本地区或本国经济的大商人资本家，在不考虑国家与地区的整体利益之下，会按照资本本能的逻辑，把大量资本投入纯粹的金融活动或不动产之中，从而使本地区商业和工业的未来发展受到严重影响。因此，由大商人资本家或经济上层集团主导的城市经济的衰落便可想而知了。

迪威提斯对热那亚大商人资本的活动解释，也可用来说明 19 世纪 50 年代山西商人资本不顾一切投资到政府服务中去的原因，也可以用来解释为什么近代中国第一代新式商人，如买办们在发达之后总喜欢投资地产、购买股票等投机活动。[②]

大概在 19 世纪 20 年代，财力雄厚的晋商创立了票号这一金融行业，于是开始从商业转向金融业。西裕成颜料庄改为日昇昌票号，其他的一些绸缎庄、布庄相继改成蔚泰厚、蔚丰厚、天成亨等票号。票号原本是为商品交换服务的，但是正如前面第二章所述，19 世纪 50 年代，当清政府财政出现困难时，资力雄厚的晋商逐渐脱离商品贸易，开始向政府以及官员靠拢，为清朝各级政府包办汇兑、垫借等财政事宜，逐渐进入了政府财政体系之中，紧紧地与政府利益捆绑在一起，成为政府的"财政家"。晋商之于清政府，犹如 16 世纪上半叶南德商人资本之于西班牙哈布斯堡王朝，前者是后者的财政家，它们已严重脱离了使之发达的商品贸易领域，专门从事金融服务，[③] 获得巨额的超经济利润。但是，当 20 世纪初清政府垮台时，晋商票号也随之破产衰亡。山西商人资本发展的轨迹与南德奥格斯堡商人资本、热那亚大商人资本的发展轨迹如出一辙。

可以简单地将大商人资本与政府之间的关系概括为"成也萧何，败也萧何"。战争与政治上的一般变革，可以很容易地使那些紧密依附于政

---

① Gigliola Pagano De Divitiis: *English Merchants in the Seventeenth-Century Italy*, University of Calabria, *Translated by Stephen Parkin*, Cambridge University Press, 1997, p. 12.

② 中国人民政治协商会议天津市委员会文史资料委员会：《近代天津十大买办》，第 28 页。

③ 孔祥毅：《山西票号与清政府的勾结》，第 12 页。

府的商人家族毁于一旦。发达之后的奥格斯堡商业家族与热那亚商业家族，热衷于为哈布斯堡王朝效劳；发达之后的晋商群体，沉醉于为清王朝服务，均以此获得超经济权力的巨额利润，达到其财富的顶峰，但是正因为他们与政府走得太近（如为政府大额放贷），不可避免地在政府的破产中而破产，或在王朝的覆灭中而倒闭。

二　近代中西新兴商人资本的发展轨迹

一个时代会淘汰一批传统大商人资本，也会促生一批新兴商人资本。近代中西转型时期，产生了一批又一批新兴商人资本，在新的时代，这些新兴商人资本的发展之路是否与"前辈"的发展之路有所不同呢？

（一）荷兰商人资本、英国商人资本的主要走向

在意大利人曾经控制的东西地中海贸易之中，荷兰商人资本崛起了，成为近代西欧转型时期的第一批新兴商人资本。17世纪的西欧是"荷兰商人资本的西欧"，荷兰取代了意大利的威尼斯、热那亚而成为欧洲霸主。

17世纪，荷兰是海上马车夫，包揽了欧洲大小国家、地区之间的航运贸易，那一时期，航运贸易是高附加值行业，"货栈兴旺，一切都兴旺"，航运贸易带动了荷兰国内的加工工业、农业等多个行业的强劲发展。荷兰商人资本的发展轨迹与奥格斯堡、热那亚的商人资本简直如出一辙。由商业贸易，尤其是航运贸易而兴盛，到18世纪时，荷兰商人资本已是发达的商人资本，因航运贸易的利润不再满足其要求，又不能找到新的投资渠道，因而资本过剩，不断地给欧洲王公贵族放贷，大量地购买英国国债，走上"专一"的金融之路，也走上了一条"不归之路"。

18世纪，荷兰人已是"全欧洲的银行家"。在18世纪60年代，荷兰给很多国家放贷，其中包括神圣罗马帝国皇帝、萨克森选侯、巴伐利亚选侯、丹麦国王、瑞典国王、俄国叶卡捷琳娜二世、法兰西国王甚至汉堡市，还包括正在进行独立战争的美国起义军。[①] 1782年，荷兰商人向外放款占总投资额的47.5%。巨额的投资带来巨大的回报。1713年后，外国

---

① ［法］布罗代尔：《15至18世纪的物质文明、经济与资本主义》第三卷，施康强、顾良译，生活·读书·新知三联书店1996年版，第298页。

支付给荷兰投资者每年的利息约为 1500 万盾，1790 年为 3000 万盾。[1] 到 19 世纪初，荷兰所持有的国内外证券价值超过 15 亿盾，其利润有多丰厚是可想而知的。

从 18 世纪起，在荷兰经济中货币经营资本（生息资本）逐渐取代商品经营资本而占据支配地位。此时，荷兰商人资本完全从物质扩张阶段进入金融扩张阶段。[2] 在其物质扩张阶段，货币资本使越来越多的商品（包括商品化的劳动力和大自然的恩赐）"开始运转"；在金融扩张阶段，越来越多的货币从商品形式中"自我解放"出来。可以说，荷兰在很大程度上从一个商业资本主义国家演变为一个金融资本主义国家。[3] "（每次）资本主义的这类发展，通过金融扩张阶段，在某种意义上好像宣告了它进入成熟期，这是秋天到来的一个迹象。"[4] 就是在此过程中，荷兰不知不觉地走向了衰亡。

转运贸易是荷兰经济的特色和基础，商品经营资本是荷兰前期经济生活兴旺发达的主体。海外转运贸易的发展在一定程度上促进了国内制造业的发展，如纺织业、造船业以及其他面向出口的制造业，并且在荷兰商业资本主义辉煌时期得到了一定程度的发展。然而，荷兰专属的"转运贸易"是一种"生产成本外部化"的发展模式，在一定程度上不能从外部给予国内制造业强劲发展的压力和动力。长期以来，荷兰商人资本的海外商业贸易，与国内经济特别是与国内生产部门相脱节，或不能促进国内生产的发展，或不能促进新生产部门的产生与新技术的发明。荷兰商人资本在前期偏好转运贸易，在后期转运贸易受挫之后，大量地转向国内外金融投机，这一切无不阻碍了荷兰商人资本向制造业的投资，从而不能顺利地向产业资本转化。

英国商业资本是那个时代的弄潮者。在海外殖民地贸易的刺激下，商

---

① Jan De Vries & Ad Van Der Woude : *The First Modern Economy*: *Succuss*, *Failure*, *and Perseverance of the Dutch Economy*, *1500 – 1815*, Cambridge University Press, 1997, p. 682.

② ［法］布罗代尔：《15 至 18 世纪的物质文明、经济与资本主义》第三卷，施康强、顾良译，第 109—110 页。

③ ［法］布罗代尔：《15 至 18 世纪的物质文明、经济与资本主义》第三卷，施康强、顾良译，第 110 页。

④ ［意］杰奥瓦尼·阿锐基：《漫长的 20 世纪：金钱、权力与我们社会的根源》，第 7 页。

业资本逐渐投向了生产，实行了"生产成本内部化"的发展模式，与新时代社会经济发展方向渐趋一致。英国商人资本在殖民地投资，把它们变为母国的原料生产基地，为母国资本主义发展提供源源不断的原料，在国内投资工场手工业，把本国变为世界工场，为海外殖民地提供商品。英国商业资本就是在投入生产的过程中逐渐转化为产业资本的，不仅摆脱了"前辈"惯常的衰败之路（如荷兰一样由"物质扩张"走向"金融扩张"），而且还创造了奇迹，促成了大工业革命的到来，使得英国率先迈入现代化的门槛。

工业革命是一个过程，是工业资本逐渐取代商业资本主体地位的过程。同时工业革命也是一个重要标志，标志着工业资本即将成为社会经济部门的主宰。而工业革命的爆发，只不过是加速并完成了一个早已开始的演变（商业资本转向工业资本）而已。[1] 也就是说，在工业革命之前这种替代早已开始。荷兰以国际转运贸易为特色的经济越是繁盛，就越预示着荷兰经济行将走向自我沉醉而不可自拔，最终走向衰败。从某种程度上可以说，"荷兰作为一个占统治地位的商业国家走向衰落的历史，就是一部商业资本从属工业资本的历史"[2]。一旦商业资本为工业资本主义崛起铺平道路，其历史作用便告终结。[3] 而英国商人资本"生产成本内部化"的发展模式，与工业资本主义的精神不谋而合，比较幸运地催生了英国大工业时代的到来。

在西方一批又一批商人资本展现出来的镜像中，似乎看到了"宿命"，也似乎看到了"欣喜"。然而，在近代中国新兴商人资本发展的主要走向中，"欣喜"较少，"宿命"倒是多有"雷同"。虽相隔万里，相差几百年，时空不同，然其令人遗憾的表现竟然如此相似。

（二）粤商资本、宁波商人资本的主要走向

严格说来，粤商是近代中国第一批新兴商人，是在近代中国对外贸易中发迹的。具有一定资财后的粤商，一方面不放弃买办事业，是洋行的得

---

① ［法］保尔·芒图：《十八世纪产业革命：英国近代大工业初期的概况》，杨人楩、陈希秦、吴绪译，商务印书馆1983年版，第52页。

② 马克思：《资本论》第三卷，第367页。

③ Peter Kriedte: *Peasants, Landlords and Merchant Capitalists Europe and the World Economy 1500 – 1800*, p. 131.

力助手；另一方面以股份形式依附于外资企业，或独立创办自己的企业，待其财力相当雄厚之后，便逐渐向政府靠拢。

中国近代早期著名四大买办中的三大买办唐廷枢、徐润与郑观应，其人生后期的主要活动就是进入政府圈子，在洋务运动中出钱出力①，做官督商办企业的管理人、"职业经理人"，与政府"纠缠"在一起。唐廷枢、徐润、郑观应等粤商买办进入洋务运动中，筹办或经营轮船招商局、开平矿务局、上海机器织布局、电报局等，担任总办、会办、襄理等。他们是洋务运动的"马前卒"，担任官督商办企业的管理人，不仅自己投资这些企业，而且还利用自己在商界的威望，为官督商办企业筹集资金，可谓"操碎了心"。可是复杂而腐败的官场证明，他们在官督商办企业中的管理能力远逊于他们在自营商业中的经营才干。不过，他们在这条道路上从原本被社会轻视的买办获得了较高的功名，如唐廷枢在参加洋务运动之前是"同台"，后被授予"道台"，徐润因参加政府活动连续获得"四品衔""二品衔"等殊荣，其助手们也都有官方的优待。② 可见，当新兴商人资本发展到富裕阶段，就与传统大商人资本一样，以多种途径或多种方式向官方靠拢。可以说，依附洋人、向官方靠拢，一直是引发近代中国新兴商人资本流动的两大目标。

粤商买办曾与清政府共同开创了近代中国工业的新局面，从国家层面上看，这是非常可贵的行动，具有开创性，另一方面也说明其财富已经达到一定程度，能够进入政府的"法眼"了，他们不一定是当时最富有的商人群体，但确是那一时期中国"洋务"中的"显商"。

在乱世之中，有了一定资财的粤商资本，一方面向政府靠拢，另一方面利用乱世进行投机。如前述谈到的新兴商人资本喜好投资房地产、投资生息业等，这些无不是带有投机成分的。这些投机"喜好"似乎是与生俱来的。从徐润的《徐愚斋自叙年谱》来看，因从事商品贸易发财之后

---

① 在轮船招商局成为官督商办后的招股中，徐润本人首先附股24万两，又广招亲友入股，100万两很快招齐。此后，招商局决定再招100万两。徐润又认股24万两，另外又招徕亲友继续入股。如此由徐润经手招集的股金占招商局全部资本一半以上。

② 张仲礼：《中国绅士的收入》，费成康、王寅通译，第144页。

的徐润，主要投资房地产与股票。① 怡和洋行买办、天津广帮首富梁炎卿的主要投资就是购买房地产和房地产股票，天津太古洋行买办"太古郑"——郑翼之（粤商，郑观应之弟），亦是如此②。在中国国门才刚刚被打开的年代里，这些人就把大量资财投资在房地产与股票上，是"新潮"呢，还是"保守"呢？

20 世纪 20—30 年代，当以宁波商人为核心的江浙商人发迹之后，雄厚的财力让其也走上了"不归路"，通过组建诸多银行，即所谓的江浙财团或银行团，或直接给蒋介石政府贷款，或间接大量购买国家公债，与政府紧密捆绑在一起了，这种投机也是致命的。

三　近代中西商人资本的一般归宿

当新兴商人资本发达而成为大商人资本之后，多数走上了不归之路③，走上了衰落之路。中西商人资本的发展大多如此。

面对这样的宿命，布罗代尔的评论，或许会让人唏嘘不已。他说，早在 16 世纪下半叶，资金过剩的热那亚曾走过同一条道路，专一向天主教国王放款的"旧贵族"逐渐脱离了积极的商业活动。阿姆斯特丹竟然重蹈覆辙，抛开"仓储贸易"的实际利益，追求食息取利的空幻希望，甚至以其资金推动伦敦的繁荣……金融业的蓬勃高涨似乎预示着成熟阶段的到来，这是秋季即将来临的信号。④ 商人资本发展的一般轨迹就是如

---

① 参见徐润《徐愚斋自叙年谱》一书的第 47 页。从《徐愚斋自叙年谱》来看，徐润主要投资房地产与股票："如余所购之地，未建筑者达二千九百亩，余已建筑者计三百二十余亩，共造洋房五十一所，又二百二十二间住宅，二所当房，三所楼平房，街房一千八百九十余间，每年可收租金十二万二千九百八十余两。地亩房产名下共合成本二百二十三万六千九百四十两外。又买存各项股票，除出沽外，实存四十二万六千九百一十二两，八折作三十四万一千五百三十两。"房产合成本是 2236940 两，股票出卖部分之后，还剩下 426912 两，可见其在房地产与股票上投资之大。

② 参见中国人民政治协商会议天津市委员会文史资料委员会主编的《近代天津十大买办》一书中的第 14 页。郑翼之所投机的地皮明细已在前面列出，在此不再赘述，其所购买股票涉及的公司有：扬子保险公司、仁济和保险公司、吉黑两省东益垦务公司、张家口华兴垦务公司、上海大德榨油公司、上海大有榨油公司、南洋兄弟烟草公司。

③ 尽管走上"不归之路"的具体途径有多种，如给政府或王公贵族放贷，购买田产，购买荣誉，大修豪宅，沉迷奢侈生活，投机股票，投资债券等，然中外大商人资本的"衰落之路"大同小异。

④ ［法］布罗代尔：《15 至 18 世纪的物质文明、经济与资本主义》第三卷，施康强、顾良译，第 297 页。

此吗？

历史的发展好像也确实如此。例如，在 15 世纪的巴塞罗那，商人世家的子弟总有一天要"获取荣誉身份"，在南德意志地区，奥格斯堡的富格尔家族、韦尔瑟家族、赫希斯泰特尔家族、波姆加特奈家族、曼利赫家族、豪格家族和赫尔瓦特家族，纽伦堡的杜凯家族和英霍夫家族，以及 16 世纪声名显赫的许多其他家族纷纷消失，其迅速程度犹如遭了灭顶之灾，准确地说，这些商人家族是在走上金融扩张阶段之路上沉寂的。学者 J. 海克斯泰指出，"每个历史学家都把商业资产阶级向绅士和贵族的逐渐转变，看作是他所研究的那个历史时代的特殊现象，其实这一现象在所有的时代全都存在"。资本的金融扩张阶段，是社会上每一批商人资本在发展周期过程中都会出现的阶段，这就意味着这一批商人资本行将走向没落。他们在这一阶段里，不再如从前那般轰轰烈烈，不再继续创造财富的"神奇"，趋于保守，追求功名。在法国，"柯尔贝尔和奈克尔前后相差一个世纪，他们不是全都抱怨金融界人士因追求平静生活而改当地主和贵族吗？"鲁昂有一些商人家族于 18 世纪消失了，有的是因为已经灭绝，有的则是因为放弃商业，改在司法界就职，如勒让特尔（在当地素负盛誉，被称为欧洲最富有的商人家族）、普朗特洛兹等。阿姆斯特丹也有同样的情形，有人于 1778 年指出："如果算一算市内的名门望族，祖先在革命时代（1566—1648）是商人的只占少数。旧商号不复存在，今天生意做得最大的商号都是不久前刚开张的新商号，贸易因此从一家商号转往另一家商号。"①

近代中国的商人在发财之后，或走上金融之路，或用钱财来获取功名，提高社会地位。一些商人在较为富裕后捐了官衔，② 其中有些人甚至成为官员。广东巡抚郭嵩焘曾在一份奏疏中指出，一批清朝的官员原来是商人。例如，在太平天国初期出任苏松太道的吴健彰原为广东十三行叫作爽官（也作三官）的行商。他在上海任职时西方人以他经商时的名字来

---

① ［法］布罗代尔：《15 至 18 世纪的物质文明、经济与资本主义》第二卷，第 580—581 页。

② 这是保护他们新近获得的财富，也是有利于积聚更多财富的做法。

称呼他。刘镛是浙江最富有的商人之一（南浔"四象"之一）。他既投资于盐业，也投资于其他行业，和其他富商一样，他也拥有官衔。① 他们对慈善机构、学校、建设项目和其他事业捐款（意在造福其宗族和家乡），也可称为"炫耀性的善举"。捐款在中国社会中是得到公认的维持社会声誉的做法。②

晋商与前述大商人资本大体一样，在"成熟"之后，基本上脱离了商贸这个主业，而沉迷于为政府金融放贷，大量购买田宅，固守旧式商业，大修庭院，③ 或者急于捐纳以此获得社会地位，因而，"顶戴也很多"④，后代多吸食鸦片。发达后徽商的表现也相差无几，购买田产，大修宅院⑤，奢侈浪费等，百万资财在不知不觉中消耗殆尽，却很少投向新式企业。⑥

晋商、徽商之外，中国其他地区的大商人资本，其衰败亦是如此。鸦片战争前后天津曾有八大富商，其财富"少则数百万两，多则千万两以上"，但自 19 世纪 60 年代天津开埠，到 20 世纪初逐渐衰落，没有一家投资近代企业，大多在穷奢极侈的生活中资产被挥霍一空。⑦

近代中国的晋商、徽商、粤商、宁波商人资本等，在成为大商人资本之后，也都是不可避免地开始了"追求食利者的奢侈生活"。这种现象，

---

① 张仲礼：《中国绅士的收入》，费成康、王寅通译，第 144、148 页。

② 张仲礼：《中国绅士的收入》，费成康、王寅通译，第 13 页。

③ 现代著名的山西大院，不少是由这一时期发了财的晋商修建或扩建的，犹如意大利诸城邦商人资本发达之后大修教堂一样。中世纪晚期、近代早期，西欧大商人资本支持文艺活动，从而促成了文艺复兴运动，其实，在某种程度上看，西欧的"文艺复兴"时期，是当时社会经济发展中的一个"瓶颈"时期，商人资本没有找到新的投资渠道，有大量闲钱用在非生产中，如大修教堂、资助艺术家等，以此来获得更高的社会声誉。晋商也在这一时期遇到了经济发展中的"瓶颈"。

④ 开创日昇昌的平遥李家，为攀官结贵，提高门庭，在清朝卖官制度下，通过捐输，家人基本上都有虚衔，李家男的有了文武官衔，妇女们被封为"宜人"和"夫人"。参见黄鉴晖等编《山西票号史料》第 771 页。

⑤ 如前所述，商人大修庭院，意味着其资本能投资的或愿意投资的渠道不多了。山西大院与徽州民居在某种程度上说明，这些地方曾出现了发达的大商人资本，在修建庭院之时，意味着前者已经开始走下坡路了。商人大修庭院，正如归隐的官员大修庭院一样，意为要"休息"了，准备享受了。

⑥ 参见张海鹏、王廷元《徽商研究》，安徽人民出版社 1995 年版，第 590、605 页。

⑦ 张守广：《从传统商帮到江浙团的支柱》，第 124 页。

确实不是"那个历史时代的特殊现象，其实这一现象在所有的时代全都存在"，① 在所有的国家也都存在。不无悲观地说，中西商人资本大都难逃此种宿命。

第二节　近代中西新兴商人资本"角色"比较

一　"中间商"——荷兰商人资本与广东商人资本

南德商人资本、热那亚商人资本、威尼斯商人资本是欧洲近代早期已发达的大商人资本，晋商是中国近代早期已发达的大商人资本，而荷兰商人资本、广东商人资本则是近代西欧、近代中国转型时期正在上升中的第一批新式商人资本，是近代早期中西新兴商人资本的前驱：它们都是在各自世界市场扩大之初率先占领先机——荷兰是 17 世纪欧洲的"海上马车夫"，大多数粤商则是近代中国东西方之间的"桥梁"（郝延平语）。中西这两大新兴商人资本最为著名、也是共同的角色就是"中间商"，在扮演"中间商"的过程中发迹，最后也都因这个"中间商"角色而沉寂。

（一）17 世纪欧洲"海上马车夫"——转运贸易——荷兰商人资本

荷兰商人资本发迹的原因主要是其承担了国际中间商作用，从事国际转运贸易。

首先，荷兰商人商船是波罗的海东西部之间贸易的"马车夫"。

荷兰兴起于波罗的海。中世纪以来，波罗的海沿岸（俄国、斯堪的纳维亚半岛上的国家、波兰、芬兰、北德意志、丹麦等地）对外贸易一直由汉萨同盟控制。不仅如此，汉萨同盟还曾对布鲁日、伦敦以及其他港口有着重要的影响。但在中世纪晚期，北尼德兰（荷兰联省共和国的前身）逐渐对汉萨同盟所控制的商业势力范围进行渗透和侵蚀。1562—1568 年，北尼德兰东行船只平均每年有 1357 艘。在那些年代里，北尼德兰承担了波罗的海的大部分进口贸易：66% 的盐，74% 的莱茵河酒，76% 的鲱鱼，以及 64% 其他酒的进口。荷兰在波罗的海的力量是逐渐增强的——从一个卑微的劫掠者，发展到主导并可平衡波罗的海沿岸瑞典、丹

---

① ［法］布罗代尔：《15 至 18 世纪的物质文明、经济与资本主义》第二卷，第 579—580 页。

麦等国的地区大国，并进而成为"地中海的欧洲超级大国"①。

其次，荷兰商人商船是欧洲南北波罗的海与地中海之间贸易的"马车夫"。

荷兰兴盛于地中海。荷兰的兴盛是在荷兰商人商船南下地中海之后发达的。地中海与波罗的海共同造就了荷兰的繁荣。荷兰繁荣时期，其大部分商业资本都活跃在波罗的海—地中海（包括伊比利亚半岛）的商品贸易之中。那些贸易一般为大宗贸易，如谷物贸易、鲱鱼贸易、木材贸易等，看起来利润不高，但事实上却是相当可观的。17 世纪 40 年代是荷兰谷物贸易的黄金时期，荷兰每年进口的黑麦和小麦约 7.4 万拉斯特，每一拉斯特两地的差价是 42 盾，一年的利润为 310 万盾。总的来说，仅就波罗的海谷物贸易一项，在 1580—1650 年就平均每年给荷兰带来 100 万盾的利润。② 自 16 世纪以后，荷兰商人商船就一直主导着波罗的海谷物贸易，其间利润有多少是可想而知的。17 世纪上半叶波罗的海每年向外出口的粮食达 68500 拉斯特，其中 70% 是荷兰商船运输的。17 世纪中叶以后，荷兰对波罗的海贸易的主导性丝毫未减，波罗的海每年向外出口粮食 55800 拉斯特，78% 由荷兰商船贩运。③ 在 16—17 世纪的两个世纪里，波罗的海谷物贸易曾为荷兰商人资本带来了巨大的经济利益。

在波罗的海—地中海贸易之中，居其次的是鲱鱼与盐的贸易。17 世纪前半叶，波罗的海进口的鲱鱼 80% 以上来自荷兰，平均每年有 7100 拉斯特。17 世纪上半叶，每年从松德海峡进入波罗的海的盐有 25900 拉斯特，其中 78% 由荷兰商船运输。整个 17 世纪 80 年代，每年约有 100 艘荷兰船只到达葡萄牙等地运盐。1621 年波罗的海所有进口货物总值中，荷兰运进的鲱鱼、盐就占 45%。木材贸易也是波罗的海—地中海之间的主要商品。在木材国际贸易中，运输费用占据很大比例，这是影响国际木材贸易的重要因素，而这正是荷兰的优势。荷兰承担了波罗的海—地中海之

---

① Jan De Vries & Ad Van Der Woude：*The First Modern Economy：Succuss，Failure，and Perseverance of the Dutch Economy，1500 – 1815*，p. 350.

② Jan De Vries & Ad Van Der Woude：*The First Modern Economy：Succuss，Failure，and Perseverance of the Dutch Economy，1500 – 1815*，p. 373.

③ Jan De Vries & Ad Van Der Woude：*The First Modern Economy：Succuss，Failure，and Perseverance of the Dutch Economy，1500 – 1815*，p. 415.

间的大部分木材贸易，这种贸易占用了荷兰大部分航运力量。仅在1652年的8个月时间里从阿姆斯特丹出发的3000艘船只中，就有1000多艘是去挪威港口运输木材的。①

正是荷兰商人商船在欧洲南北之间扮演的"中间商"的这一角色，带动了荷兰国内加工产业，以及农业的发展，在马太效应下，荷兰商人资本实力愈来愈强大。

最后，荷兰商人商船是17世纪非洲与欧洲、"新大陆"美洲与欧洲、亚洲与欧洲等之间的"海上马车夫"。地理大发现之后，荷兰商人资本逐渐向外殖民扩张，成立了诸多贸易公司，如荷兰东印度公司、西印度公司等，用其发达的商船，把非洲的黄金，美洲的白银、毛皮，亚洲的胡椒、豆蔻等运回欧洲，再把从美洲运来的白银和欧洲的铜块运往亚洲、非洲等地。②

（二）19世纪"东西间桥梁"——买办（掮客）——广东商人资本

西方列强在打开中国大门之后发现，不同的商业制度与商业习惯、强大的传统行会、紊乱的货币制度等问题，横亘在他们面前，单靠他们自己是无法顺利开拓中国市场的。他们需要中国商人作为中介，这些中介就是我们后来熟知的买办。

首先成为外国洋行贸易中介的，或者说成为买办的，就是那些长期处在国际贸易前沿的十三行的广东行商或与此相联系的广东商人。近代早期中国买办之所以多是粤商，就是广州曾是清朝前期中国唯一的开放窗口，那里曾经培养了一代又一代为中西方贸易服务的掮客。在这些广东掮客中，不少是广州公行时期的行商和他们管理之下的通事、买办或跟随仆役。③ 他们因为熟悉"洋务"，在开埠通商不久，就跟随洋行洋商出现在中国各通商口岸，在那里成为后者的代理人，或深入内陆腹地为后者收购茶叶、生丝、桐油等土产，因此，近代早期中国各通商口岸的买办多是广东商人，就不足为奇了。

美国的旗昌、琼记，英国的宝顺、怡和，这几家大洋行在进入中国新

① Jan De Vries & Ad Van Der Woude：*The First Modern Economy：Succuss，Failure，and Perseverance of the Dutch Economy，1500–1815*，pp. 419–423.

② 参见［德］贡德·弗兰克《白银资本——重视经济全球化中的东方》，刘北成译，中央编译出版社2000年版。

③ 汪敬虞：《唐廷枢研究》，第23页。

开的通商口岸之初，所用的买办几乎全是广东籍商人。19世纪30年代至60年代，旗昌洋行雇请的16个买办中，13个是广东人；19世纪50年代到60年代，琼记洋行雇请的买办全是广东人；19世纪30年代至60年代，宝顺洋行雇请的买办全是广东人；19世纪下半叶，怡和洋行雇请的13个买办中，有12个是广东人。这些广东买办广泛地分布于各通商大埠，如上海、香港、福州、九江、汉口甚至是日本的横滨，或越南的西贡。① 近代中国四大买办全是广东商人：唐景星、徐润、郑观应、莫仕扬，而且这四个人也全都来自靠近澳门的香山。有些口岸还出现了"非广东买办不能参加"的商业组织，有的买办就是当地广东商人集团的领袖，在中国近代早期的对外贸易中，广东商人的"中介"作用不可或缺。

作为"中介"的广东商人，以前或有自己的商业，或为洋行办事，但是，随着洋行扩散到其他通商口岸，"离开自己原来的地位，去适应新的环境，""作为私人捐客而继续维持下去。"19世纪40年代中期上海的外商贸易，有2/3是由一个广东籍的捐客经手成交的。广东商人是19世纪"东西方的桥梁"②，依靠"洋势"而发财，成为中国第一批新兴商人群体的核心。

当上买办之后利用买办的身份，开拓自己的商业活动，正是广东买办商人一般的做法。一方面，当买办有佣金可提；另一方面，附着于那些在中国有着特权的洋行洋商卵翼之下，广东商人可以在商业活动中获得巨额利润，还可以避免被官方强权的勒索。

为什么在近代中国对外海运贸易繁荣之际，却没有出现一个如荷兰商人那样的一个以航运起家的中国籍商帮？或者说，广东商人或宁波商人为什么没能成为"中国的水上马车夫"呢？在开埠通商之前，宁波商人的沿海航运业比较突出。宁波北帮宁船有600艘之多，出现过不少闻名的航运资本世家，如镇海小港李家、慈溪盛家、费市费家等。小港李家的李也亭发达之时拥有沙船100多艘，并在上海辟有自己的专用码头。上海曾经80%

---

① 根据郝延平《十九世纪的买办——东西方间的桥梁》，第287—290页的附录1—4而得出的。

② 郝延平语，来自《十九世纪的买办——东西方间的桥梁》一书。

的沙船业是由宁波商人经营的，这些人在沪南荷花池成立了公所。① 李也亭无疑是帆船时代宁波商人中的杰出代表，不过，这只是一个帆船时代的盛事。鸦片战后的时代是一个蒸汽（机器）船运的时代。非常遗憾的是，这一时期的宁波商人在蒸汽航运业上没能继续保持以往的主导地位。

细究起来，在鸦片战争之后，最有机会、最有实力接住"航运业之棒"的应该是广东商人，因为他们是中西贸易之间的"桥梁""掮客"，他们熟悉这个行业，他们在这个行业谋生，也曾经附股于多家外资航运公司，因而他们有机会，也有经济实力把木船航运改为蒸汽航运，② 来发展近代中国的航运业。国门洞开之后，转运贸易蓬勃发展，巨大的航运需求极大地促进了蒸汽航运业的发展，但是为何在这样一个新兴领域中，广东商人却未能脱颖而出呢？

在中国近代早期航运领域中，外国洋行凭借技术、资本等优势占尽了先机。西方船舶的容积和速度使它们能以比沙船更为便宜的运费装载中国货物。此外，它们有能力避免海盗劫掠的危险，而且能在 11 月至次年 3 月的北方季节风中照常航行，与此同时，外国船主和代理商还可以为中国货主代办保险。③ 这些有利条件赢得了华商的偏爱，使之在沿海沿江航运贸易中占据了优势地位。从 19 世纪 40 年代开始，中国沿海贸易就处于外国人快速而可靠的商船支配之下，尽管这种航运在 1858 年《天津条约》签订之前是非法的。

怡和洋行、太古洋行把持中国沿海沿江航运业长达数十年之久，攫取了这一领域的大部分利益。整个 19 世纪 50 年代以至 60 年代初，往来于上海的英国商船有 7/10 都从事中国沿海的转运贸易。19 世纪 50 年代到达上海的美国商船，有 1/3 是在从事中国沿海的转运贸易。19 世纪 60 年代初，在中国沿海从事转运贸易的德国商船，已达到 200 多艘。④ 19 世纪 70 年代，虽有中国官办的轮船招商局强行在虎口之中分得了一杯羹，但是外国洋行主导中国航运的局面并未动摇，只是到了民国，以虞洽卿为核心的宁

① 陈铨亚、孙善根：《晚近宁波的航运与金融》，第 48 页。
② 广东籍买办唐廷枢、徐润等就曾大量投资于外国轮船公司。
③ ［美］斯蒂芬·洛克伍德：《美商琼记洋行在华经商情况的剖析（1858—1862）》，章克生、王作求译，第 53 页。
④ 汪敬虞：《唐廷枢研究》，第 39 页。

波商人组建了大型航运船队，才开始与外商航运争雄，不过这是后话了。

19 世纪 60 年代初期，通商口岸的外国领事中已经有人认为，"中国帆船正在迅速从商业航线上消逝"。1865 年进入牛庄的 274 艘外国商船中，有 237 艘是中国商人租雇的外国帆船。19 世纪 70 年代的第一年，上海的一家外国报纸在回顾六十年代的情形时说，"广州、福建、宁波、上海、山东和天津的帆船也日渐减少。""以前这些帆船所获得的巨额利润，已经全部被外国轮船夺去。偶然有一些零星货物的运输，目前也归了外国的帆船。[1] 非常遗憾，广东买办资本虽然曾经大量投资航运业，但多是附股于外国轮船公司，因而在近代中国转型时期，在近代中国商业革命之中，没有出现一个如荷兰商人那样以航运见长的中国商帮或商人群体。

广东著名商人、怡和洋行买办唐景星（即唐廷枢）[2] 在担任买办的时期内，曾在外国航运业中有大量的附股活动。在怡和洋行华海轮船公司成立之前，唐景星已先后附股于 1867 年成立的公正和 1868 年成立的北清这两家外国轮船公司，并且担任了这两家公司的董事。在唐景星 40 岁（即 1872 年）那一年，他还曾附股于琼记洋行的航运企业，附股于马立司和美记洋行的轮船公司等。1878 年怡和洋行组建了自己的华海轮船公司，唐景星是该轮船公司最大的股东之一。这个公司第一期股本的 1650 股中，他一人独买 400 股，几乎持有该公司股本的 1/4。他不仅进入了该公司的董事部，而且还担任了公司的襄理。[3]

唐景星不仅自己附股于外国轮船公司，而且还为后者揽收了大量中国买办和其他商人的资本，在此过程中他是一个不折不扣的"中介"。在怡和洋行华海公司的第一期股本中，中国人的股份占 930 股，其中由唐景星一人包揽了 700 股（其中包括他自有的 400 股）。在北清轮船公司中，他是"华股的领袖和代言人"，该公司的股份，有 1/3 为"唐景星所能影响的"华商持有。"唐景星简直成了它（外国公司）能获得华商支持的保证。"[4]

---

①　汪敬虞：《唐廷枢研究》，第 15—17 页。
② 唐廷枢，1832—1892，号景星。
③ 汪敬虞：《唐廷枢研究》，第 4—5 页。
④ 汪敬虞：《唐廷枢研究》，第 5—6 页。

在近代中国对外贸易蓬勃发展、利润可观之际，广东商人积极地投资于外国轮船公司，尽力地购买中国轮船招商局的股份并尽心地管理该公司，他们只是一群尽心尽力的"职业经理人"。另外，唐景星49岁时曾与徐润、郑官应商办佛山码头，52岁时开设过长源泰、长发货栈，58岁与郑观应等集资在广州修建过轮船码头①。徐润也曾"与唐景星诸观察，创办过轮船招商局"②，也就是说，唐景星、徐润这两位粤商"大佬"，筹办过轮船招商局、开辟过码头、开办过货栈，可是，他们为什么没有独立开办过属于自己的大型轮船公司呢？这是一个值得深思的问题。

（三）"中间商"地位的削弱——荷兰商人资本与广东商人资本的衰落

荷兰商人资本因从事国际转运贸易而发达，最后也是因这样的转运贸易而衰落。当欧洲民族国家崛起、重商主义兴起、处处筑有贸易壁垒，并且生产地与消费地之间有着直接的贸易往来之时，荷兰商人商船的作用就显得无足轻重了。

谷物转运贸易曾为荷兰掌控波罗的海贸易奠定了良好的基础，也曾在16世纪末为荷兰打开伊比利亚半岛、意大利半岛的商业大门作出了巨大贡献。尽管后来荷兰商业体系在不断扩大，谷物贸易仍然在其外贸体系中占据着重要位置。然而，自从英国颁布《谷物补贴法》以来，荷兰的谷物转运贸易就每况愈下。18世纪前25年里，英国成为粮食出口大国，③英国商人绕过了"中间商"——荷兰商人，直接向国外贩卖粮食，使阿姆斯特丹这个欧洲最大的粮食转口中心"空心化"，因此在英国粮食出口贸易中，荷兰商人逐渐沦为边缘性商人。④ 18世纪80年代第四次英荷战争之后，由于谷物生产地直接把粮食运到消费地，以及汉堡成为谷物贸易新的转运中心等因素，荷兰的国际谷物转运贸易大大收缩。波罗的海谷物贸易不再是荷兰商业的"母体贸易"，荷兰经济的基石真正受到了重创。阿姆斯特丹作为欧洲谷物贸易转口中心，在1450年后开始兴起，而在18

---

① 根据汪敬虞《唐廷枢研究》第154—223页中《唐廷枢年谱》统计而成。

② 引自徐润《徐愚斋自叙年谱》的"序言"第1页。

③ Jan De Vries & Ad Van Der Woude：*The First Modern Economy：Succuss，Failure，and Perseverance of the Dutch Economy，1500 - 1815*，p. 416.

④ Peter Earle：*Essays in European Economic History，1500 - 1800*，p. 204.

世纪末这种地位彻底地丧失了。在此后欧洲粮食国际贸易中，英国商人取代荷兰商人主宰了西欧的谷物贸易，进而成为波罗的海贸易的主角。

鲱鱼转运贸易也曾是16—17世纪荷兰贸易的支柱之一，然而，1700年后，荷兰鲱鱼交易量在国际市场上的比重由1650年的80%下降到20%，而且挪威与苏格兰的鲱鱼也很少运至阿姆斯特丹市场，它们把汉堡作为鲱鱼新的集散地。法国在1751年、南尼德兰在1766年、丹麦在1774年、普鲁士在1775年相继颁布法令，禁止进口荷兰鲱鱼。同时，荷兰向波罗的海输出的精盐也减少了。1600—1650年，每年荷兰输送到波罗的海沿岸的盐达2万拉斯特，而在1690—1704年每年仅为11000拉斯特。[①]

荷兰商人作为国际布匹中间商的地位也在逐渐消失。17世纪下半叶，英国生产的布匹开始绕过了荷兰中间站，直接进入消费者市场。作为中间商的阿姆斯特丹商会的棉布销售量逐渐减少。与此同时，荷兰对欧洲木材贸易的控制力也大大下降。18世纪末，荷兰从挪威进口木材的量比17世纪中叶少一半以上。到19世纪时，荷兰的木材贸易已沦为一种国内贸易。谷物、鲱鱼、纺织、木材等国际贸易转运量的减少引起了连锁效应，荷兰商船进出波罗的海的次数也大为减少。17世纪50年代，荷兰在丹麦海峡船只进出次数每年平均为2322次，至18世纪一二十年代，荷兰商船每年平均进出次数只为728—880次。[②]

荷兰转运贸易体系崩溃的另一个明显表现就是商人资本从商业中撤离，把资本大量转向金融业，使商业资本成为纯粹的生息资本。他们通过放债或购买有价证券，坐收利息，依旧处于荷兰收入丰厚的社会上层。

当时代经济的潮流转向工业发展之时，荷兰商人资本不愿改变主要投资方向，不愿过多投入工业生产中，还是沿着原有的路径，热衷于转运贸易，当其遇到困难之后转而进行生息资本的投资，所以，在后起英国商人资本的打压之下，荷兰商人资本渐渐衰落了，不再有往日的气象。

广东商人，在近代早期因得风气之先，因而成为近代中国第一批新式

---

① Jan De Vries & Ad Van Der Woude：*The First Modern Economy：Succuss，Failure，and Perseverance of the Dutch Economy，1500－1815*，p. 420.

② Jan De Vries & Ad Van Der Woude：*The First Modern Economy：Succuss，Failure，and Perseverance of the Dutch Economy，1500－1815*，p. 428.

商人，也是近代中国第一批发达的大商人，① 曾经富可敌国，洋务运动中的不少民用企业还得仰仗他们的资本投资、管理经验、市场技术等，但是，在19世纪80年代之后，这个群体逐渐暗淡下去了，其主要原因与荷兰商人一样，对原有路径的依赖太甚，比较保守，跟不上新经济形势，逐渐被新经济淘汰了。

虞和平先生曾论及广东香山籍买办衰落的原因，这也适用于解释整个广东商人在近代中国经济舞台上的衰退。近代早期在中国经济舞台上大放光芒的广东商人主要是香山籍买办。香山籍买办的暗淡，也可以说是广东籍商人的暗淡。他们暗淡的主要原因是死守老东家，死守老行业。② 换句话说，广东商人资本在投资惯性下，对原有路径严重依赖，错过了，或者说没有抓住新的经济增长引擎。

广东商人向上海、天津、汉口等通商口岸的扩散，主要是跟随原先服务的洋行去的，仍然主要从事着原先比较熟悉的行业，如茶叶、丝绸贸易等，③ 较少向新的行业领域拓展，因此，广东商人在新通商口岸的发展"是一种保守型的发展"④。

广东商人随着洋行洋商向通商口岸的扩散而扩散，仍然主要集中在原先的琼记、旗昌、怡和、宝顺四大洋行中，依旧从事着他们熟悉的茶叶、生丝等行业⑤的贸易代理。然而，从19世纪60年代中期起，前述洋行中有3家相继破产或衰落。另外，从19世纪80年代起，中国一直兴旺发达的茶叶、生丝等土产贸易在国际市场上遇冷，从此再也不复往日的盛象。

---

① 再次说明：山西商人资本是属于前近代已经发达的大商人资本。在1840年之前，不少晋商开设票号，此举说明它们资财已经相当雄厚了，如此才能从事经济上层——金融的活动，而广东商人资本、宁波商人资本是在开埠通商之后因商业贸易而发达起来的，因此后两者在近代之初并不是大商人资本，是小商人资本，是新兴商人资本，只不过后来通过商业贸易发展成为近代大商人资本。

② 参见虞和平《香山籍买办与宁波籍买办特点之比较》，《广东社会科学》2010年第1期，第132页。

③ 中国茶叶、生丝等土产，在19年代逐渐受到其他国家同类商品的打压，因而这样的贸易逐渐暗淡下去，不再是高利润的行业了。

④ 虞和平：《香山籍买办与宁波籍买办特点之比较》，《广东社会科学》2010年第1期，第130页。

⑤ 宁波商人买办的发迹主要是由于在开埠通商之后从事新商品的进口代理，由此出现了不少五金大王、颜料大王等。

固守老东家，固守在这些传统土产贸易中的广东商人，没能紧跟新的经济形势，[①] 逐渐在中国商业舞台上暗淡下去了。

荷兰商人资本与广东商人资本都曾经是近代中西最早的一批新兴商人资本群体，其出现、发达，都得益于世界市场大开的新经济形势，其主要角色是"中间商"，在"中介"中发迹，在"中介"中衰落，在面临新经济形势时，死守"中介"这个位置，而不肯做出改变，因而在新经济潮流中逐渐衰落下去。

二　促进商业资本向工业资本的转化——英国商人资本与宁波商人资本

英国商人资本与宁波商人资本是近代中西新兴商人资本的集大成者，都曾担负了从商业资本到产业资本的职能转变。然而，因各自政治经济环境的巨大差异，最后的归属不同：英国商人资本转向了工业资本，推动了工业革命的到来，然宁波商人资本（或说江浙财团）在近代中国动荡的环境中不得不趋于保守，最后因政治而沉寂消散。

（一）英国商人资本——从商业资本到工业资本的转化——成功

可以说，英国商人资本是在威尼斯商人资本、热那亚商人资本、荷兰商人资本肩膀上崛起的，其崛起之路最初依然是如同前者一样的商业资本主义发展道路。在英国勃兴初期，其社会经济部门中占主导地位的依然是商品经营资本。"在英国变为典型的工业国，即变为拥有矿山、制铁厂和纺纱厂的国家以前五十年的时候，它已经是一个大商业国。正如一句名言所云：是个商人的国家。在那里，商业发达走在工业变化的前头，而且，它也许决定着工业的变化。"[②] 也就是说，在工业革命前，在英国经济中处于优势地位的仍然是商人资本，或者说，是商人资本中的商品经营资本，即使是到了 19 世纪，与其他国家相比，英国的商业还是异常繁荣，没有一个国家比英国更积极地对商人阶级的要求做出反应。拿破仑曾把英

① 虞和平：《香山籍买办与宁波籍买办特点之比较》，《广东社会科学》2010 年第 1 期，第132 页。

② ［法］保尔·芒图：《十八世纪产业革命：英国近代大工业初期的概况》，第 69 页。

国描述成"店主的国家",① 为什么如此呢？

从理论上来说，在工业革命发生及其产生巨大的社会推动力之前，商业利润一般要比制造业高。西欧中世纪是这样的，近代早期亦是如此。16世纪、17世纪，在欧洲社会经济总体中，工业所占有的资本和人力只是很少的一部分，它对经济的影响也是边缘性的。即使是在工业革命早期，其情形也没有很大的改变。在英国产业革命早期，商业资本的重要性远比工业资本大。虽然在西欧近代早期，制造业在国家经济综合竞争中所占的分量逐渐加重，但其利润相对来说还是比较低的，且不为人们所重视。因此，商业资本的积累与发展在欧洲近代经济转型过程中是个关键性因素。商业资本是工业资本的前驱。西欧中世纪末才开始起步的乡村工业（也叫原初工业化）在16—17世纪得到飞速发展，而这也应主要归功于正在上升的商人资本。当时如果没有一批批急于自我实现的商人资本走在前头，西欧在制造业上的进步也就没有可能，也就不会有后来西欧大工业的产生。正在上升中的商业资本在重塑西欧经济发展地图、向资本主义大工业转变的过程中，起到了决定性的作用。

不过，这一时期的英国商人已经不是纯粹的商人了，其资本也不是纯粹的商业资本了，他们身上已极明显地体现出商人资本向产业资本转化的时代趋势。在英国，商人资本大多直接或间接地投入生产之中，不少商人资本家亲自组织生产活动。虽然"英国商人资本仍是以商人的资格来掌管整个生产的，他们日益走上这条道路的仍然是商业，是英国商业的发展"。但是"新工业正是要从商业和贸易精神中产生出来"②。

在英国近代转型时期，商人与工场主往往是"一体"的。早在英国开拓海外市场之初，英国商人资本就有投资生产的偏好。例如，商人威廉·彻斯特在1544年与其他商人一起开创了英国的炼糖业，而其后投资于炼糖业的商人越来越多，乔治·霍尔曼、波因滋、托马斯·科尔德、托马斯·米德尔顿等，都是英国炼糖业界的精英。托马斯·米德尔顿曾于1592年把5961多镑投入糖厂，一年获利297镑17先令5便士。商人约

① ［美］曼瑟·奥尔森：《国家的兴衰：经济增长、滞胀和社会僵化》，李增刚译，上海人民出版社2007年版，第83页。

② ［法］保尔·芒图：《十八世纪产业革命：英国近代大工业初期的概况》，第112页。

翰·奥尔登与克里斯托夫曾把 14000 英镑投入另一家糖厂。商人托马斯·奥弗曼曾大量投资制皂业，后来成为伦敦最大的制皂业主。英国商人资本对工矿企业的投资也非常积极。1568 年经英国国王特许建立的两个股份制公司：皇家矿业公司、矿石冶炼与金属器皿公司，初建时前一个公司有股东 57 人，其中商人 25 人，占 43.9%；后一个公司有 77 人，商人 29 人，占 37.7%，投资于这两家公司的股东大都同时是利凡特、东印度、爱尔兰、弗吉尼亚等海外股份公司的成员。大商人理查德·马丁是矿石冶炼与金属器皿公司的大股东，1596 年他与两个儿子拥有该公司 1/3 的股份，并承包了该公司两个最大的分工场，所获利润极大，据说年利润有 900 镑，或 3000 镑。同时他还投资了一个盐场，每年能给他带来 200 镑的收入。[①]

就是在投入生产的过程之中，英国大量的商人资本逐渐转化为工业资本，加快了社会经济向工业资本主义经济的转型，促进了英国工业资本主义的到来，也许正是从这个意义上说，西欧的商人资本是工业资本的前驱。

（二）宁波商人资本——从商业资本到工业资本的转化——半途而废

宁波商人依旧是以经营商品资本发迹的，相较于同一时期的广东商人，宁波商人起初大多数是小商小贩，他们抓住了广东商人没有在意的新商品行业（如五金、颜料等）而发家，他们是那个时代的新式商人，这是其一；其二，宁波商人，起初也多是依附于外国洋行或银行的买办，如果说广东商人是近代中国第一代买办群体，那么，宁波商人就是第二代买办群体。19 世纪 80 年代之后，宁波买办在各通商口岸发展起来，其后在财力上与活动能力上超过了广东买办。简而言之，宁波商人的发家依旧是依靠洋人而发达的。这好像是由那个时代中国特殊的国情决定的，在洋人卵翼下，似乎更安全一些，或许更能实现发财的梦想。买办身份除了给他们带来了原始资本，还能让他们在这个特殊身份保护下经营自己的工商业。

宁波商人如同前辈广东商人一样，往往是集买办与商人于一体，发财致富，再以上海为基地，向其他通商口岸进行商业扩张，当发现工业生产能获得可观利润时，就把资本投向工业生产，主要是民用工业，他们独立创办了多个企业，所以，在 19 世纪末 20 世纪初，中国出现了一些商品经

---

① 陈曦文、王乃耀主编：《英国社会转型时期经济发展研究》，第 113—115 页。

营资本向工业资本转化的现象，其中就有大部分宁波商人资本的转化。

宁波商人大多从事进出口贸易，经营新式商业。有记载：在上海，"输入贸易方面，金属、棉布、棉纱、机械等外国输入品之经营……为宁波人绝对独占……"美孚、亚细亚二公司之煤油，亦"十之六七"由定海商人经销。① 可以说，宁波商人资本是在新式商品行业中崛起的。

19世纪80年代，以茶叶、生丝等为大宗的中国传统国际贸易，接连受到打击，不少曾赖以发达的商人资本遭到重创，如徐润、胡雪岩的破产，但是，宁波商人资本却于此时崛起。19世纪80年代之后的时代，从某种程度上可以说是宁波商人资本的时代。虽然宁波商人也不乏为洋行和自己经营丝茶等传统商品，但是真正让宁波商人资本发迹的是当时的新式商业，如五金业、洋油业、眼镜业、钟表业、颜料业、西药业等，② 这些新式商业利润很高，造就了近代中国商业舞台上继广东商人之后的另一批江浙籍的富商巨贾。据调查，清末新式商业的平均利润率为30%左右，③ 五金业曾经造就了上海两大著名富豪：一个是叶澄衷，另一个是朱葆三，其二人皆为上海"五金大王"。颜料业成就了周宗良，时人称之为"颜料大王"。买办的成功吸引了大量的宁波商人进军新式商业，除了叶澄衷、朱葆三之外，上海经济舞台上其他呼风唤雨的宁波籍买办，如傅筱庵、虞洽卿、徐庆云、朱志尧、刘鸿生、袁履登、邬挺生、丁忠茂等，他们的发迹也均与新式商业有关。19世纪80年代之后，上海的宁波籍买办逐渐超过了广东籍买办而占居首位。

"无宁不成市。"19世纪80年代以后，以上海为活动中心，宁波商人逐渐将其资本扩展到天津、汉口、杭州等城市，其资本的向外扩张主要是商品资本的扩张。

宁波商人资本北上天津，叶澄衷的老顺记五金行是先锋者，在那里为天津培养了大批宁波商人买办。继之，宁波商人的老九章绸缎庄、亨得利钟表店、大明眼镜公司等在天津相继开设分号，乐家老药铺达仁堂和南味

---

① 虞和平：《香山籍买办与宁波籍买办特点之比较》，《广东社会科学》2010年第1期，第133页。

② 张守广：《从传统商帮到江浙团的支柱——宁波商帮研究》，第59页。

③ ［美］郝延平：《中国近代商业革命》，第310页。

食品稻香村也在天津开业，严氏父子（严信厚父子）也在天津开设了著名的物华楼金店。① 可以说，宁波商人资本在天津的五金、航运、服装、食品、西药等新式行业里的活动，极大地推动了近代天津新式商业的发展。

如同在天津一样，宁波商人资本也开始向汉口扩张，势力强大。汉口"尤以宁波商人为最……凡汉口特有之物，无不买入……宁波商人主要经营水产业、银楼业、航运业……在招揽货运、出售洋货方面，往往最能满足洋行的需要，"特别容易促成烟草、糖和煤油等方面的生意"②。

虽说宁波商人依旧是通过商品资本不断扩张的，但是当其商品资本积累到一定程度、工业利润比较丰厚之时，宁波商业资本不约而同地转向了工业投资，形成了一股投资热潮。与前辈广东商人喜好依附于外国公司或中国官办企业不同，叶澄衷、朱葆三、朱志尧、虞洽卿、傅筱庵、周宗良、邬挺生、刘鸿生等，基本上都独立投资过多个民用工业，让部分商业资本转向了工业资本。

严信厚被公认为"宁波商帮"的开路先锋，上海总商会第一届总理。他不是买办，但是曾得到李鸿章的关照，任过中国多个盐场的官员，后在上海创办"源丰润票号"，其分号遍布中国各重要城市，这为其以后的创业活动奠定了资金基础。19世纪80年代之后，他开始创办现代企业。1887年，他出资5万元在宁波创办了通久源轧花厂，配有蒸汽发动机、锅炉等设备，这是近代中国第一家机器轧花厂。1889年，严信厚在宁波慈城独资创办了慈溪火柴厂，这是近代中国第一家火柴厂。1894年，严信厚集资45万元创立了通久源纺纱织布局，这是浙江省第一家纱厂。其后，他还创办或参与投资大量实业，如通利源榨油厂、华新纺织厂、龙章造纸厂等大批民用工业。1908年9月，严信厚与他人创立四明银行，截至1909年，严信厚的源丰润票号（也称银号）在浙路公司等11家近代工矿企业投资166685两。1910年，严信厚的源丰润票号在上海、汉口、天津、广州、香港、宁波、杭州等处为上海制帽有限公司招收股本。③ 可

---

① 宁波市政协文史委编：《宁波帮在天津》，第89页。
② 徐凯希：《宁波帮与湖北近代工商业》，第1页。
③ 黄鉴晖：《山西票号史料》，第815—818页。

以说，严信厚是中国近代企业的开拓者，他是宁波商帮转化为近代企业家的"先驱"。

同治元年（1862），叶澄衷在上海虹口开设了顺记五金杂货店，随后投资多个商品行业，积累了雄厚的资本。在19世纪90年代，他开办了上海燮昌火柴公司及纶华缎丝厂。① 朱葆三也是以代理五金进口发家的，19世纪末20世纪初，他已是上海五金行业的头面人物，经济上很有实力，此后，他跨出了五金行业，与其他商人一起在1897年创建了中国最早的新式银行——中国通商银行；同年，他与李云书等人创设了东方轮船公司。进入20世纪以后，据不完全统计，他逐步投资于各种民族工业：1905年，投资上海大有榨油厂、同利机器纺织麻袋公司；1906年，投资江苏海州赣丰饼油厂、上海中兴面粉厂、宁波和丰纱厂等。②

20世纪以后，有更多的宁波商人投资工业。商人资本只有在流动中才能带来更多的价值。宁波商业资本不仅仅在上海投资工业，同时还在上海周边城市全面"开花"。

1897年，叶澄衷在苏州创办燮昌火柴厂苏州分厂。1918年，朱葆三在杭州投资50万元创设办西湖啤酒公司。1920年，刘鸿生在镇江投资40万元创办镇江荧昌火柴厂。1924年，慈溪商人阮雄扬在扬州开办康元制罐公司扬州厂。与此同时，宁波商人在南通、常州、泰州等地也开办了不少近代工业企业。③

除了在"长三角"投资工业以外，宁波商人资本还扩展到其他城市进行工业投资。如前所述，宁波商人宋炜臣于1896年在汉口创办了汉口燮昌火柴厂，随后创办了华胜呢绒军装皮件号，1906年创办了著名的"汉镇既济水电公司"，以及杨子机器厂等。许多近代湖北著名的工业是由宁波商人开办的。如1904年盛竹书（镇海）创办汉丰面粉厂，1906年宁波商人景庆云开办金龙面粉厂，1907年宁波商人在汉阳开办顺丰榨油厂等。④ 可以说，宁波商人是近代湖北工业化的开拓者。宁波籍人士在上

---

① 宁波市政协文史委编：《宁波帮在天津》，第28页。
② 浙江省政协文史资料委员会编：《宁波帮企业家的崛起》，第82页。
③ 乐承耀：《在杭州的近代宁波商人》，第90页。
④ 乐承耀：《在杭州的近代宁波商人》，第3页。

海、杭州等地开设的浙江兴业、浙江实业、四明银行均在汉口设立了分行。[①] 汉口金融界的中上层管理人员多是宁波商人，如交通银行汉口分行总经理卢鸿沧、中国国货银行汉口分行总经理李尔安、[②] 汉口浙江兴业银行分行总理盛竹书等。[③] 除了武汉，宁波商人资本也在天津创办了不少近代企业，如天津最早的民营中药制药企业、较早的家具制造厂、较早的民营纺织厂等，多是由宁波商人创办的。[④]

从商品资本到工业资本的投资转向中，宁波商人以贸易为先导、金融为依托、航运为纽带、工业为基础，逐渐向近代工业企业家转型。他们的转型代表着一个时代可贵的转型，相较于前辈广东商人来说，20 世纪 20—30 年代，宁波商人已经是一个集工、商于一体的商人群体了。

宁波商人资本曾以开办钱庄而闻名，然而与大多数广东商人资本还停留在钱庄投资上不同，它们很快就从钱庄转向银行了。中国人创立的第一家银行——中国通商银行，虽说是由盛宣怀奏请朝廷设立的，然而是由宁波商人叶澄衷、严信厚、朱葆三等筹建的，[⑤] 此三人曾是多家钱庄的老板。他们在新时代率先创办银行，这种投资转向非常难能可贵。此后北洋政府时期，有更多的宁波商人资本开办银行。如浙江兴业银行、浙江实业银行、上海商业储蓄银行等。宁波商人资本创办的四明银行后成为民族银行业中的佼佼者。虞洽卿、秦润卿、孙衡甫、李寿山、李泳裳、秦善福、林莲荪等宁波商人都曾是以钱庄老板身份投资银行，而转变为近代著名银行家的。[⑥] 由传统的钱庄转向银行，这是适应时代所做出的投资改变，因为银行能够更好地适应时代需求。

然而，这一时期的宁波商人资本还没较好地或者说充分地转移到工业资本，好好地发展工业，就在较短时间内迫不及待地蜂拥进金融业了，这

---

① 宁波市政协文史委员会：《汉口宁波帮》，第 158 页。

② 宁波市政协文史委员会：《汉口宁波帮》，第 159 页。

③ 请见皮明庥《武汉近代（辛亥革命前）经济史料》，第 257 页，此人在汉口创办面粉厂的同时，还曾在银行中担任职务。

④ 请见第三章第二节中"商人资本向天津流动"。

⑤ 宁波市政协文史和学习委员会编：《宁波帮与中国近代银行》，中国文史出版社 2008 年版，第 1 页。

⑥ 宁波市政协文史和学习委员会编：《宁波帮与中国近代银行》，中国文史出版社 2008 年版，第 119 页。

是一种特殊状态下的发展，除了荷兰外，近代以来西方资本的发展多是从商业到工业，再到金融业。宁波商人资本的这种发展轨迹，是否与动荡的社会有关？越是动荡的社会，资本越是喜好保持流动性，喜好投机。资本的这种发展走向对社会经济来说，是极其不利的，需要政府强有力的干预，迫使其转向，进入工业生产领域。但是政局动荡，政府已自顾不暇，或者说还希望有更多宁波商人资本能够进入金融业（国民政府大量发行公债，有时还迫使银行购买就是明证），成为生息资本为其服务。

财力雄厚的宁波商人资本在动荡的社会中逐渐也走上了如同前述大商人资本一样的不归路，或是由于政局动荡不安，或是利率较高等原因，宁波商人资本与前辈商人资本一样，很快就卷入了政治漩涡中去，大量放贷给政府，最后暗淡下去。

其实，早在北洋政府时期，南方的宁波商人资本就曾北上，以多种形式购买北洋政府的公债，而南京国民政府，可以说正是在以宁波商人资本为核心的江浙财团的支持下建立的，不论其是自愿的还是被迫的，宁波商人资本以银行组团的形式给国民政府放贷，或者如同发达的荷兰商人资本大量购买英国国家公债一样，此举获得了大量稳定的高额利润。宁波商人资本的这种收缩性与保守性在时局动荡之下展现无遗。

近代转型时期，宁波商人资本与荷兰商人资本也有相似性，宁波商人资本也曾专注于航运业，从事进出口贸易，如五金行业几乎是由宁波商人资本垄断的。不过，宁波商人资本与英国商人资本有着更大的相似性。在近代西欧转型时期，与前辈威尼斯商人资本、热那亚商人资本、荷兰商人资本不同的是，英国商人资本最终走向了工业资本，并促成了第一次工业革命的到来；在中国，与晋商、徽商、粤商不同的是，宁波商人资本曾大量投资工业，组建了一个又一个具有现代性的大型企业集团，然而，在南京国民政府时期，尤其是抗战前夕，宁波商人资本在工业上大量抽逃，致使工业投资大为萎缩，这是宁波商人资本与英国商人资本的不同，这种不同可能是近代中国"非常态"的国情所致。

综上可以看出，在商人资本上升时期，它们是社会经济发展的主要动力，充满了活力，有力地推动着经济的发展。例如，当广东商人资本还是小商人资本时，它们带着西方经营理念到各地通商口岸，努力地把中国传统的丝茶贸易打入国际市场，并在实际上主持了官方所创办的一些大型工矿企业，且以附股的形式从资金上给予了支持；宁波商人资本在新式商业进口贸易中不遗余力，更难能可贵的是，在一些新式工业的创建中，它们也是一马当先。在近代中国自来水、保险、电话电报、电气公司等一些具有现代性的企业中，总能看到不同时代新兴商人资本的身影。它们勇于投资，敢为天下先。不过，因诸多原因它们并未打造出"卓越"。令人遗憾的是，无论是广东商人资本，还是宁波商人资本，最后都走上了向政府靠拢，为政府所用①，或向政府放贷之路。如此之途，以致整个近代中国，都未曾走出商业资本主义经济时代，只能说这个时代曾经一度有过工业的发展，然而并未完全走进工业资本主义经济时代。

中国迈入现代化的进程是通过革命的方式来完成的。中国共产党在获得政权之后，通过政府的力量对社会总资本的投向进行了重新分配，把大量的资本用来投资工业，尤其是优先发展重工业，中国就是这样进入工业化进程的。也就是说，不是商人资本通过自身职能的转变促使近代中国走上工业化道路、进入现代化的发展之路的。在近代中国那样的国情之下，中国的商人资本一直是不愿投资实业、工业的，他们投资城市房地产、银行业或有价证券，或大量存入外国银行，所以，近代中国一直处在商人资本主义的时期，即一直处于Ⅰ（第一部门农业）＞Ⅲ（第三部门商业）＞Ⅱ（第二部门工业）这样的一个时代。近代中国，政府是无力或无意去引导大量社会资本转向工业投资的，有时，它们甚至就是商业资本向工业资本转化道路上的重大阻碍因素。因为政府借贷，或公债，吸纳了社会上大量的商人资本，使其走上了不事生产的生息资本之路，从而导致近代中国工业发展资金的严重匮乏，始终在前工业化之路上徘徊。

在对近代中西新兴商人资本、大商人资本的发展轨迹进行考察后，可以得出这样一个结论：新兴商人资本是一个国家、一个时代，新经济前行的主要推动力。新兴商人资本处于财富上升阶段，因其资本小，对资本的回报率、安全性等方面的顾虑少，只要能挣钱，它们都愿意去做，如此往往能抓住新时代的经济增长点。其实，几乎所有新时代经济增长点的出现，基本上都是悄然无声的，如果能抓住新时代的经济增长点，就犹如乘

---

① 近代早期中国四大买办中的三位也是粤商——唐廷枢、徐润、郑观应，他们最后都进入了政府圈子，成为政府的"职业经理人"。

上了时代的"财富快车",快速暴富而成为商界巨贾。可以说,新兴商人资本的开放性、灵活性特点成就了自己,如西方荷兰商人资本、英国商人资本,中国的粤商资本、宁波商人资本等就是如此。反观传统大商人资本,在新经济时代来临之际,或是对旧有发财路径的严重依赖,对新的发财渠道视而不见,或因顾虑太多而不肯"改弦更张",由此丧失了投资良机,在新时代经济的浪潮中逐渐落伍直至消失。西方的热那亚、威尼斯、南德奥格斯堡等地的商人资本,中国的晋商、徽商等商人资本,无不如此。

所以,在国家制度设计中,一定要关注新兴商人资本(小商人资本),对其应该有一定的偏向性。因为,相较于保守的大商人资本来说,新兴商人资本体现了更多的活力与创新力,它们往往是一个国家新经济发展的主要推动者。

结　语

　　商人资本在区间之间的流动，推动了近代中国经济重心的转移：从广州到上海，在其流动过程之中，商人资本为了购买土产而深入内陆腹地，促进了内陆腹地商品经济的发展，启动了当地现代化的进程，加强了中国的内陆腹地与沿海沿江城市之间的经济联系，形成了自成一体的经济体系，中国区域之间的经济得到融合与整合，全国统一市场逐渐形成。然而，商人资本愿意流入的区域与其不愿流入的区域之间逐渐形成了差异与割裂，城乡之间出现了有史以来的分野，中国东西部之间出现了有史以来的割裂。

　　近代西欧转型时期，商人资本的区间流动加速了商人资本形态的转化，最后从属于工业资本。而近代中国转型时期，商人资本曾经一度有过向工业资本的转化，但是在本书的研究阶段（1840—1936），甚至可以说，一直到中华人民共和国成立前，商人资本依然保持着旧有形态，在向工业资本转化过程中始终进展不大，所以，近代中国始终没能完成从农业文明时代向资本主义工业时代的转变。

　　在近代中国，商人资本一直占据着重要位置，即使是在19世纪60—90年代官办的洋务运动中，商人资本也非常活跃，在洋务派所创办的民用企业中活跃着大量的商人资本，如粤商买办资本的存在；在晚清财政中，山西商人资本（晋商）一直扮演着"财政家"的角色；在北洋政府时期、南京国民政府时期，商人资本更是国家的主要债权人与公债的重要购买者。

　　近代西欧商人资本，曾经推动了西欧从农业社会到工业社会的转型。在近代中国，商人资本的作用也非常重要：近代国际贸易的繁盛、近代工业的开启与发展，都离不开中国商人资本的率先投入与推动。

可是，近代中国的商人资本，没有近代西欧商人资本那样幸运①，非但没有幸运的降临，其生存的环境也非常不友好，它们是在夹缝中产生，也是在夹缝中成长。因为，近代中国转型时期的商人资本是在半殖民地半封建社会中艰难前行的。

其一，它们是在近代中国半殖民地化过程中出现与成长的，其生存空间非常狭小。

虽说是在外国资本的冲击或带动下，中国新兴商人资本才得以出现或成长。然而，在其成长的过程中，面对的是发达国家的商品资本、工业资本与金融资本，而且在不平等条约的限制下，后者对前者具有压倒性的优势，这些优势挤压了近代中国新兴商人资本的发展空间。

近代中国的历次经济危机尤其是金融危机，不是由外国资本的兴风作浪引起的，就是经它们的推波助澜而加重的。在这些经济危机的风浪之中，有不少中国新兴商人资本破产或销声匿迹（金融市场）。能够在近代发达起来的中国商人资本，早年多是依附于外国资本而成长的。第一代新兴商人资本——广东商人资本，与第二代新兴商人资本——宁波商人资本，皆是如此。它们是列强与中国之间的"中间商"，或是帮助外国资本购买中国土产，或是推销洋货，总之，中国的商品市场皆操之于外国资本之手（商品市场）。中外学者们常说，第一次世界大战期间，是中国工业发展的黄金时代，然而，这种有利时机是短暂的。当外国资本卷土重来的时候，中国的支柱性工业——面粉业与纺织业就会受到严重的打击，多地出现了破产的局面（工业市场）。② 可以说，近代中国商人资本自产生以

① 近代西欧转型时期，正值民族国家兴起，各国实行重商主义，就是一向以极权著称的法国也是如此。各国在国内大力发展工商业，奖励出口，高筑贸易壁垒；在海外，"坚船利炮"的军队在前面开路，国王们积极支持商人资本的对外扩张，在如此环境中，近代西欧新兴商人资本加速了现代化进程的到来。

② 如此史料较多，如孙德常、周祖常主编的《天津近代经济史》（天津社会科学院出版社1990年版）第235页说：天津民族资本面粉业，自1916年至1925年的10年间，曾发展到10多家面粉厂，当时全国共有123家面粉厂，天津占8.9%。但是，1926年以后，价格低廉的美国、澳大利亚面粉大量倾入中国，天津的面粉业赔累不堪，先后有庆丰、裕和、嘉瑞、大丰、乾义及涌源6家面粉厂歇业。1930年工商部调查显示：上海纺织业方面，中国资本仅仅是39473650元，而外国资本竟有152350800元，将近多3倍。烟草业方面，中国资本是17390110元，而外国资本是23350000元，水电业方面，中国资本是8930000元，而外国资本却有10000000元，以上三种上海最主要的工业，中国资本只有65793760元，而外国资本则有185700800元。

来一直是在打压中前行的，其生存空间非常狭小。

其二，在长期动荡的政治环境中，中国商人资本的生存空间异常。

近代以来的中国政局非常动荡，中国商人资本就是在如此的国情中发展的。晚清以降，民变四起，太平天国运动是其中规模最大的一次，此次运动横扫中国最为富庶的江南数省长达 14 年之久，大宗商品丝茶等贸易道路受到阻隔。加之国家常年征战，国库空虚，在商品运输途中，赋税名目繁多而且很重，还有官方或明或暗的勒索，商民苦不堪言，裹足不前。

在辛亥革命的阳夏战争中，冯国璋下令在汉口租界外市区纵火，火区恰为汉口繁华之地，大火前后长达 5 天之久，烈焰冲天，"遂使锦绣之场，一旦化为灰烬"，各行商业"残破殆尽"，汉口商界损失惨重。

北洋政府时期，军阀混战，明火执仗地打劫无数，肆无忌惮地勒索无数。如 1924 年第二次奉直战争李景林占领天津后绑架"中国化工之父"范旭东，勒索后者 8 万元。[1] 1926 年，奉系军阀褚玉璞占领天津不久后，向"北四行"敲诈勒索，结果硬"借"去现款 80 万元。[2] 李景林、褚玉璞的军队在战败溃退时又对天津大肆抢掠。1925 年 11 月 8 日，军阀吴佩孚强行向武汉商会借款百万元。[3] 1926 年，当北伐军猛攻武汉情势危急之际，败军之将陈嘉谟重勒汉商巨款，限五日内交 250 万元。[4]

南京国民政府时期，蒋介石数年的"围剿"，多是在中国较为发达的江南数省进行的。抗日战争全面爆发前夕，无数商人资本从工业中抽逃，使得中国从商业资本主义向工业资本主义转化的进程中断了。总之，近代中国连绵不断的战争与动荡，多次阻断商人资本的自然进程，使之偏离轨道，甚至"逆行"[5]。

近代中国直至中华人民共和国成立之前，商人资本没能完成从商业资本主义向工业资本主义转变，虽然商人资本有着向工业资本转变的势头

---

[1]　孙德常、周祖常主编：《天津近代经济史》，第 196 页。

[2]　孙德常、周祖常主编：《天津近代经济史》，第 211 页。

[3]　武汉地方志编纂委员会办公室编：《武汉民国初期史料》，武汉出版社 2012 年版，第 490 页。

[4]　《广州民国日报》1926 年 9 月 9 日，转引自涂文学主编《武汉老新闻》，武汉出版社 2002 年版，第 240 页。

[5]　如商人资本从工业中撤出，转为四处投机的"游资"（生息资本）。

（如在一战期间，这种势头还是比较强劲的），但是，它一直就在"转变"之中，在这种转变之中还时有"反复"，如在20世纪30年代，商人资本从工业中抽逃出来，大量转化为投机的生息资本就是例证。从近代中国资本构成来看，商业资本一直占据最大比重。从某种程度来说，商业资本占据重要位置的时代，应是一种"过时状况"占据主要位置的时代。

综观近代转型时期中西商人资本，本书有如下几点看法。

第一，需重视政治因素在近代中国商人资本区间流动中的作用。

中西商人资本之间的相同点多于不同点。对比近代西欧商人资本可以看出，近代中国商人资本不同于前者所表现出来的突出个性，如总是围绕着洋人转动，投机性极强，当其实力发展到一定程度，还特别喜好搭上官方，或为政府服务，或为官员服务等①，多数可以从政治方面（即半殖民地半封建社会，如制度供给不足或长期动荡等）找到深层次原因。对比研究西欧商人资本之后还会发现，目前学界有关近代中国商人资本的一些贬抑看法是极不正确的。近代中国的商人资本是在半殖民地半封建社会这样一个大环境中产生以及成长的，天生具有买办性、封建性，不然无法成长起来。然而，近代中国商人资本的活动禀赋极为优秀，在长期政局动荡、吏治腐败的恶劣环境中，不少商人资本家创建了多个"商业帝国"，实属不易，然其在历史上的作用之所以不如西欧商人资本，主要亦为政治原因。

第二，商人资本的流动需要国家理性地进行宏观监管与引导。

商人资本只有在流动中才能推动经济发展，然而，如果由商人资本"任性"流动，轻者自身没落，重则国家衰退。近代中国山西商人资本，近代西欧的热那亚、南德、荷兰等地区的大商人资本莫不如此。这些商人资本发达之后，大都将其资本从他们赖以发迹的贸易或生产领域撤出，转向巨额融资活动，"对金融过度关注"或"对债务过度容忍"，都是衰落的前兆，因为一味脱离生产领域就会呈现"空心化"，为避免此"宿命"，

---

① 虽然在西欧中世纪晚期近代早期，南德奥格斯堡的商业家族、热那亚的商业家族也曾不断地为哈布斯堡王朝以及欧洲其他王室提供放贷服务，但是随着资本主义的发展，西欧后来兴起的商人的表现就不同了。而近代中国商人资本却在这一方面的表现尤为强烈，可谓前仆后继，如晋商为晚清政府服务，粤商也非常乐于投靠洋务派，江浙财团为南京国民政府服务等。再如胡雪岩为左宗棠服务，严信厚为李鸿章服务等。

此时急需政府从国家利益的角度进行强有力干预，为适应新经济潮流进行资本投资模式的调整，迫使大商人资本"调转船头"，改变资本流动的行业或地区。从前述商人资本一般发展逻辑来看，因资本雄厚，大商人资本对资本回报率要求很高，而新经济的增长点在开始时的资本回报率并不高，有时甚至还很低，故大商人资本对新经济一般是不屑一顾的，他们会依旧专注于原有行业，此种投资的惯性将会导致大商人资本在新经济浪潮中被淘汰，而由大商人资本长期主导的地区或国家自然就会逐渐衰落。

近代中国，新兴商人资本在资力雄厚之后多是不愿过多投资中国近代工业的，粤商或依附于外国航运业和外国矿业，或进入洋务企业，参与政府企业的管理，或投资钱庄等，创办独立企业的非常少。虽说宁波商人资本进行了可贵的转变，在甲午中日战争后投资了不少近代工业，第一次世界大战结束之后，逐渐开设了越来越多的银行（所谓江浙财团逐渐形成），在南京国民政府时期，宁波商人资本开设了更多的银行，疯狂地投资公债、房地产等，对工业的投资并没有相应增加甚至还有所减少，其他商人资本也多从工业中抽逃出来，总之，社会工业资本的比重相对减少。近代中国商人资本不愿投资工业与政局动荡有着很大关系，没有安全的投资环境，就更不用说政府进行有效的资本投向的引导了。在这个动荡的环境之中，资本就遵从资本的自身逻辑：追求安全性与高利，投资那些来钱较快、资本总处于高流动性的行业。

第三，相较而言，随着资本逐渐雄厚，大商人资本在经济生活中逐渐变得保守，缺乏活力与创新力，它们是既得利益集团，也是"经济僵化"的主要原因，而正在上升中的新兴商人资本才是一个时代经济发展的主要推动者，故在制度设计中，国家应多为后者的发展创造条件。

不论中西，还是古今，商人资本一旦发迹或"富埒王侯"，其就会趋于保守，对传统路径极为依赖，对新经济潮流不太敏感或不愿参与，而正在上升中的新兴商人资本则顾虑少，对利润回报率要求低，只要有利可图都会争取，表现出极大灵活性与开拓性，故近代中西的转型时期，往往是一批大商人资本衰落、一批新商人资本兴起的时期。正是众多正在上升中的新兴商人资本推动了近代西欧由农本而重商、由重商而重工时代的到来；也正是一批又一批上升中的新兴商人资本，推动了近代中国民族经济的现代化进程。

所以，一个国家要不断地保持创新性而立于不败之地，就要始终不断地培育创新的力量，这个力量主要来自正在上升中的小商人资本或者说新兴商人资本，在国家制度设计中，一定要对中小企业有一定的偏向性，为其创造条件，助其发展壮大。因为，主要是众多中小企业的发展壮大之合力推动着国家经济之前行。

参考文献

一 档案资料

1. 已刊档案

江苏省商业厅、中国第二历史档案馆:《中华民国商业档案资料汇编》
（第一卷），中国商业出版社 1991 年版。

上海市档案馆编:《上海档案史料研究》，上海三联书店 2006 年版。

天津市档案馆等编:《天津商会档案汇编（1912—1928)》（第 2 分册），
天津人民出版社 1992 年版。

中国第二历史档案馆编:《中华民国史档案资料汇编》第 5 辑，江苏古籍
出版社 1994 年版。

2. 未刊档案

武汉市档案馆藏档案:

汉口市政府（LS000009）

上海商业银行汉口分行 1918—1953（全宗号 61，目录号 1）

四明银行汉口分行 1927—1952（全宗号 100，目录号 1）

二 报纸、杂志

1. 报纸

《北华捷报》

《字林西报》

《申报》

《大公报》

《湖北商务报》

《汉口中西报》

《汉口新闻报》

《汉口市民日报》

2. 杂志

《银行杂志》

《银行周报》

《钱业月报》

《汉口商业月刊》

《钱业月刊》

《中行月刊》

《金融周报》

三 县志

侯祖畲修、吕寅东纂:《夏口县志(民国)》,1920 年版。

宁波市地方志编纂委员会整理:《清代宁波府志》,宁波出版社 2014 年版。

徐焕斗:《汉口小志》,爱国图书公司 1915 年版。

姚文枬等编:《上海县续志》,台湾成文出版社 1970 年版。

四 资料汇编

陈翰笙、薛暮桥、冯和法合编:《解放前的中国农村》(1—3 辑),中国展
望出版社 1989 年版。

陈真主编:《中国近代工业史资料》(全四辑),生活·读书·新知三联书
店 1957 年、1958 年、1961 年版。

《东华录》道光卷 43—51。

广东省地方史志编委会办公室等编:《清实录广东史料(六)》(光绪、宣
统),广东省地图出版社 1995 年版。

汉口商业一览编辑处编:《汉口商业一览》,1926 年版。

洪葭管编:《中央银行史料》,中国金融出版社 2005 年版。

湖北省政府秘书处统计室编:《湖北省年鉴·第一回》,湖北省政府秘书处
统计室印 1937 年版。

《皇朝经世文续编》卷49—58。

黄鉴晖等编:《山西票号史料》,山西经济出版社2002年版。

黄苇、夏林根:《近代上海地区志经济史料选辑》,上海人民出版社1984年版。

交通银行总行、国家历史档案馆编:《交通银行史料·第1卷:1907—1949》(上、下册),中国金融出版社1995年版。

[英]马士:《东印度公司对华贸易编年史(1635—1834)》(共4卷),区宗华译,广东人民出版社2016年版。

[英]穆和德:《近代武汉经济与社会—海关十年报告——汉口江汉关(1882—1931)》,李策译,香港天马图书有限公司1993年版。

聂宝璋编:《中国近代航运史资料(1840—1895)》第一辑,科学出版社2016年版。

聂宝璋、朱荫贵编:《中国近代航运史资料(1895—1927)》第二辑,科学出版社2016年版。

宁波市社会科学界联合会、中国第一历史档案馆编:《浙江鸦片战争史料》上册,宁波出版社1997年版。

彭泽益编:《中国近代手工业史资料(1840—1949)》(全四卷),科学出版社2016年版。

皮明麻:《武汉近代(辛亥革命前)经济史料》,武汉地方志编纂办公室印行1981年版。

千家驹:《旧中国公债史资料》,中华书局1984年版。

《上海近代贸易经济发展概况——1854—1898年英国驻上海领事贸易汇编》,李必樟译,上海社会科学院出版社1993年版。

上海市工商业联合会、复旦大学历史系:《上海总商会组织史资料汇编》,上海古籍出版社2004版。

孙毓棠编:《中国近代工业史资料(1840—1895)》第一辑,科学出版社2016年版。

天津市政协文史资料研究委员会主编:《天津文史资料选辑》,天津人民出版社2003年版。

涂文学主编:《武汉老新闻》,武汉出版社2002年版。

汪敬虞编:《中国近代工业史资料(1895—1914)》(第二辑),科学出版社 2016 年版。

武汉地方志编纂委员会办公室编:《武汉民国初期史料》,武汉出版社
　　2012 年版。

武汉金融志编写委员会办公室:《武汉银行史料》,武汉金融志编写委员会
　　办公室 1985 年版。

武汉书业公会编:《汉口商号名录　附汉口指南》,武汉书业公会编出版社
　　1920 年版。

严中平等编:《中国近代经济史统计资料选辑》,中国社会科学出版社
　　2012 年版。

姚贤镐编:《中国近代对外贸易史资料(1840—1895)》(全三册),科学
　　出版社 2016 年版。

曾兆祥主编:《湖北近代经济贸易史料选辑(1840—1949)》第 1、2、3
　　辑,湖北省志贸易志编辑室 1984 年版。

章有义主编:《中国近代农业史资料》(全三卷),生活·读书·新知三联
　　书店 1957 年版。

浙江省委员会文史资料研究委员会编:《浙江文史资料选辑》,浙江人民出
　　版社 1983 年版。

《中国近代货币史资料(1822—1911)》,文海出版社 1974 年版。

中国人民银行上海市分行编:《上海钱庄史料》,上海人民出版社 1960 年版。

中国人民银行上海市分行金融研究室编:《金城银行史料》,上海人民出版
　　社 1983 年版。

中国人民银行上海市分行金融研究所编:《上海商业储蓄银行史料》,上海
　　人民出版社 1990 年版。

中国人民银行武汉市分行金融研究室:《武汉近代货币史料》,武汉地方志
　　编纂委员会办公室 1982 年版。

中国人民银行武汉市分行金融研究所:《武汉钱庄史料》,中国人民银行武
　　汉市分行 1985 年版。

中国银行总管理处经济研究室:《中国重要银行最近十年营业概况研究》,
　　新业书店 1933 年版。

中国银行总管理处经济研究室编:《全国银行年鉴》(1934、1935、1936)。

中国银行总行、中国第二历史档案馆编:《中国银行行史资料汇编》上编

（1912—1949）第 1 册，档案出版社 1991 年版。

五 论文

1. 1949 年前的论文

《12 年来上海现银出入趋势》，《银行周报》1934 年第 18 卷第 41 期。

鲍幼申：《湖北省经济病态及救济》，《汉口商业月刊》1935 年第 2 卷第 2 期。

沧水：《吾国金融之分布与金融之中心及上海金融业资力之推测》，《银行周报》1920 年第 4 卷第 38 号。

陈光甫：《怎样打开中国经济的出路——由上海的金融现状讲到中国的经济出路》，《新中华》1933 年第 1 卷第 1 期。

陈晖：《中国信用合作社的考察》，《中国农村》1935 年第 1 卷第 8 期。

陈明远：《我国金融病态的考察》，《汉口商业月刊》1934 年第 1 卷第 6 期。

《二十五年天津贸易情形论略》，《商务报》1900 年第 32 期。

范椿年：《山西票号之组织及沿革》，《中央银行月报》1935 年第 4 卷第 6 期。

《各埠金融及商况：万县（十一月五日通信）》，《银行周报》1917 年第 1 卷第 26 期。

《各省商情：粤公司酿酒》，《湖北商务报》1899 年第 1 期。

《国内劳工消息：各地状况》，《国际劳工通讯》1936 年第 3 卷第 8 期。

韩业芳、王之淦：《山西票号之兴衰及其人才》，《海光》1937 年第 8 卷第 7 期。

《汉口商务局咨复上海商务局移商整顿丝茶文》，《湖北商务报》1899 年第 7 期。

《汉口新创两湖制茶公司》，《秦中书局汇报》1898 年。

《汉口与茶之关系》，《国民日日报汇编》1904 年第 1 期。

侯兆麟：《近代中国社会结构与山西票号——山西票号的历史的正确认识》，《中山文化教育馆季刊》1936 年第 3 卷第 4 期。

《湖北羊楼洞砖茶业之现状》，《北京实业周刊》1920 年第 1 期。

季海：《四川万县之桐油业》，《农事月刊》1925 年第 4 卷第 4 期。

君实：《记山西票号》，《东方杂志》1917 年第 14 卷第 6 期。

李紫翔：《中国金融的过去与今后》（附表），《新中华》1934 年第 2 卷第 1 期。

李紫翔：《中国银行业之史的发展》，《中山文化教育馆季刊》1936 年第 3 卷第 3 期。

陆国香：《山西票号之今昔》，《民族》1936 年第 4 卷第 3 期。

陆梦熊：《沪汉金融机关》，《法政杂志》1906 年第 1 卷第 1 期。

《民国二十年五月至十二月万县桐油商号运销数量比较图》，《检验年刊》1932 年第 1 期。

《票号组织实业公司》，《北洋官报》1906 年第 1208 册。

千家驹：《救济农村偏枯与都市膨胀问题》，《新中华》1933 年第 1 卷第 8 期。

钱亦石：《中国农村的过去与今后》，《新中华》1934 年第 2 卷第 1 期。

《山西票号商盛衰之调查》，《聚星》1925 年。

《山西票号盛衰之始末》，《中行月刊》1932 年第 5 卷第 5 期。

《山西票号之兴替史》，《钱业月报》1926 年第 6 卷第 2 期。

《商务纪闻：长江流域金融市场之恐慌》，《万国商业月报》1909 年第 10 期。

《商业：天津去年各银行赢余之比较》，《农商公报》1924 年第 10 卷第 7 期。

《商业万县桐油业调查》，《四川月报》1935 年第 6 卷第 3 期。

《十年来中国白银之外流附表》，《江西统计月刊》1938 年第 1 卷第 7 期。

《万县筹备改用铁机制造桐油》，《四川农业》1934 年第 1 卷第 6 期。

《万县桐油事业之调查》（附表），《检验年刊》1933 年第 2 期。

《万县桐油业近况》，《四川农业》1934 年第 1 卷第 10 期。

卫聚贤：《山西票号概况》，《中央银行月报》1939 年第 8 卷第 8 期。

吴承禧：《泛论中国的利率》，《资本市场》1948 年第 1 卷第 2 期。

吴承禧：《中国各地的农民借贷——几个极堪玩味的统计的申述》，《劳动季报》1935 年第 4 期。

吴石成：《天津之银号》，《银行周报》1935 年第 19 卷第 16 期。

《羊楼洞砖茶业调查表》，《农商公报》1920 年第 7 卷第 5 期。

杨荫溥：《五十年来之中国银行业》，《五十年来之中国经济（1896—1947）》，六联印刷股份有限公司 1947 年版。

因铭：《帝国主义在华的金融统治与中国金融》，《平明杂志》1933 年第 2 卷第 21 期。

颖之：《白银外流与中国金融危机》，《经济旬刊》1934 年第 3 卷第 15 期。

余清篯：《防止白银外流问题》，《银行周报》1934 年第 18 卷第 41 期。

张公权：《内地与上海》，《银行周报》1934 年第 18 卷第 14 期。

张公权：《一年半以来之中国银行》，《银行周报》1919 年第 3 卷第 14 期。

张公权：《中国银行二十二年度营业报告》，《中行月刊》1934 年第 8 卷第 4 期。

张公权：《中国银行二十年度营业报告》，《中行月刊》1932 年第 4 卷第 3 期。

张肖梅、蔡致通：《二十二年中国对外贸易检讨》（下），《中行月刊》1934 年第 8 卷第 4 期。

章乃器：《白银与中国》，《经济丛刊》1935 年第 3 期。

章乃器：《上海底两个证券市场》，《社会经济月报》1934 年第 1 卷第 7 期。

赵惠谟：《游资集中上海之数字上的考察》，《民族》1933 年第 1 卷第 10 期。

郑允恭：《银价腾贵与中国》，《东方杂志》1932 年第 32 卷第 13 号。

《中国白银外流约三亿三千万元》，《内外经济情报》1938 年第 4 卷第 1 期。

《中国经济的衰落程度及其前途》三续，《中国经济》1933 年第 1 卷第 3 期。

　　2. 1949 年后的论文

戴鞍钢：《近代上海金融中心地位与东西部经济关系》，《上海档案史料研究》，上海三联书店 2006 年版。

定光平：《近代羊楼洞制茶业的特点及其影响》，《华中师范大学学报》（人文社会科学版）2004 年第 2 期。

杜恂诚：《上海成为近代金融中心的启示》，《档案与史学》2002 年第 5 期。

段艳、陆吉康：《1830—1856年中国"银荒"危机成因考辩》，《云南财经大学学报》2012年第2期。

宫玉松：《三十年代农村金融危机述论》，《中国经济史研究》1995年第4期。

韩启桐：《中国埠际贸易统计（1936—1940）》，中国科学院1951年版。

贺力平：《鸦片贸易与白银外流关系之再检讨——兼论国内货币供给与对外贸易关系的历史演变》，《社会科学战线》2007年第1期。

洪葭管：《从借贷资本的兴起看中国资产阶级的形成及其完整形态》，《中国社会经济史研究》1984年第3期。

黄长义：《论鸦片战争前后的货币研究热潮》，《中南民族学院学报》（人文社会科学版）2001年第4期。

黄逸峰：《关于旧中国买办阶级的研究》，《历史研究》1964年第3期。

黄逸平：《近代宁波帮与上海经济》，《学术月刊》1994年第5期。

黄逸平：《近代中国民族资本商业的产生》，《近代史研究》1986年第4期。

季宏、徐苏斌、青木信夫：《天津近代工业发展概略及工业遗存分类》，《北京规划建设》2011年第1期。

鉴唐：《鸦片战争前四十年我国白银外流数字》，《社会科学》1983年第6期。

孔祥毅：《山西票号与清政府的勾结》，《中国社会经济史研究》1984年第3期。

李吉奎：《近代买办群体中的广帮（1845—1912）——以上海地区为中心》，《学术研究》1999年第12期。

李一翔：《从资金流动看近代中国银行业在城市经济发展中的作用》，《改革》1997年第3期。

李一翔：《论长江沿岸城市之间的金融联系》，《中国经济史研究》2002年第1期。

李一翔：《中国早期银行资本与产业资本关系初探》，《南开经济研究》1994年第2期。

李永福：《山西票号研究》，博士学位论文，华东师范大学，2004年。

刘建生：《山西票号业务总量之估计》，《山西大学学报》（哲学社会科学版）2007 年第 3 期。

刘建生、燕红忠：《近代以来的社会变迁与晋商的衰落——官商结合的经济学分析》，《山西大学学报》（哲学社会科学版）2003 年第 1 期。

刘树芳：《"热钱"与近代上海金融中心地位的确立》，《江南大学学报》（人文社会科学版）2013 年第 2 期。

刘正刚：《清代以来广东人在天津的经济活动》，《中国经济史研究》2002 年第 3 期。

彭泽益：《鸦片战后十年间银贵钱贱波动下的中国经济与阶级关系》，《历史研究》1961 年第 6 期。

千家驹：《旧中国发行公债史的研究》，《历史研究》1955 年第 2 期。

唐巧天：《论晚清上海作为全国外贸中心的影响力（1864—1904）——以外贸埠际转运为视角》，《中国历史地理论丛》2006 年第 3 辑。

陶水木：《浙江商人与上海经济近代化》，《浙江社会科学》2001 年第 4 期。

王方中：《本世纪 30 年代地方进出口贸易严重入超的情况、原因和后果》，《近代中国》第 1 辑，上海社会科学院出版社 1991 年版。

王尚义：《晋商商贸活动扩展的时空演变分析》，《西北大学学报（自然科学版）》2011 年第 2 期。

王水：《买办的经济地位和政治倾向》，《中国社会科学院经济研究所集刊》第 7 集，1984 年版。

王玉茹：《开滦煤矿的资本集成和利润水平的变动》，《近代史研究》1989 年第 4 期。

吴园林：《过渡时代的清末新政与经济变革》，《西部学刊》2013 年第 8 期。

徐进功：《略论北洋政府时期的银行业》，《中国社会经济史研究》1997 年第 1 期。

徐凯希：《宁波帮与湖北近代工商业》，《宁波大学学报》（人文科学版）2004 年第 6 期。

杨培新：《论中国金融资产阶级》，《近代史研究》1983 年第 4 期。

姚会元：《江浙金融财团的三个问题》，《历史档案》1998 年第 2 期。

俞骏：《对票号业兴起的经济学分析》，《生产力研究》2002 年第 2 期。

虞和平:《香山籍买办与宁波籍买办特点之比较》,《广东社会科学》2010
年第1期。

张丽蓉:《长江流域桐油贸易格局与市场整合——以四川为中心》,《中国
社会经济史研究》2003年第2期。

朱英:《近代中国民族商业资本的发展特点与影响》,《华中师范学院研究
生学报》1985年第1期。

六 国内著作

(清)包世臣:《齐民四术》,黄山书社1997年版。

(清)王鎏:《〈钱币刍言〉整理与研究》,东华大学出版社2010年版。

(清)徐润:《徐愚斋自叙年谱》,江西人民出版社2012年版。

陈其田:《山西票庄考略》,商务印书馆1937年版。

陈曦文、王乃耀:《英国社会转型时期经济发展研究》,首都师范大学出版
社2002年版。

陈真、姚洛:《中国近代工业史资料》第四辑,生活·读书·新知三联书
店1961年版。

程光、盖强:《晋商十大家族》,山西经济出版社2008年版。

戴鞍钢:《发展与落差——近代中国东西部经济发展进程比较研究
(1840—1949)》,复旦大学出版社2006年版。

戴鞍钢:《港口、城市、腹地——上海与长江流域经济关系的历史考察
(1843—1913)》,复旦大学出版社1998年版。

丁日初:《上海近代经济史》两卷本,上海人民出版社1994、1997年版。

丁日初主编:《上海近代经济史》第二卷,上海人民出版社1997年版。

樊卫国:《激活与生长:上海现代经济兴起之若干分析(1870—1941)》,
上海人民出版社2002年版。

傅衣凌:《明清时代商人及商业资本》,人民出版社2007年版。

高尚智:《武汉房地产简史》,武汉大学出版社1987年版。

龚关:《近代天津金融业研究:1861—1936》,天津人民出版社2007年版。

洪葭管:《20世纪的上海金融》,上海人民出版社2004年版。

黄邦和、萨那、林被甸主编:《通向现代世界的500年——哥伦布以来东
西两半球汇合的世界影响》,北京大学出版社1994年版。

黄鉴晖:《山西票号史》,山西经济出版社 1992 年版。

黄鉴晖等编:《山西票号史料》,山西经济出版社 2002 年版。

黄苇:《上海开埠初期对外贸易研究》,上海人民出版社 1961 年版。

黄逸峰:《旧中国的买办阶级》,上海人民出版社 1982 年版。

孔祥毅:《金融票号史论》,中国金融出版社 2003 年版。

乐承耀:《近代宁波商人与社会经济》,人民出版社 2007 年版。

李瑊:《上海的宁波人》,商务印书馆 2017 年版。

林满红:《银线:19 世纪的世界与中国》,江苏人民出版社 2011 年版。

刘建生、刘鹏生:《晋商研究》,山西人民出版社 2005 年版。

刘景华:《西欧中世纪城市新论》,湖南人民出版社 2000 年版。

罗澍伟:《近代天津城市史》,中国社会科学出版社 1993 年版。

马克思、恩格斯:《马克思恩格斯全集》第九卷,人民出版社 1961 年版。

梅光复:《汉口市地价之研究》,成文出版社 1977 年版。

聂宝璋:《中国买办资产阶级的发生》,中国社会科学出版社 1979 年版。

宁波市政协文史和学习委员会编:《宁波帮与中国近代银行》,中国文史出
版社 2008 年版。

宁波市政协文史委编:《宁波帮在天津》,中国文史出版社 2006 年版。

宁波市政协文史委员会编:《汉口宁波帮》,中国文史出版社 2010 年版。

庞玉洁:《开埠通商与近代天津商人》,天津古籍出版社 2004 年版。

皮明麻:《近代武汉城市史》,中国社会科学出版社 1993 年版。

千家驹:《千家驹经济论文选》,中国国际广播出版社 1987 年版。

千家驹:《中国农村经济论文棠》,中华书局 1936 年版。

上海市粮食局等编:《中国近代面粉工业史》,中华书局 1987 年版。

宋钻友:《广东人在上海(1843—1949 年)》,上海人民出版社 2007 年出版。

孙德常、周祖常:《天津近代经济史》,天津社会科学院出版社 1990 年版。

唐力行:《商人与中国近世社会》,浙江人民出版社 1993 年版。

汪敬虞:《十九世纪西方资本主义对中国的经济侵略》,人民出版社 1983
年版。

汪敬虞:《唐廷枢研究》,中国社会科学出版社 1983 年版。

汪敬虞:《外国资本在近代中国的金融活动》,人民出版社 1999 年版。

汪敬虞:《中国近代资本主义的总体考察和个案辨析》,中国社会科学出版

社 2004 年版。

汪敬虞:《中国资本主义的发展与不发展》,中国财政经济出版社 2002
年版。

卫聚贤:《山西票号史》,中央银行经济研究处 1944 年版。

魏建猷:《中国近代货币史》,黄山书社 1986 年版。

巫宝三:《中国国民所得(一九三三年)》,商务印书馆 2017 年版。

吴承禧:《中国的银行》,商务印书馆 1934 年版。

萧清:《中国近代货币金融史简编》,山西人民出版社 1987 年版。

徐畅:《二十世纪二三十年代华中地区农村金融研究》,齐鲁书社 2005
年版。

许涤新、吴承明主编:《中国资本主义发展史》(三卷本),社会科学文献
出版社 2007 年版。

严中平:《中国棉纺织史稿》,科学出版社 1955 年版。

燕红忠:《中国的货币金融体系(1600—1949)》,中国人民大学出版社
2012 年版。

杨德才:《中国经济史新论》,经济科学出版社 2004 年版。

杨荫溥:《上海金融组织概要》,商务印书馆 1930 年版。

杨荫溥:《杨著中国金融论》,黎明书局 1936 年版。

姚洪卓:《近代天津对外贸易(1861—1948)》,天津社会科学院出版社
1993 年版。

姚会元:《江浙金融财团研究》,中国财经出版社 1998 年版。

姚会元:《中国货币银行(1840—1952)》,武汉测绘科技大学出版社 1993
年版。

余捷琼:《1700—1937 年中国银货输出入的一个估计》,商务印书馆 1940
年版。

袁继成主编:《汉口租界志》,武汉出版社 2003 年版。

张国辉:《晚清钱庄和票号研究》,社会科学文献出版社 2007 年版。

张国辉:《晚清钱庄和票号研究》,社会科学文献出版社 2007 年版。

张海鹏、王廷元:《徽商研究》,安徽人民出版社 1995 年版。

张守广:《超越传统:宁波帮的近代化历程》,西南师范大学出版社 2000
年版。

张孝若：《南通张季直先生传记》，中华书局 1930 年版。

张郁兰：《中国银行业发展史》，上海人民出版社 1957 年版。

张正明、张舒：《晋商兴衰史》，山西经济出版社 2010 年版。

张仲礼：《中国绅士的收入》，费成康、王寅通译，上海社会科学院出版社
　　2001 年版。

章有义：《旧中国的资本主义生产关系》，人民出版社 1977 年版。

浙江省政协文史资料委员会：《浙江籍资本家的兴起》第 32 辑，浙江人民
　　出版社 1986 年版。

浙江省政协文史资料委员会编：《宁波帮企业家的崛起》，浙江人民出版社
　　1989 年版。

郑友揆：《中国的对外贸易和工业发展（1840—1948）——史实的综合分
　　析》，上海社会科学院出版社 1984 年版。

中国史学会主编：《鸦片战争》第一册，上海人民出版社 1957 年版。

周一良、吴于廑主编：《世界通史资料选辑》中古部分，主编郭守田，商
　　务印书馆 1981 年版。

朱英：《近代中国商人与社会》，湖北教育出版社 2001 年版。

诸静：《金城银行的放款与投资（1917—1937）》，复旦大学出版社 2008 年
　　版。

七　海外论著

1. 中文

［美］西·甫·里默：《中国对外贸易》，卿汝楫译，生活·读书·新知三
　　联书店 1958 年版。

［德］马克思、恩格斯：《马克思恩格斯选集》第九卷，中共中央马克思、
　　恩格斯、列宁、斯大林著作编译局译，人民出版社 1961 年版。

［德］马克思、恩格斯：《马克思恩格斯选集》第二卷，中共中央马克思、
　　恩格斯、列宁、斯大林著作编译局译，人民出版社 1972 年版。

［美］阿瑟·恩·杨格：《1927—1937 年中国财政经济情况》，陈泽宪、陈
　　霞飞译，中国社会科学出版社 1981 年版。

［法］保尔·芒图：《十八世纪产业革命——英国近代大工业初期的概
　　况》，杨人楩、陈希秦、吴绪译，商务印书馆 1983 年版。

［英］勒费窝：《怡和洋行——1842—1895 年在华活动概述》，陈曾年、乐嘉书译，上海社会科学院出版社 1986 年版。

［美］小科布尔：《江浙财阀与国民政府 1927—1937 年》，蔡静仪译，南开大学出版社 1987 年版。

［美］罗兹·墨菲：《上海——现代中国的钥匙》，上海社会科学院历史研究所编译，上海人民出版社 1987 年版。

［意］卡洛 . M. 奇波拉：《欧洲经济史》第一卷，徐璇译，商务印书馆 1988 年版。

［美］郝延平：《十九世纪的中国买办——东西间桥梁》，李荣昌等译，上海社会科学院出版社 1988 年版。

［美］小科布尔：《上海资本家与国民政府（1927—1937）》，杨希孟、武莲珍译，中国社会科学出版社 1988 年版。

［美］郝延平：《中国近代商业革命》，陈潮、陈任译，上海人民出版社 1991 年版。

［美］斯蒂芬·洛克伍德：《美商琼记洋行在华经商情况的剖析（1858—1862）》，章克生、王作求译，上海社会科学院出版社 1992 年版。

［美］斯塔夫里阿诺斯：《全球分裂——第三世界的历史进程》上册，迟越等译，商务印书馆 1993 年版。

［英］穆和德：《近代武汉经济与社会—海关十年报告——汉口江汉关（1882—1931）》，李策译，香港天马图书有限公司 1993 年版。

［美］曼瑟·奥尔森：《集体行动的逻辑》，陈郁、郭宇峰、李崇新译，上海三联书店 1995 年版。

［法］布罗代尔：《15 至 18 世纪的物质文明，经济和资本主义》第三卷，施康强、顾良译，生活·读书·新知三联书店 1996 年版。

［美］陈锦江：《清末现代企业与官商关系》，王笛、张箭译，中国社会科学出版社 1997 年版。

［美］伊曼纽尔·沃勒斯坦：《现代世界体系》第二卷，庞卓恒等译，高等教育出版社 1998 年版。

［德］马克思：《资本论》第三卷，中共中央马克思、恩格斯、列宁、斯大林著作编译局译，人民出版社 2004 版。

［德］贡德·弗兰克：《白银资本——重视经济全球化中的东方》，刘北成

译，中央编译出版社 2000 年版。

［美］马士：《中华帝国对外关系史》第一卷，张汇文等译，上海书店出版社 2000 年版。

［意］杰奥瓦尼·阿锐基：《漫长的 20 世纪：金钱、权力与我们社会的根源》，姚乃强、严维明、韩振荣译，江苏人民出版社 2001 年版。

［英］波斯坦主编：《剑桥欧洲经济史》第五卷，王春法主译，经济科学出版社 2002 年版。

［英］亚当·斯密：《国民财富的性质和原因的研究》上、下卷，郭大力、王亚南译，商务印书馆 2003 年版。

［美］罗威廉：《汉口：一个中国城市的商业和社会》，江溶、鲁西奇译，中国人民大学出版社 2005 年版。

［美］曼瑟·奥尔森：《权力与繁荣》，苏长和，嵇飞译，上海人民出版社 2005 年版。

［美］曼瑟·奥尔森：《国家的兴衰：经济增长、滞胀和社会僵化》，李增刚译，上海人民出版社 2007 年版。

［日］水野幸吉：《中国中部事情：汉口》，武德庆译，武汉出版社 2014 年版。

［美］雅克·当斯：《黄金圈住地——广州的美国商人群体与美国对华政策的形成，1784—1844》，周湘、江滢河译，广东人民出版社 2015 年版。

［法］布罗代尔：《15 至 18 世纪的物质文明，经济和资本主义》第二卷，施康强、顾良译，商务印书馆 2017 年版。

  2. 英文

Gigliola Pagano De Divitiis：*English Merchants in the Seventeenth-Century Italy*，University of Calabria，Translated by Stephen Parkin，Cambridge University Press，1997.

Harry A. Miskimin：*The Economy of Later Renaissance Europe 1460 – 1600*，Cambridge University Publishing，1977.

Hermann Kellenbenz：*The Rise of the European Economy*：*An Economic History of Continental Europe 1500 – 1750*，Holmes &Meier Publishers，Inc. 1976.

Jan De Vries & Ad Van Der Woude ：*The First Modern Economy*：*Succuss*，

Failure, *and Perseverance of the Dutch Economy*, *1500 – 1815*, Cambridge University Press, 1997.

J. K. J. Thomson: *Decline in History*: *The European Experience*, Blackwell Publishers Inc USA, 1998.

Jonathan I. Israel: *The Dutch Republic*: *Its Rise*, *Greatness*, *and Fall 1477 – 1806*, Claredon Press. 1998.

Peter Kriedte: *Peasants*, *Landlords and Merchant Capitalists*: *Europe and the World Economy 1500 – 1800*, Cambridge University Publishing, 1983.

Rhoads Murphey: *the Fading of the Maoist Vision*: *City and Country in China's Development*, Methuen, New York, London, Toronto, 1980.

Steven A. Epstein: *Genoa & the Genoese 958 – 1528*, The University of North Carolina Press, 1996.

Violet Barbour: *Capitalism in Amsterdam in the 17th Century*, The University of Michigan Press, 1976.